U0133461

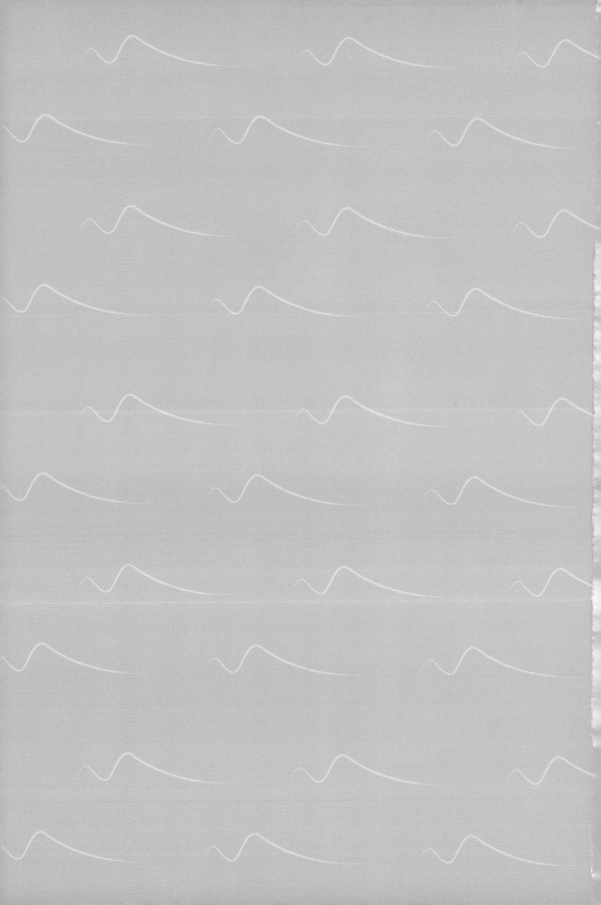

《长白山学术文库》
编委会

主　任　邴　正

副主任　于　强　胡维革

委　员（按姓氏笔画排序）

王胜今　刘信君　孙正聿　吴振武

宋冬林　张屹山　张晶昱　张福贵

邵汉明　周光辉　郑文东　柳海民

韩东育　蔡立东

长 白 山 学 术 文 库

The Academic Library of
Changbai Mountain

第二辑

东亚"新发展主义"研究

田毅鹏 著

吉林人民出版社

出品人：常　宏
选题策划：吴文阁
统　　筹：孟广霞
责任编辑：田子佳
装帧设计：尤　蕾

图书在版编目（CIP）数据

东亚"新发展主义"研究 / 田毅鹏著. -- 长春：
吉林人民出版社，2023.12
　（长白山学术文库. 第二辑）
　ISBN 978-7-206-20758-7

　Ⅰ.①东… Ⅱ.①田… Ⅲ.①社会发展－研究－东亚
Ⅳ.①D731

中国国家版本馆CIP数据核字（2023）第232216号

东亚"新发展主义"研究

DONGYA "XIN FAZHAN ZHUYI" YANJIU

著　　者：田毅鹏
出版发行：吉林人民出版社
　　　　（长春市人民大街7548号 邮政编码：130022）

咨询电话：0431-85378007
印　　刷：吉林省吉广国际广告股份有限公司
开　　本：710mm × 1000mm　1/16
印　　张：30.5
字　　数：430千字
标准书号：ISBN 978-7-206-20758-7
版　　次：2023年12月第1版
印　　次：2023年12月第1次印刷
定　　价：125.80元

如发现印装质量问题，影响阅读，请与出版社联系调换。

出版说明

习近平总书记在全国哲学社会科学工作座谈会上明确指出："一个没有发达的自然科学的国家不可能走在世界前列，一个没有繁荣的哲学社会科学的国家也不可能走在世界前列。"同时强调，"哲学社会科学具有不可替代的重要地位，哲学社会科学工作者具有不可替代的重要作用。"两个"不可替代"充分阐明了建立高水平学术队伍、出版高水平学术著作的重大意义，为新时期学术出版工作指明了前进方向。

吉林历史文化源远流长，学术研究亦早发轫。中华人民共和国成立以来，在党和政府的亲切关怀和指引下，吉林哲学社会科学研究队伍不断发展壮大，涌现出一大批具有理论高度、学理深度、学术厚度的专家学者，有些专家学者不但驰名全国，而且饮誉世界。这支生机勃勃的研究队伍，坚持以辩证唯物主义和历史唯物主义为指导，在哲学社会科学的各个领域孜孜矻矻，上下求索，推出了一大批填补历史空白、具有当代价值，亦能产生历史反响的学术著作。研究队伍为吉林文化大省、理论大省、学术大省建设做出了积极贡献，研究成果是吉林一笔宝贵的精神财富，是吉林人文化自信的一种重要凭倚。

多年来，吉林人民出版社一直以出版学术著作和理论著作为工作的主基调，出版了一大批具有创新性的学术著作，受到学术界的一致好评，尤其是主题出版更是可圈可点，受到社会的广泛赞誉。新时期，新使命，新担当，本社决定投入人力、物力和财力，编辑出版大型丛书《长白山学术文库》（以下简称《文库》）。《文库》分辑推出，每辑收入哲学社会科学和人文学科等学术著作10—15部。通过《文库》出版，荟萃吉林学术经典，延续吉林文脉，弘扬创新精神，增强文化自信，为建设吉林文化高地和学术高地贡献力量，为以中国式现代化实现中华民族伟大复兴做出吉林出版的贡献。为保证《文库》的特色和质量，收入著作坚持如下原则：

——收入吉林籍专家学者的学术著作。

——收入具有正高级专业技术职称专家学者的学术著作。

——收入作者独立完成的学术著作。

——收入已由国内正式出版机构出版过的学术著作。

——收入各个学科有代表性的学术著作，优先收入国家哲学社会科学研究项目、教育部哲学社会科学研究项目以及入选《国家哲学社会科学成果文库》的学术著作。

——收入的学术著作一仍其旧，原则上不做修改。

——适当考虑收入学术著作的学科分布。

——收入的学术著作符合国家的出版规定和要求。

编辑出版一部大型学术丛书，是本社面临的一个全新课题。本社将秉持对历史负责、对人民负责的精神，认真听取各方面意见，不断优化编辑思路，努力编辑出版一部思想精深、学术精湛、做工精美的学术文库。

编　者

田毅鹏

　　吉林大学哲学社会学院教授，博士生导师，教育部人才特聘教授，新世纪百千万人才工程国家级人选，国家有突出贡献中青年专家，民政部专家咨询委员会委员，国家社会科学基金重大项目首席专家。中国社会学会第十届、第十一届副会长，吉林省社会学会会长。主要研究方向为社会学理论、发展社会学等。发表学术论文200余篇，出版《基层社会治理的传统与现代》等学术专著10余部。获教育部高等学校科学研究优秀成果奖二等奖等多项奖励。

代 序

发展的标准与选择

孙正聿

20世纪80年代,吉林大学在国内率先创立了社会发展研究所,90年代中期又组建了哲学社会学院,并在2004年成立了作为国家哲学社会科学创新基地的吉林大学社会发展理论研究中心,对社会发展理论展开跨学科的综合研究。

发展,在其真实的意义上,是人的特殊的存在方式,也就是以社会的发展而实现人自身的发展的存在方式。人的这种特殊的存在方式,既是当代人类面对的最大的现实问题,也是当代哲学社会科学争论最激烈的理论问题。这是因为,趋利避害的人类生存逻辑,在当代人类的实践活动中、特别是在"经济全球化"的当代社会的发展中,受到了空前的严峻挑战。

发展问题的严峻性在于,发展作为人的存在方式,它具有不可避免的二重性。人类的历史就是"追求自己的目的的人的活动过程",它总是以某种"退步"的形式而实现自己的"进步","片面性"是历史的发展形式。历史过程中的任何进步都要付出相应的代价,任何正面效应都会伴生相应的负面效应,任何整体利益的实现都意味着某些局部利益的牺牲,任何长远利益的追求都意味着某些局部利益的舍弃。无论是人与自然的关系,还是人与社会的关系,在经济全球化的过程中,都面临着严峻的挑战。

1

从人与自然的关系说，恩格斯早就警告我们，"不要过分陶醉于我们人类对自然界的胜利。对于每一次这样的胜利，自然界都对我们进行报复。每一次胜利，起初确实取得了我们预期的结果，但是往后和再往后却发生完全不同的、出乎预料的影响，常常把最初的结果又消除了。"破坏人类赖以生存的家园，就必然威胁人类自身的生存与发展。如何协调人与自然的关系，是社会发展研究中的重大课题。

从人与社会的关系说，马克思曾把市场经济概括为"以物的依赖性为基础的人的独立性"。在体制的意义上，经济全球化首先是市场经济及其原则的全球化。市场经济按照自己的要求去塑造全部的社会生活，也就把市场经济的等价交换、优胜劣汰的原则融入整个社会生活，这不仅塑造了人的"独立性"，而且构成了人对"物"的依赖关系。利益最大化的逻辑，而不是幸福最大化的逻辑，构成了现代社会的生存逻辑。对于人类来说，这个生存逻辑是对人类自身的"趋利避害"的生存逻辑的严峻挑战。马尔库塞说，"发达工业文明的内在矛盾正在于此：其不合理成分存在于其合理性中"。这就是当代人类在经济全球化的过程中所面对的最为严峻的发展问题。

把"发展"作为最重大的现实问题而予以研究的社会发展理论，它所面对的理论问题，首要的是对"发展"的理解和评价问题。发展，这不只是对存在状态和存在过程的描述，而且是对存在状态或存在过程的评价，因此，"发展"是以评价为逻辑前提的对存在的描述。这表明，"发展"问题的实质是对存在状态和存在进程如何评价的问题，以及依据某种评价的标准作出行为选择的问题，即在实践中作出各种顺序性安排问题。作为人类生存逻辑的趋利避害，"利"与"害"的标准如何确认，怎样的行为选择才是当代人类的真正的趋于"利"而避于"害"，怎样的顺序性安排才能使"利"大于"害"，这是当代社会发展所面对的根本问题。"标准"与"选择"构成社会发展理论的至关重要的核心范畴。

"发展"的标准具有极为深刻、极为丰厚的文化内涵。它既内涵着文化的多样性，又内涵着每个时代的"广泛而深刻的一致性"；它既内涵着经济全球化的必然趋势，又内涵着现代化的多元选择；它既内涵着"历史的大尺度"，又内涵着"历史的小尺度"。所谓历史的"大尺度"，就是以人的"根本利益""长远利益""整体利益"为出发点的反观历史的尺度；与此相对应，所谓历史的"小尺度"，则是以人的"非根本利益""暂时利益""局部利益"为出发点的规范人的历史活动的尺度。生活本身告诉我们，当我们离开历史的"小尺度"而仅仅承诺历史的"大尺度"的时候，我们不仅无法实现"大尺度"所承诺的价值理想，而且尤为惨痛的是会使这个"大尺度"所承诺的价值理想变形，把"大尺度"变成某种压抑个人发展的"本质主义的肆虐"；与此相反，当我们离开历史的"大尺度"而仅仅着眼于历史的"小尺度"的时候，我们不仅会失去"大尺度"的价值理想，而且尤为严峻的是使这个"小尺度"所规范的历史活动危及人自身的存在，从而使人们在这种"小尺度"中感受到一种"生命中不能承受之轻"的"存在主义的焦虑"。

在建设中国特色社会主义的过程中，我们形成了"以人为本"的基本理念，也就是形成了"以人为本"的关于"发展"的根本标准。这个"标准"作为"历史的大尺度"与"历史的小尺度"的"微妙的平衡"，构成了我们的行为选择的出发点。我们在建设中国特色社会主义的伟大实践中所形成的科学发展观，第一要义是发展，核心是以人为本，基本要求是全面协调可持续，根本方法是统筹兼顾。以这个科学发展观为指导，中国政府正在致力于解决社会发展的三大问题：一是政府作为公共利益的代表，致力于解决公共利益最大化、满足全社会基本公共需求的民生问题；二是致力于解决资源环境体系的压力问题，以实现可持续发展；三是致力于解决公共治理结构中的政府自身建设问题，推进公共服务型政府建设。这是中国社会发展中的"以人为本"的基本理念下的行为选择，也就是我们在经济全球化中对现代性的行为选择。

作为当代中国的社会科学工作者，我们需要继续坚定不移地解放思想，在充分汲取国外学者的成果的基础上，推进我们的社会发展理论研究。我感到，解放思想，首先需要有发展中国特色社会主义、实现中华民族伟大复兴的宏大气魄。经过近30年的改革开放，我国发展面临的机遇是前所未有的，同时，我国发展面对的挑战也是前所未有的，这就需要我们以宏伟的气魄和开阔的视野继续深化对中国特色社会主义的研究和探索，努力使中国特色社会主义道路越走越宽广。解放思想，还需要有直面现实的凛然正气。在建设社会主义市场经济的过程中，许多深层次的矛盾不断地凸显出来，它要求理论工作者以直面现实的凛然正气去研究这些深层次矛盾，以科学发展观为指导来回答这些重大的现实问题。有了这种凛然正气，才能真正地解放思想，提出和探索新问题。解放思想，还需要有创新的理论勇气。对于社会科学工作者来说，解放思想并不只是一个口号，它要求我们：一是要从两极对立、非此即彼的形而上学的思维方式当中解放出来，认真地、深入地研究新情况新问题，而不是对我们正在进行的伟大实践作出某种简单化的判断和评说；二是要从唯上唯书、人云亦云的教条主义的研究方式当中解放出来，从我们面对的新机遇和新挑战出发，对我国的经济建设、政治建设、文化建设和社会建设提供具有创新性的理论研究成果；三是要从僵死枯燥、言之无物的话语方式当中解放出来，从发展中国特色社会主义的伟大实践中凝练新的思想和新的语言，作出新的论证和新的阐释。马克思说："问题是时代的格言"，是"公开的、无所顾忌的、支配一切个人的时代之声。"社会科学作为社会的自我意识，它的关切点总是自己时代的最为重大的现实问题。人类的趋利避害的生存逻辑，在经济全球化的今天遇到了空前的挑战，并构成我们时代的诸多的重大课题，引发了我们的共同的关切与期待。愿本丛书的出版能够切实推进当代中国社会发展理论的深入研究。

目　录

第二部分　传统与变迁

第四部分　东亚社会建设的新取向

第五部分　东亚地域发展模式批判

第六部分　全球化、民族国家与东亚集体认同的重构

导　言

一、问题之缘起

新旧世纪交替之际，伴随着人类文明走向全球化的进程和世界现代化的快速推进，自第二次世界大战后勃兴的社会发展研究出现了新的研究热潮。与战后"发展主义"主导下的社会发展研究不同，此次研究浪潮是建立在对发展主义反思的基础之上，试图在"经济发展"和"社会发展"、"社会建设"之间寻求动态的平衡，带有"新发展主义"特点，主要表现在以下几个方面：

第一，从社会发展理论因革嬗变的轨迹看，如果说战后社会发展是在"发展主义"主导下展开的，其核心主题是后发国家赶超式的经济发展，那么，20世纪晚期勃兴的社会发展模式研究则带有明显的"新发展主义"色彩。在反思批判"发展主义"的基础上，人们开始追问："发展是什么？究竟为谁或为什么要发展？什么在发展？经济增长是否就等于改善人们的福利、提高人们的生活质量？经济增长过程中，不同的社群所付出的代价又是什么？对弱势群体的影响又如何？除了现代化和工业化以外，有没有另类的发展轨道，能更直接改善人们的生活？"[①]由此，社会和谐、

---

① 许宝强、汪晖选编：《发展的幻象》，中央编译出版社2001年版，第1页。

社会建设、经济-社会均衡发展，成为社会发展模式研究的新主题。

第二，与战后社会发展模式研究重点以非西方国家社会发展为主要研究对象不同[①]，近年来的社会发展模式研究不仅包括发展中国家，而且包括西方发达国家和改革转型中的社会主义国家，形成了三条线索并行的新格局。而如东亚、欧洲那样的地区发展模式的比较研究尤其成为研究的重点。

第三，与"发展主义"主导下社会发展模式研究的乐观自信相比，新发展主义所阐发的理论体系中，充斥着"危机""风险"等词汇，整个世界深深地陷入一种"不确定性"和"末世感"中，而且这种"危机"是直接与"发展"联系在一起的，表现出对人类文明未来发展深深的忧思。"如果发生了发展的危机，那么这一危机所产生的第一个效果，和其他危机中一样，就是使本来已经确定的东西变得不确定，使本来已经清晰的东西变得混乱，而且使本来显得协调的概念内部产生了矛盾。导致发展这一概念也是模糊的、不确定的、神话的、贫乏的"[②]。

第四，与战后西方理论主导非西方国家社会发展进程和演进趋向不同，非西方国家在实现"文化自觉"的基础上，开始努力将自身的社会发展植根于本土，形成了一些具有民族文化自主性的社会发展理论流派。毫无疑问，这使得非西方国家社会发展模式的"自我选择"能力空前提高。

本书的研究即是在上述背景下，试图对20世纪晚期以来在新发展主义主导下，国内外学术界在东亚社会发展模式研究中所表现出来的一些新趋

---

① 虽然关于战后发展研究的理论界定，存在诸多理论流派，但其共同之处在于都将非西方国家作为发展研究的最主要对象。如在亚当·卡伯主编的《社会科学百科全书》中，即对"发展"词条做如下介绍："这是一个跨学科的学科组，研究的对象集中于分析和解决发展问题，特别是人民所说的贫困的发展中国家所面临的那些问题。以这种方式组合在一起的这类学科包括经济学、地理学、政治科学、公共管理、社会学和人类学等；而且，越来越多的技术学科也渐渐地加入进来。"

② ［法］艾德加·莫兰：《社会学思考》，上海人民出版社2001年版，第458页。

向进行总体研究。

美国著名社会学家乔万尼·阿里吉、马克·赛尔登和日本史学家滨下武志在论及东亚社会发展模式及其所面临挑战的问题时，曾特别强调东亚社会发展研究的特殊意义，他们认为："在20世纪的最后20年中，发生了两件具有世界历史意义的事件：苏联作为世界两大军事霸主之一的解体，以及东亚地区作为世界经济力量中心之一的崛起。"①这既充分肯定了东亚复兴的世界意义，同时也强调了东亚发展研究的特殊价值。一些研究者大胆打破传统研究模式的束缚，从新的研究视角出发，陆续推出了一些分量厚重的研究成果，表现出宏大的研究视野和全新的比较研究价值取向，使东亚社会发展研究呈现出一些值得注意的新的发展趋向。

检视20世纪下半叶以来全球学界关于东亚社会发展的研究成果，我们可以列举出许多颇具影响的代表作。

（1）历史社会学和比较现代化研究者的解释：主要以中国学者罗荣渠的《现代化新论》《东亚现代化：新模式与新经验》、陈峰君的《东亚与印度——亚洲两种现代化模式》和美国普林斯顿大学布莱克的《比较现代化》《俄国和日本的现代化》等著作为代表。此外，英国伦敦经济学院的日裔学者森岛通夫在《日本为什么成功？》《日本为什么衰落？》等著作中，以日本为个案，对东亚奇迹亦有独到的解释。而日本著名汉学家沟口雄三等知名学者主编的多卷本的《从亚洲思考》和乔万尼·阿里吉、滨下武志、马克·赛尔登跨国写作班子合著的《东亚的复兴——以500年、150年和50年为视角》则又开辟了"亚洲视角"和"时段转换分析"等理解东亚社会变迁的新的研究视角和方法。

（2）发展经济学的解释：长期以来，发展经济学一直将东亚研究作为其学科研究的重点，从而成为东亚研究最有力的推动者。从1993年开始，世界银行连续发表《东亚奇迹：经济增长与公共政策》（1993年）、

---

① 　［美］乔万尼·阿里吉、［日］滨下武志、［美］马克·赛尔登：《东亚的复兴——以500年、150年和50年为视角》，社会科学文献出版社2006年版，第1页。

《东亚的经验教训：各国情况纵览》（1993年）、《东亚的复苏与超越》（2001年）等关于东亚奇迹的研究报告，提出了"东亚奇迹""东亚模式"等概念，产生了重大的社会影响；此外，一些著名的发展经济学家也都试图通过对东亚奇迹的研究来构建其学科理论分析框架，涌现出一批颇具影响的代表作，如弗里德里克·C.戴约的《东亚模式的启示》、霍夫亨兹的《东亚之峰》、加里·杰里菲和唐纳德·怀曼的《制造奇迹——拉美与东亚工业化的道路》、沙希德·尤素福和西蒙·伊夫耐特的《东亚具有竞争力吗？应对全球市场竞争的创新法则》、克莱森斯和格莱森纳的《金融部门的软弱性是否损害了东亚奇迹》、克鲁格曼的《流行的国际主义》、长谷川启之的《亚洲经济发展和社会类型》、青木昌彦的《政府在东亚经济发展中的作用——比较制度分析》、中村哲的《论东亚经济的现代化》、陈岩的《东亚再崛起》、江时学的《拉美与东亚发展模式比较研究》、李晓的《东亚奇迹与"强政府"——东亚模式的制度分析》、黄卫平的《亚太经济中的龙：要素、结构、环境与比较》、张捷的《奇迹与危机：东亚工业化的结构转型与制度变迁》等，都对东亚奇迹给出了自己独到的理论解释。

（3）社会学的解释：社会学家对东亚社会发展的研究，初期是围绕着"韦伯命题"进行，后来则主要针对发展社会学理论体系中"现代化理论""依附理论""世界体系理论"等理论流派的观点展开。在回应"韦伯命题"的过程中，产生了如美国学者贝拉的《德川宗教：现代日本的文化渊源》、余英时的《中国近世宗教伦理与商人精神》、杜恂诚的《中国传统伦理与近代资本主义——兼评韦伯的中国的宗教》等著作，其研究追问的核心问题是"亚洲资本主义是不是也有其文化的根基，尤其是宗教和伦理根源？假如是的话，它们又是什么呢？"[1]而世界体系论的鼻祖美国学者沃勒斯坦则运用其"世界体系理论"对东亚奇迹给出一些独到

---

① ［美］塞缪尔·亨廷顿等：《现代化理论与历史经验的再探讨》，上海译文出版社1993年版，第425页。

的解释，其关注的焦点问题是"东亚的发展是资本主义世界体系发展的延续还是一种独特的发展模式"①。此外还有中国学者李文的《东亚社会变革》、李培林的《重新崛起的日本》等著作。

（4）文化学、政治学的研究视角：在东亚奇迹的理论解释体系中，文化学是一极为重要的研究视角，无论是探寻东亚奇迹的深层精神动力，还是反思东亚发展危机的内在缘由，似乎都离不开对东亚世界的文化理解和分析。早在东亚奇迹初现之时，便有众多学者醉心于所谓文化解释的分析路径，试图发现东亚奇迹背后的精神动力。其代表性研究成果主要有美国学者狄百瑞的《东亚文明：五个阶段的对话》、杜维明的《新加坡的挑战》《东亚价值与多元现代性》、吕元礼的《亚洲价值观：新加坡政治的诠释》、夏光的《东亚现代性与西方现代性》等著作。而当20世纪90年代末东亚深陷危机之中时，对东亚持反思批判的观点同样选择了文化分析的路径。如当代世界著名经济学家阿马蒂亚·森教授虽以经济分析见长，但却在《以自由看待发展》等著作中，以其独特的亚裔身份，运用其"以自由看待发展的独特的发展观"，对"亚洲价值观"与"东亚奇迹"之间的复杂关系展开了犀利而系统的辩驳。同样，那些从政治学的研究视角审视东亚现象的著作，也多是围绕"威权主义"与"东亚奇迹"间复杂的互动关系展开分析的。

上述论著的特点在于，其比较研究的单位不再仅仅是"国家"，而往往是"地区"，或者是关于某个地区内部各国间现代化要素、结构、环境的比较；或者是两个地区间的现代化比较。有的研究者还提出了一些颇具新意的概括性研究命题，如美日社会学家和历史学家乔万尼·阿里吉、滨下武志、马克·赛尔登合作提出的"东亚复兴论"、罗荣渠关于东亚由传统到现代转型过渡的"三类型说"、日本学者富永健一的非西方国家的"现代化四命题说"、小林多加二的从"国富"主导型到"民富"主导型转变的东亚转型现代化的新范式、韩国学者韩相震的东亚"第三条

① 王正毅：《世界体系论与中国》，商务印书馆2000年版，第311页。

道路"、白永瑞的"知性的东亚"等观点。而日本学者沟口雄三、滨下武志、子安宣邦，韩国学者白永瑞、韩相震，中国学者孙歌、葛兆光等，对东亚概念所作的知识考古学意义上的深刻反思，亦产生了重大影响。上述研究都极大地拓展了东亚现代化和社会发展研究的范围，开阔了研究者的视野，标志着学术界有关东亚社会发展模式的研究已进入了新的发展阶段，成为世界人文社会科学研究持续高涨的热点。

但迄今为止的东亚研究仍有值得进一步深化之处，突出表现在以下几个方面：

第一，迄今的东亚社会发展研究，其学术话语主要由"发展经济学"把持，前文所列举的东亚研究的著名学者，绝大多数都是资深的经济学家，其研究虽然也涉及狭义的东亚社会发展，但其所关注的"社会发展"实际上主要指的是"经济发展"，即以"经济发展"替代和覆盖了全方位的社会发展。在"经济发展"话语占据绝对统治地位的条件下，虽然学术界的东亚社会发展研究有时也大谈"思想文化""威权政治"和"社会问题"，但值得注意的是，这里所说的"社会结构""思想文化"和"威权政治"实际上是从属于"经济话语"的，充其量不过是经济话语的"解释"和"补充"而已。至于相对于经济、政治、文化而言的、狭义的"社会发展"，事实上已被置于边缘地位，很少被提及。如果说在战后初期特殊的历史背景下，东亚各国在回应西方资本主义列强的挑战过程中，为建设强大的民族国家、改变经济落后局面、实现自己的"赶超式发展"而采取"发展主义"的发展方略具有一定合理性的话，那么从20世纪七八十年代开始，在"新发展主义"渐成社会主体发展思潮的背景下，我们的东亚社会发展研究亦应随之实现历史性转变，即在关注经济发展、政治发展、文化发展的同时，也重视狭义的"社会建设"和"社会发展"。

第二，迄今的东亚社会发展研究，无论是对"东亚奇迹"的种种解释，还是对"东亚发展危机"的批判反思，欧美社会科学的学术观点都占据了绝对的主导地位，而东亚人却很难对自己的发展历程形成自己的解释。在西方强大的东亚研究的学术话语统摄之下失去了基本的话语权。诚如黄宗智所言："在西方的大多数理论文献中，无论是维护现存体制的理论还是革命的理论，中国从来就不是主题，而仅仅是"他者"，它们研究中国与其说是为了中国，不如说是把中国当作一个陪衬。"①自近代以来，西方不仅在器物、制度方面握有霸权，而且在文化学术领域也居于绝对中心，而将非西方国家挤压到边缘位置。致使"过去的东方既没有理解欧洲的能力，也没有理解其自身的能力。理解东方并改变它的是处于欧洲的欧洲性。东方之所以成为东方就是因为它被包含到了欧洲之中，不仅欧洲只有处于欧洲中才能被实现，就连东方也只有处于欧洲中才能被实现"②。在上述理论解释体系中，东亚国家的现代化如获得成功，便可获得一顶学习西方社会发展模式"优等生"的桂冠，如果失败则被斥为命中注定的愚昧，被归类于"白种人的负担"。因此，如何在回应西方理论挑战的过程中，寻找东亚社会的"自性"，形成具有东亚本土特色的自我解释的理论体系便显得格外重要。

第三，从东亚社会发展模式研究起源和发展的动态演进过程看，其研究成果主要集中在以下两个时段：其一是20世纪60年代到八九十年代，在此阶段，由于日本的再度崛起和亚洲"四小龙"的腾飞，引起国际学术界的空前关注，形成了东亚社会发展研究的第一次高潮，产生了一些颇具影响的学术流派，"东亚模式""亚洲价值""儒家资本主义""雁阵理论"都是在此时期提出或趋于完善的。其二是20世纪90年代后期亚洲金融危机爆发至今。此阶段以金融危机的爆发及走向复苏为背景，引发出学术界对东亚社会发展模式的重新估价。纵观以上两个阶段的研究成果，虽然已产生了一些颇具影响力的学术观点和研究流派，但从总体上看，其研究

---

① 黄宗智：《中国研究的范式问题讨论》，社会科学文献出版社2003年版，第109页。

② ［日］竹内好：《何谓现代——就日本和中国而言》，张金媛主编：《后殖民理论和文化批评》，北京大学出版社1999年版，第450页。

不是带有极强的"西方中心论"倾向，便是带有强烈的东亚"本土主义"色彩，缺乏对战后东亚社会发展进程进行客观理性的评判。本书试图在对以往研究继承和反思的基础之上，将战后东亚社会发展模式研究置于由"发展主义"向"新发展主义"转换的进程中，展开总体性研究反思，并对新世纪东亚社会发展的趋势做出预测和评价。

二、核心概念界定

在系统研究解剖东亚社会发展模式研究新的演进趋向时，我们应该首先将"发展""社会发展""社会发展模式"等概念，置于当代世界社会发展理论研究由"发展主义"向"新发展主义"转型过渡这一大的历史背景之下，进行新的诠释和界定。

（一）"发展"、社会发展、社会发展模式

1. "发展"

大约在半个世纪前，"发展"这一概念逐渐成为社会科学最具影响力的主流关键词。就发展的本义及演变而言，其拉丁文之字根乃舒展、展开之意。一般说来，发展指生物演变、成长的阶段，没有好坏之分。到了18-19世纪，"发展"在西方开始被用来解释社会历史之变化，其演进犹如大自然定律，而且意思包含由简单变为复杂、低等变为高等、差劣变为优越[1]。可见，"发展"原是一个生物学概念，其本义是指生物个体从小到大，从不成熟到成熟的成长过程。后来被引入社会科学研究中。到20世

① 许宝强、汪晖选编：《发展的幻象》，中央编译出版社2001年版，第389页。

纪五六十年代，"发展"开始成为社会科学主流话语。

从思想源流的角度看，发展的话语继承了西方启蒙时期关于"进步""进化""征服自然"的思想和叙说方式。反映了战后以美国为主体的西方国家对资本主义工业文明发展的自信和自大。一般说来发展是"显而易见的，又是经验性的概念（可以通过工业生产增长和生活水平提高的指数来衡量），还是个非常丰富的概念（它本身就意味着增长、繁荣、社会和个体的进步）。但是，人们没有看到的是，这个概念也是模糊的、不确定的、神话的、贫乏的"①。

从"发展话语"的载体看，其构成极其复杂，既包括学术界的观点，也包括联合国和民族国家、非政府组织、社会科学家的立场和观点，具有多元的支撑点和承载者。首先，学术界普遍认为，发展问题是联合国成立以来最持久、最棘手、最有争议，也最令人困惑的问题。联合国自1960年开始，已连续制定了三个国际发展战略。世界银行自1978年开始，每年刊行《世界发展报告》。1995年联合国哥本哈根社会发展世界高峰会谈，通过了一个宣言（《哥本哈根社会发展问题宣言》）和一个行动纲领（《社会发展问题世界首脑会议行动纲领》）②，致力于根除贫困，促进充分就业，培育稳定、安全和公正的社会等目标。从1996年起，丹麦政府连续支持鲍多特等人举办哥本哈根社会进步研讨会。1996年哥本哈根研讨会的主题是："社会进步的条件：普遍受益的世界经济。"；1997年哥本哈根研讨会的主题是："社会进步的条件：人性化的社会，人性化的市场。"；1998年哥本哈根研讨会的主题是："社会进步的条件：政治文化与世界共同体的制度。"。2000年7月1日，联合国大会第二十四届特别会议特设全体委员会通过了《关于社会发展问题的进一步倡议》。可见，关于"发展"的研究和规划已成为联合国与"和平"并称的主题之一。

---

① ［法］艾德加·莫兰：《社会学思考》，上海人民出版社2001年版，第458页。

② 参见《社会发展共创未来——联合国社会发展世界首脑会议文件选编》，中国计划出版社2001年版。

其次，战后以来，无论是发达国家还是发展中国家，无不以"发展"作为其立国之本，民族国家也自然成为"发展话语"最强有力的支撑者。而值得注意的是，近年来，非政府组织在"发展问题"上也开始扮演重要角色，主要表现为遍及世界的"反全球化运动"和"环境保护运动"。除此而外，一些社会科学家也在社会发展研究领域不断发表自己的见解，产生巨大的社会影响。如美国社会科学家沃勒斯坦、英国社会学家吉登斯、法国社会学家图海纳、以色列社会学家艾森斯塔德、印度的阿马蒂亚·森、埃及的阿明、日本的沟口雄三、韩国的韩相震、中国的费孝通等。

2."社会发展"

在社会科学概念体系中，当人们提及"社会发展"这个概念时，其中所蕴涵的意义似乎是不言自明的。但认真思考辨析之，我们会发现，问题并非如此简单，因为从表面上看，"这些概念好像已经明确了的，其实却是空洞的、模糊的，因为我们始终是生活在关于人和社会的贫乏和狭隘的概念当中"[①]。在"社会发展"这一概念之下，人们的分析研究或坠入大而不当的宏大叙事式的空疏议论，或拘束于狭隘的"社会"概念框架之下难以得到舒展。

"社会发展"概念的扑朔迷离实际上与人们对"社会"概念理解的歧异和模糊是分不开的。在社会科学概念体系中，"社会"堪称是最重要、最复杂的核心关键词之一。"纵观整个现代时期，社会的概念支撑了所有社会理论（不管其形式或名称是什么）的建构。如果说文化的概念在人的科学的所有分析类别中都扮演了王后的角色，那么，社会的观念则是国王。"[②]正因此，长期以来，社会科学研究中存在有多种多样的基于不同的原则而界定出的"社会"定义，但许多社会学家，如卢曼和达维多夫，指出定义这一概念的困难。吉登斯认为，"社会"概念在社会学中没有得

---

① ［法］艾德加·莫兰：《社会学思考》，上海人民出版社2001年版，第475页。

② ［英］奈杰尔·拉波特：《社会文化人类学的关键概念》，华夏出版社2005年版，第290页。

到充分的研究。波罗诺耶夫和斯米尔诺夫指出，各种不同的"社会"定义之间存在着逻辑矛盾，而有些研究者，如沃勒斯坦，则怀疑对这一多义的、抽象的、难于使用的"社会"概念予以认知的可能①。尽管如此，我们仍可举出一些具有代表性的"社会"定义供我们研究分析。

如德国社会学家埃利亚斯曾说："'社会'——人们都知道——就是我们大家，就是许多人待在一块儿，这在印度和中国构成的某种性质完全不同于美国和英国社会，欧洲12世纪时由许许多多单个人组成的社会就有别于16世纪或20世纪的社会。尽管所有的这些社会过去和现在都是显而易见均是由无数的单个个人组成的，而不是由其他什么组成的，但这种结群共处从一种形式到另一种形式的变化，显然不是由哪个个人事先计划好的。"②日本学者青井和夫也说：社会概念具有多义性，"人们或是将其泛泛地等同于'一般群体'，或是笼统指称'人世间'，或是用于指家庭生活和国家社会以外的'共同生活'。现在，除了全球规模的'人类社会'乃至'世界社会'之外，不可能有完全自给自足的社会，所以，尽管简单地称之为社会，其独立性和自给自足性是相对的，特别是在城市和农村等的'地域社会'更是如此"③。德国社会学家沃尔夫冈则对"社会"概念的使用方法做了总体性概括，他认为社会学谈论"社会"这一概念最少有三种不同的方式："在一般理论当中指社会化的基本条件；在比较分析当中指社会的各种类型和各个发展阶段；在历史的考察当中指带有国名和年代的各个具体的社会。"④

社会概念的复杂性和多义性直接为我们理解界定"社会发展"制造

---

① ［俄］A. A. 达维多夫：《关于"社会"概念的定义问题》，《国外社会科学》2005年第1期。

② ［德］诺贝特·埃利亚斯：《个体的社会》，译林出版社2003年版，第3页。

③ ［日］青井和夫：《社会学原理》，华夏出版社2002年版，第100页。

④ ［德］沃尔夫冈·查普夫：《现代化与社会转型》，社会科学文献出版社2000年版，第151页。

了诸多困难,只要提及"社会发展",人们似乎就要提出追问:所谓"社会发展"到底是何种意义上的"社会"在发展,具体地说,是"社会"的"整体"在发展,还是"社会"中的哪一部分在"发展":

(1)当我们将"社会"理解为宏观的人类社会的总体共同生活时,"社会发展"便是指包括政治、经济、文化、社会在内"四位一体"的社会总体的发展。在此种情境下的"社会发展"实际上可以等同于"社会进步"。

(2)而当我们从狭义的角度去理解"社会"时,所谓"社会发展"实际上就是相对于政治、经济、文化以外的"社会发展"。理解狭义的"社会发展"最好与对"社会"的构成分析结合在一起,其中最具启示意义的分析思路有二:

其一是建立在"国家—经济—公民社会"三分法基础之上的"社会三大部门"分类方法。在这一分析框架之下,"第一部门"是国家或政府或政府组织(公共权力领域),属于政治领域;"第二部门"是市场或营利组织,也叫私人领域;"第三部门"是公共领域,是前两者之外的"第三域",它们属于狭义的社会领域。相对于政府组织,其称为非政府组织(NGO),相对于经济组织,称为非营利组织(NPO),又称"独立部门""志愿域""利他部门""公民社会"等。这实际上是一种"公民社会"的分析思路,其中泰勒对"公民社会"特征的概括对我们颇具启示意义,他认为所谓"公民社会",应包含三组不同层次的内容:"第一,最基本意义的'公民社会':当存在着不受国家力量支配的民间团体时,这就是公民社会了;第二,较严格意义上的'公民社会':当通过不受国家支配的公民团体、社会完全可以自我建设及自我协调时,这才是公民社会;第三,作为对第二重意义的补充,我们可以说,当这些民间团体能够有效地影响国家政策的方向时,这就是公民社会了。"[①]可见,循此概念从狭义的角度去理解"社会发展",第三部门和公民社会建设实际上是社

---

① 转引自张静《法团主义》,中国社会科学出版社2005年版,第10页。

会发展的主题。

其二是把"社会"与"市场"二分式地相对而言，所谓"社会"实际上是在与"市场"的搏斗中产生出来并得到界定的"能动社会"。这是卡尔·波兰尼在《大转型》中提出的观点。他认为，"就近百年而言，现代社会由一种双向运动支配着：市场的不断扩张以及它所遭遇的反向运动（即把市场的扩张控制在某种确定方向上）。市场体系快速地发展着，它吞没了空间和时间，当它在1914年左右达到自己的极限时，世界的每一个角落，无论是现有的居民还是尚未出生的后代，无论生理意义上的个人还是所谓公司这样的巨大虚构体，都被包含在这个体系内了。与此同时，同步的反向运动也在进行中。它不只是社会面临时的一般防御行为；更是对损害社会组织的那种混乱的反抗。"①在波氏看来，正是在面向市场的挑战过程中，工会、合作社等各种社会制度、社会组织和社会规范应运而生。可见，只有将社会置于与市场的"双向运动"中，才能获得理解。无论是"国家—经济—公民社会"三分法基础之上的社会理解，还是"社会"与"市场"二分式的"能动社会"论，其实质都是一个建立起有效的"社会连接"的问题。我们会发现，要满足一个社会的正常运行，涉及三个基本条件，即每个人有明确的社会地位并拥有正当的社会权力，按照整体目标发挥社会功能。"只有当社会能够给予其个体成员以社会身份和社会功能，并且社会的决定性权力具有合法性时，社会才能够成为社会。前者建立社会生活的基本骨架——社会的宗旨和意义；而后者则为这一骨架丰满血肉——给社会赋形并创造社会制度。如果个人都被剥夺了社会身份和社会功能，那就不会有社会，有的只是一堆杂乱无章的社会原子，在社会空间中毫无目标地飘游浮荡。"②

（3）此外，值得注意的是，伴随着全球化和网络时代的来临，一些

---

① ［英］卡尔·波兰尼：《大转型：我们时代的政治经济起源》，浙江人民出版社2007年版，第112页。

② ［美］彼得·德鲁克：《工业人的未来》，机械工业出版社2006年版，第20页。

崭新的"社会类型"开始出现，也为"社会发展"增添了新的、更为复杂而丰富的内容。如欧洲一体化的进程使得"社会"概念超越了民族国家的界限，而成为一个颇值玩味的新的社会概念。"欧洲共同体就是一种崭新的社会现实，其成员国使用统一的货币，有共同的议会和法庭，不久还将有共同的宪法等。"①需要我们去加以认真研究界定。再如，作为一种历史趋势，网络社会也标志着人类正面临一种全新的"社会"空间，对此，美国著名社会学家卡斯特尔做了分析解读：

"假如我们根据古老的社会学传统，认为在最基本的层次上社会行动可被理解为自然与文化之间关系的变迁模式，那么，我们确是置身于新纪元之中。人类存在的这两个基本极端之间的关系的第一个模型，几千年来所表现的特征乃是自然支配了文化。社会组织的符码几乎直接表现了在不可控的严酷自然下挣扎求生的状况。第二个关系模式则建立在现代的起源基础上，并且与工业革命和理性的胜利有关，看到了自然受到文化的支配，劳动过程创造了社会，人类却由此同时发现自己脱离自然力而得到解放，以及屈从于自身压迫和剥削的深渊。"②而网络社会则标志着"我们已然进入文化指涉文化的新阶段，已经超越自然，到了自然人工再生（保存）成为文化形式的地步。即经历了数千年与自然的史前斗争（首先是求生存，然后是征服自然）之后，我们的物种所达至的知识与社会组织水平已容许我们生活在一个根本上是社会性的世界之中"③。

（4）如果把"社会三分法"与社会科学的分科分支体系结合起来加以理解认识，我们会发现"社会三大部门"与政治学、经济学和社会学之

---

① ［俄］A. A. 达维多夫：《关于"社会"概念的定义问题》，《国外社会科学》2005年第1期。

② ［美］曼纽尔·卡斯特尔：《网络社会的崛起》，社会科学文献出版社2003年版，第577页。

③ ［美］曼纽尔·卡斯特尔：《网络社会的崛起》，社会科学文献出版社2003年版，第577—578页。

间存在着非常有趣的对应关系，用美国社会学家布洛维的观点看，其关系可表述为："如果说经济学的立场是市场及其扩张，政治科学的立场是国家和维护政治稳定，那么社会学的立场就是公民社会和保卫社会性。在市场暴政和国家专制的年代，社会学–特别是其公共面向–捍卫着人类的利益。"[①]与此相对应，"经济学依赖市场的存在，其利益就在于市场的扩张；政治科学，取决于国家，其利益在于政治稳定；而社会学则依赖于公民社会，其利益在于社会性的扩张"[②]。在上述意义上，我们在承认政治学、经济学、社会学在推动社会总体进步和发展问题上所起的重要作用的同时，也应该清楚地意识到社会学在狭义社会发展的进程中所扮演的重要角色。

本书在使用"社会发展"这一概念时，既包括广义上的"社会发展"，也包括狭义上的"社会发展"，但鉴于学界以往多在广义上使用"社会发展"概念，我们认为本书更强调在狭义上使用此概念。

3. "社会发展模式"

"人类相对于其他社会性动物来说，不只是生活在社会中，他们为了生存而创造社会。在他们存在的过程中，他们发明新的思想方法和行动方法，既作用于他们自己，也作用于周围的大自然，因而他们创造出文化和历史。"[③]不同的国家和地域的人们在其社会实践活动中创造出不同的推动社会进步发展的组织模式和关系模式，使得人类社会发展模式呈现出多元复杂的特点。

"模式"，一般是指某种事物的标准形式或使人可以照着做的标准样式。循此意义确定的"发展模式"概念，一般是指"人类社会从一种较低级的状态向较高级的状态转化时所遵循的原则、途径、程序和方式等。

① 〔美〕麦克·布洛维：《公共社会学》，社会科学文献出版社2007年版，第47页。

② 同上书，第48页。

③ 〔英〕约翰斯顿：《人文地理学词典》，商务印书馆2004年版，第663页。

从分类上看，根据不同的标准，发展模式有不同的种类，如以社会形态为标准，社会发展可分为资本主义模式和社会主义模式；以历史演进为标准，社会发展可分为早发内生和后发外生两种模式；以自然基础为标准，社会发展可分为内向型发展和外向型发展两种类型"①。

由于"社会发展模式"概念产生于"发展主义"盛行的时代，其理念中自然充溢着"进步主义"和"发展主义"的基调，其主张也是更多地强调欧美社会发展模式对非西方国家的标准样式作用。所以，我们在新世纪初直面"世界社会发展模式研究新趋势"这一课题时，不应简单地使用"发展模式"概念，而应该在弄清"发展模式"概念纵向变化轨迹的基础上，对其内涵展开系统而全面的反思和辨析。

（1）"模式"这一概念大约是在20世纪五六十年代开始成为社会科学概念体系中的主流概念的。第二次世界大战结束后，世界格局发生了巨大的变化，出现了以美国和苏联为主体的截然对立的两大阵营。而在两大阵营之间存在着一个比较开阔的"中间地带"——第三世界民族解放运动。为了争取"中间地带"的加盟，两大阵营竞相展示出理想的社会发展模式，作为示范。在上述历史背景下的"模式"概念带有极强的意识形态色彩，"美国政策制定者越来越把现代化理论看作是一种与革命的马克思主义相抗衡的思想。我要指出的是，现代化理论绝不仅仅是一种纯粹学术性的学说。到20世纪60年代时，现代化理论已经成为一种关于进步的幻象，它预言世界的未来发展方向是自由主义、资本主义和非革命化的。作为一种有吸引力的学说，现代化理论似乎也成为一篇'非共产党宣言'"②。

（2）第二次世界大战以来，依"发展模式"概念所依托的发展思潮

---

① 庞元正、丁冬红：《社会发展理论新词典》，吉林人民出版社2001年版，第86页。

② ［美］雷迅马：《作为意识形态的现代化——社会科学与美国对第三世界政策》，中央编译出版社2003年版，中文版序。

不同，其内涵的侧重点有较大差异。在"进步主义"和"发展主义"占据统治地位的时代，所谓"发展模式"，主要是指以欧美发达国家的社会发展模式为样板，唯西方之马首是瞻，简单地移植和照搬的过程。因为在"发展主义"理念之下，西方民族率先创制出最适应于现代社会生活方式的政治、经济和社会体制。这些制度是普遍适用的，"西欧和英语社会取得成就的水平和制度——即取得了什么成就以及取得这些成就的方法——是具有普遍适用性的。由此推论，其他社会如果想要赶上西方，不仅应当采用西方的政治制度，而且应当采用西方的社会、经济和宗教制度"①。

（3）而在"新发展主义"的理念之下的"发展模式"概念，更多地强调社会发展模式的多元性，而反对那种自诩为放诸四海而皆准的发展模式的理解和界定。甚至有的学者主张用"发展类型"概念取代"发展模式"，因为"'模式'一词容易引起误解，似乎模式是可以简单照搬仿效的"②。在本书中，我们主要是在"新发展主义"背景下，强调社会发展模式的多样性，并运用比较的方法对其展开全面研究，正如布莱克所言："对于各社会之间在现代化进程中表现出来的共性和差异等比较广泛的问题，只能用比较的方法加以考察。现代化比较研究首先要观察在现代知识的进步、政治发展、经济增长、社会流动和心理适应中所发生的空前的变化。它试图认识和理解这些变化，评价世界上各种社会对待变化的不同政策所产生的后果，研究不同的制度传统对变化过程带来的接受能力或阻力。比较方法的应用可以减少种族中心论的偏见。它并不认为当前在先进社会中的任何占统治地位的政策形式必定适用于其他社会，更不认为这些政策本身不会有激烈的变化。"③

（4）虽然我们也可以从宏观的、更为普遍的意义上使用"社会发展

---

① ［美］西里尔·布莱克：《比较现代化》，上海译文出版社1996年版，第4—5页。

② 俞新天：《机会与限制：发展中国家现代化的条件比较》，上海社会科学院出版社1998年版，第6页。

③ ［美］西里尔·布莱克：《比较现代化》，上海译文出版社1996年版，第8页。

模式"概念,但是,在本书研究中,我们更愿意从"中观"视阈来关注"社会发展模式"问题。美国当代著名社会学家默顿在论证其中层理论时,曾借用培根关于科学上的"中级原理"的论述:

"无论如何,认识都不能从具体的事物一下子跃升到公理与极为抽象的公理(如所谓艺术和事物的第一原理),并把它们当作颠扑不破的真理而立足其上,进而以它们为依据去证明和建构中级原理。这是过去一向的做法,认识不仅是自然而然得出的,也是运用三段论式的推理做出的。但我们可能希望科学遵循一个适当的上升阶梯,不间断、不中止,一步一步,由特殊的东西进到较低的原理,然后再进到中级原理,一个比一个高,最后上升到最普遍的原理。因为最低的原理与单纯的经验相差无几,最高的、最普遍的原理则又是概念的、抽象的、没有坚实基础的。唯有中级原理才是真正的、坚实的和富有活力的,人们的事务和前程正是依靠着它们,也只有由它们而上,最后才能达到真正的普遍的原理,并且不再是那种抽象的,而是与中级原理相关的最普遍的原理。"①

从培根的上述论证出发,默顿批评社会学界那种"要不就是完全专心于对包罗万象的统一理论的研究,要不就是从事几乎没有理论取向的描述性经验研究"的倾向,因为那样做直接导致"对中层理论策略的呼求在很大程度上被忽视了"②。正是在上述意义上,本书研究注意将社会发展模式与特定的空间(包括民族国家或地区)发展建立起直接的联系,以采取一种"中观"视阈的分析策略。

"社会发展模式"研究虽然对我们深入理解概括工业革命以来人类社会发展演进的复杂过程大有裨益,但同时其分析模式也存在极大的局限性,主要表现在以下几个方面:

第一,从时间上看,无论是发达国家还是发展中国家,其现代社会发

---

① [美]罗伯特·K.默顿:《社会理论和社会结构》,译林出版社2006年版,第81-82页。

② [美]同上书,第81页。

展轨迹都经历了一个复杂多元的阶段性变化和动态演进的历史进程，各阶段之间存在着性质根本不同的变化。面对纷繁复杂的阶段性变化，我们很难从时间上对"社会发展模式"给予准确的、真正意义上的抽象和概括。

第二，从空间上看，以往各种社会发展理论对社会发展模式所做的研究和概括都具有"空间同质化"特点，普遍缺乏对不同空间特殊性的分析和关注。美国学者米尔斯曾经写过《社会学的想象力》一书，认为："社会科学应该关注的，是人类的多样性。这种多样性构成了人类过去、现在和未来分别生活于其中的全部社会世界。""人类的多样性也包含着个体的多样性。社会科学家以有序的方式来理解人类多样性。""为了研究这些问题，为了认识人类的多样性，就要求我们的研究与历史现实的层次，以及这一现实对个人的意义保持长期的、紧密的联系。这要求我们对于在世界历史上曾经出现、目前仍然存在的社会结构有充分的比较性的理解。它要求我们选择小规模的环境，但却根据大规模的历史结构进行研究。"[①]

第三，"发展模式"所遵循的原则和采取的途径实际上是建立在一定的客观条件之上的，采取何种发展模式要依本地的不同条件而确定。在符合发展条件的地域自然可以采取进取的发展策略，而对于那些不具备发展条件的地域，应在可持续发展理念之下，节制发展欲望，采取保守的甚至是"不发展"的策略。因为"当GDP中扣除了消耗并加上物质资本的损耗，世界银行由此计算出的结果是，'实际利润'是负值而不是正值"[②]。2005年国务院西部开发办官员即提出"不发展"概念——"要将支持有条件的地区优先发展和限制缺乏条件的地区发展放在同等重要的位置"，"确保西部缺乏条件的地区'不发展'成为今后进一步推进西部大

---

① ［美］米尔斯：《社会学的想象力》，生活·读书·新知三联书店2001年版，第142-144页。

② ［丹］雅克·鲍多特等：《与地球重新签约-哥本哈根社会发展论坛文选之一》，人民文学出版社2003年版，第148页。

开发的基本思路之一"①。

虽然社会发展的模式研究概括蕴涵有以上诸种风险，但以民族国家或地区为单位进行社会发展模式的研究和概括，仍有助于我们更好地从理论上把握社会发展的一般特征和规律。

（二）"东亚"概念界定

近年来，东亚的概念在不同的意义上被使用，其内涵逐渐扩大，极为混乱。在这一问题上，笔者认为应对不同含义的"东亚"进行认真辨析，否则将引起一系列不必要的混乱。的确，在西欧、东欧、南亚、西亚、东亚等众多的表述地域的概念中，"东亚"堪称最为复杂。尤其是当我们将东亚作为一个表达地域的空间概念引入研究领域时，便立即会发现"地理意义上的东亚""文化意义上的东亚""帝国意义上的东亚""发展意义上的东亚"等几个基本的理解问题的角度。

1. 地理意义上的"东亚"

所谓地理意义上的东亚，有广义、狭义之别。广义的东亚指的是太平洋的亚洲地区，主要包括中国、日本、NIES（新兴工业经济体，即中国台湾、中国香港、韩国、新加坡）、ASEAN—4（东盟四国，即马来西亚、印度尼西亚、泰国、菲律宾）和ATES（亚洲转型经济体，即越南、老挝、柬埔寨、缅甸、蒙古）。②狭义的东亚则主要指由中国、日本、韩国、朝鲜、越南等国家和地区构成的地域空间。有的学者则希望将地理上的东亚与文化上的同质性相联系，主张东亚应该是以地理位置为基础，以经济和文化上的相似性为纽带形成的一个区域。

2. 文化意义的"东亚"

关于文化意义的"东亚"，学术界有着诸多不同的表述。在一些研究者的笔下，东亚文化是"汉字文化圈"的代名词。如1986年法国高等实

---

① 参见《中国青年报》2005年10月19日。

② 李文：《东亚社会变革》，世界知识出版社2003年版，第1页。

验学院汉学家、欧洲东亚研究会主席汪德迈先生在其撰写的《新汉字文化圈》一书中认为"所谓汉字文化圈，实际就是汉字的区域。汉文化圈的同一即'汉字'（符号signes）的同一"①。同时，"汉文化各民族不仅由于久远地使用汉字的传统受同一文化精神熏陶而成为一体，而且它还有一个与众不同的物质文明上的特点，即筷子的使用。世界上除汉文化各国外，没有任何民族使用筷子"②。而中国学者冯天瑜则认为，以中华文化为核心的东亚文化圈的基本构成要素为"汉字、儒教、中国式律令、中国式科技、中国化佛教"③。与上述学者的观点不同，有的学者认为在赋予"汉字文化圈"等文明空间以特定意义的同时，务必注意其中所蕴涵的风险。因为"以'汉字文化圈'相标榜，会使一部分人对它怀有不切实际的感情或意念，对它的预期值太高，并易导致自我麻痹……以'汉字文化圈'来标榜，会使别国的相当大一部分的民众产生警惕心理或抗拒心理。会误认为这是大中华帝国梦的复活，是重建大中华藩属体系的先声，是中国势力的代名词……我不同意使用当代汉文化圈的口号"④。

在日本社会的特定发展阶段，文化史上的东亚概念，实际上是在帝国日本面对东亚的视野中得以成立的。"'东亚文明'是代替'中国文明'的一个概念。的确，这是个构成脱亚的近代日本之所谓'日本式东方主义'的概念。但东亚又是使向着中华中心主义的文明中心移动的一元的矢量发生变化而出现的地域性文化概念。因此，作为新的文化概念的'东亚'，预设了地域内部的多元文化的发展。"⑤正是在"东亚"的话语体

---

① 汪德迈：《新汉字文化圈》，陈彦译，江西人民出版社1993年版，第1页。

② 同上书，第3页。

③ 冯天瑜等：《中华文化史》，上海人民出版社1990年版，第626页。

④ 羽离子：《论汉字文化圈》，石源华主编：《东亚汉字文化圈与中国关系》，社会科学文献出版社2005年版，第54页。

⑤ ［日］子宣安邦：《东亚论：日本现代思想批判》，吉林人民出版社2004年版，第49页。

系下，日本在将东亚文明做多元性理解的同时，拆解了传统的、以中华文明为中心的朝贡帝国体系。

3. 帝国的"东亚"

所谓"帝国的东亚"，实际上是20世纪40年代日本通过侵略战争手段建立"大东亚共荣圈"所构想出的一个地区秩序空间，这一"空间秩序"是日本帝国侵略扩张的产物。用日本的《世界史的哲学》一书中的话语来表达就是"以近代国家的主权概念是无法为广大地域圈和共荣圈这样的特殊性世界确立基础的。特殊性世界并非国家，也不是国家之联合，更不是近代意义的帝国。从某一方面观之，特殊性世界依然是由多数国家构成的历史性世界。但是，这个世界要求以地理、历史、经济上的连带性和人种、民族、文化上的亲近感为基础，在此之上还要求它是一个具有紧密的政治上之统一性的世界。而在现实上，它要求这种统一性以某个国家为指导者来构成"①。

可见，无论是中国还是日本、韩国，在论及东亚问题时，都无法离开20世纪东亚独特的历史体验而进行一般性的纯学理式的论述。正如日本著名学者子宣安邦所言：文化史上的东亚概念和政治史上的东亚概念是"互为表里"的存在。"文化东亚"与"帝国东亚"两个概念之间不是孤立的，而是具有极为密切的联系。

4. 发展的"东亚"

从发展的角度研究东亚，其共性特点一般表现为：（1）"东亚模式"本质上是一种"经济发展模式"，是一种出口导向型的工业化战略或外向型的经济发展战略。东亚经济发展之所以获得成功，关键在于选择了正确的经济发展战略，尤其是出口导向的经济发展战略。（2）"东亚模式"本质上是一种"体制模式"。认为"东亚模式"是指近几十年来东亚各国、各地区"实现经济现代化的一整套发展措施和体制结构"，其最显

---

① ［日］子宣安邦：《东亚论：日本现代思想批判》，吉林人民出版社2004年版，第101页。

著的特征是"强力的政府具有强烈的经济建设意识和强大的导向作用"。
（3）"东亚模式"本质上是一种综合的现代化模式。包括出口导向型经济
发展战略、不断升级和调整的产业政策、温和极权主义与市场原则相结合的
经济体制、强有力的政府、公营经济与民营经济相互合作等。（4）"东亚
模式"本质上是一种文化模式。认为"东亚工业化地区成功的根本原因是
因为它们共同的儒教文化背景"，"儒家传统——关于伦理道德和正确人
际群体关系的亚洲式价值观念体系——是保持东亚工业化地区经济发展的
有决定意义的天生本性"①。

　　20世纪90年代以来的东亚社会发展研究实际上就是在发展主义理念
主导下，围绕着"东亚模式"这一概念展开的，其目标是为广大的发展中
国家提供一个可资借鉴的、可移植的经济发展模式。故东亚模式之内涵虽
然涉及政治、文化、社会，但实质上应是一个经济发展模式。在其理论体
系内，其政治分析、文化分析和社会分析实际上是从属于经济分析的。因
此，21世纪初，当我们以新发展主义的发展理念重新审视东亚社会发展进
程时，便会发现我们很难使用"东亚模式"概念来囊括20世纪90年代末以
来东亚社会发展和社会建设的内容，故本书研究在回顾东亚社会发展历史
进程时，虽然也会涉及"东亚模式"的概念，但不会将其作为本书的核心
概念来使用。

　　为了更加突出研究重点，把握东亚社会发展和社会建设的核心内容，
本书不拟就广义的"东亚社会发展模式"做全面研究，而拟缩小研究范
围，专就20世纪晚期以来（即20世纪八九十年代以来），国内外学术界对
中国、日本、韩国三国社会发展模式的研究成果展开系统的专题研究和分
析。之所以如此，主要考虑到这三国堪称是东亚社会发展的三种最具代表
性的典型模式：

　　其中，日本是非西方国家中最先走上现代化道路的国家，虽然与西欧
和北美相比，亦具有一定的"后发外生性"，但就东亚乃至非西方国家的

---

① 李晓：《"东亚模式"评析》，《经济学动态》1996年第5期。

整体而言，日本实际上取得了现代化的"早发优势"。在这一意义上，日本社会发展模式的得失成败，对于东亚社会具有重要的启示和借鉴意义。韩国是东亚崛起第二冲击波中最具有代表性的国家，作为"汉江奇迹"的创造者，韩国经历了八九十年代的发展巅峰，也尝到过90年代末金融危机的苦果，复又亲身经历了经济复苏的坎坷曲折进程，其社会发展经验亦值得认真总结汲取。中国曾是东亚文明的"中心之国"，作为东亚大陆文化的创立者，在漫长的古代农业社会，汉字、儒教、中国式律令、中国式科技、中国化佛教都曾对东亚周边诸国产生重大影响。但明治维新后，日本在"脱亚入欧"的口号下，大肆发动对外侵略战争，使东亚文明的结构发生根本性变化。"日本现代化的这种独特启动方式，打断了正在起步的中国和朝鲜现代化运动。"日本的侵略扩张"不仅炸毁了东亚各国现代化的初步建树，最后也炸毁了日本早期现代化的成果"[①]。在回应西方列强的挑战过程中，中国经过新中国成立和20世纪晚期的改革开放，重新成为世界最为瞩目的发展典范。今天，在总结中国发展经验教训时，我们既要注意从本土经验出发，同时又要加强中国与东亚国家发展的比较研究，以开阔的视野来总结反思我们走过的发展道路。

三、研究视角和研究方法

首先，作为"压缩式现代化"的典型标本，东亚在第二次世界大战后约半个世纪的时间里创造了工业革命以来现代社会发展的奇迹，学术界对第二次世界大战后日本的"经济奇迹"、韩国发展过程中的"汉江奇迹"

---

① 参见罗荣渠《东亚跨世纪的变革与重新崛起》，《北京大学学报》1995年第1期。

这些东亚经济发展的具体进程给予了密切关注。同时也特别注意"经济发展""威权政治"与东亚本土文化间复杂的互动关系。相比之下，对东亚的社会发展（相对于经济、政治、文化的狭义"社会"）则关注不够。同时过多地强调了东亚社会发展模式的统一性，简单地将东亚的经济发展归之于儒家文化圈和威权政治的影响，而忽略了对东亚社会发展模式复杂性和多元性的分析研究。

　　事实上，如果说从战后初期到20世纪七八十年代，东亚发展的主题是"经济发展"的话，那么，自20世纪80年代至今，其发展主题已经转换为"社会发展"。因为经济的高速发展运行已使东亚的社会结构、社会关系以及宏观的空间结构都发生了根本性的变化。过疏的村落何以为继？过密的都市何以成为可能？在个人主义盛行的、老龄化和少子化时代，又如何避免"社会原子化"趋向？一言以蔽之，如何在现代社会高速发展运行的状态下，保持经济、社会的均衡、协调发展，成为摆在东亚各国面前最为艰巨的任务。实际上，不仅仅是东亚，无论是发达国家还是发展中国家，只要踏上现代化的路程，便要毫无例外地面临上述社会难题。20世纪末叶，很多大师级学者在总结20世纪尤其是20世纪最后十年的历史教训时，都将批判的矛头指向了"发展"。如泰勒在《现代性之隐忧》一书中，将人类文明的"失败和衰落"与文明的"发展"直接联系在一起。[①]而被称为20世纪最重要的思想家的波普尔则对作为现代文明符号的电视大加抨击，认为："电视对人心有极大的影响，这是一种前所未见的力量。如果我们不能约束它的影响力，它会带我们冲下文明的斜坡，让老师无能为力，坐视悲剧发生。"[②]总结上述看法，我们会发现：这种发展批判的核心在于揭示"技术进步"和"物质财富膨胀"与"社会解组"之间的内在联系。如果说，战后谈发展主要是"经济发展"，而今天人们对发展模式

---

① 　［加］查尔斯·泰勒：《现代性之隐忧》，中央编译出版社2001年版，第1页。

② 　［英］卡尔·波普尔：《20世纪的教训》，广西师范大学出版社2004年版，第88页。

的关注则应主要集中在"社会和谐"和"社会建设"领域。

其次，在研究视角选择的问题上，以往的东亚研究主要从政治威权、经济发展、儒家文化等方面对"东亚现象"展开研究解读，但实际上由经济发展和技术进步而引发的人类社会剧烈变迁，往往表现为空间的重组和变异。因此，从空间、地域的角度来审视当代东亚社会的最新发展变化，关注乡村过疏、城市过密、地域对立、地域歧视、老龄化和少子化、社会原子化、社区自治、NGO建设、NPO建设以及市民社会、东亚共同体构建等问题，不失为一个有意义的研究视角。鉴于此，本书拟借助"空间理论"和"地域社会学"的基本理论，并注意将当代东亚的社会发展置于一个"长时段"的视角下展开分析，对东亚现代化的起源和当代社会发展的最新动向展开研究和探讨，以期对东亚社会发展做出新的理解和评价。

在19与20世纪的早期社会科学研究中，空间概念一直处于较为沉寂的状态。我们运用与信奉的是历史的思维方式，在时间的长河中寻求社会长时段的演进规律，以此作为社会科学的圭臬。在此过程当中，空间则被当作是对时间的一个依附性的概念，隐含在时间恢弘的表征之下，没有得到应有的重视。用福柯的话来说，这一过程可以表述为"空间在以往被当作是僵死的、刻板的、非辩证的东西。相反，时间却是丰富的、多产的、有生命力的、辩证的"[1]。社会学理论的这种"去空间化"倾向直到20世纪下半叶才有明显的改观，出现了如福柯、苏贾、大卫·哈维、亨利·列斐伏尔、曼纽尔·卡斯特尔等代表性人物。他们强调技术进步对人类社会空间的改变，即"技术带来了新的生产和消费活动；通信手段的巨大发展几乎消除了空间障碍。在第二次工业革命期间，电力的普及和有轨电车系统的使用使更多的人力在城市集中，更大规模的工业生产组织成为可能"[2]。同时，在他们看来，"对空间结构的分析，并不是社会结构

---

① ［美］W. 苏贾：《后现代地理学》，商务印书馆2004年版，第15页。

② ［美］安东尼·奥罗姆、陈向明：《城市的世界——对地点的比较分析和历史分析》，上海人民出版社2005年版，第44页。

分析的派生物或附属物……离开社会结构，空间结构就不可能得到理论上的阐述，反之亦然。再者……离开空间结构，社会结构就不可能得到实践，反之亦是如此"①。

　　现代化进程中空间的复杂变幻以及空间理论的发展，直接对社会学学科分野产生影响。作为现代性活动拓展的最重要空间，城市急剧扩张，乡村世界则迅速走向萎缩，出现了"村落终结"问题。在上述背景下，城市和乡村的发展呈现出明显的你中有我、我中有你的复杂发展态势。上述趋势不仅使农村社会学的存在遭到质疑，同时城市社会学存在的合法性也成为疑问。美国著名城市研究家卡斯特尔曾发出追问："真的有都市社会学吗？"他回答说："经过三十二年，现在回过头来看这段对于城市的社会研究的亲身参与经验，答案是：有，不过是以前有；没有，现在没有；但是，如果幸运点，会在21世纪复活，发展一些新的概念、新的研究方法以及新的主题，因为都市社会学对于我们对生活的理解比过去更显得必要——对大多数人来说，都必须在某种都市地区继续活着或是居住着。"②这种发展态势最终导致了地域社会学这一社会学研究的分支学科的诞生。近年来，在东亚社会学界，出现了地域社会学研究的热潮。学界通常将地域社会学视为以地域社会为研究对象的社会学分支学科，是将都市和农村两方纳入研究视野，对地域构造及功能的多角度分析，注重研究地域社会的社会构造、阶层形成及内在的行动逻辑。这里所说的"地域社会"，主要是指基于地缘关系形成的集团的结构及关系性总体。在有的情况下，学界也常称其为地域共同体。有的学者"也常常把农村社会学和城市社会学看作是地域社会学的下位概念，而将地域社会学界定为二者的总称。但这并不意味着地域社会学可以简单地还原为农村社会学和城市社会学。地域社会学的研究主题虽然与农村社会学和城市社会学的内容有交

---

① 　［美］W. 苏贾：《后现代地理学》，商务印书馆2004年版，第88页。
② 　［美］卡斯特尔：《21世纪的都市社会学》，罗岗主编：《帝国、都市与现代性》，江苏人民出版社2006年版，第239页。

又共享部分，但其存在价值主要是将地域问题置于民族国家和全球化的背景下，试图以实证的、实践的研究志向形成自己独立的学术分野"①。如果我们把社会学最为基本的追问理解为：社会何以可能的问题？那么，地域社会学的核心主题则是：如何在流动的状态下把握社会复杂的变化？如何在流动的状态下探寻保持社会秩序的可能。为我们的研究提供了新的研究视角。

再次，在研究时段和研究单位选择的问题上，以往的研究多注意对近现代东亚社会剧烈变迁时段的研究，对当代东亚社会最新的发展变迁重视不够，对东亚社会发展"连续性"变迁特征的深入研究和考察自然不够深入。而在研究单位选择问题上，近年来，东亚的概念在不同的意义上被使用，其内涵逐渐扩大，极为混乱。在这一问题上，笔者认为应对不同含义的"东亚"进行认真辨析，否则将引起一系列不必要的混乱。的确，在西欧、东欧、南亚、西亚、东亚等众多的表述地域的概念中，"东亚"堪称最为复杂。尤其是当我们将东亚作为一个表达地域的空间概念引入研究领域时，便立即会发现"地理意义上的东亚""文化意义上的东亚""帝国意义上的东亚""发展意义上的东亚"等几个基本的理解问题的角度。它与广义的亚洲概念一样，是一个很难给出确定解释的问题。"亚洲不仅是政治概念，也是文化概念；不仅是地理空间位置，也是价值判断尺度……在很长一段历史时期内，亚洲不是自足的地域概念，而是必须以欧洲作为对立面意识形态概念。"②

最后，在理解当代东亚社会发展的问题时，我们除了从社会结构空间转换的视角展开研究之外，还需注意运用历史社会学的研究方法对其进行长时段分析。

在当代人文社会科学研究中，人们常常把历史法视为历史学专用的研究方法，实际上这是一种严重的误解，"历史学方法不是单纯属于历史

---

① ［日］森冈清美等编：《新社会学辞典》，有斐阁1993年版，第989页。

② 孙歌：《主体弥散的空间——亚洲论述之两难》，江西教育出版社2002年版，第97页。

学家的。对研究对象作历史的分析是社会科学的最基本的方法之一"①。
成为社会科学摆脱机械模仿自然科学研究倾向的重要途径。在发展社会学
的学科发展史上，曾经出现过许多具有代表性的学者和著作。如布莱克
的《现代化的动力》《比较现代化》，艾森斯塔德的《帝国的政治体系》
《现代化：抗拒与变迁》《反思现代性》，巴林顿·摩尔的《民主与专制
社会的起源》，罗兹曼的《中国的现代化》等。上述学者虽然不是历史学
家，但却非常注重"过程"研究。

　　在社会发展研究中，历史法往往起到极其特殊的作用。美国社会学家
米尔斯认为，社会发展研究必须超越"时间"，"为完成任务，甚至很好
地表述其任务，社会科学家必须使用历史资料。除非有人假定存在某种关
于历史本质的超越历史的理论，或社会中的人是非历史性的实体，没有哪
一门社会科学能被假定是超越了历史的。所有名副其实的社会学都应该是
历史社会学。"②吉登斯也强调社会学与历史学分裂所带来的危害："社
会学家乐于把时间上的演进留给历史学家来研究；而作为交易的另一方，
一些历史学家也准备把社会体系的结构特征交给社会学家。"③

　　此外，从学理上看，重视历史社会学研究，"在某种程度上是对社会
学中非历史主义倾向的修正。它不是简单地重视历史研究，更是强调时间
因素在社会学研究中的重要性，强调研究对象及相关结论的历史具体性。
它与被划在历史学范畴的'社会史'也有所区别，主要是它更强调理论，
强调从历史研究中得出在相当大的时空范围内具有普遍意义的结论"④。
而在研究技巧方面，历史法的中心问题在于"重建"与"联系"。重建即

① ［美］C. 赖特·米尔斯：《社会学的想象力》，生活·读书·新知三联书店2001年版，第157页。
② ［美］C. 赖特·米尔斯：《社会学的想象力》，生活·读书·新知三联书店2001年版，第157页。
③ ［英］丹尼斯·史密斯：《历史社会学的兴起》，上海人民出版社2000年版，第8页。
④ ［英］丹尼斯·史密斯：《历史社会学的兴起》，上海人民出版社2000年版，第307页。

指尽力重建"人们曾经活过的日子",而联系则是努力呈现"小规模的生活与重大的社会结构及社会发展过程"①两者之间的关系。"在社会学发展过程中,只有将社会各群体的日常生活模式,和重要的社会变迁及事件联系在一起之后,才可能使它们变得清晰且具有意义。""历史社会学是理性的、批判的和富于想象力的。它追寻社会自身得以变化与延续的机制,探求使一些人类抱负受阻、同时又使另一些人类抱负得以实现的深层社会结构。"②伴随着社会的巨大变迁,历史学和社会理论之间的关系日渐密切,破解不同的社会类型并阐释它们之间的转变,成为社会科学界的中心使命。"为了在急剧变动时期确定他们的位置,许多人越来越感到有必要寻根,以恢复他们与过去,尤其是与他们各自群体过去的联系,这种群体包括他们的家庭、城镇和村庄、职业以及他们的族裔或宗教团体。"

关于比较方法。如果我们从"新发展主义"去理解和透视"发展模式"概念,就会发现,我们如若把握多元的社会发展模式的类型,一个最基本的方法便是使用比较研究的方法。"以比较角度去观察社会,可增加我们对社会复杂性的理解。社会学是从历史发展中找寻社会发展及变化之途程,从中说明社会发展的特质,有别于历史学注重证明史实之正确与否。社会学借历史之进程窥探社会发展之线索。综合言之,社会学有"纵""横"之学,"纵"者由历史发展找社会规则,"横"者则由不同社会、国家发展状况的比较来扩大我们理解社会的特质。"③即把发展中国家的现代化和社会发展情况与发达国家的情况进行比较。总之,我们只有把那些错综复杂的"发展问题"置于一个"体系"和"进程"当中,加以认真研讨辨析,才能获得真正意义的理解。

---

① [英]肯德里克等:《解释过去,了解现在——历史社会学》,上海人民出版社1999年版,第119页。

② [英]丹尼斯·史密斯:《历史社会学的兴起》,上海人民出版社2000年版,第2页。

③ 莫家豪:《社会学与社会分析》,中国社会科学出版社2000年版,第9页。

第一部分

"新发展主义"与发展研究的转向

　　从时间序列考察社会发展理论演进的轨迹，我们会发现一条较为清晰的由"古典发展理论"中经"发展主义"而达至"新发展主义"的一条大体上保持前后相续、相互衔接的理论演进图式。其中，"古典发展理论"是现代社会发展理论最初形态，它以西方"早发内生型"现代化为研究对象，探讨了现代工业社会在西欧起源并向全球扩散的内在机理。无论是孔德、涂尔干，还是滕尼斯和韦伯，那些古典社会发展理论的大师为我们留下了许多精彩而深刻的理论命题，产生了超越时空的巨大的影响，以至于在今天，无论是"发展主义"还是"新发展主义"，都必须与"古典发展理论"保持频繁的对话，以从其理论体系中汲取养分和灵感。

　　20世纪五六十年代兴起的以现代化理论为主体的"发展主义"思潮，是一个体系更为庞大、具有更大影响力的学派。这里所说的发展主义"并非一般意义上的社会变迁，而是源自17世纪以来欧洲的启蒙思想中关于社会'进步'、'进化'的观念，并在第二次世界大战后发达国家对其他地区和社会的援助和贷款项目实施过程中日益成形的一套'战略'、'规划'和'方案'。发展主义语境下的所谓发展，不是一般意义上的社会变迁和生活质量的改善，而是在现代化话语语境内，如何以欧洲近300–500年的变迁模式为依据，又如何学习、模仿、追踪欧洲模式的过程"[1]。"发展主义"是现代社会发展变迁理论的最主要组成部分。虽然"发展主义"带有极其浓厚的意识形态色彩，其理论体系具有极端性、片面性的缺憾，但其对现代社会构成的一般原理及其运行法则展开了深度解说，为人类理解现代社会的剧烈变迁做出了应有的理论贡献。

　　在"发展主义"之后而继起的"新发展主义"，是在批判"发展主义"的过程中兴起的。"新发展主义"反对单纯的经济发展，而主张综合的、内生的、全面协调的发展，在国际上影响甚大，当代世界社会发展模式的种种新思考、新趋向和新设计，实际上都是在由"发展主义"向"新发展主义"转换这一背景下展开的。本书关于20世纪晚期东亚社会发展模

① 黄平等：《社会学人类学新词典》，吉林人民出版社2003年版，第27页。

式的研究也不能例外。

鉴于本书研究是在20世纪晚期社会发展理论由"发展主义"向"新发展主义"过渡的历史背景下，其研究主要是基于空间和地域社会学的研究视角而展开的，故在本书的第一部分"新发展主义"与发展研究的转向中，集中围绕着与本书研究直接相关的以下三个社会发展理论思潮展开论述：

第一，关于发展理论由"发展主义"向"新发展主义"的转型过渡。

第二，社会发展理论的"空间转向"。

第三，文化自觉与科际整合。

第一章 "新发展主义"的勃兴

从社会发展理论因革嬗变的轨迹看,如果说第二次世界大战后社会发展是在"发展主义"主导下展开的,那么,20世纪晚期勃兴的社会发展模式研究则带有明显的"新发展主义"色彩。作为对"发展主义"的反动和系统清算,20世纪90年代以来,世界范围内兴起了一股强劲的"新发展主义"思潮。无论是联合国还是民族国家,无论是学术界还是非政府组织,人们议论的中心议题不再是"发展",相反,对"发展"的反思却占据了绝对的主导地位。在反思"发展主义"的基础上,社会和谐、社会建设、社会均衡发展,成为社会发展模式研究的主题。

一、"新发展主义"的内涵

虽然"新发展主义"思潮业已成为20世纪90年代以来社会发展理论的思想主潮,并占据着越来越重要的地位,但或许是因为此思潮构成的复杂性和多元性,在相当长的一段时间里,学术界并没有给此思潮冠以统一的称号，而是将其笼统地划归于后现代思潮体系之中，未展开充分研究。在中国大陆学术界，较早提出"新发展主义"概念的是周穗明，她认为："所谓新发展主义，是西方左翼基于后现代主义立场对以往发展主义理论和观念的全面清算。新发展主义力主第三世界各国摆脱西方现代性的价值尺度，拒绝西方主流的现代化发展道路，选择一条尊重各民族自己的历史文化传统，符合第三世界国家社会发展实际的'另类'发展方式和路径。作为对发展主义的理论反拨，新发展主义思潮出现于20世纪80年代中期，在"冷战"结束后的90年代形成高潮，是对70年代以后传统发展主义理论失效和实践失败的历史反思。"①此外，由许宝强和汪晖主持选译的《发展的幻象》一书，汇集了新旧世纪交替之际世界上较具影响力的一些批判"发展主义"的力作，亦堪称为迄今为止华语学术界对"新发展主义"最为集中而系统的传播和介绍。

综合学术界上述为数不多的对"新发展主义"的研究和界定，我们可以形成一些对"新发展主义"的基本理解：

第一，"新发展主义"思潮具有多元复杂的承载者。上述研究者多将"新发展主义"思潮概括为西方左翼基于后现代主义立场而倡导的思潮，固然有一定道理，但笔者认为其概括仍略显狭隘，没有反映出"新发展主义"思潮载体的多元性和复杂性特点。如果我们认真分析新"发展主义思潮"的复杂构成，便会发现"新发展主义"思潮的承载者是多元的：既包括欧美左翼基于后现代主义立场对以往发展主义理论和观念的批评（具体表现为活跃在学术界和思想界的思想家和著名学者），也包括非西方国家知识界对"发展主义"的反思；既包括联合国及其附属组织，也包括民族国家和非政府组织，认真分析"新发展主义"多元的承载体系，对于我们深入理解"新发展主义"发生、发展的内在逻辑大有裨益。

第二，就基本观点而言，"新发展主义"与"发展主义"在很多方面

① 周穗明：《西方新发展主义理论述评》，《国外社会科学》2003年第5期。

表现出根本性的对垒：

"'发展'是无限的吗？有人用人的欲望是无限的来合法化'发展'的无限性。但是，他们忘记了，欲望实际上是被体制和体制下的机构（例如商业财团）制造和再生产出来的。而'发展'之所以不可能无限制地进行下去，因为可利用资源不是无限的，我们'只有一个地球'，它在'发展主义'的驱使下，正给我们带来一个又一个'寂静的春天'。"[1]

但我们应当清楚，"新发展主义"并不是反对经济发展，亦不主张取消经济发展，而是反对将经济发展绝对化和唯一化，"20世纪90年代以来，经济自由主义以个人和社会的需求和欲望为动力，摇发展主义的大旗，为市场经济、私有化和经济理性鼓噪呐喊。像是一块巨石从山顶加速滚下，以经济的发展来解决社会和政治问题，以对金钱财富的持有来面对人生的本质意义，这样的观念和做法已然操控着我们的生活。"[2]

第三，"新发展主义"思潮不仅注意理论建构，而且积极努力将这些理论付诸行动。与那些专注理论思辨的思潮不同，"新发展主义"思潮的一个突出特点是其实践性，它往往与各种类型的社会运动结合在一起。这一方面反映了人类文明发展到今天所积累矛盾的尖锐性，同时也与"新发展主义"思潮突破了知识界和思想界的范围，形成了多元的思潮载体有着密切的关联。

第四，从总体上看，"新发展主义"思潮的构成虽然非常复杂，各种观点和学派错综复杂地交织在一起，但如果我们认真分析其观点和行动，还是会从中发现其思潮流派的大致构成。如伴随着社会理论研究的"空间化转向"，出现了被称为新马克思主义城市理论"三剑客"的新马克思主义城市理论和人文地理学研究的代表人物列斐伏尔、哈维和卡斯特尔。在一般情况下，还包括世界体系理论的代表者沃勒斯坦以及一些运用马克思主义社会理论从事区域发展研究的学者，他们构成了"新发展主义"思潮

---

[1] 黄平：《关于发展主义的笔记》，《天涯》2000年第1期。

[2] 雷启立：《坚持一种可能》，《读书》2004年第1期。

中较具影响的流派。他们中既有马克思主义的信仰者，也有单纯从学术研究方法的角度借助马克思主义的社会理论。他们虽然没有形成一个统一的派系，但其空间理论都是在与马克思主义社会理论的对话中展开和形成的；虽然其理论没有与无产阶级革命直接联系起来，但其出发点基本上都是站在对资本主义工业社会批判的立场上，具有较强的民众性，推进了经典马克思主义社会理论在新的时代背景下获得了新的发展，有填补空白的贡献。当然，其观点也不无矫枉过正之处。"与经典马克思主义相对照，他肯定是过分突出了生产概念中的空间维度，而牺牲了其更根本的历史性内涵；只聚焦于晚期资本主义空间生产的暂时性特征，而有意地模糊了永恒的物质生产的基础地位。"[1]

第五，从"新发展主义"思潮与人文社会科学体系之间的关系看，无论是学术组织、学派，还是以个人身份阐发自己观点的著名学者，其研究都带有极强的跨学科研究取向。如美国著名社会科学家沃勒斯坦近年来即奔走呼号，大力提倡跨学科研究，成为当代跨学科研究最有号召力的人物。他认为伴随着人类社会的急速变迁，科学技术发展开始呈现出既高度分化又高度综合的特点；人类文明剧烈变迁，也使得任何理论上和实践上所提出的重大问题，都是单一的学科和单一的思维方法所难以回答和解决的。故"现在需要做的一件事情不是去改变学科的边界，而是将现有的学科界限置于不顾，去扩大学术活动的组织。对历史的关注并不是那群被称为历史学家的人的专利，而是所有社会科学家的义务。对社会学方法的运用也不是那群被称为社会学家的人的专利，而是所有社会科学家的义务。同样，经济学问题也不只是经济学家才有权研究，事实上，经济问题对于一切社会科学分析来说都是极其重要的。我们也没有绝对的把握说，专业历史学家对历史解释、社会学家对社会问题、经济学家对经济波动就一定比其他社会科学家知道得多。总之，我们不相信有什么智慧能够被垄断，

---

[1] 刘怀玉：《晚期马克思主义研究（笔谈）》，《南京大学学报》2004年第5期。

也不相信有什么知识领域是专门保留给拥有特定学位的研究者的"①。可见，上述这种努力打破学科界限，力促学科综合的学术思潮，为，"新发展主义"提供了较为丰厚的学术基础。

二、"新发展主义"兴起的历史背景

作为对"发展主义"的反动和系统清算，自20世纪晚期勃兴，到20世纪90年代走向高涨的"新发展主义"思潮，倾其全力，对"发展主义"展开系统深刻的反思批判。无论是联合国还是民族国家，无论是学术界还是非政府组织，人们议论的中心议题不再是单纯的"经济发展"，相反，对"经济发展"的反思占据了绝对的主导地位。

（一）20世纪末人类社会的"发展衰象"

20世纪晚期，整个世界思想界和知识界似乎都被一种危机氛围和"衰世感"所笼罩，人们意识到，当下人类所遭遇的发展困境和文明问题非常复杂，主要表现在：这种与世纪交替同时降临的"危机感"不是源于物质的匮乏，而是与人类物质文明的"进步"和"发展"直接联系在一起。"衰落""危机""逆现代化""风险"等词汇，成为新发展主义者借以建构其理论体系的最常用的概念，并成为其反思批判"发展主义"的利器。

如在著名的社群主义者查尔斯·泰勒看来，"发展主义"主导下的社

---

① ［美］华勒斯坦：《开放社会科学》，生活·读书·新知三联书店1997年版，第106页。

会发展进程虽然也取得了巨大的成就，但就总体而言，"发展主义"话语下的"发展"是直接与"衰落"联系在一起的："尽管我们的文明在'发展'，人们仍视这些特点为一种失败或衰落。从17世纪至今的整个现代屡屡被视为是处在衰落的时间框架里。即使时间跨度变化很大，衰落的主题仍有某些重合。"①而法国学者艾德加·莫兰则对"危机"一词的扩散性和蔓延性进行了比较充分的论述，他说："危机的概念在20世纪当代意识的各个领域里扩散开来。没有哪一个领域或问题是不被危机的意识所困扰的：资本主义、社会、夫妻、家庭、价值观、青年、科学、权利、文明、人类，不过，这一概念在普及的同时，又变成了一种空洞无物的概念。如今，危机意味着不明确，是指随着干扰一起出现的不确定的决定性时刻。"②

美国前副总统戈尔也认为技术文明已将人类置于险境："人类文明的大厦变得越来越复杂，几乎达到了令人咋舌的程度。但是，它变得越精致，我们越发地感到距离自身赖以生存的地下根基越远。从某种意义上说，人类的文明确实已经远离其自然界的根基，变成一个由人设计、受人控制的人造世界。"③法国著名社会学家阿兰·图雷纳则主要是通过"逆现代化"概念的阐述，展开了其对"发展主义"的批判。他认为所谓"逆现代化"一般被定义为"经济与文化的分离和由此而直接造成的经济与文化的衰退。它在19世纪末国际金融与工业经济以空前的规模形成时就开始出现了。破裂不仅出现在国际上，而且渗透到一切社会、有组织的集体行动者群体和个人本身。尽管各种制度、风俗、信仰、纲领还给个人和社会以一种和谐一致的外表；但是，一个分裂的世界不会让我们看不到这样的实质：我们的现代性已衣衫褴褛地离去，我们不能借口进入一个具有

---

① ［加］查尔斯·泰勒：《现代性之隐忧》，中央编译出版社2001年版，第1页。

② ［法］艾德加·莫兰：《社会学思考》，社会科学文献出版社2001年版，第146-147页。

③ ［美］阿瑟·赫尔曼：《文明衰落论：西方文化悲观主义的形成与演变》，上海人民出版社2007年版，第5页。

批判的个人主义魅力的后现代纪元便轻率地接受这种分崩离析的解体现象。"①

20世纪晚期以来人类文明表现出来的种种衰象,其实质是"发展主义"主导下工业社会的危机。正如美国学者威利斯·哈曼所指出的那样:"我们唯一最严重的危机主要是工业社会意义上的危机,我们在解决'如何'一类的问题方面相当成功","但与此同时,我们对"为什么"这种具有价值含义的问题,越来越变得糊涂起来,越来越多的人意识到谁也不明白什么是值得做的。我们的发展速度越来越快,但我们却迷失了方向。"②综上所述,可见,这种因发展而导致的人类社会的空前"危机"和"衰败",是"新发展主义"兴起的深层原因。

(二)日趋严重的"社会失灵"

在理论界,人们长时间关注的是所谓"市场失灵"和"政府失灵"问题,学界几乎动用全部的力量对此展开旷日持久的"马拉松式"的研讨。但"社会失灵"现象实际上却被掩盖,人们很难发现,在"发展主义"的背景下,人类社会发生了剧烈的变迁,并出现了某些"社会失灵"迹象。概括地说,这种复杂的社会"衰落表象"集中体现在现代性对社会的消解和破坏等方面,其突出表现是日益严重的社会原子化趋向。这里所说的社会"原子化"趋向与"原子主义"不同。原子主义是社群主义者指称自由主义的个人主义的术语,指的是把个人放在首位,认为个人及个人权利优先于社会;把个人看作是完全自足的自我,是处在社会之外并独立于社会的。③而这里所说的"原子化"主要是指在现代社会剧烈变迁过程中人类的社会联结状态发生结构性变化的过程,主要表现为个人之间联系的

---

① [法]阿兰·图海纳:《我们能否共同生存:既彼此平等又互有差异》,商务印书馆2003年版,第50页。

② [美]威利斯·哈曼:《未来启示录》,上海译文出版社1988年版,第193页。

③ 潘小娟、张辰龙:《当代西方政治学新词典》,吉林人民出版社2001年版,第409页。

弱化、个人与公共世界的疏离以及由此而衍生的个人与国家距离变远等情形。

1. 个人间、群体间社会联系的薄弱，社会纽带松弛

关于现代性对人类社会纽带的消解和破坏作用，很多思想家留下了精辟的论述，他们认为伴随着现代化和城市化进程，农业时代那种充满温情和集体意识的共同体将不可避免地走向解体，而代之以陌生人为主体的现代城市社会。更为可怕的是，"作为社会凝聚力源泉的家庭与亲属关系的衰落，以及信任的不断下降，构成了大分裂的特点"①。对社会做纯工具化理解的极端个人主义成为社会上占绝对主导地位的思潮。"利己主义是对自己的一种偏激的和过分的爱，它使人们只关心自己和爱自己胜于一切，个人主义是一种只顾自己而又心安理得的情感，它使每个公民同其同胞大众隔离，同亲戚和朋友疏远，利己主义来自一种盲目的本能，而个人主义与其说来自不良的感情，不如说来自错误的判断。"②而问题的复杂性也正如孙立平所言：社会联系的薄弱是一个明显的事实。当然这并不意味着像原子论者所说的那样，人与人之间的直接的联系就不存在了，而是说，这种直接的联系在简单化，在明显变弱。人情的淡薄，即是这种趋势的一个通俗说法。其含义是在于，在这种人际关系中，除了利益的考虑之外，其他的因素已经明显减少。

除个人间联系空前削弱外，群体间的联系也被愈演愈烈的社区隔离所切断。如福山发现，从20世纪七八十年代开始，装有大门的社区在郊外如雨后春笋般涌现出来。"在许多人眼里，这些社区是生动的象征，它们象征着分化的、孤立的、缺乏信任的美国。"③在快速的城市化进程中，人

---

① ［美］弗朗西斯·福山：《大分裂：人类本性与社会秩序的重建》，中国社会科学出版社2002年版，第67页。

② ［法］托克维尔：《论美国的民主》，商务印书馆1996年版，第625页。

③ ［美］弗朗西斯·福山：《大分裂：人类本性与社会秩序的重建》，中国社会科学出版社2002年版，第161页。

们开始以前所未有的速度集中到城市之中，但集中于城市中的人们却没有也不可能凝聚成一体，而是发生了前所未有的分化和隔离。而且这种分化和隔离并不仅仅表现为富人与穷人、白人和其他人种之间的差异，而是一个整体的对接的过程。"这些城市将它们的活动、社会群体和文化进行内部分离，同时又根据其结构的相互依赖进行重新连接"①，构成了一种典型的城市"精神分裂"和"空间错位"的进程。如果我们把空间视为一种社会权力的容器的话，那么，"空间的重组就始终是社会权力通过其得以表现的框架的重组"②。郊区化的一个最为直接后果便是在现存的权力关系的作用下，社区走向封闭化和城市隔离机制的建立。

2. 个人与公共世界的疏离

个人与公共世界的"联结问题"是社会总体联结中最为关键的环节。早在古典社会学发展阶段，在众多的社会学家笔下，即曾围绕着个人与公共世界疏离现象展开研究。其中，法国社会学家涂尔干在《社会分工论》中揭示的"国家—次级群体—个人"之间复杂的联动关系最具代表性。他指出："如果在政府与个人之间没有一系列次级群体的存在，那么国家也就不可能存在下去。如果这些次级群体与个人的联系非常紧密，那么它们就会强劲地把个人吸收到群体活动里，并以此把个人纳入到社会生活的主流之中。"在涂氏看来，如果在国家与个人之间失去了初级社会群体为中介，那么"国家与个人的距离越来越远，两者的关系也越来越流于表面，越来越时断时续，国家无法切入到个人的意识深处，无法把他们结合在一起"③。涂尔干在这里所说的"初级群体"，主要是指职业群体和法人社团。由国家、初级社会群体和个人构成的体系之间的各要素之间的互动关系非常复杂。包括职业群体、法人群体在内的初级群体是作为个人与国家

---

① ［美］保罗·诺克斯、史蒂文·平奇：《城市社会地理学导论》，柴彦威等译，商务印书馆2005年版，第13页。

② ［美］戴维·哈维：《后现代的状况》，阎嘉译，商务印书馆2003年版，第319页。

③ ［法］涂尔干：《社会分工论》，生活·读书·新知三联书店2000年版，第40页。

联结的中介而存在的，同时它可以对国家构成制约从而保证个人不受国家的暴政压迫；但"国家自身的意志并不是与个人截然对立的。只有通过国家，个人主义才能形成"①，这主要表现在：通过国家可免于次级群体的压制，从而建立起"相应的平衡机制"，为个人解放的实现提供了根本条件。可见，在这一平衡体系中居于中间位置的初级集团占有重要的位置。

任何一种成熟的文明社会都是建立在一些基本的、真实的社会联结基础之上的。其中最为重要的联结应是介于国家与个人之间的社会初级群体及其相应的组织团体。而走向原子化的社会则恰恰是破坏了上述基本联结，使个人直接面对国家，导致社会内部松散，组织能力差，在表达利益诉求、维护个人权益时，往往以原子化的个人去面对政府和社会。此种现象的危险性在于，弱势群体的利益诉求无法上达，而政府的惠民政策也失去了下传的管道。

3. 规范失灵，社会结构"碎化"

集体意识乃是社会控制的基础，其迅速走向消解，必然引发严重的社会失范。"集体意识的衰落无疑会使社会陷入道德真空状态，社会成员失去了社会的凝聚力，在意识领域内各处闲散游荡。"②当社会走向原子化后，各种社会制约因素均宣告消解。"一个分裂的社会是一个其成员越来越难以将自己与作为一个共同体的政治社会关联起来的社会。这种认同之缺乏可能反映了一种个人利益至上主义的观念，而依此观念，人们终将纯粹工具性地看待社会。"③一个碎片化的社会的成员越来越难以把他们的政治社会视作一个社群，因为他们所理解的社会是纯粹工具性的。"个人主义首先使公德的源泉干涸。但是，久而久之，个人主义也会打击和破坏

---

① ［法］涂尔干：《职业伦理与公民道德》，上海人民出版社2001年版，第69页。

② 李汉林、渠敬东：《中国单位组织变迁过程中的失范效应》，上海人民出版社2005年版，第8页。

③ ［加］查尔斯·泰勒：《现代性之隐忧》，中央编译出版社2001年版，第136页。

其他一切美德，最后沦为利己主义。"①毫无疑问，道德失范的诊治对策是多元的，但初级社会群体建设应是其中的关键。现代社会体系中的初级群体和法人群体不仅扮演经济生产的功利的社会角色，同时也是道德规范形成、强化的空间。诚如涂尔干所言："集体的角色不仅仅在于在人们相互契约的普遍性中确立一种绝对命令，还在于它主动积极地涉入了每一规范的形成过程……社会置身于舆论的氛围里，而所有舆论又都是一种集体形式，都是集体产生的结果。要想治愈失范状态，就必须首先建立一个群体，然后建立一套我们现在所匮乏的规范体系。"②

（三）对"发展主义"的质疑和批判

1. "发展主义"之内涵

关于"发展主义"之内涵，学术界有着不同的研究和概括。20世纪50年代以来，在"发展主义"语境之下的"发展"概念，其内涵绝非一般意义上的社会发展和社会变迁，而是一种以民族国家为主体单位，以"跃进式""赶超式"发展为主要方式，以西欧和北美现代化模式为发展蓝本而掀起的现代化运动。

在20世纪五六十年代，"发展主义"本为特指拉丁美洲的一种以经济发展为中心的发展理论，由阿根廷著名经济学家、联合国拉美经济委员会第一任执行秘书劳尔·普雷维什倡导，故又称"拉美经委会主义"。其核心观点认为，资本主义世界体系已形成一个以资本主义工业大国为"中心"、以不发达国家为"外围"的国际体系。发展中国家要摆脱"外围"地位，应推进现代化进程，必须执行进口替代工业化战略，为此主张实行保护政策，促进国内幼稚工业的发展和生产的多样化，改善贸易条件，这是求得经济发展的唯一出路。在经济发展中须充分发挥国家的作用，由国家直接干预经济，确立国家在社会经济发展过程中居最高地位和制定国家

---

① ［美］托克维尔：《论美国的民主》下卷，商务印书馆1996年版，第625页。

② ［法］涂尔干：《社会分工论》，生活·读书·新知三联书店2000年版，第17页。

建设规划两条基本原则，同时主张从西方发达工业化国家引进资本和先进技术，认为这是加快工业化过程的关键。[1]

到20世纪90年代，学术界对"发展主义"概念做了进一步的拓展，开始泛指第二次世界大战后以发展中国家为对象、以经济发展为核心的一种发展理论。许宝强先生在其选编的《发展的幻象》一书的序言中，对"发展主义"的起源、发展及其表现形态做了比较清晰的概括，他认为"发展主义（developmenlalism）是一种意识形态，一种认为经济增长是社会进步的先决条件的信念。以经济增长作为主要目标，依据不同的手段，例如高科技、工业化、国家干预或市场机制，产生出不同版本的发展主义学说——自由市场、外向型经济、依附发展（dependent development）或以发展为主导的国家（developmental state）等等"[2]。

另一位对发展理论较为关注的学者周穗明则对"发展主义"做了广义和狭义的双重概括，认为"发展主义是西方现代化的主流理念。在广义上，发展主义是一种以经济增长为中心的社会进步理论，代表着工业革命以来的进步主义价值观；在狭义上，发展主义是第二次世界大战以后的一种特定的意识形态理念，是继战后"马歇尔计划"之后西方阵营的第三世界发展战略，也是包括'现代化理论'、'依附理论'、'世界体系理论'以及种种关于高科技、工业化、国家干预或市场机制等不同版本的发展学说的总称"[3]。其概括与许宝强的理解大致相同。

我们如果对"发展主义"做进一步深入的理解，应注意以下几个问题：

首先，在"发展主义"语境下，"发展的内涵并非一般意义上的社会变迁，而是源自17世纪以来欧洲的启蒙思想中关于社会'进步'、'进化'的观念，并在二战后发达国家对其他地区和社会的援助和贷款项目实

---

[1] 杨宇光主编：《联合国辞典》，黑龙江人民出版社1998年版，第795页。

[2] 许宝强、汪晖选编：《发展的幻象》，中央编译出版社2001年版，序言。

[3] 周穗明：《西方新发展主义理论述评》，《国外社会科学》2003年第5期。

施过程中日益成型的一套'战略'、'规划'和'方案'。带有极强的意识形态色彩"①。故作为现代性话语在当代的一个重要的有机构成部分,"发展主义"是唯一的,带有明显的"西欧中心论"色彩。"发展主义"语境下的所谓发展,"不是一般意义上的社会变迁和生活质量的改善,而是唯西方社会之马首是瞻,以欧洲近300-500年的变迁模式为依据,学习、模仿、追踪欧洲模式的过程。"②其"吊诡之处就在于,即使是批评'发展主义',或对现代性带有批判性的理解,也常常是以欧洲的'发展'为蓝本和依据的;即使这些批评和批判看到了欧洲以外的发展,包括如何对欧洲的现代性进行富有意义的反应(积极的接受、融合、创新和各种形式的怀疑、抵抗,等等),也主要是将欧洲作为'发展'的原生形态,欧洲以外的变迁无非是如何受到欧洲的发展模式的影响罢了。"③

其次,"发展主义"对待传统的态度是"传统—现代"二分的观点,以此思想为基础而推动的现代化工程的实质,是"迫使本土居民将精神气力从正面追求本土意义的社会变迁,转移耗费在反抗由西方主导的文化、政治和经济等负面目标之上。若要第三世界人民的福祉得到改善,必须抛弃只有'我们'才能为'他们'完成现代化的信念"④。

最后,"发展主义"话语下的社会发展进程是"线性的""直线式"的。正如发展主义在经济学领域的首席权威罗斯托对现代社会发展所规划的那样:从经济角度将所有社会归于五种类型之一是可能的。这五种社会是:传统社会、起飞前提条件、起飞、走向成熟、大众高消费时代。"这些阶段不仅仅是描述性的。它们不仅仅是一种概括有关现代社会发展的某些事实的观察的方法。这些阶段具有内在的逻辑关系和连续性,拥有一个

---

① 黄平:《关于发展主义的笔记》,《天涯》2000年第1期。

② 黄平等:《社会学人类学新词典》,吉林人民出版社2003年版,第27页。

③ 黄平:《关于发展主义的笔记》,《天涯》2000年第1期。

④ 许宝强、汪晖选编:《发展的幻象》,中央编译出版社2001年版,第185页。

以动态生产理论为根基的分析框架。"①

虽然"发展主义"早在古典发展理论时期即已萌生，但其真正成为一种影响巨大的思潮还是20世纪中叶以后的事情。20世纪五六十年代，在战后百废待兴和美苏两大阵营"冷战"的特殊历史背景下，"发展主义"几乎成为那一时代社会发展思想的主潮，无论是多元的发展理论流派，还是联合国和民族国家，其在发展的具体方略和设计上虽然有所不同，但在发展的总体取向上却都不同程度地带有"发展主义"色彩。其中最具代表性意义的"发展主义"思潮应首推经典现代化理论，现代化理论是一个复杂的理论流派，主要包括结构学派、过程学派、行为学派、实证学派、综合学派与未来学派的理论，值得认真分析研究。

2. "发展主义"的没落及评价

20世纪八九十年代以降，颇为盛行的"发展主义"逐渐开始走向衰落。"发展主义"走向衰落的原因虽然非常复杂，但以下两个方面的因素应引起我们格外注意：

其一是工业社会神话的破灭。"发展主义"所描述的社会快速发展的理想境界实际上是建立在工业社会基础之上的。"工业社会的神话是一种新圣西门神话；按照这种神话，达到了工业阶段的社会会逐渐减少其对抗、冲突和极端的不平等，向个人保证社会所能给予的最大幸福，总而言之是逐渐解决历史过程中能够提出来的所有根本上的社会和人文问题。这个神话曾经是非常诱人的，但持续的时间却非常短。事实上，它是在第二次世界大战后1950—1955年出现的，60年代初开始盛行；后来到了1968—1969—1970年突然间问题成堆，没有人相信了。"②可见，"发展主义"之所以必然走向没落，在于其目标设定的虚幻性。其主张坚信：只要坚持发展主义，就一定会使社会消灭贫困走向富足，带有极强的虚幻性，"脱

---

① ［美］W. W. 罗斯托：《经济增长的阶段：非共产党宣言》，中国社会科学出版社2001年版，第13页。

② ［法］艾德加·莫兰：《社会学思考》，上海人民出版社2001年版，第460页。

离自身传统的社会用以指导自己前途的不再是历史经验,而是对美好未来的追求"①,使得社会发展失去真实的社会依据。20世纪下半叶,很多名噪一时的发展理论在复杂的社会现实问题面前,纷纷宣告失败,失去了解释力。社会陷入危机和困顿之中,社会问题已不再像以前那样,单靠富裕社会剩余财力即可解决:"停滞、高失业率、福利国家的财政危机、环境污染、军备竞赛、抗议政治等等,都没有写在教科书里,即那些宣称向后工业社会、后唯物主义、服务型社会过渡的教科书里。第三世界中如此之多的发展理论的失败也没有写在现代化理论的文字当中。"②

其二是对"发展主义"的批判和质疑。对"发展主义"的批判和质疑主要来自两个方面,一是来自现实实践活动的批判,即20世纪70年代以来,那些打着援助、贷款旗号展开的对非西方国家的援助活动最后多以失败宣告终结。西方的援助者多认为是受援助国家内部落后的文化意识阻滞了其现代化进程。而相反的观点则认为,在现存的"中心—边缘"的政治经济秩序没有根本改变的形势下,非西方国家不可能实现真正意义的社会发展。

二是来自学术界理论上的批判。人们对"发展主义"时代长期被世人奉若神明的一些理论命题表示怀疑,人们不再相信:

——帮助穷人和贫民最好的办法是使富人更富,因为财富将不可避免地慢慢流出,以有利于那些受欺凌的人,使他们上升到体面的地位。

——科学可以解决一切问题,揭示一切可以被认为是有关人类和社会的问题。

——地球上有几乎取之不尽的财富,只要我们敢用我们的技术去发掘并将它们投入市场。

——有一种经济和政治组织体制大大胜过其他一切体制,世界上所有的民族为了自身的最大利益都应该接受这种体制。

① [法]莫林、凯恩:《地球祖国》,生活·读书·新知三联书店1997年版,第74页。
② [德]沃尔夫冈:《现代化与社会变迁》,社会科学文献出版社2000年版,第23页。

——进步的真正标志是拥有更大的城市、更高的建筑物、更多更大的工厂、更大更机械化的农场、更多更宽阔的公路以及在更大更豪华的购物中心有更多可供选择的商品。①

当代新儒学大师徐复观曾从"文化性格"角度质疑"发展主义",提出：近三百年来文化的性格,是把人拉着向前的性格;没有这,即没有一般所说的进步。但假使在一天之中,没有树荫小憩、茶亭小饮、野外或店里小吃的时间,而只是不断地向前走着,一路上纵有好山好水,但到了下午,饥肠辘辘,体力疲乏不堪,人生至此,还有什么旅行的兴味可言呢？现代文化的病根,及由这各种病根所发生的危机,正与此相像。只带着人们的精神向前,而没有使人们的精神得到一点安顿,于是现代人的精神,实已过分地疲倦而堕入虚无、暴乱之中,不仅失掉了三百年来一直向前进步的意义;并且快要把这一股文化的力量,加以毁灭了。现代人生活上的苦闷、危机,乃是由于精神上得不到平静、安顿而来的苦闷、危机。可见,在上述两个方面的激烈批评下,"发展主义"走向衰落是必然的。

虽然"发展主义"在理论上已经丧失了存在的合理性,并已遭到来自实践的激烈批判,但在评估"发展主义"现今真实的存在状态时,我们仍然应该采取比较审慎的态度,因为在现实中,"发展理论"和"发展实践"之间经常存在着背反,即"发展的实践越来越脱离理论,发展的政策越来越脱离发展研究"②。这种"理论"和"实践"相脱节的现象,往往会造成一种假象,即"发展主义"在"论坛"上已经式微,并日趋没落,但在民族国家日常的政治实践中,"发展主义"仍被奉若神明,成为政治家恪守的社会发展准则。所以,在评估发展主义在当下境况时,我们既要考察"发展主义"的理论境况,同时还要关注其实践状态,以免堕入简单化的窠臼。

---

① ［美］E.拉兹洛：《决定命运的选择》,生活·读书·新知三联书店1997年版,第75—76页。

② ［美］C.P.欧曼等：《战后发展理论》,中国发展出版社2000年版,引言,第1页。

三、"新发展主义"的理论载体及其主张

如前所述，20世纪八九十年代勃兴的"新发展主义"思潮之所以在世界范围内产生如此持久而巨大的社会影响，与其所具有的多元承载体系有着密切的关联。具体言之，"新发展主义"思潮的载体既包括欧美左翼基于后现代主义立场对以往发展主义理论和观念的批评者和批判者（具体表现为活跃在学术界和思想界的思想家和著名学者），也包括非西方国家知识界对"发展主义"的反思和清算；既包括联合国及其附属组织，也包括民族国家和非政府组织。这种多元的承载体系，使得"新发展主义"不仅仅作为一种"思潮"而发生影响，同时也在很大程度上是作为一场社会改革运动而存在的。

（一）联合国

众所周知，联合国曾是"发展主义"话语最强有力的承载者。20世纪六七十年代前后，联合国对世界社会发展的总体思路即是一种典型的"发展主义"取向，集中表现为"追求单一的物质财富在数量上的增长即GNP、GDP指标的高增长"[1]。但在世界社会发展经历了70年代的全面顿挫后，联合国便率先开始对"发展主义"展开全面而系统的批判和反思。其具体成果首先表现在1979年联合国召开的基多会议上对"新发展主义"的首倡。

1979年8月27—31日，为了从一个具有哲学和跨学科特点的根本性思考的高度来对旨在实施一个综合发展——或者说新的发展的构想而提出的各种方法进行一番探讨，联合国教科文组织（以下简称"教科文组织"）在厄瓜多尔的基多召开了一个专家会议，来自17个国家的18位专家与会。会议是在拉丁美洲社会科学院的积极协助下举行的。会议结束后，教科文组织邀请与会的法兰西学院名誉教授佩鲁就此主题，从哲学思考角度写一

---

[1] 颜宪源等：《90年代联合国发展观的新进展》，《未来与发展》1998年第3期。

本书①，这便是后来被称为揭开"新发展主义"序幕的代表性作品《新发展观》一书。在该书中，佩鲁在反思联合国"两个发展十年"教训的基础上，对"发展"和"增长"进行了重新界定，认为"发展主义"主导下的"发展"，只是外在的经济发展，是对获取财富和积累资本的可鄙的迷恋，是对"最大值"而不是"最适度"的发展的追求。它只考虑市场的要求，不考虑个人的发展价值、社会的发展和整体的发展，与人们及共同体制定的生活规划之间存在着紧张关系。在一些国家还造成了"无发展的增长"的危险。所谓增长，只是生产规模的扩大，它不包括结构的变化和均值的增长。破坏环境、毁坏自然资源都没有被计算在内。

在深入批判"发展主义"的基础之上，佩鲁试图建立所谓"以人为中心"的新发展观。其核心观点可概括为九个字，即"整体的"、"内生的"、"综合的"。所谓内生性，主要是基于历史文化和社会价值，强调人力资源的开发，即社会经济发展中动态的、主体力量的发动，而不仅仅是物质的发展、客观经济体系的发展。而所谓"整体是指这样一种观点，它在各种具体分析之外，不仅考虑人类整体的各个方面，而且在其内在的关系中"，突出文化价值在发展中的作用，新发展是基于文化价值的全面发展，是经济利益和文化价值的统一。"我们所讲的发展是整体性的；这种发展使技术受到各个人类共同体知识的、社会的和道德的约束。"应当承认，发展受到的限制不是技术的，而是政治的、社会的和管理的。所谓"综合的"，"就一般意义上说，'综合的'这一术语表示各种单位和因素聚合在一起，形成一个单一整体"。强调发展的综合性，主要是重视结构内部稳定协调发展，突出组织在结构中的作用。其中尤其是国家对市场的调节作用。《新发展观》虽由法国学者佩鲁执笔，但全书的基调却也代表了联合国的观点。

联合国所倡导的"新发展主义"纲领不仅表现为一种理论形态，同时还有一定的组织形态支持。如联合国社会发展委员会（Commission forSocial

---

① ［法］佩鲁：《新发展观》，华夏出版社1987年版，第1页。

Development）是联合国经社理事会9个职司委员会之一，根据经社理事会1946年6月21日决议设立。其职能和主要活动为：研究和讨论国际社会领域的形势和趋势；对社会发展的目标和政策提出建议；对妇女、青年、老龄人、残疾人、社会治安与犯罪控制等领域应采取的措施问题提出意见和建议；与在经社理事会享有咨商地位的有关非政府组织建立工作关系。此外，联合国还设有联合国社会发展研究所。该机构于1964年5月成立，地址设在瑞士日内瓦。其宗旨为研究社会发展的问题和政策，以及在经济增长的不同阶段各种类型的社会发展和经济发展之间的关系；致力于联合国在社会政策、社会计划和均衡的经济与社会发展等方面的工作。它的活动主要是出版各种报告、工作文件和进行实例研究。

正如德国学者斯蒂芬·克林格比尔所言："20世纪90年代'社会发展'能重新受到重视，联合国功不可没。这么说是有根据的。对80年代作为世界银行和国际货币基金组织战略组成部分的调整和增长政策发动的批判，起了主要作用。联合国儿童基金会、联合国开发署和联合国的其他机构在80年代末和90年代初对这种政策提出了尖锐批评。读者或许还记得'以人为本的调整'那便是联合国儿童基金会搞出的动议。正是在这种背景下，联合国发展计划署自1990年以来试图通过其人类发展报告，规划新的发展范式，其努力应当说非常成功。"①其中对20世纪下半叶世界社会发展影响最大的社会发展文献，应首推世界银行主编的年度系列《世界发展报告》和联合国发展计划署1990年开始主编的《人类发展报告》。（见表1-1和表1-2）

---

① ［德］斯蒂芬·克林格比尔：《社会发展与联合国体系》，《国际社会科学杂志》2000年第4期。

表1-1　世界银行"世界发展报告"（1978—2008年）①

时间	书名	报告主题	编写机构
1978年世界发展报告	发展中世界的现状和未来	报告全面检视了战后全球性的发展进程，展示了20世纪中叶起的20多年间（1978年以前的25年），发展中国家取得的巨大进步：收入的增长快于人口的增长从而人均收入持续增长，经济增长的同时伴随着教育系统的扩大、识字率的增长、营养和健康条件的改善、技术先进性和复杂性的提高。此外，还有结构的变化，包括工业基础地位加强和城市化水平的提高。同时报告也显示出发展中国家令人丧气的一面：大多数的国家还未完成由传统经济和社会向现代经济和社会的转变，这些国家的进一步增长受制于国内及国际因素；更为严重的是，仍有大约8亿人口在生存边缘挣扎，食品、住房、教育和健康护理短缺；许多国家人民的生活水平几乎没有什么提高，甚至有些是恶化了。传统社会的刚性是如此难以改变，这阻碍了加速增长的努力和穷人生活水平的提高。	世界银行
1979年世界发展报告	转轨进程中的挑战	20世纪70年代末起的世界经济大调整时期，处于由农业国向工业国、由传统经济向现代经济转轨进程的发展中国家，经济发展的中心目标是促进收入增长和消除绝对贫困。它们面临着新的挑战：如何解决庞大的人口数量给就业带来的沉重负担；工业化进程中如何协调工农关系，实现工业发展战略的转变；如何制定适合国情、推动城市化进程的政策措施；如何实施开放战略，促进内向型经济向外向型经济的转变。1979年世界发展报告给出了发展中国家迎接这些挑战应采取的政策建议。	世界银行
1980年世界发展报告	人力资本开发与减轻贫困	报告分析了贫困、经济增长与人力开发之间的关系，指出单纯的经济增长并不能有效地消除贫困，而人力开发在消除贫困特别是绝对贫困的过程中，有着极其重要的作用。	世界银行
1981年世界发展报告	国际和国家调整	报告分两大部分进行阐述，其中国际贸易、能源和国际资本流动属于国际性调整的范畴。而国家调整部分包括不同类别国家的调整经验，以及调整中如何保护人力发展规划问题。	世界银行

---

① 表1-1系笔者根据1978—2008年"世界发展报告"整理而成。

时间	书名	报告主题	编写机构
1982年世界发展报告	农业与经济增长	20世纪80年代初，世界经济处于持续的调整时期，世界经济面临的困境，比上一期报告的乐观估计要严重得多。对低收入国家乃至部分中等收入国家来说，要走出经济发展的困境，必须解决的首要问题是农业的发展。农业部门的巨大发展潜力，对国民经济其他部门和提高国民素质的历史贡献，是发展中国家经济增长的决定性因素。然而，各国的发展条件存在很大的差异，加上农业问题远非一个简单的部门经济发展的问题，在不同的条件下如何发展农业，以及如何来协调农业与整体经济发展的关系，成为非常重要的发展课题。	世界银行
1983年世界发展报告	开发管理与发展	发展中国家的发展实绩，除了受市场经济工业国主导的国际环境的影响外，发展中国家自身的发展政策、自身对发展事业的管理能力，是更重要的作用因素。管理出效率，管理促发展。发展中国家及其穷人要获得更好的发展收益，必须实行有效的发展管理。	世界银行
1984年世界发展报告	人口与发展	报告考察了发展中国家的人口变化以及与之相关的发展问题。报告阐明，发展中国家人口在很大程度上继续迅速增长，很可能意味着千百万人生活水平下降。报告认为，在较高的收入使生育率自然下降之前，一些国家要想取得发展，必须在近期内放慢人口增长。这对发展中国家制定相应政策以促进发展有一定的参考借鉴意义。	世界银行
1985年世界发展报告	国际资本与发展	很久以来资本从富国流入穷国，这是因为经济处在初期发展阶段的国家中资本总是比较短缺，而预期的收益率往往相应的要高些。发展中国家从国际资本流动中得到了什么好处，付出了什么代价？发达国家的宏观经济政策对发展中国家债务危机产生了哪些影响？发展中国家应从债务危机中总结什么经验教训？国际金融体系的作用如何？对这些问题，1985年世界发展报告以丰富的资料和深入的分析给出了回答，从广泛的、长远的角度说明了国际资本在经济发展中的作用。	世界银行

续表

时间	书名	报告主题	编写机构
1986年世界发展报告	农业贸易与价格	农业作为大多数发展中国家最基础的产业部门，在保持国内政治和宏观经济稳定、提供足够的粮食、改善发展中国家普遍存在的营养不良和饥荒等方面起着不可替代的重要作用。但是，无论在国内产业发展还是国际贸易中都普遍存在歧视农业的严重倾向；与此同时，发达国家的国内农业保护政策和国际盛行的贸易保护主义更是推波助澜。而双边贸易交流、粮食援助以及特惠措施进一步扭曲了农产品贸易流向和流量。结果是，全世界出口的粮食大部分在生产成本很高的发达国家生产，却在那些粮食生产成本很低的发展小国家消费，从而进一步加深了发展中国家对农业的歧视程度，强化了农民的不利处境。	世界银行
1987年世界发展报告	工业化与对外贸易	工业化是经济发展和社会进步的必由之路，它是社会生产力发展到一定阶段的重要标志。当今世界，每个国家的工业化进程都必然要在不同程度上通过市场与其他国家发生联系。世界经济的缓慢增长和工业国贸易保护主义抬头，给发展中国家的出口蒙上了阴影，发展中国家债务问题的严重性使它们迫切需要降低很高的贸易壁垒，以扩大出口获取偿还债务所需的净外汇收入。所有这些都使得该年度报告的主题显得更加重要。	世界银行
1988年世界发展报告	公共财政与发展	报告在全球经济发展前景不稳定的背景下考察发展中国家的公共财政问题。发展中国家不当的财政政策，导致或加剧国际收支问题，引发债务危机；而不当的财政紧缩补救措施，又会延长经济衰退时间，使穷人不成比例地承受调整负担。所以，解决财政政策的结构性问题，提高财政收支的效率，以提高政府质量、促进发展，成为与宏观经济全面平衡同等重要的事情。	世界银行
1989年世界发展报告	金融体系与发展	报告论述发展中国家建立有效金融体系的行为要点，以及改革现有金融结构的经验和可行途径。报告回顾了高收入国家和发展中国家的金融史，其中包括那些导致了许许多多金融中介机构出现现实困顿状况的政策和事件。由此导入建立更有效率的金融体系所必需的基础条件。同时，应通过发展正规金融体系和建立适于非法人部门的非正式金融安排两种途径来完善金融结构。	世界银行

续表

时间	书名	报告主题	编写机构
1990年世界发展报告	贫困与发展	报告讨论的是发展中国家的贫困问题,也就是讨论世界上穷人中的最贫穷者的事情。报告给出了由"机会"和"能力"两个方面组成的最有效的扶贫战略:一是实行劳动密集型发展模式及其配套政策,促进对穷人最丰富的资产即劳动力的需求,为穷人提供谋生的机会;二是广泛向穷人提供基本社会服务,增加劳动力的人力资本,提高穷人利用谋生机会的能力。前者解决的是劳动力数量过多问题,后者解决的是劳动力质量过低问题,以此来提高劳动者的收入,从而解决贫困问题。此外,应用有效的补贴和安全保障网帮助不能受惠于上述两点的老弱病残者和易于受到冲击的阶层。报告认为,国际扶贫援助须与受援国正确的扶贫政策结合,以取得最好效果。	世界银行
1991年世界发展报告	政府与市场	报告给出的中心观点是,有利于市场发展的发展方式和政策,为成功的发展所需。政府支持而不是取代、更不是阻碍竞争性市场,并集中精力于市场力所不及的工作,对市场起补充作用的战略,即让政府与市场协调一致地运行的战略,是那些取得惊人成就的发展中国家的要诀;而让政府与市场相互对立,则会带来灾难性的后果。	世界银行
1992年世界发展报告	发展与环境	报告研究了发展与环境的联系,要求协调发展政策与环境政策,以依靠市场、促进发展与环境的积极联系,以及加强法制、切断经济与环境的消极联系这样的双重战略,实现对环境负责的发展,即可持续发展。	世界银行
1993年世界发展报告	投资于健康	报告探讨了人类健康、医疗卫生政策与经济发展之间相互作用的关系,认为由健康投资和智力投资构成的人力资本投资,是发展中国家改造传统经济、加速现代化进程的关键措施。医疗卫生,作为人力资本投资助一部分,是发展的重要因素,是政府作用的重要领域。	世界银行
1994年世界发展报告	为发展提供基础设施	报告研究了基础设施与发展的联系,探讨了发展中国家改善基础设施服务的提供及其质量的方式,揭示了改革基础设施营运机制的总体思路。	世界银行

时间	书名	报告主题	编写机构
1995年世界发展报告	一体化世界中的劳动者	在各国融入单一的全球经济大趋势中,揭示劳动者们各不相同的机遇和风险,探讨有利于全体劳动者的发展战略和劳动力政策,以建立起更公平的收入分配制度、更安全的就业保障、更符合安全和健康标准的工作条件和更有效率的劳动力市场,使全体劳动者都获得市场化、全球化的更大收益,是报告的中心内容。	世界银行
1996年世界发展报告	从计划到市场	报告将中国和原苏东的28个中央计划经济国家的经济转轨,作为研究对象,实际上成为一本"转轨经济学"或"比较转轨经济学"。也因此,这期的报告更引起我们的兴趣。	世界银行
1997年世界发展报告	变革世界中的政府	"变革世界中的政府",是1997年世界发展报告的主题。重新定位政府职能,寻求提高政府有效性的途径,以更好地为市场化、全球化的发展服务,是报告的中心内容。报告的这一议题,可以认为是对于20世纪80年代以来的市场化改革的一种反思和发展。	世界银行
1998/1999年世界发展报告	知识与发展	探讨了知识在促进经济和社会福利方面的作用。人们开始认识到,经济不仅建筑在实物资本和人类技能积累的基础上,还建筑在信息、学习和对知识加以吸收改造的基础上。	世界银行
2000/2001年世界发展报告	与贫困作斗争	报告旨在增进人们对贫困及其成因的了解,使人们行动起来创建从各方面摆脱贫困的世界,以应对消除贫困所带来的挑战。	世界银行
2002年世界发展报告	建立市场体制	论述了有关建立有利于促进经济增长与减轻贫困的市场机构制度的问题,重点阐述机构制度如何对市场起到支持作用,如何使机构制度发挥作用,以及如何建立这种机构制度。	世界银行
2003年世界发展报告	变革中的可持续发展	在未来50年,全世界的国内生产总值总额有望达到140万亿美元,世界总人口从目前的60亿增加到90亿,全球经济规模将有可能扩大四倍,在减贫方面也会取得巨大进展。但是,如果不改善政策和体制,社会和环境压力就有可能颠覆发展进程,导致贫困水平升高和全人类的生活质量下降。	世界银行

时间	书名	报告主题	编写机构
2004年世界发展报告	让服务惠及穷人	主要的服务往往不能满足贫困人口的需要,无论是从渠道、数量还是质量上皆如此。这样就会影响千年发展目标的实现,千年发展目标要求到2015年把全球贫困发生率降低一半,并取得人类发展的普遍改善。	世界银行
2005年世界发展报告	改善投资环境,促使人人受益	报告研究了如何创造一个良好的环境,使各种各样的企业和企业经营者(农民个体、微型企业等)都有机会和积极性进行有效的投资,创造就业机会和扩大规模,从而有助于经济增长和减少贫困。	世界银行
2006年世界发展报告	公平与发展	我们生活在机会极端不公平的世界上,这种不公平既存在于各国内部,也存在于国与国之间。就连生命这个基本的机会也非常不公平。将重点放在探讨公平在发展进程中的作用。"公平"的定义是两项基本原则。第一项原则是"机会公平",即一个人一生中的成就应主要取决于其本人的才能和努力,而不是被种族、性别、社会及家庭背景或出生国等因素所限制。第二项原则是"避免剥夺享受成果的权利",尤其是享受健康、教育、消费水平的权利。对于大多数人而言,公平本身就是一项重要的发展目标。然而,报告进一步通过证据表明:广泛分享经济和政治机会对经济增长和发展也具有至关重要的作用。	世界银行
2007年世界发展报告	发展与下一代	报告审视了青年人的五个关键人生转折期:学习、工作、保持健康体魄、组建家庭、行使公民权。在这五个转折期,政府采取正确的政策,可以帮助释放开发青年人的潜力。提出在每个转折期,政府不仅需要增加直接投资,还需要为青少年及其家庭培育一种对他们自身进行投资的环境。	世界银行
2008年世界发展报告	强调发展农业	要实现千年发展目标,到2015年将全球赤贫和饥饿人口减少一半,发展农业是重要途径。农业对于发展的促进作用具有国别差异。报告将发展中国家分成了传统农业国、转型中国家和已经城市化国家,并分别为三类国家的政府制定和贯彻"以农业促发展"议程提供了建议和指导。	世界银行

表1-2　联合国"人类发展报告"（1990—2008年）①

时间	报告主题	报告内容	编写机构
1990年人类发展报告	人类发展的概念与衡量	发展的真正目的是为了扩大人类在各种领域里的选择权，包括经济、政治和文化领域。寻求收入增加是人们所做的多种选择中的一个，但不是仅有的一个。它强调一个国家的真正财富是它的人民，发展的目的是为了创造一个能使人民享受长期、健康和创造性生活的环境。	联合国发展计划署
1993年人类发展报告	人民的参与	将人民的参与权作为它的中心主题，特别强调了三种参与形式：在人类发展计划中人民的亲和度，竞争性市场、权力的非中心化及社区的组织化。大范围的参与权所带来的变化是深远的，体现在发展的每一个方面——市场需要改革以使每个人都有机会获利；政府的权力应当分散以使更多的人能参与到决策中来；社区组织应当发挥更大的影响。	联合国发展计划署
1994年人类发展报告	社会发展首脑会议议程	为了对付人类在安全方面的日益严重的挑战，有必要采取一种新的发展模式——把人置于发展的中心地位，把经济增长作为手段而不是目的，为人类的当代和子孙后代留下生活发展的余地和机会，并且珍惜全人类赖以生存的自然环境体系。这样的发展模式能够使所有人全面地提高其能力，并将这种能力充分地运用于各个领域——经济、社会、文化和政治的领域。它还保护了子孙后代人的选择权利。它没有把那些为保持未来发展所必需的自然资源消耗殆尽。也不会破坏那些曾经如此慷慨地贡献于人类生活的自然财富。	联合国发展计划署
1995年人类发展报告	男女平等的革命	人类发展必须被赋予权能。如果发展意味着要对全体社会成员扩大机会，那么妇女长期被排除在这些机会之外，将会整个地扭曲发展的过程。对于这样的长期被排除，绝不能被认为是合理的，妇女应当真正成为政治和经济变革的主体。在未来的几个10年当中，人类发展将会显现出像量子跃迁那样的重大突破。过去的20年里虽然对妇女的教育和医疗保健已投入了相当的资金，但是经济和政治机会的大门打开得太慢也太勉强。对于下一步来说，从现在起就必须予以巨大的关注。	联合国发展计划署
1996年人类发展报告	增长与人类发展之间的关系	在1960——1992年间，全世界没有一个国家能够成功地从人类发展与经济快速增长的不平衡中解脱出来，进入一个两方面相辅相成的良性轨道。由于缓慢的人类发展无一例外地会伴随着更加缓慢的经济增长，这种增长模式最终被证明是条死胡同。	联合国发展计划署

① 表系笔者根据1990—2008年联合国"人类发展报告"整理而成。

时间	报告主题	报告内容	编写机构
1997年人类发展报告	人类贫困与社会发展	报告引进了人类贫困的概念，并形成了一个综合测量指数。人类发展指数（HDI）衡量人类发展的基本方面的平均成就，人类贫困指数（HPI）衡量这些方面存在的剥夺情况。人类发展的概念比用任何综合指数，或甚至使用一系列详细的统计资料指标来表示都要更加深刻和丰富。然而，需要简单的工具来监督人类发展的进程。HDI、GDI、GEM以及HPI提供了一国人类发展的简要信息，能够比较全面、准确地反映一国在以人为中心的发展方面取得成就。	联合国发展计划署
1998年人类发展报告	消费模式及其对人类发展的影响	报告从人类发展的角度对于消费进行考察。认为尽管许多国家消费剧增，但总的情况并不令人满意。十多亿人无法得到满足其大部分需求的消费。而其他消费者却以环境上或社会上不能持续并且不利于我们自己福利的方式进行消费。	联合国发展计划署
1999年人类发展报告	富于人性的全球化：人类发展的十年	报告主题是富于人性的全球化。主张在全球化的过程中，应加强治理结构和强化市场机制，关注弱势群体，从而促进人类社会的共同发展。全球化的市场、全球化的技术、全球化的意识和全球的团结能够使世界各地民众的生活更加丰富多彩。我们面临的挑战是：确保全球化的利益能够被平等地分享，并且确保这日益增强的相互依存关系为民众服务，而不仅仅是为了赚取利润。报告提出了行动议程和建议：改革全球的治理结构，以保证更加平等；改革新的地区集体行动和对话，以及国家间的和地区间的政策，以抓住全球市场中的机遇，并把它们更公平地转化为人类的进步。	联合国发展计划署
2000年人类发展报告	人权与人类发展	推动国际社会的民主进程对加速人类社会发展步伐十分重要。尽管富国和穷国、强国和弱国、欢迎和反对新经济格局的国家彼此之间存在严重分歧，但是全球化使世界各国家和地区之间加强了相互依赖。因此，深化民主不再只是各国家内部的需要，也是国际社会必须采取的行动。报告指出，在世界贸易组织、国际货币基金组织和世界银行等国际组织中，少数发达国家仍占据着主导地位。这些国际组织应进行民主改革，给予发展中国家更多发言权，使其能够体现人类更广泛的利益。这不仅将有利于发展中国家，也将有利于发达国家的发展。	联合国发展计划署

续表

时间	报告主题	报告内容	编写机构
2001年人类发展报告	让新技术为人类发展服务	随着互联网的发展，农业生物技术的进步和新一代药品上市，科学技术与人类发展需要建立一种新型的伙伴关系。2001年人类发展报告宣布了这一合作伙伴关系的诞生。但是，报告也对社会政策提出警告：追求科技的进步不能本末倒置。科技所带来的好处必须为扶贫的发展战略服务。报告还详细描述了一个可喜的状况。全球各发展中国家都涌现了一大批优秀企业，向世人展示了使用高新科技解决人类古老的贫穷问题的潜力。许多国家已经取得了巨大的进步，提高了革新、适应和调整技术的能力，让科技服务于人们的需求。对于发展中国家来说，技术进步并不是一件价廉物美的东西，而是一个知识创造和能力建设的过程。不同国家和地区的需求范围、优先领域和不足之处各不相同，因为每一个发展中国家都只能制定自己的技术发展战略。	联合国发展计划署
2002年人类发展报告	在碎裂的世界中深化民主	报告的主题是，政治对于发展的成功具有与经济同等重要的作用。持久地降低贫困必须伴随着相应经济的增长，但也要求穷人拥有相应的政治权力。在符合人类发展目标的前提下实现这一理想的最佳方法就是在社会各阶层建立深入而健全的民主治理机制。提高执政效率对于人类发展的意义不言而喻，但持久的解决方案远非如此狭义，而是根植于最广泛的民主政治的理念之中。也就是说，这里所谓的民主并非某一个或者某一些特定的国家所实行的执政理念，而是一套根本原则与核心价值。这些原则和价值能够让穷人通过参与执政而获得权力，同时又能够使他们的生活不为政府、跨国公司或其他势力的独断专行和不负责任的行为所伤害。	联合国发展计划署
2003年人类发展报告	千年发展目标：消除人类贫困的全球公约	到2015年，世界各国领导人所做的使成百上千万人民摆脱绝对贫困的诺言可以实现。但是要做到这点，穷国要进行全方位的改革，富国要承担其改善贸易条件和增加援助的责任。报告特别提到中国在消除贫困方面取得的巨大成功。《人类发展报告》提出了一个实现"千年发展目标"（MDGs）的崭新的行动计划，即《千年发展公约》。联合国各成员国签署的"千年发展目标"提出了一系列有时限的、定量的指标，内容涉及从截至2015年把绝对贫困减少一半到遏制艾滋病的扩散等诸多方面。	联合国发展计划署

时间	报告主题	报告内容	编写机构
2004年人类发展报告	当今多样化世界中的文化自由	人类的发展不仅需要健康、教育、体面的生活水平甚至政治自由，人类的发展还需要国家对文化的认同和推崇，人类必须有在不受歧视的情况下发表文化认同的自由。文化自由是一种人权，也是人类发展的一个重要方面。报告对多文化国家和社区文化政策的制定进行了广泛的研究和分析。报告还认为，新一轮移民潮需要多边文化主义的支持。同时，除非文化自由得到尊敬和保护，经济全球化是不可能成功的。报告还论述了宗教自由与公共政策、多元文化、语言政策等问题。	联合国发展计划署
2005年人类发展报告	处于十字路口的国际合作：不均衡世界中的援助、贸易与安全	报告讨论的是到2015年的十年倒计时之初世界面临的挑战。其焦点是富裕国家的政府为了保持他们在全球伙伴合作谈判中一方的地位能够做些什么。这并不是说发展中国家不用承担任何责任。恰恰相反，他们要承担首要责任。我们将集中讨论合作的三个支柱，其中每一个都亟待整顿。第一个支柱是发展援助；第二个支柱是国际贸易；第三个支柱是安全。	联合国发展计划署
2006年人类发展报告	透视贫水：权力、贫穷与全球水危机	全球贫富差别仍在扩大。摆在人类发展面前最大的挑战是如何消除经济全球化所带来的极端不平等。撒哈拉以南非洲国家人类发展处于停滞状态，而世界其他地区的进步则在加快，这导致世界富国与穷国之间的差距逐渐拉大。以水和环境卫生为主题的这份报告还指出：在广大的发展中国家，缺乏清洁饮用水构成了一种比暴力冲突更大的威胁。	联合国发展计划署
2007/2008年人类发展报告	应对气候变化：分化世界中的人类团结	报告列举了气候变化给人类发展带来的一系列严重影响和威胁，并提出了在21世纪将气温上升幅度控制在2℃以下的目标。报告指出，自工业化时代以来，地球气温已经上升了0.7℃，人类已经经历了冰川消融、海平面上升、干旱和极端天气气候事件增多等全球变暖导致的后果。如果现在不采取有效行动，人类将难以承受气温进一步大幅升高的后果。报告呼吁对气候变化问题采取双轨解决办法，一方面缓解气候变暖，力争在21世纪将气温上升幅度控制在2℃以内；另一方面加强适应气候变化的国际合作，这两个方面同等重要。	联合国发展计划署

（二）民族国家

在人类社会走向现代化的进程中，民族国家自始至终地扮演着绝对的主角。毫无疑问，民族国家既是社会发展和现代化最有力的推动者，亦是最重要的组织者、设计者和实践主体。美国社会学家里亚·格林菲尔德在《资本主义精神：民族主义与经济增长》一书中对韦伯"资本主义精神"提法做了新的诠释，提出："民族主义是导致经济活动一再趋向发展的决定因素；经济领域在现代意识中所占据的前所未有地位是美国社会动态活力的产物，因而也是独具特色的美国民族主义使然。"[①]"反应性民族主义在传统社会向现代社会的过渡中，是至关重要和强有力的动力机制，其重要性至少不亚于利润动机。"[②]"定位于持续增长的经济活动，即赋予现代经济之现代性的独具特色的资本主义精神，其存在本身应归功于民族主义。一般而言，资本主义精神是民族主义固有的集体竞争意识的经济表象——而民族主义本身是民族国家成员对国家尊严或威望的情感投入的产物。""虽然将经济定位于增长是民族主义的产物，但它未必是其必然产物。只有在纳入国际竞争领域的经济形态中，只有在愿意介入国际竞争的国家中，才能发现资本主义精神。""资本主义精神就是民族主义。民族主义是现代经济发展背后的伦理动力。经济过程在民族意识出现后不久得以重新定位。"[③]可见，民族国家与"发展主义"之间存在着近乎天然的内在联系。虽然民族国家在社会发展战略规划等方面扮演着重要角色，但不同国家的运作模式仍具有自己的特点。如在欧洲，"德国虽然有着'强'国家的传统，但一些重要的社会服务领域从传统上就不是由公共机构直接提供，而是通过非政府组织来完成；相反，尽管英国一直被认为缺乏'国家'传统，但其公共服务却具有主要由公共部门直接提供的传统

---

① ［美］里亚·格林菲尔德：《资本主义精神：民族主义与经济增长》，上海人民出版社2004年版，第1页。

② 同上书，第12页。

③ 同上书，第73页。

特点"①。

20世纪晚期，伴随着"发展主义"的渐趋衰落和"新发展主义"的勃兴，民族国家与"新发展主义"之间亦开始发生密切的互动。"可持续发展"、"协调发展"等新的发展观念开始被越来越多的民族国家所接受，并作为国家发展战略的核心内容。在东亚，业已完成现代化的日本，其国家和政府始终关注城乡社会协调发展问题。战后日本政府的地域政策，即"过疏对策"和"过密对策"，为克服日本列岛的地域差距弊端产生了明显的效果。而处在社会主义初级阶段的社会主义中国在新世纪则提出建构社会主义和谐社会的蓝图。2006年10月，中国共产党的十六届三中全会审议通过的《中共中央关于完善社会主义市场经济体制若干问题的决定》中指出了完善社会主义市场经济体制的目标和任务。按照统筹城乡发展、统筹区域发展、统筹经济社会发展、统筹人与自然和谐发展、统筹国内发展和对外开放的要求，更大限度地发挥市场在资源配置中的基础性作用，增强企业活力和竞争力，健全国家宏观调控，完善政府社会管理和公共服务职能，为全面建设小康社会提供强有力的体制保障。

（三）非政府组织及民间组织

非政府组织是英文Non—Government Organizations的意译，英文缩写NGO。非政府组织的含义虽然并不复杂，但在不同国家却具有不同的理解和界定。"在英国，'志愿组织'一词典型地是指那些针对伦敦无家可归者开展工作的组织；而在孟加拉国，同样的组织可能被称作'非政府组织'。在美国，'非营利组织'一词指的是在国内工作的第三部门，在海外从事发展工作的类似的组织传统上则被称为'私人志愿组织'。一些发展中国家的非政府组织不喜欢'志愿'这一标签，认为它遮蔽了许多不使用志愿者的非政府组织的专业化的一面；还有一些发展中国家的非政府组

①　［德］赫尔穆特·沃尔曼：《比较英德公共部门改革——主要传统与现代化趋势》，北京大学出版社2004年版，第7页。

织不喜欢'非营利'一词，认为其具有商业味道。经常有人指出，'非政府组织'一词缺乏精确性和内涵，因为它只说明了这些组织不是什么，而没有说明它们是什么。"①

　　非政府组织近年来之所以成为世人关注的热点问题，主要是因为：从历史上看，不同国家和地区公民社会的起源及其具体表现形态极为复杂。记得当代新儒家杜维明先生曾说在世界范围内市民社会真正发达的只有美国社会，包括德、法、意、英的整个西欧社会市民社会的发展都不全面②，表达了对公民社会的独到见解。的确，19世纪30年代，当法国人托克维尔来到美洲大陆时，便惊奇地发现美国的"第三域"（公民社会）极为发达，"在美国和其他许多国家，社会存在于国家之前。也可以这样说，社区形成于人们处理他们共同的问题的政府或政府机构以前。当人们要自己处理各种问题时，他们通常发现在志愿组织中与别人一起行事是有用的。这样的结果产生了消防部门、学校、领养协会等许多志愿者团体。甚至在政府产生后，美国人通常不愿意使用它，担心会重新形成专制制度或官僚化。因此，市民们仍然自己解决问题，直到大家同意需要政府的帮助"③。而对于包括中国、日本在内的东亚国家，其公民社会发展的情形则表现出另一种极为复杂的面相。日本的公共性及公共空间，自明治维新以来是国家决定、国民无条件服从的过程。而且从市民的角度来加以理解，所谓公共就是自上而下的。就是在今天，在围绕着公共性展开的政治性的、意识形态的言说中，关于公共事业和公共投资可谓众多，但围绕着市民展开的议论、批判的市民活动的空间尚未成为普遍的态势。在日本，迄今所说的公共性和公共空间，是指通过国家法令和政策对国民实施的公共事业、公共投资、公共资金、公共教育等活动。国家主导下的"公"几乎囊括了一切，不包括市民参与的内容。荷兰学者汉娜乔吉庇尔在分析日

①　［英］D. 路易斯：《非政府组织的缘起与概念》，《国外社会科学》2005年第1期。

②　哈佛燕京学社：《儒家与自由主义》，生活·读书·新知三联书店2001年版，第9页。

③　李亚平、于海：《第三域的兴起》，复旦大学出版社1998年版，第35页。

本非营利组织不发达的原因时，即认为"日本之所以不存在像欧美社会那样具有强大影响力的NGO和NPO，其主要原因在于：在日本民众与政府间缺乏革命的历史，人们对政府经常保持调和的立场；有视政府为正义代表的传统信仰；民间部门和政府部门协同处理问题，不需要外部的NGO的介入；儒教传统背景下对政府有较强的依赖。此外，非政府的称谓，往往被视为左翼组织、无政府主义、共产主义、泛政府运动而被排斥"①。

而从现实看，20世纪七八十年代以来，伴随着人类社会陷入"发展困境"，在"政府失灵""市场失灵"的背景下，人们开始对传统的主流现代化理论和发展模式发出质疑，寻找新的发展模式，使得发展主体呈现出明显的多元化格局。在这一意义上，非政府组织的出现，恰好满足了上述需要。

从20世纪晚期到21世纪初，一些非政府组织积极介入社会发展问题研究，在社会发展理论和实践问题上扮演了不可替代的角色。其中"罗马俱乐部"（见表1-3）和哥本哈根世界社会论坛最具代表性。1972年，"罗马俱乐部"发表了第一篇具有震撼作用的研究报告——《增长的极限——罗马俱乐部关于人类困境的报告》。报告选取人口、粮食生产、工业经济、不可再生资源以及环境污染五个参数，编制数据模型。其预测结论是：如果世界"人口、工业化、污染、粮食生产以及资源消耗按现在的增长趋势继续下去，这个星球上增长的极限将在今后一百年中发生。最可能的结果是人口和工业生产力双方有相当突然的和不可控制的衰退"②。而哥本哈根世界社会论坛则是在丹麦政府支持下，以民间组织身份，长期通过论坛等形式致力于人类社会发展理论及实践问题的探讨，其对现代化反思的理论在社会上影响甚大。"现代化概念本身并不带有先验性的正面道德性质。对哥本哈根研讨会来说，这是一个中性的概念。'现代'就是当代，就其

---

① ［荷］汉娜乔吉庇尔：《从NPO发达国家看日本》，《松下政经塾报》2000年第8期。

② ［美］丹尼斯·米都斯：《增长的极限——罗马俱乐部关于人类困境的报告》，吉林人民出版社1997年版，第19页。

特征和属性来说，它就是当前和现在，就其意图来说也通常是这一意思。现代化可以强化也可以弱化国家内部和国际间的经济、政治、社会、文化和宗教冲突。例如个人和社会群体所体验到的相对剥夺感，就会由于传媒所鼓动的炫耀型消费而极大地被强化。另一个极端的例子是，大规模毁灭性武器就是科学发展和军事工业现代化的产物。"①

表1-3　罗马俱乐部20世纪七八十年代发表的"社会发展研究报告"

报告名	作者	时间	主要观点
《世界动态学》	福莱斯特	1970年	人口爆炸是科学技术进步的结果，因为医疗保健条件大大改进了，生育控制计划稍有成效，物质生活稍有提高，人口就会恢复原有的增长率，从而使生育控制计划归于失败；在下一个世纪中，人类可能面临四大难题：资源不足，污染引起的后果，粮食不足，以及由于战争、疾病、物资供应、心理等原因引起的灾难。人类面临的是"末日"的前景，在2100年到来以前，人类势必被污染或饥饿所彻底消灭。
《增长的极限》	米都斯等	1972年	针对在西方发达资本主义国家广泛流行的增长癖文化，报告用大量的数据和简单明了的逻辑，阐发了地球有限论的必然结果：由于星球的有限容积，人的扩张有其必然的限度，从而对西方工业社会的自满进行了一次直接攻击。
《人类处在转折点上》	梅萨罗维奇、彼斯特尔	1974年	危机在全球发展中的剧烈性和为解决这些问题所采取有效措施的难以捉摸性，对那些在指引人类社会发展中长期以来一直是最基本的前提提出了严重的挑战。正是在这个意义上，他们提出了"人类处在转折点上"的问题：是继续走老路，也就是沿着传统的、无异议的路线走向未来，从而使大家都面对人类体系的解体和相伴随的地区性以至全球性的大灾变，还是开始一个新的旅程，以便在团结和公正，差异和统一，相互依存和自我信赖的基础上创造一个真正的全球社会？

---

① ［丹］雅克·鲍多特等：《与地球重新签约——哥本哈根社会发展论坛文选之一》，人民文学出版社2003年版，第26页。

报告名	作者	时间	主要观点
《重建国际秩序》	廷伯根	1976年	报告在分析了世界财富分配的不平等状况以后,指出采取必要措施以减少这种日益增长的不平等现象,建立"一切人都能受益"的国际新秩序的必要性。但要建立这样的新秩序,就必须确保每个国家具有自由发展的三个基本条件:一是根据满足每个人的基本需要的要求来确定发展的方向;二是在规划和建设未来方面利用自己的力量;三是确立与环境的健康关系。报告建议减少世界收入分配和各种经济机会方面不平等现象;建议确保全球经济体系更加协调地发展;建议开始准备全球性计划体系——"全球经济民主制度"模式。
《超越浪费时代》	加博尔科伦布	1978年	报告认为,由于人类不会管理、分配和使用他所生产的东西,很可能要中止发展,科学面临的复杂任务是改善生产和分配的技术条件,制止滥用自然财富,赋予人以合理制定相应技术的政治意志和制度手段,人类应当制定禁止浪费资源的消费和保证合理支配资源以造福全球的战略。报告认为,人类应该解决人口过剩、超级的原子装备、能源不足和昂贵这三大问题,因为它们加剧了南北发展不平衡,引起了生态破坏并使生活质量恶化,报告强调要合理地管理地球,在国际经济新秩序中寻找这几个问题的解决办法。
《人类的目标》	拉兹洛	1978年	理想的传统源泉,过去主要是宗教的和世俗的信仰体系。今天,我们必须找到在功能上等于过去的健全社会的地方性和地区性神话、宗教和意识形态的,但又是在全球水平上发生作用的、有成就的理想。报告提出了四个全球性目标,认为实现这些目标将适合于创造和支撑一个人道的全球共同体:第一个目标,安全是人类生存的决定性条件和先决条件(主要任务是结束军备竞赛);第二个目标,粮食,这就是说,要消灭饥饿,满足世界全体公民对食品的需要;第三个目标,能源和自然资源的利用,使能源为人服务,要控制技术,评价它对环境的影响;第四个目标,要规定发展的方针,不是最大限度的经济增长,而是满足人的物质的和精神的需要,提高生活质量,建立物质财富和精神财富分配上的社会公正。

报告名	作者	时间	主要观点
《学习无极限》	波特金、埃尔曼杰拉、马利查	1979年	学习之路,是形成一个更好的未来之路,因为人类的理解、见识和创造性的普遍能力,一切天生的道德能力如果加以恰当的保养,是一种自我更新、自我加强的资源,对于建设一个可以生活和可以支配的世界来说,是必不可少的资源。
《关于财富和福利的对话》	贾里尼	1979年	报告认为世界的生态学体系正在不断地退化着,它们已经受到了损害,而且在能够大规模地采取补救措施以前将会变得更坏,自然遭到了过度的开发和伤害,还没有人指出它的最终结果可能是什么。迄今还没有一个关于地球的"外部极限"和"支撑生命能力"的科学理论或估计。
《微电子学和社会》	弗里德里希·沙夫	1982年	报告考察微电子学通过微型化、自动化、计算机化和机器人化,对于人类生活已经产生和在可以预见的未来行将产生的深刻影响,认为它将从根本上改变人类生活,并冲击着包括劳动、家庭、政治、科学、战争与和平等生活的许多方面。
《人的素质》《未来一百页》	贝切伊	1977年 1981年	只有在世界范围内充分发展人的素质和能力,我们的物质文明才能得到转化,其巨大潜力才能有效地被利用。这是一场人的革命,如果我们打算操纵我们这一时代的其他变革,如果我们想使人类走向有希望的未来,那么这场人的革命就比其他事情更紧迫。

(四)社会科学家和公共知识分子群体

学术界一般认为,作为一种思想理论思潮,"新发展主义"可溯源到20世纪80年代法国学者佩鲁提出的"新发展观"。揆诸历史,客观地说,这一思潮的发生实际上亦是联合国与学界精英之间良性互动的结果。法国著名经济学家、社会学家弗朗索瓦·佩鲁(Francois Perroux)早在20世纪50年代就对工业社会流行的发展观念产生了怀疑,一直从事对发展的深度研究分析。1979年,联合国为了对"两个发展十年"的实践进行检讨,委托佩鲁就发展问题撰写《新发展观》。正如佩鲁后来回忆的那样:在厄瓜多尔的基多"研究综合发展观"会议结束后,是联合国教科文组织建议他补充专家会议有关社会新发展问题。可见，没有联合国教科文组织的直接策划，便不会有《新发展观》这部巨著的诞生。此后，在相当长一段时间里，联合国教科文组织通过学术论坛或《国际社会科学杂志》，将来自不同国度的、众多的社会科学家联系在一起，就人类社会发展所面临的根本性问题展开研讨，致力于"新发展主义"的研究和传播。

20世纪90年代以来，社会科学家共同体中很多著名人物如美国社会科学家沃勒斯坦、法国社会学家莫兰、印裔经济学家阿马蒂亚·森、俄罗斯著名学者伊诺泽姆采夫等都成为"新发展主义"最强有力的主张者。这些思想学术精英虽然迄今并未组建明确冠以"新发展主义"名称的学术团体，但我们依然可以把在发展问题上持大致相同观点的思想精英视为是新发展主义的代表者，他们共同构成了"新发展主义"思潮的"无形学院"（见表1-4）。

表1-4 "新发展主义"思潮代表性学者

姓名	国籍	代表作	代表性观点
佩鲁	法国	《新发展观》	对发展问题的注意预示着经济学及其所应用的分析工具领域中的各种根本变革。其要点在于，发展同作为主体的行为者的人有关，同人类社会及其目标和显然正在不断演变的目的有关。一旦接受了发展的观念，就可望出现一系列新的发展，与之相应的是人类价值观念方面的相继变革。这种新发展是"整体的""综合的""内生的"。这三种术语中，每一个都有集中含义，把它们结合在一起，也不会产生一个单一含义。
沃勒斯坦	美国	《所知世界的终结》	我们正在黑暗的森林中摸索徘徊，关于我们的去向还不够清楚。我相信我们亟须一起讨论这个问题，而且这场讨论必须是世界范围的。如果一切事物都是不确定的，那么，未来就向创造力敞开大门，这不仅是向人文创造力，而且还有全部自然的创造力。它向可能性敞开大门，从而通往更好的世界。
阿明	埃及	《不平等的发展》	外围国家摆脱中心国家政治统治的每一个行动都导致冲突，而令人考虑到社会主义前景的必要性。

姓名	国籍	代表作	代表性观点
阿马蒂亚·森	印度	《以自由看待发展》《饥饿与公共行为》	发展可以看作是拓展人们享有的真实自由的一个过程。聚焦于人类自由的发展观与更狭隘的发展观形成了鲜明的对照。狭隘的发展观包括发展就是国民生产总值增长、或个人收入的提高、或工业化、或技术进步、或社会现代化等的观点。
艾森斯塔德	以色列	《反思现代性》	多元现代性这一名词的最重要含义之一，是现代性不等同西化；现代性的西方模式不是唯一"真正的"现代性，尽管现代性的西方模式享有历史上的优先地位，并且将继续作为其他现代性的一个基本参照点。
埃斯科巴	美国	《遭遇发展：第三世界的形成与消失》	第二次世界大战后，不计其数的国家被界定为"低度发展"地区。千差万别的国家，在国际舞台上成为"低度发展"地区后，目标变得千篇一律：创建一个新社会；这个社会拥有物质上和组织上的条件，为它尽快达至工业文明的生活模式铺路。整套话语环绕着一个虚拟的建构（低度发展）而产生，将以上的单一目标潜移默化，逐渐成为每一国家都必须达到的共同目标。此套话语于1945—1955年出现和成形。当时正值战后的大转型，这套话语令贫富国家之间的关系，在性质上和范围上都出现了急剧的变化。
班努里	印度	《发展与知识政治学：对现代化的社会作用的批判性诠释》	越来越多的人相信，地球的资源不足以让全球模仿、跟随西方诸国的消费模式。发展导致极多始料不及的社会和政治难题，使人意识到：即使跟上西方是可能的，但是，若企图在最短的时间来实现，对社会来说可能是有害的。第三世界人民渐渐熟悉西方的生活方式，遂对西方发展路线抱强烈的保留。类似的态度亦浮现于西方本土，无疑又加强了第三世界对西方模式的保留。
莫兰	法国	《社会学思考》	发展是显而易见的，又是经验性的概念（可以通过工业生产增长和生活水平提高的指数来衡量），还是个丰富的概念（它本身就意味着增长、繁荣、社会和个体的进步）。但是人们没有看到的是，这个概念也是模糊的、不确定的、神话的、贫乏的。我们关于发展的概念是简单化的、歪曲事实的、机械的、线性的，把事实都归于合理化，让人盲目乐观。然而，与生物发展所不同的是，一切社会发展本身都必然包含着倒退、损失、破坏。

续表

姓名	国籍	代表作	代表性观点
伊诺泽姆采夫	俄罗斯	《后工业社会与可持续发展问题研究》	工业现代化是通过暴力手段实现的,它只能解决局部问题,不可能无限制地延续下去,一般说来,它不能产生能在不断变化的历史条件下保持自己的领先地位的自我调节和自我再生系统。
莱斯特·R.布朗	美国	《B模式2.0:拯救地球、延续文明》	现行的经济发展模式(姑且称之为A模式),使世界走上了导致经济衰退并且最终崩溃的环境道路。如果我们的目标是经济的持续进步,就必须转向新的道路——B模式。
许宝强	中国	《发展的幻象》《资本主义不是什么?》	发展主义其中一个重要信念,是认为经济增长比不增长好,快速增长又比缓慢增长好。这种将"发展"等同"经济增长",再将"经济增长"等同美好生活的信念,本是特定的历史产物,但却被看作普世通行的真理,支撑着整套发展主义论述,将丰富多元的人类需求和自然生态,约化成单一的面向,仅以经济指标来衡量。
德尼·古莱	美国	《发展伦理学》	人文发展是一个广泛的、全面的概念。它包罗在所有发展阶段所有社会中的所有人类选择。它把发展对话扩大为不仅是讨论手段(国民生产总值增长)而且是讨论终极目的。人文发展的概念不是从任何预定模式开始的。它从社会的长远目标得到启示。它使发展围绕人的中心,而不是使人围绕发展的中心。
阿兰·图海纳	法国	《我们能否共同生存:既彼此平等又互有差异》	我们不再相信进步了。说乐观主义已经让位于悲观主义,这种说法是不够的,说我们正在经历一种新的进步的危机的说法也是不够的,因为我们对于自己将冒的危险和可能获得的成功都不甚了了。
查尔斯·泰勒	加拿大	《现代性之隐忧》	尽管我们的文明在"发展",人们仍视这些特点为一种失败或衰落。从17世纪至今的整个现代屡屡被视为是处在衰落的时间框架里。即使时间跨度变化很大,衰落的主题仍有某些重合。
鹤见和子	日本	《内生发展论的展开》	我第一次使用"内发型发展"这个术语是在1975年,当时瑞典人的报告已发表,但我并不知道。就内容而言,内发型发展概念类似于替代发展。但我宁愿使用我自己的术语,因为我的重点在于强调各地方社区人民确定目标和发展方向的内生性和创造性。在我的论点中,不仅早发国家,即使后发国家和再后发国家也是内发型发展者。

续表

姓名	国籍	代表作	代表性观点
雅克·鲍多特	丹麦	《社会进步的条件：人性化的社会、人性化的市场》	现代化概念本身不带有先验性的正面道德性质，对哥本哈根研讨会来说，这是一个中性概念。现代化既不是一副万能药，也不是一个线性发展过程，它仅仅是真正发展的基础。
韩相震	韩国	《第三条道路》	提倡一种"第三条道路"，并把它作为东亚社会学可供选择的发展视野。"第三条道路"需要牢固地扎根于一些弘扬和平、和谐、共存和实践学习等价值的文化传统中，而不是简单地由西方的意识形态单独塑造。

值得注意的是，在现代社会体系中，这些社会科学家的学术研究虽然在很大程度上具有个体性，但其并不是以孤立的个体身份作用于社会的。在现实社会中，社会科学家往往是通过为民族国家的经济发展和社会建设提供咨询策划等形式，使其学术见地转化为现实的政策。此外，有些社会科学家也往往通过非政府组织发挥其重要影响。

四、"新发展主义"与发展理论的重建

在战后"发展主义"独执牛耳的时代，作为民族国家的立国之基，发展理念似乎是毋庸置疑的，具有天然的合理性。以至于在战后的多数时间里，无论是发达国家还是发展中国家，无论是社会主义还是资本主义，"人们几乎一致接受的社会目标就是经济发展，其他目标恐怕难以比拟"[1]。但当人类陷入"发展困境"难以自拔，而"新发展主义"勃兴时，上述情形则发生了根本性的变化。如果说20世纪五六十年代思想界

---

① 许宝强、汪晖选编：《发展的幻象》，中央编译出版社2001年版，第2页。

和政界占据主导地位的思潮是"经济发展"的话，那么，20世纪80年代以来，在发展观问题上占据主导地位的观点是对"发展"的反思和批判。

（一）发展目标设计

对发展理念的批判，其核心的追问和反思是："发展是什么？究竟为谁或为什么要发展？什么在发展？经济增长是否就等于改善人们的福利、提高人们的生活质量？经济增长过程中，不同的社群所付出的代价又是什么？对弱势群体的影响又如何？除了现代化和工业化以外，有没有另类的发展轨道，能更直接改善人们的生活？"[1]

应该注意到，伴随着发展的进程，人们由单纯关注经济发展，转为关注"经济—社会"间的协调发展："我们心目中的经济发展是1945年后的概念……自1945年以来，作为信条教义，这个概念比以往任何时候更被广泛运用，带有更大的社会合法性。但无可否认，这个概念可追溯到更早的时候，其实它的历史与资本主义世界经济史似乎并存。知识界对于国家发展问题的充分的辩论，至少可以追溯到17世纪。今天我们归纳为重商主义的政策，谈的不正是这个问题吗？"[2]一位经济学家更指出：是否属于经济发展，必须要回答贫困情况的变化、失业情况的变化和不平等情况的变化三个问题，只要这些问题在变糟，就不能称之为发展。[3]这说明经济学家在探讨发展问题时，实际上已经突破了"经济学"的学科界限。

（二）对发展片面性的批判

在此方面最具影响力的成果是法国学者佩鲁在《新发展观》一书中阐发的观点。他在反思联合国"两个发展十年"教训的基础上，于1979年

---

[1]　许宝强、汪晖选编：《发展的幻象》，中央编译出版社2001年版，第1页。

[2]　许宝强、汪晖选编：《发展的幻象》，中央编译出版社2001年版，第2页。

[3]　［美］查尔斯·威尔伯：《发达和不发达的政治经济学》，中国社会科学出版社1984年版，第11页。

联合国教科文组织厄瓜多尔"研究综合发展观"的会议上，对"发展"和"增长"进行了重新界定，认为所谓发展，只是外在的经济发展，是对获取财富和积累资本的可鄙的迷恋，是对"最大值"而不是"最适度"的发展的追求。它只考虑市场的要求，不考虑个人的发展价值、社会的发展和整体的发展，与人们及共同体制定的生活规划之间存在着紧张关系。在一些国家还造成了"无发展的增长"的危险。

所谓增长，只是生产规模的扩大，它不包括结构的变化和均值的增长。破坏环境、毁坏自然资源都没有被计算在内。在批判片面"增长观"的基础之上，建立所谓"以人为中心"的新发展观。概括起来说即所谓"整体的""内生的""综合的"。所谓内生性，主要是基于历史文化和社会价值，强调人力资源的开发，即社会经济发展中动态的、主体力量的发动，而不仅仅是物质的发展、客观经济体系的发展。所谓整体性，"是指这样一种观点，它在各种具体分析之外，不仅考虑人类整体的各个方面，而且在其内在的关系中"，突出文化价值在发展中的作用，新发展是基于文化价值的全面发展，是经济利益和文化价值的统一。"我们所讲的发展是整体性的；这种发展使技术受到各个人类共同体知识的、社会的和道德的约束。"应当承认发展受到的限制不是技术的，而是政治的、社会的和管理的。所谓"综合的"，"就一般意义上说，"综合的"这一术语表示各种单位和因素聚合在一起，形成一个单一整体"。强调发展的综合性，主要是重视结构内部稳定协调发展，突出组织在结构中的作用。其中尤其是国家对市场的调节作用。

（三）对发展"确定性"理念的批判

在"发展主义"的理论体系中，"我们关于发展的概念是简单化的、歪曲事实的、机械的、线性的，把事实都归于合理化，让人盲目乐观。然而，与生物发展所不同的是，一切社会发展本身都必然包含着倒退、损失、破坏"①。而在现实社会中，发展话语之所以具有强大的影响力和威慑力，主要是因为"发展是显而易见的，又是经验性的概念（可以通过工业生产增长和生活水平提高的指数来衡量），还是个丰富的概念（它本身就意味着增长、繁荣、社会和个体的进步）。但是人们没有看到的是，这个概念也是模糊的、不确定的、神话的、贫乏的"。"如果发生了发展的危机，那么这一危机所产生的第一个效果，和其他危机中一样，就是使本来已经确定的东西变得不确定，使本来已经清晰的东西变得混乱，而且使本来显得协调的概念内部产生了矛盾。""每个生物发展都是基因当中所标明的前一个发展的重复，如此等等，是周期性地回复过去，而不是建立从未有过的未来。社会经济学的发展特点，却是完全趋向于建立一个从未有过的未来。然而，人们在谈到这一社会经济学的发展时，却比谈论生物的发展更加肯定，也就是说，我们是在走向肯定无疑的进步，这好像是绝对显而易见的。"②沃勒斯坦也对发展的"确定性"提出质疑："我们正在黑暗的森林中摸索徘徊，关于我们的去向还不够清楚。我相信我们亟须一起讨论这个问题，而且这场讨论必须是世界范围的。"③

如前所述，作为世纪交替之际一种对"发展主义"提出批判质疑的思潮，新发展主义"质疑那种放诸四海而皆准的现代化工业文明的合理性，挑战建构现代化发展话语的运作流程。从不同的角度有力地动摇了发展主义大厦的根基。"④标志着西方传统的发展观遭到了全面挑战，为新世纪人类社会实现"经济—社会"协调发展的目标提供了基本的发展思路。

---

① ［法］艾德加·莫兰：《社会学思考》，上海人民出版社2001年版，第462页。

② ［法］艾德加·莫兰：《社会学思考》，上海人民出版社2001年版，第458—459页。

③ ［美］沃勒斯坦：《所知世界的终结——21世纪的社会科学》，社会科学文献出版社2002年版，前言。

④ 许宝强、汪晖选编：《发展的幻象》，中央编译出版社2001年版，第25页。

第二章　社会发展理论研究的"空间转向"

在社会科学理论谱系中，社会发展理论素以体系庞大、涉及学科众多而著称。因此，任何意义上有关"社会发展模式"的课题研究或学术专著都不可能选择"全方位"的研究进路，而只能选择独特而富有新意的研究视角。我们认为，20世纪晚期社会发展模式理论研究最具新意的转向应首推"社会空间"研究之勃兴。近年来，无论是发达国家还是发展中国家，其社会发展模式研究所表现出的种种新趋向，实际上都与后现代背景下社会发展理论研究的"空间转向"有着密切的关联。正是在上述意义上，本书拟对20世纪晚期社会发展理论研究的"空间转向"展开系统研究，为下一步的研究奠定必要的理论基础。

一、经典马克思主义空间分析的发轫

如前所述，在总结梳理19世纪以来社会理论谱系的过程中，一些学者对社会理论研究中的"空间缺位"现象提出了近乎激烈的批评。但在马克思社会空间理论评价的问题上，学术界却陷入言说和评述的两难：一方面，作为19世纪伟大的社会理论家，马克思和恩格斯的目光似乎主要集中在"社会阶级和消亡的研究。他十分关注阶级的本质以及任何促进社会历史发展的因素……在马克思著作中占有绝对主导地位的概念是时间而不是空间，更不是地点。历史更多地是按照时间序列展开的，不是空间或地点"①。另一方面，马克思和恩格斯在《共产党宣言》《德意志意识形态》《英国工人阶级状况》等著作中却又"明确地关注了资本主义工业化是如何产生了工业城镇极其迅速的增长……分析了资本主义积累是怎样建立在时间对空间的消除基础上，而这又如何进一步产生了农业、工业和人口方面在广阔的时间和空间范围内令人惊奇地转型"②。同时，恩格斯还通过曼彻斯特工人社区的个案研究，揭露了经济体制破坏和摧毁人类居住地点的过程。虽然限于各种条件的制约，马恩的社会空间理论远未充分展开，但其现有理论所表现出来的"具有深刻洞察力的观点成为无数重要的理论和实证研究的源泉"③。以至于当代西方城市研究者不得不承认"虽然马克思本人实际上没有撰写过任何关于城市的著作。但他却极大地影响了20世纪60年代以后的城市研究"④。

　　首先，马克思和恩格斯从宏观角度揭示了资本主义工业文明发生背景下社会空间发生变革的必然性。他们通过对地理大发现、资本原始积累过程的概括，揭示了人类文明空间结构由分散孤立到整体发展的演化趋向。"美洲的发现、绕过非洲的航行，给新兴的资产阶级开辟了新天地。东印度和中国的市场、美洲的殖民化、对殖民地的贸易、交换手段和一般商品

①　［美］安东尼・奥罗姆、陈向明：《城市的世界——对地点的比较分析和历史分析》，上海人民出版社2005年版，第11页。

②　［英］布莱恩・特纳：《社会理论指南》，上海人民出版社2003年版，第510页。

③　［美］安东尼・奥罗姆、陈向明：《城市的世界——对地点的比较分析和历史分析》，上海人民出版社2005年版，第13页。

④　同上书，第38页。

的增加，使商业、航海业和工业空前高涨，因而使正在崩溃的封建社会内部的革命因素迅速发展。"①这种空间改变的内在逻辑也可表述为资本主义"按照自己的面貌为自己创造出一个世界"，"它使未开化和半开化的国家从属于文明的国家，使农民的民族从属于资产阶级的民族，使东方从属于西方"②。可见，对于马克思来说，现代性实际上是有强制性空间扩张趋势的资本主义的同义语。战后最具影响力的社会发展理论流派世界体系论、依附论及时下盛行的全球化理论大多都受到马恩上述思想的直接影响。

其次，就民族国家体系内部而言，"城乡对立"构成了现代社会空间模式转换的核心内容，亦使现代性的产生及拓展充满了复杂矛盾和激烈冲突。在人类走向工业化和城市化的进程中，无论是西方还是非西方，其社会发展都无一例外地呈现出"城市—乡村"对立的二元模式。"城乡之间的对立只有在私有制的范围内才能存在。城乡之间的对立是个人屈从于分工、屈从于他被迫从事的某种活动的最鲜明的反映，这种屈从把一部分人变为受局限的城市动物，把另一部分人变为受局限的乡村动物，并且每天都重新产生二者利益之间的对立。"③从理论上看，虽然在现代社会发展过程中真实地存在着城市与乡村间的尖锐对立，但我们绝不能把这种对立视为是一种势均力敌基础上的对抗。在城市工业文明的冲击之下，乡村必定走向"孤立和分散"，与日渐繁荣的城市形成鲜明的对照。

最后，马克思和恩格斯还从微观角度，研究审视了城市内部空间结构的变化。在这一问题上，恩格斯的工人社区研究格外值得称道。"每一个大城市都有一个或几个挤满了工人阶级的贫民窟。的确，穷人常常是住在紧靠着富人府邸的狭窄的小胡同里。可是通常总给他们划定一块

---

① 马克思、恩格斯：《共产党宣言》，《马克思恩格斯选集》第1卷，人民出版社1995年版，第273页。

② 同上书，第276—277页。

③ 马克思、恩格斯：《德意志意识形态》，《马克思恩格斯选集》第1卷，人民出版社1995年版，第104页。

完全孤立的地区，他们必须在比较幸福的阶级所看不到的这个地方尽力挣扎着活下去。英国一切城市中的这些贫民窟大体上都是一样的；这是城市中最糟糕的地区的最糟糕的房屋，最常见的是一排排的两层或一层的砖房，几乎总是排列得乱七八糟，有许多还有住人的地下室。这些房屋每所仅有三四个房间和一个厨房，叫做小宅子，在全英国（除了伦敦的某些地区），这是普通的工人住宅。这里的街道通常是没有铺砌过的，肮脏的，坑坑洼洼的，到处是垃圾，没有排水沟，也没有污水沟，有的只是臭气熏天的死水洼。城市中这些地区的不合理的杂乱无章的建筑形式妨碍了空气的流通，由于很多人住在这一个不大的空间里，所以这些工人区的空气如何，是容易想象的。此外，在天气好的时候街道还用来晒衣服：从一幢房子到另一幢房子，横过街心，拉上绳子，挂满了湿漉漉的破衣服。"[1]恩格斯的研究没有止于空间的外部构造描述，而是注意揭示空间内部复杂的社会关系："所有这些人愈是聚集在一个小小的空间里，每一个人在追逐私人利益时的这种可怕的冷淡、这种不近人情的孤僻就愈是使人难堪……每一个人的这种孤僻、这种目光短浅的利己主义是我们现代社会的基本的和普遍的原则，……人类分散成各个分子，每一个分子都有自己的特殊生活原则，都有自己的特殊目的，这种一盘散沙的世界在这里是发展到顶点了。"[2]上述研究所表现出来的微观视阈和实证精神，使得"对资本主义制度的控诉具体化。同时，它也揭露了经济体制是如何破坏和摧毁人类居住地点的。在之后的几十年里，这些具有洞察力的观点成为无数重要的理论和实证研究的源泉。"[3]

---

[1]　恩格斯：《英国工人阶级状况》，《马克思恩格斯全集》第2卷，人民出版社1957年版，第306—307页。

[2]　恩格斯：《英国工人阶级状况》，《马克思恩格斯全集》第2卷，人民出版社1957年版，第304页。

[3]　［美］安东尼·奥罗姆、陈向明：《城市的世界——对地点的比较分析和历史分析》，上海人民出版社2005年版，第13页。

二、新马克思主义社会理论的"空间化转向"

在社会理论研究的基本理路上，有的学者认为妥善处理好"独创论"和"关联论"之关系，乃是理解当代社会理论体系的关键。"由于社会理论是思想家对于整个人类社会进行深思熟虑和反思的理论产品，所以，在社会理论中起决定性作用的因素，与其说是以往积累的知识性因素，不如说是思想家本身所创造的思想模式。而在这种思想模式中，最根本的因素，作为其灵魂的，是思想家对于整个社会的独特观点和方法论……也就是说，历代思想家之间的关联是次要的，而各个思想家的独立创造则是决定性的。"[①]上述观点为我们深入考察当代社会理论的发展趋向提供了一个很好的思路。但笔者认为，在分析马克思主义社会空间理论体系构成的问题上，关注社会理论家的"独创"和对社会理论发展史纵向"内在关联"的考察具有同等重要的意义。因为马克思和恩格斯自19世纪中叶以来提出的一系列有关现代性空间拓展的思想理论，到20世纪下半叶和21世纪初，在新马克思主义社会理论"空间化转向"背景下得到较为充分的展开。

积极促成这场社会理论空间化转向的新马克思主义流派的构成极为复杂，主要包括新马克思主义城市理论和人文地理学研究的代表人物列斐伏尔、哈维和卡斯特尔，他们被称为新马克思主义城市理论的"三剑客"，也包括世界体系理论的代表者沃勒斯坦以及一些运用马克思主义社会理论从事区域发展研究的学者。他们中既有马克思主义的信仰者，也有单纯从学术研究方法的角度借助马克思主义的社会理论，还有的学者如卡斯特尔后来放弃了马克思主义信仰。但值得注意的是，新马克思主义虽然没有形成一个统一的派系，但我们还是可以对其流派的一些共同特点做出一些概括。除了同处西方这一相同地域之外，其共同点还表现在：其空间理论都是在与马克思主义社会理论的对话中展开和形成的；虽然其理论没有与无

---

① 高宣扬：《当代社会理论》上，中国人民大学出版社2005年版，第68页。

产阶级革命直接联系起来，但其出发点基本上都是站在对资本主义工业社会批判的立场上，具有较强的民众性，推进了经典马克思主义社会理论在现代社会背景下获得了新的发展，填补了经典马克思主义在一些领域的研究空白。当然，其观点也不无矫枉过正之处。"与经典马克思主义相对照，他肯定是过分突出了生产概念中的空间维度，而牺牲了其更根本的历史性内涵；只聚焦于晚期资本主义空间生产的暂时性特征，而有意地模糊了永恒的物质生产的基础地位。"①

1. 20世纪下半叶以降，新马克思主义者的社会理论空间化转向是在与经典马克思主义的对话中展开的。他们发现无论是《共产党宣言》中对资本主义生产方式产生过程中地理扩张的宏观描述，还是在《德意志意识形态》中对城市—乡村空间对立的深入分析，"马克思经常在自己的作品里接受空间和位置的重要性……但是，地理的变化被视为具有"不必要的复杂性"而被排除在外。他（马克思）未能在自己的思想里建立起一种具有系统性和明显地具有地理和空间的观点，这因此破坏了他的政治视野和理论"②。不过，新马克思主义也注意到，空间在马克思社会理论体系中之所以没有获得充分的展开，在一定程度上也与马克思的写作计划安排有关。他们通过对《政治经济学批判大纲》的解读，发现马克思设计的《资本论》后续卷的写作，将主要探讨世界贸易和资本主义的地理扩张，以改变那种《资本论》第1卷和第2卷中"封闭的民族经济和一种本质上是无空间的资本主义"③。很显然，上述认识和估价，为新马克思主义社会理论学者们进一步解读和拓展马克思的社会空间理论提供了可能。也正是在这一意义上，如果我们将列斐伏尔、哈维、卡斯特尔、苏贾这些以"社会空间"研究为业的一些大思想家放到马克思主义空间理论演化的轨迹中去分析审视，就会发现，马克思、恩格斯在19世纪中叶所阐发的社会空间理论

---

① 刘怀玉：《晚期马克思主义研究（笔谈）》，《南京大学学报》2004年第5期。

② ［美］W. 苏贾：《后现代地理学》，商务印书馆2004年版，第100页。

③ ［美］W. 苏贾：《后现代地理学》，商务印书馆2004年版，第130页。

在当代确实获得了新的发展。作为新马克思主义的代表者，这些学者的空间理论虽各具特色，但在构建其理论体系过程中，无不将其理论的思想源头祖述于马克思，在与经典马克思主义的对话中获取灵感，汲取思想资源。

2. 新马克思主义的研究者们对马克思空间理论的经典文本进行了认真的解读。如哈维从1971年以来，即坚持每年（只有一年除外）都组织阅读马克思《资本论》第1卷的小组或开设相关课程。他还以《共产党宣言》为蓝本，对马克思主义理论体系中的"地理学"思想进行阐释，认为读《共产党宣言》，"敏锐的地理学家立即会察觉到这一论点有特定的空间和地理维度。仔细考察就会发现，关于地理转型、空间定位和不平衡地理发展在资本原始积累的漫长历史中的作用，《宣言》包含了一个独特的论证。既然《宣言》详细地说明了资产阶级如何既创造又毁灭它自己活动的地理基础（生态的、空间的和文化的）、并按照自己的面貌来创造一个世界，那么对其空间和地理维度进一步详细审查就很值得。"①

3. 新马克思主义理论流派试图在解读马克思空间理论的基础上，建构起社会空间研究的理论框架。其理论体系中最具核心意义的命题是由列斐伏尔提出，被哈维、苏贾等人所继续阐发的"空间生产"概念。在列氏看来，经典马克思主义虽然也曾在多处提及空间问题，但却始终没有将其置于核心地位。而他本人提出"空间生产"理论，是试图实现由空间中事物的生产转向空间本身的生产。"任何一个社会，任何一种生产方式，都会生产出自己的空间……既然认为每一种生产方式都有自身的独特的空间，那么，从一种生产方式转到另一种生产方式，必然伴随着新空间的生产。"②

---

① ［美］大卫·哈维：《希望的空间》，南京大学出版社2006年版，第23页。

② 包亚明：《现代性与空间的生产》，上海教育出版社2003年版，第87页。

资本主义制度下的空间生产实际上就是按照有利于资本主义制度发展的逻辑展开的。"如果没有自己的空间定位,资本主义就不可能发展。它一次次地致力于地理重组(既有扩张又有强化),这是部分解决其危机和困境的一种方法。资本主义由此按照它自己的面貌建立和重建地理。"①

他们还强调技术进步对人类社会空间的改变,即"技术带来了新的生产和消费活动;通信手段的巨大发展几乎消除了空间障碍。在第二次工业革命期间,电力的普及和有轨电车系统的使用使更多的人力在城市集中,更大规模的工业生产组织成为可能"②。同时,在他们看来,"对空间结构的分析,并不是社会结构分析的派生物或附属物……离开社会结构,空间结构就不可能得到理论上的阐述,反之亦然。再者……离开空间结构,社会结构就不可能得到实践,反之亦是如此。"③

当然,我们应该清楚地意识到,新马克思主义空间理论的研究者对空间理论的研究和阐发,不是政治信仰意义上的,而更多是一种学术意义上的研究、借鉴和社会批判。但我们也应承认,社会理论空间化转向则"提出了一条通往后现代世界的马克思主义途径。在后现代世界中开始的断裂赋予马克思主义理论以一种更新或重建的可能性"④。

---

① [美]大卫·哈维:《希望的空间》,南京大学出版社2006年版,第53页。

② [美]安东尼·奥罗姆、陈向明:《城市的世界——对地点的比较分析和历史分析》,上海人民出版社2005年版,第44页。

③ [美]W.苏贾:《后现代地理学》,商务印书馆2004年版,第88页。

④ [美]瑞泽尔:《后现代社会理论》,华夏出版社2003年版,第237页。

三、马克思社会空间理论及其当代价值

如前所述，马克思社会空间理论发轫于19世纪中叶，到20世纪70年代，以新马克思主义思潮为载体获得进一步的发展，其理论对于我们把握当代人类社会发展模式的最新趋向具有重要意义。

首先，社会空间理论为我们分析理解当代社会变迁提供了一个新的研究视角。现代化所引发的社会变迁不仅仅是关系性的，还包括空间结构的巨变和重组。由经济发展和技术进步而引发的人类社会剧烈变迁，不仅表现为科技的进步、物质财富的增长和社会关系的根本性变化，而且还往往表现为空间的重组和变异。如在列斐伏尔看来，这些空间主要包括"绝对空间、抽象空间、共享空间、资本主义空间、具体空间、矛盾空间、文化空间、差别空间、主导空间、戏剧化空间、认识论空间、家族空间、工具空间、休闲空间、生活空间、男性空间、精神空间、自然空间、社会空间、社会化空间、国家空间、透明空间、真实空间及女性空间等"[①]。其对空间的关注和强调虽然有些细碎、烦琐甚至有些极端，却为我们透视现代社会变迁提供了一个新的研究分析视角。

现代化背景下人类社会空间的变迁虽然具有多面性，其形成和转化的过程也极其复杂，但笔者认为其复杂性在城乡关系及郊区化等领域表现得最为充分。如果说农业时代的文明中心在乡村，那么，工业时代的中心则开始转移到城市。伴随着这一中心转移，无论是早发现代化国家还是后发现代化国家，都将面临农业人口向城市转移以及随之而来的"村落终结"这一真实而严峻的问题。这正如法国社会学家孟德拉斯所言："20亿农民站在工业文明的入口处：这就是20世纪下半叶当今世界向社会科学提出的主要问题。"[②]当然，这一"转移过程"在任何国家都不可能是直线式的，而是充满了矛盾和曲折。

---

① 　包亚明：《现代性与空间的生产》，上海教育出版社2003年版，第83页。

② 　［法］孟德拉斯：《农民的终结》，社会科学文献出版社2005年版，第2页。

在一般情况下，这一"转移过程"往往集中表现为城市"过密"和乡村"过疏"问题。近来笔者对日本20世纪60年代以来发生的"过疏现象"展开研究[①]，发现在城市化进程初期，人们在理解"过疏"一词时，往往首先将其与人口问题相联系，认为其核心内容表现为地域内人口和户数的锐减及经济收入的减少。但随着时间的推移，人们逐渐意识到问题的复杂性，发现过疏现象，其实质实际是在现代社会急剧变动的背景下，中心城市（过密地带）与"边缘乡村（过疏地带）"空间关系的重构。作为现代文明集聚的空间——"中心城市"对边缘乡村构成了空前严重的"挤压"。而与外部"城市世界"发生联系的"过疏"的乡村，则根本没有能力正常地回应来自外部的挑战，从而使村落社会在失去大量人口的同时，也丧失了自我调节能力，最终走向"崩坏"。"崩坏"的村落难以在短时间内"终结"，又丧失了自我调节能力，这便是现代化进程中"空间变幻"之复杂性所在。在这一意义上，所谓"过疏对策"，实际上就是乡村社会在步入"过疏状态"的背景下，其社会何以可能这一根本性问题。

经典马克思主义曾揭示私有制条件下"城市—乡村"的尖锐对立，事实上，在社会主义初级阶段的历史条件下，城市—乡村间的关系形态亦极复杂。在相当长的时间内，我国实行"城乡分治，一国两策"的二元体制，其中蕴涵着巨大的城乡不平等。今天，我们欲消解这一不平等的体制，必然需要付出巨大的代价。众所周知，中国是一个人口众多的农业大国，其城市化和乡村人口转移一定有诸多特殊的制约因素。但其乡村"过疏"和城市"过密"的演化趋向却是不可避免的。近年来，这种"空间变异"和"转移过程"在中国已初露端倪。时下展开的新农村建设，便是对这一城乡空间变动的回应。在新农村建设初期，人们多将目标指向"生产发展""生活宽裕""乡风文明""村容整洁""管理民主"等方面，但上述目标的实现所面临的最大的难题是农村人口的"流动性"，即农村空

---

① 田毅鹏：《20世纪下半叶日本的过疏对策与地域协调发展》，《当代亚太》2006年第10期。

间已非昔日日出而作、日落而息的静止空间,相当数量的农民游走于城乡之间,成为真正意义上的"流动人口"。因此,我们只有在改革开放、城市化的大背景下,以流动的视野来分析和认识问题,才能把握新农村建设的难点。在这一意义上,20世纪下半叶以来社会理论的空间化取向可以给我们以许多有益的启示。

其次,社会空间理论对于社会科学学科整合的启示。

众所周知,作为一个庞大的理论体系,社会理论覆盖和跨越了社会科学,因此,"它不仅关联到社会学,而且关联到人类学、经济学、政治学、人口地理和心理学,也就是社会科学的整个领域"①。在这一意义上,近年来由新马克思主义主导下的社会理论的空间化转向,为社会科学体系内诸学科提供了一个具有公共性的研究领域,促进了社会科学研究的整合,也推进了具体学科内部体系进一步的科学重组。

以社会学的发展为例。在相当长的一段时间里,社会学把"空间"交给地理学,把时间交给历史学,而自己则醉心于超越时空的社会结构分析,其结果使得社会学的分析逐渐远离真实的经验世界,沦为一种近乎形而上的想象。事实上,人类步入工业社会的社会变迁史,在某种意义上就是一部空间演化、变异的历史。作为现代性的产物,社会学从其诞生之日起,便是以揭示现代社会生发及运行逻辑为职志的学科。而在人类走向现代的进程中,无论是西方还是非西方,伴随着人类社会走向工业化和城市化的进程,其社会发展都无一例外地呈现出"城市—乡村"对立的二元模式。与此种情况相伴随,社会学学科也相应地形成了以农村社会学和城市社会学为主体的学科分支。在农村社会学研究对象确定的问题上,学界一般认为,农村社会学应以农村社会为研究对象。在相当长一段时间里,社会学学科的知识生产大体上是循着"农村社会学"和"城市社会学"这两个分支学科发展起来的,出现了如美国芝加哥学派等一些颇具影响的学术流派。

① 高宣扬:《当代社会理论》上,中国人民大学出版社2005年版,第67页。

但事实上，在这种"城市—乡村"二元模式划分发轫之初，便具有较大的"相对性"，因为在工业社会凯歌行进的过程中，根本不存在纯粹的乡村，乡村之所以成为问题，主要是工业化和城市化直接冲击的结果。"乡村社会学是以整个乡村社会及城乡关系为对象的社会学分支学科。"①这实际上是在强调，如果没有现代工业文明的兴起，就不会有乡村社会学的诞生。作为现代社会学的一个学术研究空间，乡村是与现代城市相对而言的。在这一意义上，乡村问题只有放到工业化、城市化的背景下，才能获得理解。都市和乡村间的界限呈现出越来越模糊、暧昧的变化趋向。作为现代性活动拓展的最重要空间，城市急剧扩张，乡村世界则迅速走向萎缩，出现了"村落终结"问题。在上述背景下，城市和乡村的发展逐渐呈现出更为明显的你中有我、我中有你的复杂发展态势。上述趋势不仅使农村社会学的存在遭到质疑，同时城市社会学存在的合法性也成为疑问。美国著名城市研究家卡斯特尔曾发出追问："真的有都市社会学吗？"他回答说："经过三十二年，现在回过头来看这段对于城市的社会研究的亲身参与经验，答案是：有，不过是以前有；没有，现在没有；但是，如果幸运点，会在21世纪复活，发展一些新的概念、新的研究方法以及新的主题，因为都市社会学对于我们对生活的理解比过去更显得必要——对大多数人来说，都必须在某种都市地区继续活着或是居住着。"②这种发展态势最终导致了超乎农村社会学和城市社会学之上的地域社会学这一社会学研究的分支学科的诞生。这实际上是学科发展对社会空间变化挑战所做出的回应。

近年来，伴随着学科发展"后专业时代"的来临，学术界出现了一股社会理论研究热潮。各种有关社会理论的著述及译著相继出版。但就目前的研究状况而言，人们对社会理论的理解不尽相同，其研究基本上处于

① 袁亚愚：《乡村社会学》，四川大学出版社1990年版，第21页。
② ［美］卡斯特尔：《21世纪的都市社会学》，罗岗主编：《帝国、都市与现代性》，江苏人民出版社2006年版，第239页。

一种"分裂、歧异和松散之中"①。英国社会学家特纳在谈及社会理论研究的前景时曾指出："社会理论只有在紧密参与经验研究和公共论题的时候，才会发育得最好。"②我们以为，除了上述途径之外，我们还应注意梳理社会理论发展的传统。在明确经典马克思主义社会空间理论原初理论命题的基础上，理清其与新马克思主义空间理论的内在关联，使当代社会理论的发展得以建立在坚实的土壤之上。

四、从"城市—农村"的社会学到"地域社会学"

欲展开地域社会学之研究，我们首先应对"地域社会"的概念进行初步的辨析。从一般意义上讲，所谓地域社会是一种基于地缘关系而建立起来的社会集团。应该强调指出的是，这种地域社会集团的成立是以定居生活为基本前提的，处于游牧和采集阶段的民族因其逐水草而居、漂泊不定，难以形成真正意义的"地域社会"。而农耕民族过的是定居生活，其共同体成员生于斯、长于斯，对外具有极大的封闭性，自然可组成相对稳定的地域社会。用中国传统社会思想来描述这种地域社会，其生存状态和基本特征可表述为"差序格局"背景下乡土社会，而在滕尼斯和涂尔干的笔下，这种传统地域社会的特征则可表述为"机械连带"的"共同体"。

当人类社会步入工业社会阶段后，在"城市—乡村"二元对立的格局之下，地域社会逐渐开始走向解体，地域问题成为地域社会的棘手问题。英国作为人类历史上工业革命发生最早的国家，最先出现了严重的地域分

---

① ［英］布莱恩·特纳：《社会理论指南》，上海人民出版社2003年版，第11页。

② 同上书，第12页。

化，并形成了初步的地域政策体系。但由于当时欧陆社会学并未形成独立的学科体系，故关于地域社会学的研究也就无从谈起了。20世纪，当社会学在北美大陆获得迅速发展之际，社会学开始走向"学院化"，其主要标志是以农村社会学和城市社会学为代表的社会学学科体系的成立。"城市—乡村"二元体系为社会学学科提供了强有力的支撑。在这一意义上，都市社会学和农村社会学堪称是地域社会研究之嚆矢。

　　作为现代性的产物，社会学从其诞生之日起，便是以揭示现代社会产生及运行逻辑为职志的学科。而在人类走向现代的进程中，无论是西方还是非西方，伴随着人类社会走向工业化和城市化的进程，其社会发展都无一例外地呈现出"城市—乡村"对立的二元模式。"城乡之间的对立只有在私有制的范围内才能存在。城乡之间的对立是个人屈从于分工、屈从于他被迫从事的某种活动的最鲜明的反映，这种屈从把一部分人变为受局限的城市动物，把另一部分人变为受局限的乡村动物，并且每天都重新产生二者利益之间的对立。"①一些研究者对这种"对立"进行了比较系统的研究概括，他们根据"职业、环境、地域社会规模、人口密度、人口的异质性、社会分层、移动性、相互作用八个方面，对城乡社会进行比较研究。并在上述这些特质比较研究的基础上，确立了城市—乡村不同的地域特质"②。认为"农村与都市，可就下列数点，区别之。一自起源观之，农村之成立为原始的、自然的，由于人类选择适于居住，易于获得食物之处，少数之人民聚集而成，都市之成立，为继起的、人为的，由于行政之统治，交通之便利，产业之发达，敌人之防御，多数之人民，团结而成。二自行政方面观之，视都市即系县城，为行政长官驻在之地，凡县城以外之市、镇、乡、村，均谓乡村；三自人口疏密观之，各国制度不同，万国统计会议人口二千以上者，谓之都市；二千以下者谓之乡村；四自住民之职业观念观之：都市之住民，以经营商工业者为多，乡村之住民，以经

---

① 《马克思恩格斯选集》第1卷，人民出版社1995年版，第104页。

② ［日］森冈清美等编：《新社会学辞典》，有斐阁1993年版，第987页。

营农业者为多；五自社会机关观之，都市为政治、教育、实业、艺术之中心，各种事业甚为复杂，有繁华之气象，农村则此种事业，均极寡少、简单，有寂寥之气象，且都市之人民，互相接触之机会甚多，故群众的观念颇深，于乡村中，则此等接触之机会甚少，故群众心，颇不发达"①。

　　与此种情况相伴随，社会学学科也相应地形成了以农村社会学和城市社会学为主体的学科分支。一般认为，1906年到1912年间，哥伦比亚大学社会学教授吉丁斯指导学生从事农村社会的调查，是农村社会学研究的先声。1915年，威斯康星大学的C．G．格尔平教授发表《一个农业社区社会的剖析》的报告，标志着美国农村社会学的诞生。②在农村社会学研究对象确定的问题上，学界一般认为，农村社会学应以农村社会为研究对象。也有一些其他看法，如"美国农村社会学家沃格特认为农村社会学是研究农村文化的。勒尔逊认为农村社会学的重点应研究农村中的群体关系与社会制度。桑德森认为农村社会学研究对象重点是社会组织。希姆斯认为农村社会学是比较农村与城市异同的比较社会学，他强调对农村社区的研究"③。

　　值得注意的是，在现代化过程中，不仅存在着城市化趋势，也同时存在着乡市化与乡村化趋势。所谓乡市化，不仅指农村向城市方向发展，也包含着城市吸收农村文化之意。乡市化与城市化所不同的是，前者更能缩小城乡差别，而后者则往往是扩大城乡差别；前者是指乡村与城市的相互影响，而后者则指城市对乡村的影响。许多社会学家认为，单一的城市化或乡村化是不存在的，实际存在的是两者并行，乡村人学到了都市人的一些生活方式和价值观念，都市人也保留一些乡村的民风民俗。因此，乡市化发展的结果，必然是城乡差别愈来愈小，但是，只要有乡村存在，城乡

---

① 顾复：《农村社会学》，商务印书馆1924年版，第13页。

② 吴怀连：《农村社会学》，安徽人民出版社1991年版，第2页。

③ 同上书，第7页。

差别就不会消失。①

在相当长一段时间里，社会学学科的知识生产大体上是循着"农村社会学"和"城市社会学"这两个分支学科发展起来的，出现了如美国芝加哥学派等一些颇具影响的学术流派。

但事实上，在这种"城市—乡村"二元模式划分发轫之初，便具有较大的"相对性"，因为在工业社会凯歌行进的过程中，根本不存在纯粹的乡村，乡村之所以成为问题，主要是工业化和城市化直接冲击的结果。如前述的美国学者希姆斯认为农村社会学是比较农村与城市异同的比较社会学。同时，中国学者袁亚愚在其《乡村社会学》一书中也认为："乡村社会学是以整个乡村社会及城乡关系为对象的社会学分支学科。"②这实际上是在强调，如果没有现代工业文明的兴起，就不会有乡村社会学的诞生。作为现代社会学的一个学术研究空间，乡村是与现代城市相对而言的。在这一意义上，乡村问题只有放到工业化、城市化的背景下，才能获得理解。但在当时的历史条件下，城市社会学和农村社会学之所以没有受到强力质疑，主要是因为当时的城市和乡村大体存在着比较清晰的界限。而随着社会的发展演进，首先是在发达国家，出现了城市、农村的界限逐渐走向模糊的发展趋向，主要表现在：

第一，从理论上看，虽然在现代社会发展过程中真实地存在着城市与乡村间的尖锐对立，但我们绝不能把这种对立视为是一种势均力敌基础上的对抗。在大工业发展基础上建立的现代化的大城市的冲击下，乡村必定走向"孤立和分散"，与日渐繁荣的城市形成了鲜明的对照。

第二，城乡生活模式趋同化。伴随着城市化进程的迅猛推进，城市生活模式对乡村产生了巨大的影响。以城市生活为模板，乡村的生活世界发生了剧烈变迁，其结果必然导致城乡间生活样式趋于划一，从生活基础层面消解了"城市—乡村"分立存在的理由。

---

① 魏章玲：《社会学与美国社会》，辽宁人民出版社1986年版，第237页。
② 袁亚愚：《乡村社会学》，四川大学出版社1990年版，第21页。

第三，在城市郊区化的发展历程中，由于轿车、地铁、城铁等交通工具的普遍使用，加之城市中心地价腾贵和环境恶化，大量的城市人口开始移住郊区。伴随着通勤圈的扩大，前往乡村寻求住宅的城市人越来越多，出现了城乡混住化倾向。

第四，在现代经济发展过程中，农村单纯的农业经营实际上已不可能，绝大多数农家采取了"兼业化"策略，即除农业经营外，兼营农业以外的经济活动。毫无疑问，这增强了农村——城市之间的内在联系。

综上所述，都市和乡村间的界限呈现出越来越模糊、暧昧的变化趋向。作为现代性活动拓展的最重要空间，城市急剧扩张，乡村世界则迅速走向萎缩，出现了"村落终结"问题。在上述背景下，城市和乡村的发展逐渐呈现出更为明显的你中有我、我中有你的复杂发展态势。上述趋势不仅使农村社会学的存在遭到质疑，同时城市社会学存在的合法性也成为疑问。美国著名城市研究家卡斯特尔曾发出追问："真的有都市社会学吗？"他回答说："经过三十二年，现在回过头来看这段对于城市的社会研究的亲身参与经验，答案是：有，不过是以前有；没有，现在没有；但是，如果幸运点，会在21世纪复活，发展一些新的概念、新的研究方法以及新的主题，因为都市社会学对于我们对生活的理解比过去更显得必要——对大多数人来说，都必须在某种都市地区继续活着或是居住着。"[1]这种发展态势最终导致了超乎农村社会学和城市社会学之上的地域社会学这一社会学研究的分支学科的诞生。

在日本，比较正规意义上的地域社会学研究，是在20世纪60年代开始揭开序幕的。学界通常将地域社会学视为以地域社会为研究对象的社会学分支学科，是将都市和农村两方纳入研究视野，对地域构造及功能的多角度分析，注重研究地域社会的社会构造、阶层形成及内在的行动逻辑。这里所说的"地域社会"，主要是指基于地缘关系形成的集团的结构及关系

---

① ［美］卡斯特尔：《21世纪的都市社会学》，罗岗主编：《帝国、都市与现代性》，江苏人民出版社2006年版，第239页。

性总体。在有的情况下，学界也常称其为地域共同体。有的学者"也常常把农村社会学和城市社会学看作是地域社会学的下位概念，而将地域社会学界定为两者的总称。但这并不意味着地域社会学可以简单地还原为农村社会学和城市社会学。地域社会学的研究主题虽然与农村社会学和城市社会学的内容有交叉共享部分，但其存在价值主要是将地域问题置于民族国家和全球化的背景下，试图以实证的、实践的研究志向形成自己独立的学术分野"①。

在建构地域发展理论的过程中，我们应对"地方""地域"等基本概念进行深入理解。应该承认，在学术研究中，地方、地域、区域往往可以表述相同的空间意义，在一定条件下可以互用，但同时这些概念又具有一定程度上的相对性。如"对于全球而言，国家就可以算是一个地方。而以欧盟为代表的区域一体化，也被视为全球一体化条件下的地方化倾向。如果我们将视野放在一个民族国家之内，相对于国家而言，省（州、大区等）就构成地方"②。但如果我们在限定意义上使用上述几个概念，其间的区别也是显而易见的。这主要表现在："地方"这一词是与中央相对称的概念，中央和地方之间带有"中心—边缘"，"支配—从属"的关系。也就是说，"地方"概念包含有对中央的周边性和从属性的关系。与地方一词带有极强的政治性和行政性特色不同，地域在很多场合往往是带有功能的、政策性的意味。所有的地方都可以称为地域，而所有的地域未必都能称为地方。从学术上看，地域的概念可以从多种角度加以认识。在地理学上，可以根据气候、地形、植物的分布形态为基准定义地域概念。在经济学看来，可以以统治的经济力为基准进行地域分类。从文化学看，可以根据区分周边地域的文化特性为基准来定义地域。③

---

① ［日］森冈清美等编：《新社会学辞典》，有斐阁1993年版，第989页。

② 孙柏英：《当代地方治理——面向21世纪的挑战》，中国人民大学出版社2004年版，第29页。

③ ［韩］朴仁镐：《韩国地域发展论》，多贺出版社1989年版，第9页。

五、地域社会学的研究主题

如果我们把学科意义上的社会学最为基本的追问理解为社会何以可能的问题，那么，地域社会学的核心主题则应为：如何在流动的状态下把握社会的复杂变化？如何在流动的状态下探寻维持社会秩序的可能。具体言之，地域社会学的研究主题，可以从以下几个方面做进一步的理解：

1. 原本潜藏在"城市—乡村"的二元模式下的"城乡关联"开始走上前台，一些超乎城市、农村之上的地域问题开始成为主导。于是，那种传统的"农村社会学"和"城市社会学和农村社会学"的研究模式也开始遇到空前的挑战。在社会学的教学活动中，很多教师深刻地体认到农村社会学和城市社会学教学内容的严重重复。而在科学研究过程中，更多的学者明确地意识到"在城市和乡村的分界变得越来越模糊的情况下，规定城市社会学的研究范围，没有太大的意义。就某种意义上说，如今城市无处不在，即使在物质性上并非如此，至少是社会现实。因此，城市社会学并非纯城市现象的社会学"①。在这一意义上，复杂的社会变迁实际上已经要求建立一种超乎"城市—农村"模式之外的一种新的研究范式。从学科组织形态看，作为城市社会学和农村社会学相连接的研究领域，地域社会学研究会的会员多于城市社会学和农村社会学。

2. 地域社会学的勃兴，与社会学研究的空间转向也有着密切关联。"20世纪社会理论的历史也就是时间和空间观念奇怪地缺失的历史……人们一般把社会看成内生性的，有其自身的社会结构，而这些社会结构既不是时间结构，也不是空间结构……20世纪大多数社会学所考察的，是一个由彼此独立的社会组成的系统，它们的社会结构被认为在各个空间上都是一致的，至于构成这些社会的时间性，也几乎没有什么分析。"②在相当长的一段时间里，社会学将时间和空间分别让给历史学和地理学，而自己

---

① ［法］格拉夫·梅耶尔：《城市社会学》，天津人民出版社2005年版，第1页。

② ［英］布莱恩·特纳：《社会理论指南》，上海人民出版社2003年版，第506页。

则从事超越时空的社会结构分析。在现代化、城市化的进程中，社会空间生产发生了复杂变化。现代化背景下复杂变幻的空间图景成为人们研究关注的焦点问题。这里所说的社会空间主要是指社会群体感知和利用的空间（由个体感知和利用的空间常被称为个人空间）。正如布蒂默所介绍的，这个术语与社区和自然区的定义非常接近：通过他们的社会经济和人口统计学的特征，他们的共同的价值观和态度，以及由此形成的相同的行为方式，可以确认城市居住区内马赛克图中被同质群体所占据的部分。这种空间由群体定义和赋予其含义，然而，仅仅通过定量指标是无法轻易确定的，例如还有那些在社会区分析中使用的指标。[①]此外，如法国当代社会理论大师亨利·列斐伏尔在构建其现代性理论的过程中，曾提出"空间生产"的概念。他批评以往的研究简单地从几何学的角度把空间视为空洞的空间或将空间仅仅看做是社会关系演变的静止"容器"或"平台"的传统观点，认为空间从来就不是空洞的，它往往蕴涵着某种意义。"任何一个社会，任何一种生产方式，都会生产出自己的空间。社会空间包含着生产关系和再生产关系，并赋予这些关系以合适的场所。"并断言："既然认为每一种生产方式都有自身的独特空间，那么，从一种生产方式转到另一种生产方式，必然伴随着新空间的产生。"[②]在他看来，所谓人类文明变迁的过程，实际上就是"社会空间"的重组过程。列氏的上述观点对我们研究工业革命以来人类社会在剧烈变迁状态下所发生空间重组提供了深刻的启示。以城市社会空间为例，迄今为止，地域社会学所关注的社会空间研究主要包括郊区、城市中等具有独特功能的空间。

3．全球化背景下的空间重组也是地域社会学获得快速发展的重要背景。全球化作为一个概念，主要是指资本、技术、文化和社会关系在全球维度的扩散。作为一种学术话语，全球化具有极其复杂的内在含义，其含义是随着使用者的身份变化和场合的变化而变化的。人文社会科学研究者

---

① ［英］R.J.约翰斯顿主编：《人文地理学辞典》，商务印书馆2004年版，第660页。

② 转引自包亚明《现代性与空间的生产》，上海教育出版社2003年版，第87页。

进入全球化研究的角度也各不相同，遂使得在全球化研究问题上存在着多元的学科形态。瑞典学者格兰·瑟本认为，从20世纪80年代后期以来，全球化的概念已经出现在至少5种类型的大量话语中。第一，中心的类型是经济话语，诉诸贸易、投资、生产和企业的新模式。第二，普遍类型是社会—政治话语，着重在国家和国家管辖的社会作用的缩小。第三，全球化已作为社会批判话语和抗议的中心出现，作为新的、现存形式的敌对力量，作为社会正义和文化价值的唯一敌人出现了。另外两种话语，一个是文化的，涉及人类学和文化研究，将全球化视为文化流动、文化邂逅以及文化交织。一个是以全球责任的形式，全球化是生态话语和地球环境关注的组成部分。①

如果说20世纪80年代全球化概念刚刚问世时，更多是一种话语，那么，近年来的全球化则是一种真实的发展进程。全球主义虽然造成了全球彼此连带的一体化格局，却没有导致地理学的终结，相反激活了区域概念，并赋予其全新的意义。它使大部分国家从两极世界的体系中解放出来，逐渐形成了区域性的行动集合体，使世界呈现出区域化发展趋向。从"空间重组"的角度审视区域共同体的建立问题，我们不仅应该注意区域共同体外在的组织形态，同时更应关注区域共同体的认同问题。因为自欧洲率先创制民族国家形态以来，伴随着西方工业文明扩张的浪潮，民族国家成为地球上最具普遍意义的"认同空间"，使得人类社会一切的进步、发展、冲突、断裂，都是以民族国家这一"空间"展开的。在此基础上，无论是欧洲还是东亚，在全球化背景下构建跨国性的区域共同体，首先遇到的便是"民族国家认同"和"区域共同体认同"间的关系问题。

在东亚，地域社会学首先是在日本产生并获得快速发展的。在战后初期的日本，以福武直为代表的农村社会学研究以农村社会的近代化为主题，关注农村社会的基本构造研究，在研究方法上，构造分析模式盛极一

---

① ［瑞典］格兰·瑟本：《全球化与不平等：概念化与解释的论题》，《社会学研究》2003年第1期。

时。此后，伴随着全国综合开发计划等大型都市开发计划的展开，逐渐掀起了地域社会研究的热潮，以似田贝香门为代表，开始由社会过程分析代替构造分析。同时，与都市化社会发展相同步，都市地域社会的形成和发展成为主题，其中，町内会、自治会研究尤其成为人们关注的热点。20世纪60年代，在日本兴起了一股强劲的地域社会学的研究浪潮，人们意识到，单纯地进行农村社会学和城市社会学已经难以对问题有一个清楚的解读。

　　近年来，日本学术界的地域社会学研究主要是围绕着乡村过疏—城市过密、地域社会组织重建、公共政策、社会政策。超越农村与城市之上的社会公共政策研究、地域对立及地域歧视、地域振兴、跨地域合作网络的构建，超越民族国家之上的地域之间的跨国合作等问题展开，形成了诸多研究热点，也为东亚其他国家的地域社会学的研究和发展提供了可资借鉴的模式和典范。

表2-1　日本地域社会学研究会出版会刊

刊期	研究主题	出版时间
第1集	地域社会研究的现阶段课题	1979年
第2集	地域另类问题和地域政策	1980年
第3集	行政和地域社会	1985年
第4集	现代都市论的视角	1987年
第5集	都市·内存的新局面	1991年
第6集	转换期的地域社会学	1994年
第7集	地域社会学新的论争点	1995年
第8集	地域社会学的回顾和展望	1996年
第9集	地域空间的社会学	1997年
第10集	城市再生与地域社会	1998年
第11集	全球化与地域社会	1999年
第12集	生活·公共性和地域形成	2000年
第13集	市民和地域——自决、协动及其主体	2001年

续表

刊期	研究主题	出版时间
第14集	地域公共性的重构	2002年
第15集	公共性的转换和地域社会	2003年
第16集	分权与合并：罗尔斯多样的地域观	2004年5月
第17集	罗尔斯的再评价	2005年5月

如前所述，在社会学发展史上，如果说社会学诞生于欧洲，那么，美国社会学则标志着"学院社会学"的创立，其标志主要为：专业系的成立、专业杂志的创刊、独立的学科体系的出现。作为社会学学科的农村社会学和城市社会学就是在此时期同时出现的。而这种试图超越农村—城市空间之上的地域社会学则主要发起于东亚。虽然地域社会学在包括日本、韩国在内的东亚国家已有较快发展并已形成规模，但从总体上看，地域社会学"作为学的体系，尚处在建立过程中"①。

---

① ［日］石川淳志等：《现代日本的地域社会——创造性的再建构与地域社会学的课题》，青木书店1983年版，第314页。

第三章　文化自觉与社会发展研究的转向

　　20世纪晚期以降，世界社会发展模式理论研究另一个值得注意的新趋向是文化自觉和社会发展研究的转向。众所周知，学科意义上的社会发展理论，基本上都来自欧美世界，而战后社会发展理论的主要研究对象实际上主要是那些尚未实现现代化的非西方国家，因此，如何提高外来理论对非西方国家本土社会的解释力和理解力，便成为战后世界社会发展理论研究领域的理论难题。

　　20世纪晚期，在非西方国家的理论界率先兴起了文化自觉的反思浪潮，这里所说的"文化自觉"主要是指"生活在既定文化中的人对其文化有'自知之明'，明白它的来历、形成的过程、所具有的特色和它发展的趋向。自知之明是为了加强对文化转型的自主能力，取得决定适应新环境、新时代文化选择的自主地位"。同时注意文化间的理解和沟通问题，即"理解所接触的文化，取其精华，吸收融汇"①。可见，文化自觉就是"找回传统"，并赋予传统以现代意义，使发展植根于本土社会。日本学者佐佐木卫在评价费孝通社会分析理论历史地位时，曾极为中肯地指出："20世纪30—40年代，曾经是亚洲的社会学、人类学运用亚洲式的概念和方法说明亚洲的时代。为了描绘中国的社会结构，费孝通从中国人的观

---

① 费孝通：《中华文化在新世纪面临的挑战》，《费孝通文集》第14卷，群言出版社1999年版，第404、409页。

念中捕捉中国社会的个别主义的研究方法，运用从中国研究中所获得的新见解，去重新解释西方的人类学、社会学概念的普遍主义的研究方法相结合的方式，构成了费孝通独特的理论。"①由费孝通开辟的从文化自觉到"学术自觉"的学术理路，在东亚范围内并不孤单。无论是在韩国还是在日本，均有一些大师级或重量级学者作为其代表性人物。他们所凭借的理论资源和使用的具体研究方法虽各有差异，但在文化自觉对于东亚社会发展学术研究特殊价值的问题上却具有较大的一致性。如中国台湾地区的叶启政、石之瑜，日本的沟口雄三，韩国的韩相震、白永瑞等，他们或通过对东亚研究方法的反思；或通过对费孝通文化自觉思想的解读，实现了其文化自觉和学术自觉的理论诉求。

一、东亚文化自觉思潮概观

20世纪最后十年，以东亚复兴和后现代主义思潮的勃兴为背景和直接契机，以非西方国家学者为主体的学者队伍，开始不满足于单纯地模仿和运用西方社会科学的理论及方法来研究非西方社会的变迁和发展，转而希望对那些舶自西方的社会科学理论展开彻底的反思和批判，以建立起一套经过创造性转换的新的社会理论的解释系统。这便是费孝通所说的"文化自觉"，可见，文化自觉就是"找回传统"，并赋予传统以现代意义，它标志着当代社会发展模式理论研究实现了具有根本意义上的转向。

20世纪以降，在"西学东渐"的总体背景下，东亚各国的学术文化发

---

① [日]佐佐木卫：《亚洲社会变动理论的可能性——重读费孝通著述》，《云南民族学院学报》2000年第3期。

生了根本性变化，其突出表现便是西方社会科学体系的传入和确立。在中国，这一过程主要表现为由传统的"四部之学"向现代的"七科之学"的转变；而在日本，类似的转变则是通过以"洋学""兰学"替代汉学传统来完成的。伴随着现代社会科学体系的确立，"方法"逐渐为人们所重视。[①]对于东亚学人来说，在相当长的时间里，谈及"方法"，主要是以西洋为参照系，"以外国事例来证明中国某一举措的正当性"[②]，"要发挥我们的文化，非借他们的文化作途径不可。因为他们的研究方法，实在精密"，因此，"要用那西洋人研究学问的方法去研究他，得他的真相"[③]。而到了20世纪晚期，上述情形发生了根本性的变化，其突出表现便是文化自觉思潮的兴起。包括中国、印度、埃及、日本、韩国等亚非国家的著名学者对长期占据社会科学权威地位的"西方中心论"发起批判，并在此基础上掀起了强劲的文化自觉的思潮，对亚非国家的社会发展模式和道路选择产生了巨大的影响。

（一）日本："作为方法的东亚"

在西方学界的传统观念里，东亚是一个近乎停滞、静止的社会，其迈向现代社会师法西方无他途。面对这种广为流行的理论，"在第二次世界大战后四分之一多的世纪里，日本的中国研究者的一个主要目标就是战胜那种认为中国是一个停滞的亚细亚社会的理论"[④]。20世纪60年代和80年

---

① 当代著名学者成中英认为："在人类整个的思想发展中，方法是个很重要的观点。但是什么是方法，它有什么限定，有什么作用，是个很值得研究的问题。中国对方法的重视，恐怕始于五四。"见《创造和谐》，上海文艺出版社2002年版，第220页。

② 罗志田：《国家与学术：清季民初关于"国学"的思想论争》，生活·读书·新知三联书店2003年版，第94页。

③ 梁启超：《五十年中国进化概论》，《饮冰室合集》之三十九，中华书局1989年版，第37页。

④ 中国社会科学院情报所：《外国研究中国》第3辑，中国社会科学出版社1979年版，第18页。

代，日本学者竹内好和沟口雄三分别提出了"作为方法的亚洲"和"作为方法的中国"的学术观点，力主将"东亚"作为独立的研究对象，摆脱以欧洲为唯一衡量尺度的认识范式，注意其自身演化的规律。

1. 质疑西方中心论，反对简单以欧美为基准

如在竹内好看来，东亚要想真正地进入现代世界体系，就必须首先在思想上实现自立，这主要是"因为自近代以来，西方即不仅在器物、制度方面握有霸权，而且在文化学术领域也居于绝对中心，而将非西方国家挤压到边缘位置。致使过去的东方既没有理解欧洲的能力，也没有理解其自身的能力。理解东方并改变它的是处于欧洲的欧洲性。东方之所以成为东方就是因为它被包含到了欧洲之中，不仅欧洲只有处于欧洲中才能被实现，就连东方也只有处于欧洲中才能被实现"①。

值得注意的是，日本学术界的文化自觉思想，在很大程度上是在对中国的研究中得以展开和实现的。其中，最具代表性的学者是沟口雄三，他在其主编的《中国的思维世界》《作为方法的中国》等著作中，提出了很多独到的见解，其"非西方化"学术观点极具冲击力。在方法论层面，他提出："今后我们考察亚洲的近代时，无论是日本还是中国，都必须以建立在各自其前近代基础上的、与欧洲相异的特性为依据。""日本和中国之间根本没有必要以欧洲为媒介。世界史的普遍性也只能立足于这种相异性，即各自的特殊性。"②

2. 建立独立地理解东亚的理论分析系统

结合21世纪东亚和中国发展的进程，沟口雄三还主张建立独立地理解东亚世界的分析系统："现今，亚洲特别是进入21世纪的中国，发生了巨大的变化。中国脱离了鸦片战争以来的混乱时期，这意味着中国开始发

---

① ［日］竹内好：《何谓现代——就日本和中国而言》，张金媛主编：《后殖民理论和文化批评》，北京大学出版社1999年版，第450页。

② ［日］沟口雄三：《日本人视野中的中国学》，中国人民大学出版社1996年版，第18页。

挥其本来拥有的潜在力量。但是，这种潜在力量的应有状态（完全不是就理想而言），恐怕包括中国人在内，我们的基本认识都是不完全的。我们还没有从欧美主导的认识论中获得自由。所作的仅是以欧美标准为主轴的议论，虽然对此也有批判，但是还没有能够形成多元的认识论吧。"世界多元化"的认识论，也许与国际秩序没有直接的联系，但是，如果承认不存在没有认识的行动，那么要产生根据多元认识而形成的新的社会的一致合意，"世界多元化"的认识论，对于改变以欧美为主导的旧模式的国际关系，也能发挥间接的作用吧。""迄今为止的世界认识是以欧洲标准为世界标准而建立起来的，但存在以欧洲标准无法衡量的世界，中国正是这样一个基本上不能套用欧洲标准加以把握的世界，为了从整体上把握真实的中国，必须放弃欧洲标准等既定的判断依据，放弃历史框架或意识形态等，尽可能深入中国的历史文献。"①

3．发现东亚社会发展运行的"本然状态"

从20世纪八九十年代开始，日本学术界分别出现了一种将东亚现代化的起点提早到十七八世纪的观点。如日本著名学者大石慎三郎、中根千枝等人于1986年共同编著《江户时代与现代化》，在对江户时代中后期的政治、经济、思想、文化诸方面进行综合研究的基础上，认为此时期的日本社会已经发生了具有现代性意义的变化，并据此提出日本现代化的起点不是19世纪中叶前后的西南诸藩改革或明治维新，而是江户时代中后期（17—19世纪中叶前）。②而沟口雄三则以明清时期思想发展为研究切入点，通过对"公私观念"的解读，来断言近代时期的到来。

（二）韩国："东亚第三条道路"

世纪交替之际，以全球化和亚洲金融危机为背景，东亚学术界开始

---

① 《如何重新审视中国——对日本著名汉学家沟口雄三教授的采访》，《文汇报》2007年12月11日。

② ［日］大石慎三郎主编：《江户时代与现代化》，筑摩书房1986年版。

对"发展主义"主导下的东亚社会发展模式开始进行总体性反思。除了费孝通的"文化自觉"理论和日本学者沟口雄三的"作为方法的亚洲"思想外,其中较具有代表性的作品还应包括韩国学者韩相震的"东亚第三条道路"理论。从20世纪90年代开始,韩相震即开始通过随笔、札记、对话和学术论文等方式,阐述其对东亚社会的独特见解。他认为东亚虽然在"发展主义"背景下创造了令人瞩目的"发展奇迹",但这并不意味着东亚现代化已获得真正意义上的成功,因为单纯地模仿西方发展模式实际上已使东亚社会发展模式面临严重的危机。其理论堪称是东亚学界"新发展主义"最具代表性的观点之一:

1. 关于东亚第三条道路的含义。东亚发展所面临的最大的风险是"无视历史的多样性,仅仅依赖西方经验",认为"现在是东亚社会学进行"反省"的时候了。反省意味着我们意识到我们是谁,我们在哪里,我们在做什么和为什么做。这蕴涵着我们在有意识地追问用西方社会学来代表我们是否足够,或者是否必须提升和革新某种由东亚精神支撑的东西……在我看来,自我反省的态度之根本的意义在于使我们远离单纯因循西方的思想范式,摸索出具有普遍吸引力的别样的发展道路,同时与亚洲的文化和世界观保持和谐。我把这种思考看作东亚社会学的'第三条道路'"①。

2. "东亚第三条道路"实质上是试图超越"西方中心论"和"发展主义"的制约,将东亚的社会发展理论植根于本土。从字面上看,"东亚第三条道路"理论虽然与吉登斯的理论有些类似,但实际上两者有着重要的不同。正如韩相震在文中所言:"'第三条道路'使我们立刻想起英国社会学家吉登斯(Anthony Giddens)、英国首相布莱尔(Tony Blair)、德国议长施罗德(Gerhard Shroeder),还有英国、荷兰、丹麦等国的社会政策。但是这样的讨论只会把我们引入欧洲版本的'第三条道路'。的确,'第三条道路'的发展可以追溯到更早的时候,例如法国人的'中庸之

①　[韩]韩相震:《东亚"第三条道路":全球化时代社会学的新视野》,苏国勋主编:《社会理论》第1辑,社会科学文献出版社2005年版,第71页。

道'（juste milieu）的设想。可是，也没有理由把'第三条道路'限定为一种欧洲现象。相反，我认为对'第三条道路'和吉登斯、英国等不自觉地认同的做法会把我们置于一种无视历史的多样性，仅仅依赖西方经验的危险之中。"①他认为："东亚第三条道路"的哲学依据主要是"中庸思想、中庸哲学，特别是'忠恕'这样的中庸思想的核心部分。所以，我的第三条道路的哲学基础，与其说是西方的这种哲学观，不如说是东方儒家的这种哲学观。因为西方的哲学观是主张征服、占领的这样一种态度，儒家的哲学观是主张协调、和解的这样一种观点。"②

3. "东亚第三条道路"是建立在对"发展主义"主导之下发展模式批判的基础之上的。"当金融危机严重打击韩国的时候，我们被震撼之余意识到了当前的发展设想是多么匮乏，这些设想包括统治理念、政治领导才能、发展的国家中心权威模式，长期以来被忽视的经济企业集团中企业的内部安排与治理结构以及劳资关系。寻找一种可供选择的发展模式已经刻不容缓，这种模式应当能够调和诸如增长与福利、效率与平等以及个人与共同体等具有同等重要性而又冲突着的价值观念。那时我们感到了被深深唤起的责任，要克服拖延已久的政治的、意识形态的、地区的和产业的冲突以及在其他一些方面存在着的对抗。"

4. 提倡一种"第三条道路"，并把它作为东亚社会学可供选择的发展视野。"第三条道路"需要牢固地扎根于一些弘扬和平、和谐、共存和实践学习等价值的文化传统中，而不是简单地由西方的意识形态单独塑造。一言以蔽之，"第三条道路"的意义应该在更广阔的历史情境中探求，而不是仅仅囿于某些特定的政策领域。

5. 把注意力引向东亚发展的文化方面。这里涉及的并不是一个简单

---

① ［韩］韩相震：《东亚"第三条道路"：全球化时代社会学的新视野》，《社会理论》第1辑，社会科学文献出版社2005年版，第69页。

② ［韩］韩相震、郑杭生、黄平：《关于"第三条道路"》，《社会学研究》2004年第3期。

的韦伯式问题，即东亚宗教在某种程度上是否和资本主义经济发展具有亲和力的问题。相反，他认为在东亚认同的意义上，文化觉醒有更深刻的反响。东亚的发展特征可以概括为几种趋势的独特的综合，这些趋势包括积极进取的工业化、政治的民主化转型以及对西方帝国主义的文化批判。东亚应该不仅仅关注经济，还要关注他们的文化。文化的问题更为复杂，不能简单地和资本主义发展在功能上等价，文化还涉及与道德、伦理以及美学问题有关的生命的意义。①

（三）中国及海外华裔学者的观点

在中国大陆及港台地区，除了费孝通的文化自觉主张外，较具代表性的著作还有黄宗智的《中国研究的范式问题的讨论》、甘阳的《通三统》、叶启政的《社会理论的本土化建构》、石之瑜的《社会科学知识新论》、杜祖贻的《西方社会科学理论的移植与应用》、俞可平的《全球化：西方化还是中国化》等。

1. 对欧美东亚研究传统的反思。

既然近代以来，包括中、日、韩、朝在内的东亚研究在很大程度上被西方话语所主导，那么，文化自觉研究境界之实现，应首先从对西方东亚研究的反思开始。众所周知，韦伯的比较宗教社会学在东亚研究历史上占据着极其重要的历史地位，很多研究者将其结论奉若神明，不敢易其一字。但从文化自觉的视角重新审视韦伯命题，人们会发现：韦伯的比较宗教社会学研究是单面向的，其目的并不在于揭示中国传统社会的隐秘结构，而是以中国为"他者"，试图更为深刻地凸显西方文化发展的历史独特性。"当韦伯问道，为何中国或印度或世界其他文化领域未曾产生西方式的理性资本主义时，他只是站在西方人的立场，从他自己的'价值关联'出发，来为世界史的既成事实寻求解释。这中间，韦伯念兹在兹的，

---

① ［韩］韩相震：《东亚"第三条道路"：全球化时代社会学的新视野》，苏国勋主编：《社会理论》第1辑，社会科学文献出版社2005年版。

并不是去诊断其他文化'欠缺了什么',以致无法发展出资本主义;他所真正追问的,毋宁是透过文化间可资对照的'比较点',系统地检证西方近代以来在经济、政治、法律、科学、技术、艺术乃至建筑与音乐等方面的'理性化'进展,是否融会成独具风格的'现代文化',且具备了普遍的,放诸四海而皆准的意义和效果。"①

可见,西方学术界在研究包括中国在内的东亚社会时,在很大程度上是将其作为一个"参照社会"来看待的。对此,杜维明先生曾指出:"中国作为一个参照社会,对17、18世纪的思想家如孟德斯鸠、伏尔泰、莱布尼茨、卢梭及大百科全书派,到底是一个什么东西?"②仅就韦伯的研究而言,其局限性极明显:他没有区分传统中国社会里人们行为的理想形态和实际形态。"在实际上,中国儒家的道德常被视为标准太高而无法达到一种理想规范。几乎没有一个中国下层阶级的人能够遵从。即使是上层社会人士,也很少能够实践如儒家经书中所限制的那样。此外,在中国悠久的历史中,各时代对儒家伦理道德的解释亦各有不同。一时代被认为是保守的,在另一时代可能被其他儒家学者解释为激进。因此,不能像韦伯所做的,将中国儒教与西方基督教作整体比较。"③很显然,这种被西方主导的东亚学多反映西方视角、价值观和西方风格,至多可以窥见西方背影下怪诞的"东方",而难以发现真正的"东亚"。

2. 除了加大对西方中国研究现有成果反思的力度之外,学术界还强调挖掘本土资源的重要性。如张光直认为"我相信中国研究能在社会科学上作重大的一般性的贡献,因为它有传统的二十四史和近年来逐渐累积的史前史这一笔庞大的本钱。古世界古今文明固然很多,而其中有如此悠长的历史记录的则只有中国一家……这批代表广大地域、悠长时间的一笔史料中,一定会蕴藏着对人类文化、社会发展程序、发展规律有重大启示作

---

① 顾忠华:《韦伯学说》,广西师范大学出版社2004年版,第91—92页。

② 杜维明:《东亚价值与多元现代性》,中国社会科学出版社2001年版,第20页。

③ 蔡文辉:《社会变迁》,三民书局1988年版,第184页。

用，甚至有证实价值的宝贵资料"①。

3. 很多论者还特别强调"中国研究"应注重对研究者主体的研究和反思。石之瑜认为："所谓将中国研究领域当作研究对象的意义有两层，一是将既有的中国研究文献搜集，进行文献的比较分析，既比较问题意识与研究方法，也比较理论角度、历史分期与议题种类等。另一层是比较研究者的身份与位置，反省研究者所从出的历史脉络、生活经验与专业训练对研究活动的影响，并追问研究者所属机构的性质和研究经费来源。必须对中国研究本身进行研究，才有可能更全面、更深入地体会中国研究者所提出的相关知识，具有什么样的意义。"②

而著名学者黄宗智更提出了"文化双重性"问题，这里所说的"文化双重性指一个人对两种不同文化的共时性参与，语言双重性指一个人对两种语言的使用。语言双重性是文化双重性的一个有力的和具体的例证。一个既使用英语又使用汉语的人不可避免地要参与这两种语言各自所蕴涵的观念和思维过程。因此一个双语者几乎必然也是一个双重文化人。诚然，在双语的使用中，两种语言互相对译而不产生或很少产生歧义的情形是存在的，譬如指称具体的物体（例如猪、狗）或简单的观念（例如冷、热）。然而不可避免的是，也有一些语词在两种语言中表面上是对等的，但在使用过程中会涉及非常不同的文化内涵。这时，语言双重性便变成了文化双重性"③。

2005年，中国学者陈光兴也大力提倡"亚洲作为方法"，认为：相对于战后中国台湾地区知识生产不断深化"脱亚入美"的走向，提出"亚洲作为方法"的命题，其目的在于自我转化，同时转变既有的知识结构。它

---

① 张光直：《连续与破裂：一个文明起源新说的草稿》，《九州学刊》（香港）1986年9月总第1期。

② 石之瑜：《社会科学知识新论：文化研究立场十评》，北京大学出版社2005年版，第139页。

③ 黄宗智：《近现代中国和中国研究中的文化双重性》，《开放时代》2005年第4期。

根本上的意涵在于：透过亚洲视野的想象与中介，处于亚洲的各个社会能够重新开始相互看见，彼此成为参照点，转化对于自身的认识；在此基础上，能够更进一步，从亚洲的多元历史经验出发，提出一种重新理解世界史的视野。正是在上述总体的学术文化氛围之下，在东亚社会发展研究领域，出现了一些值得注意的新的研究趋向。

（四）欧美学者："在东亚发现历史"

20世纪70年代以来，西方东亚研究领域一些权威学者亦对传统东亚研究模式掀起批判反思浪潮，对于推动东亚本土学者的文化自觉亦起到至关重要的作用。

众所周知，在欧美东亚研究领域长期占统治地位的是"亚细亚停滞论"，在此立论基础之上建立的是"冲击—回应"、"刺激—反应"的研究模型，将东亚视为是一个惰性十足的实体。率先向"冲击—回应"论发起挑战的是美国学者柯文，他以"中国中心观"打破了战后欧美东亚研究界长期占统治地位的"刺激—反应论"和"传统—现代论"，改变了欧美"中国学"界的研究路向，产生了振聋发聩的轰动效应。主张在研究包括近代中国在内的东亚社会变迁时，要把注意力集中在本土社会的内部因素，而不是放在外来因素上。认为："中国本土社会并不是一个惰性十足的物体，只接受转变乾坤的西方冲击，而是自身不断变化的实体，具有自己的运动能力和强有力的内在方向感。"①

继柯文之后，于世纪交替之际问世的《白银资本——重视经济全球化中的东方》一书对传统东亚模式产生了更大的冲击。弗兰克在书中所提出的核心观点是"从一种涵盖世界的全球视野来考察近代早期的经济史。我试图分析整个世界经济体系的结构与运动，而不是仅仅分析欧洲的世界经济体系（欧洲只是世界经济体系的一部分）。这是因为，在我看来，整体

---

① ［美］柯文：《在中国发现历史——中国中心观在美国的兴起》，中华书局1989年版，第76页。

大于部分总和,如果我们要分析任何部分(包括欧洲)的发展,我们都必须分析整体。对于西方的兴起就更是如此,因为事实表明,从一种全球视野看,在近代早期的大部分历史中,占据历史舞台中心的不是欧洲,而是亚洲。因此,最重要的问题与其说是在欧洲发生了什么,不如说是在整个世界、尤其是在主导的亚洲部分发生了什么"①。弗兰克试图用此种体系摧毁传统的"欧洲中心论",从东亚自身"本然"的发展轨迹理解其历史发展进程,建立起全新的东亚研究分析模式。

现代社会理论和社会科学的建立,存在着三个基本的前提假设:"资本主义标志着世界历史的断裂和质变;影响和决定整个世界命运的裂变发生在欧洲内部并且是由于欧洲社会内部的某些特殊性而发生的。这两点又要依赖另外一个假设前提,即欧洲是作为一个独立的社会实体而存在的,从而是一个合理的分析单位,也正因为如此在它内部发生的变化才会如此重要。"②弗兰克认为,上述这三位一体的假设前提,构成了全部现代历史和社会理论的马其诺防线,而弗兰克便是上述防线的突破者:"19世纪和20世纪的所有社会理论家以及许多历史学家都是在错误的地点开始考察早期近代的历史。他们完全是在欧洲的路灯下四处观望。当他们从欧洲出发考察欧洲的扩张,即欧洲对世界其他地区的整合时,越远的地方越黑暗。也就是说,他们离开欧洲的灯塔越远,就越看不清楚。这也就是为什么沃勒斯坦以及许多人认为,在1750年以前亚洲始终处于世界经济(体系)之外,只是在那之后才被整合进来。"③

同期出版的美国学者彭慕兰的《大分流——欧洲、中国及现代世界经济的发展》,在比较18世纪英格兰和中国江南地区的基础上,也提出:

---

① [德]贡德·弗兰克:《白银资本——重视经济全球化中的东方》,中央编译出版社2001年版,英文版前言。

② [德]贡德·弗兰克:《白银资本——重视经济全球化中的东方》,中央编译出版社2001年版,序言,第3页。

③ 同上书,第83页。

1800年以前是一个多元的世界，没有一个经济中心，西方并没有任何明显的、完全为西方自己独有的内生优势；只是19世纪欧洲工业化充分发展以后，一个占支配地位的西欧中心才具有了实际意义。

上述观点对传统定式的挑战表现在："19世纪后期和20世纪，欧洲人为了弄清是什么造就了西欧独有的经济发展道路而作了很多努力，这些努力一直没有达成一致的结论。大部分文献集中于欧洲，力图解释欧洲机器化大工业的早期发展。与世界其他部分的比较习惯于展示欧洲——或者套用某种公式说是西欧，新教的欧洲，甚至就是英格兰——在其边界内有一些推动工业发展的独一无二的内在因素，或者与众不同地避免了一些障碍。"[1]"从19世纪后期社会学的经典著作到20世纪五六十年代的现代化理论——强调在现代西方和它的过去之间，以及现代西方和非西方社会之间，存在着一种根本性的对立。当较近期的著作试图缩小第一条鸿沟时，它暗示出第二条鸿沟——欧洲特殊论——可以追溯到甚至比我们想到的更早。而本书的一个中心论点就是，人们能够同样容易找到根据，缩小18世纪的西方与至少是欧亚大陆其他一些地方之间的鸿沟。"[2]

---

①　［美］彭慕兰：《大分流——欧洲、中国及现代世界经济的发展》，江苏人民出版社2003年版，第3页。

②　［美］彭慕兰：《大分流——欧洲、中国及现代世界经济的发展》，江苏人民出版社2003年版，第3页。

二、文化自觉和学术自觉

在中国社会学发展历程中，如果以1979年作为社会学在中国重建开始的标志的话①，那么，迄今中国社会学的重建已逾二十载。但值得注意的是，近年来关于中国社会学重建总结反思的文章并不多见。在这种情形下，费孝通先生刊发于新旧世纪交替之际的一系列关于学术反思的文字②，就显得格外引人关注。而在这些文章中，又以费孝通2003年发表的《试谈扩展社会学研究的传统界限》③一文最具有代表性。在该文中，费孝通以社会学重建发起者的身份，将20世纪中国社会学的盛衰与现代中国社会的剧烈变迁联系起来，试图对社会学的学科建设及未来走向作出总体性规划。

从表面上看，文章的主旨似乎是在谈扩展社会学的界限，但如果将其观点置于百余年来中国思想及学术发展的谱系中加以审视，就会发现，费孝通在提出扩展界限问题的同时，还将目光投向过去，试图从20世纪二三十年代"社会学中国化"的进程中寻找推动社会学学科发展的精神力量。找回传统，激活传统，超越传统，实现学术自觉，使社会学在中国完成重建的同时，对世界社会学的发展亦作出其独有的贡献。

（一）传统的"中断"与"丢失"

清末民初，以"西力东侵""西学东渐"为背景，西方现代社会科

---

① 费孝通认为："当时的社会科学院院长胡乔木在1979年的一次社会学的座谈会上所作的公开声明，揭开了中国社会学重建的序幕。"《费孝通文集》第13卷，群言出版社1999年版，第13页。

② 20世纪90年代以来，费孝通便将学术反思作为其学术研究的重点。这主要包括1996年出版的《学术自述与反思》中收录的15篇文章以及随后发表的《中国文化与新世纪的社会学人类学》（1998）、《中华文化在新世纪面临的挑战》（1998）、《重建社会学与人类学的回顾和体会》（2000）、《经济全球化和中国"三级两跳"中对文化的思考》（2001）等文章。

③ 费孝通：《试谈扩展社会学研究的传统界限》，《北京大学学报》2003年第3期。

学陆续传入中国，替代了沿袭数千年的经、史、子、集知识分类体系。此后，国人在探究中国问题时，往往以西洋为方法和参照系，逐渐养成了"以外国事例来证明中国某一举措的正当性"的共习①，当时的知识界对西方的学问研究方法推崇备至，认为要想认清"中国社会"的根性，必须使用西方的研究方法。"要发挥我们的文化，非借他们的文化做途径不可。因为他们的研究方法，实在精密"，因此，"要用那西洋人研究学问的方法去研究他，得他的真相"②。

　　作为西方社会科学的分支，社会学的理论框架、概念系统和研究方法均出自西洋，堪称是地道的舶来品。加之治社会学者多有留洋背景，遂使社会学在初入中国的数十年间，始终带有浓厚的西化色彩，表现出与中国社会的巨大隔膜。1937年社会学家杨开道在为瞿同祖《中国封建社会》撰写的序文中即写到："美国社会科学的毛病，是只用本国的材料，而不用外国的材料；中国社会科学的毛病，是只用外国的材料，而不用本国的材料。尤其是社会学一门，因为目下研究的朋友，大半归自美国，熟于美洲社会情形，美洲实地研究，所以美国色彩甚浓，几乎成为一个只用美国材料，而不用中国材料，不用欧洲材料的趋势。"③这种唯西洋之马首是瞻的社会学，自然引起中国知识界的不满。据费孝通回忆："我本人就是抱着了解中国社会，解决中国社会问题的愿望踏进社会学这门学科的。读了许多西方的书本，对中国情况依然惘然无知，遂不免焦虑不安。"④就在这种普遍的不满情绪的驱使下，作为对西化社会学的反动，从20世纪二三十年代开始，中国社会学界发起了"社会学中国化"的运动。

① 罗志田：《国家与学术：清季民初关于"国学"的思想论争》，生活·读书·新知三联书店2003年版，第94页。

② 梁启超：《五十年中国进化概论》，《饮冰室合集》之三十九，中华书局1989年版，第37页。

③ 瞿同祖：《中国封建社会·杨开道序》，上海人民出版社2003年版。

④ 费孝通：《略谈中国社会学》，《费孝通文集》第13卷，群言出版社1999年版，第7页。

　　1925年，社会学家许世廉在《社会学杂志》上发表《对于社会学教程的研究》一文，倡导建设"本国社会学"。1931年2月，在中国社会学社的第一次年会上，孙本文发表了题为《中国社会学之过去现在及将来》的演讲，明确使用了社会学的"中国化"概念，标志着社会学本土化运动在中国的正式开始。在对社会学中国化含义的理解问题上，孙本文认为"采用欧美社会学上之方法，根据欧美社会学家精密有效的学理，整理中国固有的社会思想和社会制度，并依据全国社会实际状况，综合而成有系统有组织的中国化的社会学"，是中国社会学界"今后之急务"①，强调以中国的材料和事实对社会学基本理论进行重建。而在吴文藻那里，"社会学中国化原来是很朴实地针对当时在大学里所讲的社会学不联系中国社会的实际而提出来的。要使社会学这门学科能为中国人民服务，即对中国国计民生有用处"②，强调通过社区研究，增进对中国社会结构的认识。

　　可见，20世纪二三十年代，是赋予中国社会学以性格的年代，其主要标志便是这股强劲的社会学中国化的思潮。"联系中国实际讲社会学和以社会学的研究服务于中国社会的改革和建设，是社会学中国化的主要内容"③，构成了30年代中国社会学的共同趋向。在理论研究领域，很多学者运用中西学术资源，以破解中国社会的构成原理。以"差序格局"这一研究命题的产生为例，据笔者考察，晚清民国以降，一些思想家和社会学家非常注意探讨中国传统社会不同于西方的"构成原理"，形成了一种"接力式"的研究探讨。早在1915年，杜亚泉就将中国传统社会的构成原理概括为"差等法"，认为："差等之法，以自己为社会之中心，由亲

① 中国社会学社编辑：《中国人口问题》，世界书局1932年版，第18—19页。
② 费孝通：《开风气育人才》，潘乃谷、马戎主编：《社区研究与社会发展》，天津人民出版社1996年版，第4页。
③ 费孝通：《略谈中国社会学》，《费孝通文集》第13卷，群言出版社1999年版，第7页。

以及于疏，由近以及于远，若算学中等差级数然。"①1922年，梁启超也在《先秦政治思想史》中认为中国传统社会的"构成逻辑"具有"等差特色"②。1936年，潘光旦在谈到群己关系时，也认为"推"字乃是理解中国社会的关键，"这种关系是一种'推广'与'扩充'的关系，即从自我扩充与推广至于众人，即从修身始，经齐家治国，而达于平治天下……在实际里呢，大家并没有推与扩得很远，往往到修身与齐家的步骤而止。"③到20世纪40年代，费孝通总其大成，在《乡土中国》一书中将上述思想提升为"差序格局"这一学术研究命题，影响颇巨。而在实践领域，则有梁漱溟主持的乡村建设运动、晏阳初主持的平民教育促进会的定县实验区、陈翰笙主持的中国农村经济研究会的无锡等地区的农村调查。"这些工作有些不一定用社会学这个名义，但事实上都是主张联系中国社会实际进行调查研究并以服务于中国社会为目标的。把他们归入社会学中国化的范围之内我认为是可以的。"④上述理论思辨和社会实践两种研究路向结合在一起，构成了民国时期中国社会学的独特分析传统。

但遗憾的是，这股强劲的社会学中国化思潮在20世纪50年代，随着社会学研究的中断而归于沉寂。80年代，当中国大陆社会学重建揭开序幕之际，中国台湾、中国香港地区及海外华裔社会学家掀起了"社会学中国化"的新热潮，一些国外学者也就社会学的跨文化、跨社会、跨国家研究的问题展开了探讨。对此，大陆学者虽然也做出了一些回应，但在新一轮的社会学中国化的讨论中，大陆社会学界的回应不甚热烈。在开放的氛

---

① 杜亚泉：《差等法》，《东方杂志》12卷4号，1915年4月。

② 梁启超：《先秦政治思想史》，《饮冰室合集·专集》之五十，中华书局1989年版，第64页。

③ 潘乃穆等编：《潘光旦文集》第9册，北京大学出版社2000年版，第339页。

④ 费孝通：《略谈中国社会学》，《费孝通文集》第13卷，群言出版社1999年版，第7页。

围下，大陆社会学界"对规范化的兴趣多于对社会学本土化的关注"①。从总体上看，"恢复和重建以后的中国社会学深受美国社会学研究的风格的影响，占据主流位置的是大规模的问卷调查和对精确定量分析的追求。国内社会学界对欧洲的理论与方法，明显缺乏了解。这方面的交流也很少。这样的一种状况，也在一定程度上妨碍了我们对中国社会的深入认识"②。由于缺少知识整理的传统和习惯，当代中国的社会学发展没有与民国以来社会学中国化思潮建立起密切的联系，民国时期社会学中国化的传统学术资源没有受到应有的重视，成为一种"未被激活的传统"。应该承认，自社会学恢复重建以来，社会学学科在研究规范化方面取得了长足的进步和发展，但我们必须认识到社会学中国化也是当代社会学学科发展必须跨越的一座理论高峰。费孝通在总结社会学在中国重建历程时曾意味深长地表示："一门学科可以挥之即去，却不能招之即来。"③这既强调了社会学重建的艰难复杂，同时也是在呼吁社会学要想真正成为学，就必须找回传统，使之植根于本土社会文化的发展进程之中。

（二）"找回传统"与"超越传统"

在费孝通看来，在全球化和当代中国社会转型的背景下，"找回传统"，实现文化自觉，学术自觉，是社会学走向成熟的重要条件。但仅仅"找回传统"显然是不够的，更为重要的是在继承传统的基础上"激活传统""超越传统"，扩展传统的研究界限，使中国社会学为世界社会学的发展作出自己的贡献。

如前所述，民国年间社会学中国化的一般宗旨是使外来社会学的合理成分与本土社会的实际相结合，增进社会学对本土社会的认识和在本土

---

① 阮新邦：《批判诠释与知识重建》，社会科学文献出版社1999年版，第147页。

② 孙立平：《在学科共同体中寻求社会学的发展》，《中国社会科学》2000年第1期。

③ 费孝通：《略谈中国社会学》，《费孝通文集》第13卷，群言出版社1999年版，第13页。

社会的应用，形成具有本土特色的社会学理论、方法的学术活动和学术取向。其研究思路是一种"内外结合"的本土化路向。而费孝通在《试谈扩展社会学研究的传统界限》一文中则试图将这一传统认识向前再推进一步，认为在全球化背景下的社会学中国化应该遵循"首先是本土化，然后是全球化"这样的发展路径，不要将社会学中国化简单地定位在技术和功利实用的层面，而要通过对中国社会"初始经验"的研究和抽象概括，使中国社会学能够为国际社会学的发展作出自己独特的贡献。"中国丰厚的文化传统和大量社会历史实践，包含着深厚的社会思想和人文精神理念，蕴藏着推动社会学发展的巨大潜力，是一个尚未认真发掘的文化宝藏。从过去二十多年的研究和教学实践来看，深入发掘中国社会自身的历史文化传统，在实践中探索社会学的基本概念和基础理论，是中国学术的一个非常有潜力的发展方向，也是中国学者对国际社会学可能作出贡献的重要途径之一。"事实上，费孝通的上述观点并不孤单，今天很多发展中国家的学者似乎都意识到"社会科学的普遍化过程需要注入全球社会科学的本土工程来居间促成"[1]。在这一意义上的社会科学中国化，"不是使社会科学研究区域化，正相反，它是使中国学者的努力能够被纳入世界社会科学体系之中"[2]。

从时间上看，虽然社会学是一门关于现代性的学问，但要想真正使其对人类社会变迁具有更强的解释力，就必须使其理论与古代文明建立起密切的联系，将古代文明积淀下来的智慧提升到方法论的高度。有的学者认为："中国对方法的重视，恐怕始于五四。"[3]但那时的"方法"主要

---

①　［印度］帕沙·穆克季：《普遍化，本土化，全球化：社会学与社会科学》，马戎主编：《二十一世纪：文化自觉与跨文化对话》一，北京大学出版社2001年版，第183页。

②　叶启政：《从中国社会学既有性格论社会学研究的中国化的方向与问题》，《国外社会学》1993年第3—4期合刊。

③　［美］成中英：《创造和谐》，上海文艺出版社2002年版，第220页。

是指西洋的学问方法,学界占主导地位的观点是,要想认识中国社会的运行之理,必须使用西洋方法,而忽略了中国本土学术资源对自身变迁的解释力。事实上,虽然社会学是一门关注"转型"和"变迁"的学问,但我们在关注社会变动的同时,还要意识到"不变"的一面。"大凡一个国家或民族,能维持一长时期的历史,到数百年或千年以上,并能有连续不断的发展与进步,即可证此国家与民族,必有其一番潜在深厚的力量存在;必有其获得此项成绩之主要原因,为其历史发展与进步之所以然。我们最要者,当上察其政治,下究其社会,以寻求此潜力所在。"①易言之,文明社会自身在漫长的发展进程中所积淀的深厚"潜力"就是这种"不变"的因素,就是研究理解其自身最为得当的"方法"。鉴于此,费孝通认为"我们应该以一种开阔的心态,面向全人类各种文明中蕴藏的智慧,像印度文明、伊斯兰文明、希伯莱文明、东正教文明、美洲土著人文明、非洲文明等等,都包含着长期积累的高度智慧,值得我们去深入研究、借鉴和吸收"②。将古代文明所积淀下来的智慧提升到社会学研究的方法论高度,其价值不仅仅在于延长了分析问题的时间深度,而且还可以补西方实证方法之不足。正如费孝通所言,在运用社会学来研究"我"、"心"这类概念的时候,原来的实证性的、假设—检验模式的研究方法还能不能奏效?是否需要另辟蹊径?

除了在时间上延伸之外,社会学还需要转换其空间研究模式。从历史上看,经典社会学的兴起与现代民族国家的建立密切相关。社会学自19世纪中叶产生以来,长期植根于民族国家,其研究基本上是以民族国家为基本分析单位的,它可以说是为现代民族国家理论建构的一个重要的部分。而且,研究者往往将"社会"与民族国家联系在一起,认为两者的界限是同一的。所谓社会变迁,实际上就是以民族国家为单位的变动和发展。在上述观念作用下,传统社会学对全球性问题的研究重视不够,当时的超越

① 钱穆:《中国历史研究法》,生活·读书·新知三联书店2001年版,第38页。

② 费孝通:《试谈扩展社会学研究的传统界限》,《北京大学学报》2003年第3期。

国家的跨国性问题主要由国际关系学科进行研究。但当全球化成为一种不可避免的趋势时，社会学必须超越民族国家中心的分析研究模式，对跨国社会结构和新的全球空间进行研究。在费孝通看来，社会学研究的一个重要任务是从本质上研究"人与人，族与族，国与国怎样共处的问题"①。而中华文化数千年积淀起来的一些宝贵的东西，似乎可以为全球化时代世界动荡问题的解决提供一些有益的思路。

　　扩大社会学的传统"界限"，随之而来的问题是，扩展学科边界是否会伤及社会学的根本原则，扩展边界后的社会学是否还是原来意义上的社会学。实际上，从社会科学发展的基本进程看，其学科界限都是相对的，其界限的"划定"和对界限的"扩展"，都是时代的产物，而非人为的、外力所强加，不能将学科界限问题"圣化"。随着时代的发展，其学科研究界限自然应该拓展。而且，学科研究的界限的扩展非但不会对学科产生消极影响，相反会赋予学科以发展更新的活力。社会学作为一个以现代性为研究对象的学科，在西方奠基形成后，迅速向世界各地传播。它要想保持其学科活力，不仅要"吸收不同文化与社会的特征，同时必须依赖持续不断地注入这些资料才能使这门学科兴旺。这些特征愈新奇独特，这门学科则受益愈大。目前许多学者对社会学的停滞不前大声疾呼，正反映出由于这门学科中主要资料来自欧美社会，因而导致这门学科目前过于划一而引起的局限性。这也使我们更有理由以为研究那些与欧美社会不同的文化与社会是复兴社会学的必要步骤。我以为从这一世界性的角度才能看出社会学中国化的实质意义"②。总之，社会学因"转型而诞生，这种转型是指从先前社会生活方式的特征，急转成为西方工业化的社会秩序。由这些变迁所形成的世界，成为社会学所关注的主要分析对象。"③随着当代世

①　《从小培养21世纪的人》，《费孝通文集》第11卷，群言出版社1999年版，第529页。

②　林南：《社会学中国化的下一步》，蔡美勇、萧新煌主编：《社会学中国化》，巨流图书公司1987年版，第33—34页。

③　［英］安东尼·吉登斯：《社会学》，北京大学出版社2003年版，第4页。

界的最新变化，社会学拓展其"界限"，也实属必然。

（三）文化自觉与学术自觉

文化自觉是费孝通近年来沟通"传统"与"现代"，进行学术反思时经常使用的概念。用他自己的话语概括，所谓文化自觉，主要包括两层含义，其一是指"生活在既定文化中的人对其文化有"自知之明"，明白它的来历、形成的过程、所具有的特色和它发展的趋向。自知之明是为了加强对文化转型的自主能力，取得决定适应新环境、新时代文化选择的自主地位。"其二是文化间的理解和沟通问题，即"理解所接触的文化，取其精华，吸收融汇"①。可见，文化自觉就是"找回传统"，并赋予传统以现代意义。

在社会转型、经济全球化的背景下，如何将文化自觉的理念运用于学术研究中，获得学术自觉，对于非西方国家来说具有特殊重要的意义。因为自近代以来，西方即不仅在器物、制度方面握有霸权，而且在文化学术领域也居于绝对中心，而将非西方国家挤压到边缘位置。致使其丧失了理解自我和他者的能力。

我们在这里所说的"学术自觉"，既不是对西方理论和方法单纯的翻译和移植，也不是固守本土学术原典，回到闭锁的传统主义，而是以一种"双向寻根"理性精神，往来于中西之间，获得一种新的分析问题的眼光和视野。即一方面，要深入挖掘本土社会的传统学术研究资源。要注意从汗牛充栋的传统经典中寻找体认中国社会的资料。与世界上其他文明相比，中华文明最大的特点是其产生的"早熟性"和发展轨迹的"连续性"。其早熟的重要标志之一便是：早在原典时代，即形成了以儒道思想为主体的，极具特色的社会思想体系，它在很大程度上影响和决定了中国社会不同于其他民族的独特面貌。因而，对于重建的中国社会学来说，要想对"本土问题"得出具有说服力的学术解释，就必须补上中国社会思想

---

① 费孝通：《中华文化在新世纪面临的挑战》，《费孝通文集》第14卷，群言出版社1999年版，第404、409页。

史研究这一课。此外，对于社会学来说，仅仅从经典出发的中国社会研究显然是不够的。还应该注意走入现实生活，"从数亿万中国人的生活及价值观念入手进行考察，超越了对西方社会科学的单纯翻译和模仿，而是努力致力于从本国民众的社会观中提炼出概念来"①。

另一方面，对自外部输入的社会科学理论也要认真反思和检讨。理论的移植不是简单的语言采借，必须对理论背后的文化、历史及理论建之于上的现实生活进行考察。即"于挖掘移植知识之原文化体的根外，尚应挖本地文化素质的根，其中尤指社会中普遍存有且居于优势的诸预设。如此双重的挖根的一来一反工夫的努力，才是转化创造文化的根本之道，也才是具有主动原创能力来吸纳外来知识的基本条件"②。

对于中国这个文明古国来说，实现学术自觉最为艰难的环节在于处理"中学"和"西学"间的关系问题。五四以来，中国知识界奉"学贯中西"为学术研究的最高境界，大量引进西学，构建了现代社会科学体系。但应该指出的是，"学贯中西"并非通过简单的知识积累和频繁的双向学术交流所能成就，因为"西方学科范畴是对应人类认知的目的而建立起来的，而儒家的学术分类体系则是服务于人格的成长和人生的终极关怀等实用的需要而建立起来的。前者遵从的是'知'的逻辑，后者遵从的则是'做'的逻辑"③。这就决定了在走向"学贯中西"的学术旅程中蕴涵着激烈的冲突和碰撞，变得极为艰难。没有规范化，就没有学科意义上的社会学；而本土化的缺失，则会使社会学变成一种变相的舶来品，无法在本土生根。这种两难的情形，是任何一位追求"学术自觉"的学术人所必须直面的现实。

---

① ［日］佐佐木卫：《亚洲社会变动理论的可能性——重读费孝通著述》，《云南民族学院学报》2000年第3期。

② 叶启政：《社会学科论述的移植与本土化的根本问题》，杜祖贻编：《西方社会科学理论的移植与应用》，香港中文大学出版社1993年版，第20页。

③ 方朝晖：《中学与西学：重新解读现代中国学术史》，《天津社会科学》2002年第3期。

三、"非西方化"的研究取向

20世纪八九十年代，伴随着人类文明走向全球化的进程和东亚现代化的快速推进，自战后以来勃兴的比较现代化研究出现了新的研究热潮。而东亚现代化比较研究尤其成为其中的热点。除了中国学者外，欧美和日本的一些研究者也对此课题表现出浓厚的兴趣和强烈的关注，使之迅速演化为一个国际性学术话题。一些研究者大胆打破传统研究模式的束缚，从新的研究视角出发，陆续推出了一些分量厚重的研究成果，表现出宏大的研究视野和全新的比较研究价值取向，使东亚现代化和社会发展比较研究呈现出一些值得注意的新的发展取向。

（一）"西方中心论"视阈下的东亚社会发展

20世纪五六十年代，现代化研究在欧美肇始之初，美国学者曾将现代化定义为"西欧和北美产生的制度和价值观念从17世纪以后向欧洲其他地区的传播过程，18世纪至20世纪向世界其他地区的传播过程"[①]。很显然，在他们看来，现代化就是按照西方社会发展的模式构筑而成的现代世界发展图式，所谓现代化就是一个"西方化"的过程，带有强烈的"西方中心论"色彩。以上述认识为前提，那一时期的西方学者在对非西方国家的现代化进程进行比较研究时，往往都是以"西方"为绝对的参照系，视"西方经验"为"放之四海而皆准"的规律，在他们的比较现代化著述中，包括中国在内的非西方国家现代化运动的发生，不过是对西方文明刺激性"挑战"的被动"回应"而已。这种以西方为中心、缺少中国自主"内发式发展"的现代化研究，与其说是科学的比较研究，还不如说是按照"西方模式"简单地对号入座。即拿西方来看中国和它相同或不同，凡是相同的，即为有利于现代化的因素，凡是不同的，即为现代化的阻碍因

---

① 转引自［美］西里尔·E.布莱克《比较现代化》，杨豫译，上海译文出版社1998年版，"译者前言"，第2页。

素。以近代制度史研究为例，"一些研究非西方国家的学者假设：每个近代国家都会拥有与近代西方国家相似的特征，如民主政治、大规模的官僚机构等等。然后再根据某些特定的制度之有无，去衡量一个国家的近代性程度如何。我们通常能够更多地谈论一种西方的制度为何未在东方运作，而较少解释东方的制度为何运作。"这致使"近年来的研究著作，几乎都以欧洲经验为模式，以致中国国家似乎成了反常的事例"①。甚至在中日、中印这些欧美以外国家之间进行现代化比较研究时，也往往是唯西方之马首是瞻，对这些国家在漫长的历史发展进程中形成的自身特色和规律视而不见，一味地向西方看齐。如在分析阐释中日两国现代化不同命运的原因时，很多论著都将日本现代化的成功简单地归因于日本社会结构与西方的相似性，认为日本的幕藩体制接近西欧的领主庄园制，日本的武士类似于西欧的骑士，日本的幕府与天皇两个权力中心类似于西欧的教权与世俗王权的并立，在财产继承方面日本和西欧也都采取长子继承制。正是由于日本传统社会结构与"欧罗巴"的这种"暗合"，使得其现代化的启动运行事半功倍，遥遥领先。很显然，这种研究的主旨根本不是在认识"亚洲"的日本，而是在亚洲发现"西方"式的日本，究其实质，仍是"西方中心论"在比较现代化研究领域在作怪。

（二）"非西方化"的思潮的勃兴

值得注意的是，从20世纪七八十年代开始，中外学术界对比较现代化领域内这种"西方中心"的论调率先提出激烈批评，掀起了一股强劲的"非西方化"的浪潮，其核心观点主要包括以下几个方面：

1. 概念系统的转换。即反对把未加检讨反思的"西方概念"直接应用于东亚研究和中国研究，主张在正确了解西方理论和本土社会的基础上，实现学术研究概念系统的转换。从历史上看，清末民初，在西方人文社会科学理论大规模输入之初，即有些学者敏锐地意识到西方学术话语体

---

① ［美］王国斌：《转变中的中国》，江苏人民出版社1998年版，第91页。

系与中国本土社会之间的巨大差异，提倡在运用西方概念研究中国社会时应注意"概念转换"问题。如梁启超和梁漱溟在当时都曾对舶来的"国家""社会"等概念进行检讨反思[①]，但在此后的岁月里此问题逐渐被淡化。尤其是到20世纪下半叶，我们虽然经常谈走出"西方中心论"，但在具体的研究过程中，却往往是未加任何理论检讨，便直接使用西方学者的"概念"或"命题"，这直接导致了学术研究的简单化。直到90年代，在全球化的大背景下，非西方国家如何消解西方学术理论，实现学术本土化的问题才被一些学者重新提出并引起了学术界的普遍关注。人们普遍意识到，在以往的研究中，学术界将中国问题置于世界文明体系中进行比较研究思考时，往往基于逻辑优先的原则，以从西方历史发展进程中抽象出来的概念来剪裁中国历史，遂导致概念使用问题上严重的矛盾和错位，其结果是难以发现人类文明多元、真实的历史图景。殊不知，我们现在使用的许多概念、范畴、规律，当初主要是从欧洲狭小地区、短时段的历史中总结出来的，往往缺乏普遍意义。放诸欧洲历史尚不能说"皆准"，更何论成为世界通则。[②]因此，在中外现代化比较研究中，必须融入"非西方化"的理念，一方面，要"对西方的相关理论有正确的理解，一方面又能掌握住本土社会中某些特定的社会现象，然后才能以创造性转化的方式，建构适用于本土社会之理论"[③]。主张在反思从西方引进的传统理论学说的基础上，重建植根于本土经验之上的历史理论，以确立人类走向现代化的理论解释体系。

2. 研究视角的改变。即反对单纯地从"西潮冲击"视角来解释非西方国家走向现代化的历史，主张改变研究视角，从"亚洲的角度"来分析

---

① 参见梁启超《先秦政治思想史》，《饮冰室合集·专集》之五十，梁漱溟：《中国文化要义》，学林出版社1996年版，第162页。

② 张国刚：《本土化：重建中国社会形态理论的根本》，《历史研究》2000年第2期。

③ 杜祖贻：《西方社会科学理论的移植与应用》，香港中文大学出版社1993年版，第33页。

观察亚洲国家近代剧烈的社会变迁。其中，率先向"冲击—回应"论发起挑战的是美国学者柯文，他以"中国中心观"打破了战后欧美汉学界长期占统治地位的"刺激—反应论"和"传统—现代论"，改变了欧美"中国学"界的研究路向，产生了振聋发聩的轰动效应。而日本学者滨下武志则运用实证研究方法，证明朝贡贸易体系和亚洲经济圈的存在，他反对传统的西方冲击论，提出了"从亚洲的角度进行观察"的命题。[1]此种观点还与社会学领域中的"新现代化理论"相呼应，摒弃了把传统与现代截然对立起来的做法，主张在现代化进程中，非西方国家的"传统"与"现代"不仅可以共存，而且可以相互渗透、相互促进。主张对非西方国家走向现代化进程中"传统"与"现代"的互动进行复杂性分析，认为："今后我们考察亚洲的近代时，无论是日本还是中国，都必须以建立在各自其前近代基础上的、与欧洲相异的特性为依据。""日本和中国之间根本没有必要以欧洲为媒介。世界史的普遍性也只能立足于这种相异性，即各自的特殊性。"[2]

3. 主张变"共时性分析"为"历时性分析"，把历史分析引进现代化研究之中，注意从"长时段"的角度出发，对十七八世纪东西关系及世界文明格局进行总体性重新评估。这以沃勒斯坦的《现代世界体系》、弗兰克的《白银资本——重视经济全球化中的东方》、黄仁宇的《资本主义与21世纪》等著作为代表。其中，最具挑战意义的是弗兰克1998年出版的《白银资本——重视经济全球化中的东方》一书，在此书中他提出在工业革命前，世界经济的中心不是欧洲，而是包括中国、印度在内的"亚洲"，"可以断定，直到1800年为止，欧洲和西方绝不是世界经济的中心，如果非要说什么中心的话，那么中国更有资格以中心自居"，试图在全球主义的语境下，对东西方文明进行整体性重新评估，以重构世界文明

---

① 　［日］滨下武志：《近代中国的国际契机》，中国社会科学出版社1999年版。

② 　［日］沟口雄三：《日本人视野中的中国学》，中国人民大学出版社1996年版，第18页。

的新图景。①

伴随着学术界对"西方中心论"的批评，这种"冲击—回应"的传统"研究范式"开始受到学界的普遍质疑和反对。人们认为，在现代化比较研究过程中，以西方为比较研究的"参照系"是必要的。因为根据比较理论的基本要求，比较研究的第一个步骤是确定两个或两个以上的比较研究对象。在这些比较对象中，有一个是主要的、重点研究对象，其余则是与之有密切关系的"参照系"。没有恰当的研究参照系，比较研究根本无法进行。但是，应该明确，以"西方"为比较研究的参照系，绝不意味着简单地一切以西方的模式和经验为基准，来随意解说、剪裁非西方国家的现代化发展进程。这就要求我们在选择西方国家作为比较研究的"参照系"时，除了遵循比较研究的基本规则外，还应该融入"非西方化"的研究理念，既要注意揭示西方经验所具有的普遍意义，同时更要注意发现西方经验的局限性，致力于发现非西方国家社会"内发性"发展特有的规律。近年来，很多研究者试图探索一种有效的方法或模式，以克服比较现代化研究中的"西方中心情结"，其代表性的观点主要有以下两种：

其一，主张在以西方国家为"参照系"进行中外现代化比较研究时，除了通过比较研究认识其"异同"外，同时还要注意超越中西社会的具体差异，选择具有"世界性"的普遍规律和特性作为比较研究的基准，以避免抹杀中国特性，堕入"西方中心论"的误区。此说的代表者是马克垚，他以中西封建社会的比较研究为例，提出："中西比较虽然是可行的，但是，不能简单地以西方为参照系，拿西方的封建来看中国的封建和它相同或不同，而是通过分析这两者结构方面的同和异，在比较中国和西欧的封建社会时，还要有一个全世界的封建社会作为基础来考虑。""不能因为中国的发展不符合西方的模式，就说明中国发展不起来。"②这里所说的

---

① ［德］贡德·弗兰克：《白银资本——重视经济全球化中的东方》，中央编译出版社2001年版，第26页。

② 马克垚：《中西封建社会比较研究》，学林出版社1998年版，第11页。

"全世界的封建社会"，实际上就是超越了中西封建社会的具体特性，以人类文明在封建时代所应具备的基本特征和社会发展的共同规律性为比较研究的基准，进行全面的综合性研究。这就需要学术界对东西方社会发展的一般规律进行高度的抽象和概括，得出具有普遍性的规律性的认识。从理论上看，这正是前述的研究概念转换问题。长期以来，学术界在中外现代化比较研究基准选择的问题上，一直在"西方中心"和"中国中心"二者之间徘徊，不是以"西方"的特性来剪裁中国社会发展的进程，就是因强调中国的特殊性而忽视了近代以来在人类文明一体化条件下的整体发展运行过程。即或是强调发现中国独特的"现代性"，但仍是在以西洋的理论和经验为标尺。因此，马氏提出的中西比较研究的新原则是走出这一困境的一种有益的尝试。

其二，互为"参照系"的比较研究方法。有些学者不同意前述的比较研究方法，他们认为前述的那种超越东西方的"全世界"的标准在现实的历史研究中实际上是不存在的。如吴承明就提出："中西比较研究，是要找出双方在近代化经历中的异和同，并且对之作出评价。这就需要一个行为的价值标准或参照系。如果我们有一个独立的、可普遍运用的价值标准或参照系，那将是十分动人的，但也是无济于事的。因为这样一种标准，如果不是一种抽象的假设，有如逻辑实证主义的前提，就是按着先入为主的原则建立的、即最终是出于西方经验的大杂烩。"[1]王国斌也持同样的看法，他提出了一种"互为参照系"的比较研究方法，认为一种文明的价值必然要用另一种加以论证，我们"不应因为反对欧洲中心论，就断言以欧洲为标准来进行比较不对；相反，我们应该扩大这种比较。欧洲中心论的世界观固然失之偏颇，但从其他的中心论出发来进行比较，情况亦然"[2]。为避免陷入"自我中心论"，应该遵循一种互为参照系的中外比较模式。此种方法包括两个步骤：第一，用欧洲的经验来评估在中国发

---

[1]　［美］王国斌：《转变中的中国》，江苏人民出版社1998年版，第3页。

[2]　同上。

生的事情；第二，用中国的经验来评价欧洲。通过这种把比较研究中的主体与客体的地位进行转换，得出新的行为模式和价值观念。与传统的比较方法相比，这似乎是唯一可行的、至少是公平的比较史学研究方法。[①]刘小枫也曾提出过类似的看法，他说：我们在进行中西比较研究时，应遵循"带着中国问题进入西方问题再返回中国问题，才是值得尝试的思路"[②]。

可见，上述两种观点虽然有所不同，但都表现出一种明显的"非西方化"趋向。不过，值得特别说明的是，这种"非西方化趋向"的理论意义并不在于取消"西方"这一比较研究的"参照系"，重返"自我中心主义"状态下的研究，而是主张将东亚现代化进程置于一个相互联系、交互作用的整体进程中，进行具体的比较研究，摒除"西方中心论"的影响，输入全新的研究理念，探寻传统东亚走向现代化有别于西方的独特启动方式和"内发性"发展轨迹。

---

① ［美］王国斌：《转变中的中国》，江苏人民出版社1998年版，第3页。
② 刘小枫：《现代性社会理论·序论》，上海三联书店1988年版，第3页。

第二部分

传统与变迁

在漫长的封建农业时代，以中华文明为中心的东亚世界作为人类文明的"半个世界"[①]，构成了文明世界的一种独特的存在样态。与环地中海诸文明的"多元汇聚"相比，东亚文明是在相对封闭的条件下成长起来的。这正如有的学者所言："东亚文明的特点是，它没有受到西方的多大影响……是在与外界隔绝的情况下独自发展的。孔子和释迦牟尼时代相同。希腊的苏格拉底也差不多是同时的。东亚文明是独自发展起来的，它的渊源是深远的。"[②]正因为此，从历史上看，东亚文明具有自己鲜明的历史特点和独特的历史传统，是一个拥有厚重传统的国度。因此，从"传统与变迁"之间的关系研究入手，解读"东亚奇迹"，对于丰富我们对传统与变迁关系理论的理解是大有裨益的。

在"发展主义"理论体系中，"传统"是走向现代化国家的"阻力"而非"动力"，因此，采取毁弃传统的激进主义方略，是多数后发现代化国家谋求发展的必然选择。但在东亚现代化启动发轫的过程中，我们既能看到激进的反传统主义为现代化推进开路，又能寻到高扬传统背景下的现代化快速发展，而且，"传统与现代"之关系在同一国家的不同时期也有截然不同的表现。所有这些都为我们深入理解"传统—现代"间的复杂关系提供了典型的样本。"传统的实质就是崇尚过去的成就和智慧，崇尚蕴涵传统的制度，并把传统社会的行为模式视为行动的指南。"[③]由于西方和非西方国家间存在着惊人的文明落差，导致非西方社会"往往倾向于抛弃自己的制度而去全盘照搬西方先进社会的制度。这样的照搬多半是不成功的。富于思考的观察家于是逐渐得出了结论：从长期来看，使本国的传

[①]　［英］汤因比语，参见汤因比主编《半个世界——中国和日本文化的历史》，（台北）枫地出版社1968年版。

[②]　［日］和田清：《东洋史》（中译本），商务印书馆1963年版，第27页。

[③]　何星亮：《对传统与现代及其相互间关系的阐释》，《中央民族大学学报》2003年第4期。

统制度适应新的功能比或多或少原样照搬西方的制度更为有效。"①"现代性在其发展历史的大部分时期里，一方面它在消解传统，另一方面它又在不断重建传统。"②在当代社会剧烈变动的条件下，"传统"也不仅仅指遥远的农业时代的"过去"，在一定背景下，传统也是指一种文明积累和创造能力的生成。在此方面东亚国家也给我们留下了许多有益的启示。在本部分的第四章"东亚文明的'传统'与'现代'"中，我们从东亚文明的结构分析入手，在深入辨析"地理意义上的东亚""文化意义上的东亚""帝国意义上的东亚""发展意义上的东亚"等几个关于东亚理解的基本含义的基础上，探讨了东亚区域文明内部"中心""边缘"的结构层次间复杂的互动关系，为当代东亚社会发展模式研究提供了理论基础。在第五章里，更是以长时段视角，对空间知识变动与东亚现代化起源之关系展开比较研究，提出了自己的新见解。在第六章"区域文化与东亚社会发展模式选择"中，主要是强调发展的"在地性"和"本土性"，寻找推进发展的"本土文化基因"。

---

① ［美］西里尔·E.布莱克：《比较现代化》，上海译文出版社1996年版，第5页。

② ［德］乌尔里希·贝克等：《自反性现代化：现代社会秩序中的政治、传统与美学》，商务印书馆2001年版，第73页。

第四章　东亚文明的"传统"与"现代"

对于每一位钟情东亚现代化和社会发展的研究者来说，"箱根"恐怕是一个极为熟悉的地名。人们之所以能够清晰地把它留在记忆中，不仅因为其作为日本历史悠久的旅游胜地，可以将富士山及芦之湖的美景尽收眼底，更因为1960年欧美及东亚学者云集箱根，举行"现代日本"国际学术讨论会，正是在这次会议上，与会学者确立了现代化的八项标准[①]，揭开了现代化研究尤其是东亚现代化研究全新的一幕。从那一天开始，"箱根"便与现代化研究结下了不解之缘。

箱根会议后的东亚社会现代化研究，主要集中在"东亚模式""东亚社会结构与社会发展""东亚现代化与现代性""东亚金融危机""儒学与东亚社会发展"等问题上，学术界围绕着上述问题展开的研究，对于我们深入理解东亚，把握其由传统走向现代的坎坷而又复杂的历程，贡献良

[①] 箱根会议上关于现代化的八项标准包括：（1）人口相对高度集中于城市之中，城市日益成为社会生活的中心；（2）较高程度地使用非生物能源，商品流通和服务设施的增长；（3）社会成员大幅度地互相交流，以及这些成员对经济和政治事务的广泛参与；（4）公社性和世袭性集团的普遍瓦解，个人社会流动性的增加和个人活动领域的日益多样化；（5）广泛普及文化知识，普及读写能力；（6）一个不断扩展并充满渗透性的大众传播系统；（7）政府、企业、工业等大规模社会设施的拥有，这些设施的组织日益科层化；（8）各庞大人口集团逐渐统一在单一的控制（国家）之下，各国之间相互作用（国际关系）日益加强。

多。但如果我们站在世纪交替的转折点上，将东亚20世纪的发展作为一个整体加以反思的话，便会发现我们对东亚社会发展的复杂性的估价是远远不够的。作为"压缩式现代化"的经典版本，在回应西方资本主义列强的挑战过程中，东亚仅仅用了一个世纪左右的时间，便快速走完了欧美国家数百年方才完成的过程，其间所蕴涵的矛盾和冲突极为隐秘、极其复杂，学术探索的空间仍极为广阔。

一、文明的"空间分布"与研究单位

20世纪60年代以降，伴随着日本经济奇迹的出现和亚洲"四小龙"的崛起，学术界掀起了一股强劲的东亚研究的热潮。研究机构林立，部分学者的研究专著也先后问世，但人们的兴奋点大多都集中在经济开发、发展模式和国际关系等方面，而对于构建东亚研究的宏观理论框架则很少有人问津，应该说这是缺少远见的短期行为。作为一个尚处于研究初始阶段的区域研究，东亚研究应该有自己赖以存在的理论体系和方法选择。而在这一意义上，笔者认为，文明理论可以作为东亚区域研究重要的理论架构，应该将东亚的概念与其他文明相对照，在比较中加深我们对东亚区域的理解。

近年来，"东亚"的概念在不同的意义上被使用，其内涵逐渐扩大，极为混乱。在这一问题上，笔者认为应对不同含义的"东亚"进行认真辨析，否则将引起一系列不必要的混乱。的确，在西欧、东欧、南亚、西亚、东亚等众多的表述地域的概念中，"东亚"堪称最为复杂。尤其是当我们将东亚作为一个表达地域的空间概念引入研究领域时，便立即会发现"地理意义上的东亚""文化意义上的东亚""帝国意义上的东亚""发展意义上的东亚"等几个基本的理解问题的角度。

所谓地理意义上的东亚，主要是指亚洲的东部，即太平洋的亚洲地区，主要包括中国、日本、NIES（新兴工业经济体，即中国台湾、中国香港、韩国、新加坡）、ASEAN—4（东盟四国，即马来西亚、印度尼西亚、泰国、菲律宾）和ATES（亚洲转型经济体，即越南、老挝、柬埔寨、缅甸、蒙古）。[1]也有的学者称东亚为"太平洋亚洲"，泛指欧亚大陆太平洋沿岸地带，包括东南亚和东北亚两大部分。东亚地区是指东经90度以东到国际日期变更线之间的亚洲地区。而当我们从文化研究的视角去解剖"文化意义的东亚"时，便会立即想起"儒教文化圈"、"汉字文化圈""筷子文化圈"等概括。很显然，这里所说的东亚文化是以中华文化为核心，其基本构成要素为"汉字、儒教、中国式律令、中国式科技、中国化佛教"[2]。所谓"帝国的东亚"，实际上是20世纪30年代日本通过侵略战争手段建立所谓"大东亚共荣圈"的过程中所构想出的一个地区秩序空间，这一"空间秩序"是日本帝国侵略扩张的产物，是奴役东亚各国人民的野蛮秩序。所谓"发展的东亚"，主要是在战后日本经济奇迹以及20世纪80年代以来中国沿海改革开放奇迹的背景下，将"东亚"作为一个"发展的典范"来加以理解和认识的概括性概念。如世界银行历时3年（1991—1993）出版了一份研究报告——《东亚奇迹——经济增长与公共政策》，在名词解释中对东亚的范围做了如下的界定：包括所有的东亚、东南亚和太平洋地区、中国和泰国以东的中低收入国家，中国和泰国也包括在内。这实际上是从发展的角度来界定和理解东亚世界的。

而就这些概括表述之间的关系而言，所谓"文化意义的东亚"和"帝国的东亚"，并不是独立的概念，而是存在着密切的关联。正如日本著名学者子宣安邦所言：文化史上的东亚概念和政治史上的东亚概念是"互为表里"的存在。"文化东亚"与"帝国东亚"两个概念之间不是孤立的，

---

[1]　李文：《东亚社会变革》，世界知识出版社2003年版，第1页。

[2]　冯天瑜等：《中华文化史》，上海人民出版社1990年版，第626页。

而是具有极为密切的联系。正是在"东亚"的话语体系下，日本在将东亚文明做多元性理解的同时，拆解了传统的、以中华文明为中心的朝贡帝国体系。可见，无论是中国还是日本、韩国，在论述东亚问题时，都无法离开20世纪东亚独特的历史体验而进行一般性的纯学理式的论述。这是我们今天议论、研讨东亚社会发展问题时首先应该引起注意的。

从历史上看，正规意义上的文明研究开始于人类文明由"孤立"走向"整体"的历史大时代。卡尔·马克思、马克斯·韦伯、斯宾格勒、汤因比等思想大师都给我们留下了众多关于文明的经典分析，为我们观察分析人类文明的演进行程提供了宏大的视野和缜密的分析理路。其中，一个极富学术价值的话题是关于社会历史研究的单位问题。1934年，汤因比在其巨著《历史研究》中率先指出：社会历史研究的单位不是民族或国家，而是具有区域性发展特点的文明。他指出：历史研究中可以自行说明问题的范围是文明，以往人们研究历史都是以一个民族、一个国家为基本的研究单位，这样的研究无法解释人类历史上的文明问题。要研究文明问题，历史研究的范围就应大大扩展。从文明的角度看，民族、国家只是一个局部，对局部的研究无法说明整体，只有整体才是一种可以自行说明的研究范围。由此，他得出结论："历史研究可以自行说明问题的范围既不是一个民族国家，也不是另一极端的人类全体，而是我们称之为社会的某一群人类（文明）。"①

在这里，汤氏虽然没有直接提出区域文明的概念，但从其思想的主体脉络看，他已比较准确清晰地把握了区域文明发展的特性。其代表作《历史研究》即是将世界文明按区域分为西方文明、拜占庭文明、印度文明、中国文明等21种文明，加以研究探讨的。在他看来，法国、德国、英国的历史如果不放在更广阔的欧洲体系或西欧体系之中，是不能得到认识和理解的；印度尼西亚的历史如果不放在东南亚的历史体系中，同样也得不出科学的结论。

---

① ［英］汤因比：《历史研究》上册，上海人民出版社1995年版，第14页。

从人类文明发展的历史轨迹看，文明的时代越久远，其发展的区域性特征就越明显。在封建农业时代，由于生产力水平低下，航海技术的落后，世界被分割成几个相对孤立的板块。文明的自然生态环境在很大程度上决定了不同地域文明独特的风貌和特色。农业时代人类文明发展的区域性，使得当时各区域文明间的交往受到极大的限制。从历史上看，这一时期的文明传播、涵化过程主要是在区域文明体系内部实现的。而地理大发现，尤其是工业革命发生后，大工业和世界市场开始把全球各国紧紧地联系起来，致使每一国家的发展都受着另一国家的影响。世界文明一体化的进程，使世界各区域文明间开始了剧烈的冲突融合的过程。由此可见，无论是农业文明时期，还是大工业时代，区域文明都是我们分析研究问题的基本单位。

近年来，伴随着全球化的进程的推进和后现代思潮的勃兴，更多的学者意识到从区域文明视角透视人类社会发展的重要性。目前值得注意的研究倾向是：其一，强调超越民族国家体系展开研究的必要性。如美籍日裔学者酒井直树认为：当亚洲研究被视为由"中国研究""日本研究"等更小的地域政治学的指涉对象所组成的集合体的时候，那不过是从属于国民国家内部均质性想象的研究而已。滨下武志也声称："要使历史研究从过去的以'时间'为主要对象的研究方法转向以'空间'为主要对象，也就是要站在空间的角度对东亚世界进行重新审视。"[①]所有这些，都标志着区域文明研究已进入了一个新的阶段。循着上述分析路径，以东北亚区域文明为"研究单位"，进行整体分析和研究的必要性，便似乎是不言自明的事情了。其二，强调对"东亚""东北亚"等区域文明概念的内涵及相互关联进行深入的研究和辨析。认为"东亚绝对不是一个具有不证自明性的地域概念。所谓东亚，是一个环绕在它的形成过程中很明显地带有历史性质的地域概念。它是20世纪20年代在日本国内，作为一种带有文化意义

---

① 中国社会科学研究会编：《中国与日本的他者认识》，社会科学文献出版社2004年版，第34页。

的地域概念而出现的。接着从1930年到1940年，帝国主义日本对以中国中心的亚洲地区展开了政治的、经济的、军事的以及知识的侵略，随着这种过程，所谓的'东亚'这个概念就变成了带有强烈政治意味的地缘政治学性质的概念。从这里就构成了'东亚协同体'的概念，进一步被扩大成为'大东亚共荣圈'的概念"①，即对"文化东亚"和"帝国东亚"概念中隐藏的日本式的"东方主义"和侵略霸权保持高度的反思和警惕。虽然东亚与东北亚概念存在着很大区别，但其内在关联亦不可忽视。对东亚概念的深刻反思，对于我们更好地从文明角度理解东亚区域，具有重要的意义。

二、文明结构："中心"与"边缘"

从文明论的角度审视人类文明的空间分布，我们会发现，任何一个区域文明的内部结构都不是铁板一块，而是具有明显的层次性。第一层次是中心文明（主体文明），它通常是指一个区域文明体系内文明发生最早、发展最成熟、文化特质最集中的部分。美国文化人类学家威斯勒还认为：每一个文明区域都有一个中心，这个中心应是动态的，具有辐射出去的文化力量。第二层次是"边缘文明"（次等文明），它通常是指一个区域文明体系内发生较晚、文明发展程度较为落后的部分，即指处于远离高度文明中心的边缘区域的文化，它来自文明中心，但当后者发展出更新或更高的文化时，它仍然没有变化，因此，它一般含有落后文化的意思。②边缘文明一般是在接受"文明中心"辐射的文化力量中前进的。在漫长的封建农业

---

① 王中江主编：《新哲学》第1辑，大象出版社2003年版，第219页。

② 参见陆建远《社会科学方法辞典》，辽宁人民出版社1990年版，第415页。

时代，以中华文明为中心的东亚区域文明作为人类文明的"半个世界"，形成了自己鲜明的历史特色，构成了人类文明的一种独特的存在样态。

首先，与环地中海诸文明的"多元汇聚"相比，东亚文明是在相对封闭的条件下成长起来的，在世界屋脊、无际沙漠、浩瀚大海的阻隔下，无法与其他文明直接交流对话。这正如有的学者所言："它没有受到西方的多大影响……是在与外界隔绝的情况下独自发展的。孔子和释迦牟尼时代相同。希腊的苏格拉底也差不多是同时的。东亚文明是独自发展起来的，它的渊源是深远的。"①在相对孤立的环境下，形成了独特的文明体系。

其次，东亚区域文明内部"中心""边缘"的结构层次间互动关系非常复杂。一方面，华夏文明是居于中心地位的文明，因为"中国人在公元前500—1000年（或者更长远的时代里），已经学会在一个统一的社会文化系统里来处理个人的、群体的以及人与自然等等层面的关系——春秋战国以来中国文化的特点，即在此'统一性'的建立、发展、维系以及改造之上。"②作为东亚世界的"中心文明"，中华文明对周边国家的影响是全方位的。在政治上，除日本外，东亚各国长期与中国封建王朝保持着封建宗藩关系；在思想上，儒家思想在长时间内成为日本、朝鲜等国占统治地位的文化观念；在制度层面，中国的唐宋律令也成为东亚各国创典建制的最重要的依据。另外，汉字对东亚各国的影响也是不可低估的。另一方面，那些居于周缘的边缘文明也并非绝对的"被动体"，其对中心文明也常构成重要的影响。以儒学、佛学为例，日本和韩国的儒学虽来自中国大陆，但在其发展演进过程中，已自成体系，并构成与中国大陆儒学互动的"一极"，彼此互为背景与资源。

最后，日本、朝鲜等虽属东亚文明体系内部的"边缘文明"，但它并不是中华文明的简单"复制"和"微缩"，随着时间的推移，包括日本在内的一些边缘文明逐渐呈现出一些带有强烈"自性"的发展特点：

① ［日］和田清：《东洋史》，商务印书馆1963年版，第27页。

② 黄枝连：《亚洲的华夏秩序》上卷，中国人民大学出版社1992年版，第394页。

在以往的研究中，人们往往把日本简单地视为是儒教文化圈的一员，是中国文化的附属品或复制品。事实上，日本在构建其文化体系的过程中，虽然大量地运用了中华文化的材料，但它绝不是简单地复制出一个中国文化的小型翻版，而是形成了自己文明的独特规则，创造出独特的社会组织制度和政治体制，使之与"中心文明"开始存在结构性的差异。大约从平安时代起，日本脱离汉文化圈的倾向日益明显，虽然它继续与中国文化保持着较为密切的联系，但其自身的文化却日益成熟，形成了文明发展的特色，逐渐走上了一条不同于中国的发展道路。如在经济结构方面，中国自秦汉以后，土地所有制的基本形式是地主制，而日本则兼具西欧和亚细亚封建社会土地制度的某些特征，近似于西欧的领主制。表现在文化结构上，日本的传统文化结构具有突出的"双重结构"特性，"纵观日本历史，使人感到经常是日本传统文化要素和外来文化要素同时并存。而且这两种文化要素所占的比重因时代而发生变化，并由此而展现出各个时代的特殊性。即有时是外来文化要素压倒传统文化要素，政治、社会和文化也以外来文化为基调而展开。但接着又是传统文化抬头，排除外来文化，有时甚至出现排外的局面"①。因此，简单地把日本称为"善于模仿之国，是不恰当的"②。它反映了东亚文明的多元性。

区域文明内中心文明与边缘文明之间，始终存在着文明的冲突与融合的演进过程。当两个发展水准处于相同阶段的文明相互接触时，两个文明都是主动者，每一方都献出自己的一份，会产生文明共化现象，其结果是两个文明获得共同发展。当文明发展程度较低的文明与发展程度较高的文明相接触时，一方是主动者，另一方是被动者，会产生"文明涵化"现象。关于"文明涵化"的定义，学术界分歧颇多，在这里，我们认为，所

---

① ［日］木村时夫：《日本历史与日本文化的双重结构》，《世界史研究动态》1992年第5期。

② ［以色列］艾森斯塔德：《日本的历史经验：非轴心现代性的怪诞之处》，《社会转型：多文化多民族社会》，社会科学文献出版社2000年版，第228页。

谓"文明涵化"是指"当一个群体或社会与一个更为强大的社会接触的时候，弱小的群体常常被迫从支配者群体那里获得文化要素。在社会之间处于支配—从属关系条件下广泛借取的过程"①。简言之，就是落后文明受先进文明的影响、不断文明开化的过程。

表现在东亚区域文明发展过程中，在漫长的古代社会，周边游牧民族或是通过和平的互市，或是通过战争，从中原吸吮文明的乳汁，各民族由野蛮步入文明的历程，无不深深打上中原文明影响的烙印。同时，作为文明中心，中原的先进文化多通过中国东北地区，经朝鲜半岛传入日本，据日本学者木宫泰彦考证，在日本来华的四条主要航线中，就有一条通过东北的渤海线。盛唐之际，使节往来频繁，一度成为唐文化重要的"传播站"，当时文明传播的方式是和平的。而自16世纪"地理大发现"，尤其是工业革命以来，人类文明开始急剧地走向一体化，西方列强凭借坚船利炮纷纷东侵。在迎接西方文明的挑战过程中，中国逐渐失去了东亚区域文明中心的地位，而日本则通过明治维新，"脱亚入欧"，实现现代化，始居霸主地位。东亚区域文明的内部结构发生了根本性的变化。可见，无论是古代还是近代，文明涵化始终是东亚区域文明发展的一条主线。

三、寻求"传统"与"现代"的良性互动

（一）"传统"之蕴涵及特性

从一般意义上讲，传统主要是指"世代相传的事物，即任何从过去延

---

① ［美］C. 恩伯：《文化的变异》，辽宁人民出版社1988年版，第565页。

传至今的东西"①，意味着从过去延传到现在特别是被人类赋予价值和意义的事物。传统虽然是"流动"的和"变易"的，"然而传统的概念中有某种东西包含着耐久性；传统的信念或习俗具有抵制变化的完整性和延续性。传统可以发展或成熟也可能衰弱或死亡"②。"作为传承某种特性的载体，传统如今是个人及社会进行表达、信仰、行为以求在未来提升价值的一个范畴。从历史角度看，它的本质是和现代性相对立的，同时会给它的意义带来负担。"③

在学术研究中，所谓"传统—现代"关系之论争，在绝大多数情形下，是专指发展中国家而言的。因为对于"早发内生型"现代化来说，其现代化的发轫实际上是其社会内部现代性因素发生、发展的一个自然而然的变化过程。其现代性因素的萌芽、成长、变化为时甚久，不似非西方国家"赶超型现代化"那样，是一个"百年锐于千载"的急剧变迁过程，其间自然充斥着剧烈的包括"传统与现代"在内的诸多的矛盾和冲突。一般说来，"传统指涉的是一个社会本身的内在长期具有的文化基素，而现代指涉的则是源自社会自身或来自其外的一种具创新性质、又富特殊历史内涵的文化基素。对亚非社会而言，此一现代指涉的，明显来自西方近代历史发展出来的一种文化表现形式，它们既是外来，同时又具有高度的异质性"④。

在"发展主义"看来，"传统"是走向现代化国家的"阻力"而非"动力"，因此，采取毁弃传统的激进主义方略，是多数后发现代化国家谋求发展的必然选择。这些"发展主义"的"鼓噪者"和"信奉者"之所

---

① ［美］爱德华·希尔斯：《论传统》，（台北）桂冠图书股份有限公司1992年版，第14页。

② ［德］乌尔里希·贝克等：《自反性现代化：现代社会秩序中的政治、传统与美学》，商务印书馆2001年版，第80页。

③ 黄平等：《社会学·人类学新词典》，吉林人民出版社2003年版，第14页。

④ 叶启政：《期待黎明：传统与现代的揉搓》，上海人民出版社2005年版，第168页。

以持上述观点，主要是因为"大多数现代化研究人员都是欧美人，这些研究人员生于斯，长于斯，自然认为他们自己的文化价值是世界上最好的，最合情理的。这是一种'西方优越论'和'种族中心论'的表现"[1]。这一意义上，对"传统"所采取的激进主义的态度和"破坏主义"取向实际上是一个典型的由西方殖民者直接开创并把持的话语。

而在"新发展主义"视阈之下，后发外生型现代化国家的社会发展绝非一个由"传统"到"现代"的直线式发展演进过程。首先，第三世界国家事实上并不存在一套同质性的、和谐的传统价值。"第三世界国家的文化体系是异质性的。例如雷德菲尔德1965年就曾经区分过大传统与小传统，前者是精英们的价值，重视诗歌、绘画、舞蹈、狩猎、闲暇和哲学；后者是大众的价值，重视田野里的劳作、勤勉、节俭和自食其力。而且，第三世界国家文化体系不仅是多样，互不相同的，也是充满矛盾与冲突的。"[2]因此，即使是那些被视为是非西方国家最落后的、最应该抛弃的传统，亦非能如弃敝屣那样简单地加以丢弃。

其次，传统的实质不能简单地用正负两分的方法来加以评价，因为传统中蕴涵着人类自步入文明时代积淀传递下来的总体智慧。"传统的实质就是崇尚过去的成就和智慧，崇尚蕴涵传统的制度，并把传统社会的行为模式视为行动的指南。"[3]由于近代以来西方和非西方国家间存在着惊人的文明落差，导致非西方社会"往往倾向于抛弃自己的制度而去全盘照搬西方先进社会的制度。这样的照搬多半是不成功的。富于思考的观察家于是逐渐得出了结论：从长期来看，使本国的传统制度适应新的功能比或多

---

① 苏耀昌：《对现代化学派的批评》，谢立中等编：《20世纪西方现代化理论文选》，上海三联书店2002年版，第195页。

② 苏耀昌：《对现代化学派的批评》，谢立中等编：《20世纪西方现代化理论文选》，上海三联书店2002年版，第196页。

③ 何星亮：《对传统与现代及其相互间关系的阐释》，《中央民族大学学报》2003年第4期。

或少原样照搬西方的制度更为有效"①。

最后，"传统"也不仅仅指遥远的农业时代的"过去"，在现代化背景下，传统也是指一种文明积累、创造能力的生成。"现代性在其发展历史的大部分时期里，一方面它在消解传统，另一方面它又在不断重建传统。"②譬如说美国是一个传统甚短的国度，但其文明之所以呈现出日新月异且带有连续性的突进式发展，主要是因为其具有一种超强的文明积累和创新能力。因此，"传统"不仅仅意味着衰朽和没落，亦蕴涵着文明的传承和创生的躁动。

（二）"传统"与"现代"的冲突

当然，无论是发达国家还是发展中国家，在其现代化启动发轫阶段，都不同程度地存在着"传统"与"现代"的对垒和冲突。相比之下，又以非西方国家的社会发展进程的冲突最为典型。日本著名社会学家富永健一曾结合中国和日本早期现代化进程中传统与现代间的冲突提出著名的东亚现代化"四命题说"：第一命题是输入工业文明而摆脱传统主义；第二命题是由推进现代化的杰出人物所承担的工业文明的输入和稳定；第三命题是出现使工业文明转向内部的承担者；第四命题是现代阵营与传统阵营之间对立的消除。其中第四命题所揭示的"现代阵营"与"传统阵营"间的对立冲突在某种意义上也可表述为"外来文化"与"本土文化"间的冲突。富永健一认为"现代阵营与传统阵营这种二重结构的对立也存在于德国和美国这样的欧美先进国家，但是在非西方后发展社会尤其不可避免。因为非西方后发展社会的现代化不得不采取输入外来文明的形式，而输入外来文明不可避免地要引起国粹主义的反感。只要这种对立的二重结构

---

① ［美］西里尔·E.布莱克：《比较现代化》，上海译文出版社1996年版，第5页。

② ［德］乌尔里希·贝克等：《自反性现代化：现代社会秩序中的政治、传统与美学》，商务印书馆2001年版，第73页。

不消除，就不可能实现持续而稳定的现代化"①。在富永健一看来，在东亚社会发展的历史上，这种"传统—现代"的对立，使得包括中国在内的非西方国家的现代化进程充满了坎坷和艰难。但值得注意的是，"传统—现代"的激烈对立冲突并不意味着其社会发展进程采取的是一种简单的以"现代"压抑"传统"的进路，而是一种纷繁复杂的"双向互动"过程。因为"任何国家，无视过去是不可能发展的，今后的发展道路必将受到过去的约束。不同的国家之间，由于国民的气质、行为方式以及所继承的文化资质不同，在日本大获成功的政策在英国却未必可行，甚至可能适得其反"②。

（三）谋求"传统"与"现代"间的良性互动

"发展主义"主导下的权威话语是一种非此即彼的"传统—现代"二分思维方式，在他们看来，非西方国家走向现代化的进程实际上就是由"传统"到"现代"的直线发展过程。在此基础上形成的"发展话语"赋予西方发达国家以一种天然的优越感和其对非西方国家施加教化的权力。在此模式之下，很自然地将"传统"置于被宰制的地位。而在"新发展主义"看来，这种对"传统"与"现代"间关系的畸形理解，其中实际上就蕴涵着强者对弱势的霸权。"其实蕴藏在竭力延续而非改变殖民式层级关系的、我族中心的、具破坏性的殖民话语之中，把第三世界的人民定义为具备'现代'西化社会按理不再有的所有负面特征（如原始、落后等等）的他者。第三世界现实，为发展专家所信奉的现代化和优越的北半球价值和建制提供理据。"③"原先的发展范式所强调的是市场目标：狂热追求

---

① ［日］富永健一：《现代化理论今日之课题：关于非西方后发展社会发展理论的探讨》，《国外社会科学》1986年第4期。

② ［日］森岛通夫：《透视日本：兴与衰的怪圈》，中国财政经济出版社2000年版，第194页。

③ 许宝强、汪晖主编：《发展的幻象》，中央编译出版社2001年版，第341页。

的是资本构成和提高国民生产总值。在此过程中，文化和秩序的目标遭到冷落。财富被错误地等同于幸福。发展成果的分配为神秘的'看不见的手'，和自上而下的渗入效应所左右，而文化目标却没有规定，即使有，也十分笼统而不明确。"①

传统从来就具有流动性，伴随着物质财富的增加和社会进步，有些传统和文化遗产不可避免地走向衰亡。是保持传统还是追求现代富裕，成为当代人争论的焦点问题。"如果为了摆脱令人痛苦的贫困和短促的寿命，一种传统的生活方式必须牺牲，那么，正是那些被直接涉及的人民，他们必须拥有机会来决定应该选择什么。真正的冲突是在以下两个方面之间：（1）必须允许人民自由地决定哪些传统是他们愿意服从的或不愿意服从的这样一个基本评价；（2）坚持必须服从已建立的传统，或者说，坚持人民必须服从那些宗教的或世俗的当局所决定的传统。前一原则来自人类自由的重要性，以自由看待发展这一思想所强调的是这一原则。"②在这里，对待传统的态度实际上又转换为对"民主原则"的追求和"发展权"问题。

此外，应该指出的是，超越"传统—现代"二元论，"绝不是说不要现代而要回到传统，不要都市生活而要固守农乡村，不要市场而要继续由政府大包大揽。恰恰相反，既然是超越，就是要破除那要么这个，要么那个的非此即彼格式，并试图去寻求别的可能性"③。

---

① 中国社会科学杂志社：《社会转型：多文化多民族社会》，社会科学文献出版社2000年版，第214页。

② ［印度］阿马蒂亚·森：《以自由看待发展》，中国人民大学出版社2002年版，第24页。

③ ［丹］雅克·鲍多特等：《与地球重新签约——哥本哈根社会发展论坛文选之一》，人民文学出版社2003年版，前言，第7页。

四、文明研究视野下"亚洲主义"之论争

在以中日韩为主体的东亚区域文明体系内，谈及文明比较研究，其代表性言论以日本为最。许启贤在其主编的《世界文明论研究》一书中，在世界范围内选取了15种近代以来具有代表性意义的文明理论，其中就有6种出自日本学者之手，即福泽谕吉的文明论研究、池田大作与汤因比的文明对话、梅棹忠夫的"生态文明论"、伊东俊太郎的比较文明论、神川彦松的文明论、岸根卓郎的文明兴衰法则论①，成为一种值得注意的文化现象。值得注意的是，到20世纪90年代，这股文明研究热与所谓"亚洲主义"思潮呈现出合流的倾向。其代表作品为沟口雄三、滨下武志等主编，由东京大学出版会1994年出版的《从亚洲出发思考》（全7册）。该丛书围绕着"日本亚洲认识的历史性展开"这一话题，从地域史的角度，对"亚洲主义"、"亚洲中的日本"、亚洲现代化等问题进行探讨，其主题分别是："交错的亚洲""地域组织""周缘的历史""社会与国家""近代化像""长期社会变动论""世界像的形成"②。作为一部由多位作者参与的学术文集，该书虽不无瑕疵，但被学术界高度关注，被称为是20世纪90年代亚洲研究领域最具代表性的研究成果。

面对文明论和亚洲主义话语在日本"一枝独秀"而中韩学界却相对缄默的现实，学术界有着不同的解释。韩国学者河世凤认为"这是由于在亚洲只有日本在西欧式的近代化上获得成功"③。而在中国学者孙歌看来，"朝鲜半岛的分裂状态所导致的无法超越具体国家界限的思维方式，是韩国不讨论亚洲的重要原因。对于我们中国人来说，在很大程度上不讨

① 许启贤主编：《世界文明论研究》，山东人民出版社2001年版。

② ［日］沟口雄三、滨下武志等：《从亚洲思考》（全7册），东京大学出版会1994年版。

③ 转引自［日］川岛真《90年代日本的"亚洲论"和来自中韩的批评》，蒋立峰主编：《中日两国的相互认识》，世界知识出版社2003年版，第275页。

论亚洲却是因为中国在潜意识里被视为亚洲至少是东亚的中心。中国不谈亚洲并非意味着脱亚，它恰恰意味着亚洲这一含糊其辞的所指被内在化了"①。

世纪交替之际，日本列岛上勃兴的"亚洲主义"话语，引起了东亚一些国家的密切关注，引发了激烈的争论。据日本学者川岛真概括，其批判意见主要来自中国的孙歌和韩国的白永瑞、河世凤等。他们虽然承认以《在亚洲思考》为代表的"亚洲主义"论开辟了学术研究的新视角，活跃了学界的研讨氛围，在理论上也不无贡献，但他们坚持认为，日本当下的"亚洲主义"言说，与明治维新以来福泽谕吉的"脱亚入欧"、梅棹忠夫的"文明的生态史观"有着密切的联系。其中都潜藏着一种"日本优越感"和"日本社会特殊论"。"可能存在着一种通过日本的论述而重新构成的亚洲"，"如果亚洲停留在日本学界的逻辑理解，就会被埋没在日本学界的逻辑之中，以至难以将其相对化"②。"亚洲论述的两难对于滨下武志也是个避不开的难题，他究竟也必须面对自己是一个现代日本人的事实。这个宿命不得不面对日本近代以来脱亚与兴亚的历史，背负他最希望躲开然而却不得不背负的那个叫做现代的孩子——民族国家建构与东亚国际关系为东亚邻国带来的恩恩怨怨。"③

中日韩在"亚洲主义"话语上的论争，反映了在新的历史条件下，东亚区域各民族国家发展的进程中对历史、现实、未来的不同理解和体验。如前所述，在东亚区域文明发展的历程中，先后存在过以"华夷秩序"为特征的"中国中心"的文明秩序和日本对外侵略扩张的"大东亚

---

① 孙歌：《主体弥散的空间——亚洲论述之两难》，江西教育出版社2002年版，第190页。

② 转引自［日］川岛真《90年代日本的"亚洲论"和来自中韩的批评》，蒋立峰主编：《中日两国的相互认识》，世界知识出版社2003年版，第270页。

③ 孙歌：《主体弥散的空间——亚洲论述之两难》，江西教育出版社2002年版，第187页。

秩序"。应该指出的是,这两个"秩序"在性质上具有根本的不同。前者是建立在朝贡体制上的带有极强"文化控制"色彩的、和平的"天下"秩序的构建,而后者则是建立在"铁血武力"和"霸道"基础之上的野蛮的侵略。明治维新后,日本在"脱亚入欧"的口号下,大肆发动对外侵略战争,使其现代化道路带有浓重的"海外侵略扩张"色彩。早在1912年,戴季陶即已察觉日本"海外侵略扩张"式现代化道路,不仅对中国来说是灾难性的,而且对日本自身也具有危险性。1912年,他在《民权报》上撰文指出:"中国将来与日本之大冲突,盖无论何时,必不能免者。日人之极力以从事大陆之侵略者,非日人之幸也,是日本帝国衰微之征兆也。"[1]胡适也在1938年用英文发表《中国与日本的现代化运动——文化冲突的比较研究》一文,认为"日本的现代化并非没有很重大的不利之处……日本领导人人为地采用好战的现代化的强硬外壳来保护大量中世纪传统文化,在这其中不少东西具有原始性,孕育着火山爆发的深重危险。"[2]而当代学者罗荣渠更为明确地指出:"日本现代化的这种独特启动方式,打断了正在起步的中国和朝鲜现代化运动。"日本的侵略扩张"不仅炸毁了东亚各国现代化的初步建树,最后也炸毁了日本早期现代化的成果"[3]。日本"帝国东亚"的设计、实施过程,实际上就是东亚蒙难的过程。因而,时下日本关于亚洲、东亚发展的种种设计,自然备受东亚其他国家的密切关注。

如果说,20世纪80年代开始的东亚经济圈研究热,主要是以经济开发为主体的话,那么,近年来勃兴的"亚洲主义"论说则意味着这种以"经济开发"为主旨的发展进程进入了一个最为关键的时期,即在欧洲一体化的外在示范和压力下,东亚区域以何种"模式",以谁为主体向前推进,以实现合作和发展。当前的一个显著特点在于,东亚区域的民族国家都意

---

① 唐文权:《戴季陶集》,华中师范大学出版社1991年版,第859、488页。

② 罗荣渠:《东亚跨世纪的变革与重新崛起》,《北京大学学报》1995年第1期。

③ 同上。

识到"合作"与"交流"的重要性，但又难以超越来自历史和现实的种种制约，从而使其种种的美好开发设想难以化为现实。须知，区域经济发展往往是嵌入其历史进程及社会关系体系之中的。在这一意义上，可以说，时下东亚学术界关于"亚洲主义"的论争，实际上标志着在新的历史条件下东亚经济社会发展已进入最为关键的阶段。

除了上述历史因素影响外，一些诸如国家大小等实体性因素也决定着东亚诸国间的微妙关系。如韩国学者白永瑞即在一篇文章中坦言："生活在20世纪的大部分东亚人几乎都被大国梦魇所缚"，而且这种大国梦也还是不平衡的：中国人的大国感觉伴随着地理上的实体感觉，而韩国人和日本人的大国感觉不伴有这样的实体性。[①]这种微妙的"实体感觉论"也是东亚区域进一步发展所应当调适和克服的。

五、东亚文化认同与社会核心价值观构建

（一）社会核心价值观释义

20世纪晚期以来的世界社会发展模式研究的又一突出特点表现在对社会核心价值观的重新关注。实际上，强调社会核心价值观在社会发展进程中的作用，并不是一种新观点。早在现代工业社会奇迹发生之初，便有很多学者试图从文化价值角度来探寻那种种"经济奇迹"发生之谜。除了众所周知的"韦伯命题"外，弗朗索瓦·贝鲁也曾提出，我们在理解发展定义问题时，可将其理解为"将一个国家居民的各种精神和社会变化结合在

---

① ［韩］白永瑞：《世纪之交再思东亚》，《读书》1999年第8期。

一起，从而使他们能够日积月累地持续地增加其总的实际收入"①。很显然，这是在强调社会价值观对经济发展的推动作用。但值得注意的是，在"发展主义"背景下谈社会核心价值观实际上并不是将其作为一个独立的因素，而是作为解释经济发展的一个原因而存在的，强调的是一种竞争信念的社会属性。

从一般意义上讲，所谓社会核心价值观，主要是指维系社会秩序和社会良性运行发展的那些最基本的社会价值规范体系。如在传统儒学社会，其价值体系虽亦甚为复杂，但若从总体上加以概括，那么，"礼"和"仁"应是其社会核心价值观。相比之下，儒家伦理虽然对日本也有较大的影响，但其价值规范体系已表现出不同的"排列组合"，正如有的研究者所言，在日本儒学的基本伦理体系中，"仁"不是核心，"忠"乃居于核心地位。到现代，在美国等奉行自由竞争的资本主义国度，以个人主义为核心的竞争是其社会的核心价值观。而在以奉行"社会市场经济"的国家（如德国），"社会公正"、"社会均衡"则为其社会核心价值观。

当然，社会核心价值观在不同的学者那里有不同的表述，雅克·鲍多特把社会核心价值观称之为"软性价值"，认为"在占支配地位的文化中，'软性'价值是同情、关心、慷慨以及超然于世俗的。这种价值的道德等级是作为占支配地位的精神气质的经济理性的根基，也是标志着现代性之路的边缘化'社会性关怀'的根基"②。而在美国政治学家约瑟夫·奈那里，主要使用"软力量"概念。1990年约瑟夫·奈在《与谁争锋》一书中首次提出"软力量"概念，当时他撰写该书的目的是为了反驳当时颇为流行的美国衰落论，提出美国不仅是军事和经济上首屈一指的强国，而

---

① ［法］阿兰·佩雷菲特：《论经济"奇迹"——法兰西学院教程》，中国发展出版社2001年版，第13页。

② ［丹］雅克·鲍多特等：《与地球重新签约——哥本哈根社会发展论坛文选之一》，人民文学出版社2003年版，第92—93页。

且在第三个方面，即在软力量上也无人匹敌。^①此概念甫一问世，便产生了巨大的社会影响，其中自然也有许多误读。实际上，在约瑟夫·奈那里，"软力量"是相对于"硬力量"而言的。"硬力量人人皆知。军事和经济的威力往往能让他人转变立场。而软力量是一种能够影响他人喜好的能力。软力量不仅仅等同于影响力，毕竟影响力也可依靠威胁或报酬等硬力量得以实现。硬力量和软力量相辅相成，因为它们都是以影响他人行为达到自身目的的能力。它们之间的区别在于其行为的性质和资源的实在程度不同。"^②通过上述概念陈述，我们很清楚地看到，软力量本是一个国际政治领域内的策略性概念，而其之所以在学界和政界会产生巨大的影响，主要是因为人们将"软力量"扩散到其他领域，在广义上使用。

在亨廷顿的笔下，以民族国家为主体的社会价值体系主要表述为国民对"国家特性"的保护和认同。在2004年推出的那部颇具影响和争议的著作中，亨氏认为美国社会的核心价值观可以表述为"美国信念"，"这一信念是17世纪和18世纪美利坚早期定居者的有特色的盎格鲁—新教文化的产物。这一文化的重要因素包括：英语、基督教、宗教义务、英式法治理念，统治者责任理念和个人权利理念；对天主教持异议的新教价值观，包括个人主义，工作道德，以及相信人有能力、有义务努力创建尘世天堂。"^③他大声疾呼：我们是谁？认为美国国家特性正面临严峻挑战。而美国前总统卡特则在另一部题为《美国社会面临价值观危机》的著作中提出美国社会的核心价值观正面临空前严重的危机。

社会核心价值观之所以如此重要，主要是因为它可以作为市场经济

---

① ［美］约瑟夫·奈：《软力量：世界政坛成功之道》，东方出版社2005年版，中文版序言。

② ［美］约瑟夫·奈：《软力量：世界政坛成功之道》，东方出版社2005年版，中文版序言，第5—7页。

③ ［美］塞缪尔·亨廷顿：《我们是谁：美国国家特性面临的挑战》，新华出版社2005年版，前言，第2页。

的对立面发挥强力的制衡作用，防止"社会市场化"。"在当代精神中，市场经济及其技术解决方案与全面明确地理解生活及美好社会之间是分离的。政策如果不为道德理念和体系所充实和引导，那么实用主义和现实主义就会泛滥。资本主义的运作需要公共的引导。当成功只以数量和金钱来定义，当个人成就被简化成获取欲望，当负责共同利益的机构短浅而狭隘地理解自己或民族利益时，市场社会就出现了，社会达尔文主义就出现了。"①

虽然在众多理论流派看来，人类是坚定的自利主义者，许多经济和社会工作就是由于对这个基本动机重视不足而受挫。"但是我们每日每时都看到，人们的一些行动反映了明显具有社会成分的价值观，那些价值观使我们远远超出自私行为的狭隘界限。正义的意识是那些能够、而且常常确实激发人们的动机因素之一。社会价值观对确保多种形式的社会组织成功，可以发挥——而且一直发挥重要作用。"②而历史上，资本主义常常被视为是一种建立在每个人贪欲基础上运行的一种安排，但事实上"资本主义经济的高效率运行依赖于强有力的价值观和规范系统。确实，把资本主义看作仅仅是一个基于贪欲行为的体系，实在是严重低估了资本主义伦理——它对资本主义的辉煌成就作出了丰富的贡献"③。

在"发展主义"的背景下，占据绝对支配地位的社会核心价值是竞争、利润和国家利益，而在"新发展主义"的理念之下，上述理念带有唯一性的独尊地位受到挑战和质疑。之所以社会核心价值理念发生如此剧烈的变动，一方面是因为"按照资本主义的、自由主义的和达尔文主义的政

① ［丹］雅克·鲍多特等：《与地球重新签约——哥本哈根社会发展论坛文选之一》，人民文学出版社2003年版，第45页。

② ［印度］阿马蒂亚·森：《以自由看待发展》，中国人民大学出版社2002年版，第261页。

③ ［印度］阿马蒂亚·森：《以自由看待发展》，中国人民大学出版社2002年版，第261页。

治文化运行的社会都面临着诸多的社会问题，这些问题导致了与这些社会的本质相矛盾的解决方案。另一方面是因为利他主义价值、对自然美的关心以及对生活的艺术和精神维度的兴趣，对于人们而言是基本的"[①]。

"欧洲的社会经济价值体系的核心是二战后50年来在欧洲得以发展的福利国家制度。许多学者，包括吉登斯，认为福利国家制度是欧洲对人类文明发展的重大贡献。因为，福利国家制度建立在'高贵的梦想与雄心'的传统之上。这一欧洲传统蕴涵的原则包括：保护弱势者；为人们提供在生活不同阶段有效应对生存风险的资源；扶贫减困，削减社会不平等使穷人能参与并融入更广泛的社会生活。"[②]布莱尔任英国首相时说过，"英国是一个多民族、多种族、多文化、多宗教、多信仰的国家，英国的历史和国情决定了我们必须珍视自由、宽容、开放、公正、公平、团结、权利与义务相结合、重视家庭和所有社会群体等英国核心价值观"[③]。

（二）关于"亚洲价值观"的论争

所谓"亚洲价值观"，主要包括一套内容广泛的道德偏好，是一套涉及共同体、秩序、等级、相互帮助、节俭、社会尊重、自我牺牲等内容在内的原则与实践。值得注意的是，20世纪晚期学术界和思想界关于"亚洲价值"的言说，不是就"价值"而论"价值"。而是将价值论与"东亚奇迹"紧紧联系在一起展开论述的。与其说其研究目标是解说"亚洲价值"的内涵，还不如说是解释20世纪70年代以来东亚奇迹发生的原因。

关于"亚洲价值观"之源流，有的学者认为亚洲价值观这一概念系20世纪七八十年代以来，伴随着"东亚奇迹"的出现而由学界概括而成的从

---

① ［丹］雅克·鲍多特等：《与地球重新签约——哥本哈根社会发展论坛文选之一》，人民文学出版社2003年版，第93页。

② 程扬、曾飚：《吉登斯访谈录：寻找走向"和谐世界"的新道路》，《英伦学人》2006年10月1日。

③ 何大隆：《英国：合力传播核心价值观》，《瞭望》2007年第6期。

文化视角解说"东亚奇迹"的一套理论体系。而有的学者则认为"亚洲价值观"概念是与西方价值观相对应的词汇，"早在二战前，日本右翼著名理论家北一辉写的《日本改造方案大纲》，已经宣扬过这种思想，其基本观点可归纳为两点。一是主张日本自古以来的'建国理想'，即所谓'纯正的日本主义'反对普世价值观或者说西方的自由民主价值。二是以国家主义对抗国际主义，反对约束日本无限制扩张的现行国际秩序"①。

关于"亚洲价值观"的空间覆盖广度，一种观点认为，所谓"亚洲价值观"实际上并非指涉亚洲全境，而实际上指的是东亚价值观，因为在事实上并不存在一个统一的"亚洲文化"。有的学者甚至认为，即或是在包括中、日、韩、朝在内的东北亚区域范围内，虽然其文化深受儒家思想文化影响，具有较大的共同性，但实际上仍有较大的区别。

"亚洲价值观"的基本观点之所以会在世界学界产生如此巨大的影响，与其多元的"承载者"有着密切的关联：其一是具有较深思想学术涵养的东亚政治领袖，如新加坡政治家李光耀和马来西亚政治家马哈蒂尔。用李光耀先生的话来概括，所谓"亚洲价值观"就是"社会第一，个人第二"。②他认为"如果我们不曾以西方的优点作为自己的指导，我们就不可能摆脱落后，我们的经济和其他多方面迄今仍会处于落后状态，但是我们不想要西方的一切。""亚洲社会不同于西方社会。西方和东亚在社会和政治概念上的根本区别是，东方社会相信个人存在于家庭的关系网络中，他不是本初的、独立的。家庭则是家族、朋友以及更广泛的社会的一部分。照管家庭，这是我们文明的基本概念。政府或存或亡，但家庭却是永久的。"③

而在马哈蒂尔那里，在更多的情形下，是将亚洲价值观与"亚洲复兴

---

① 李慎之、何家栋：《中国的道路》，南方日报出版社2000年版，第158—159页。

② 潘小娟等主编：《当代西方政治学新词典》，吉林人民出版社2001年版，第394页。

③ ［美］扎克雷亚：《文化即命运——与李光耀一席谈》，《外交》1994年第2期。

的'自豪感'与西方不能对亚洲指手画脚的对抗心理"①结合在一起，更富有与西方"对抗"的意义。作为"亚洲价值观"的主要政治家代言人，马哈蒂尔认为"亚洲很多人坚信，我们的确有本身的价值观和做事的方式，对于那些认为本身价值观和做事方式放诸四海而皆准的人，这是一个异端。亚洲也相信人权、新闻自由、民主法制、法律统治。不过，我们也很注重成果。"②

其二是思想学术精英的学术性概括。如中国学者陈来认为："儒家伦理的价值，用简单的方式说明，也许可以用亚洲价值的说法来参考。亚洲价值的提法虽然可能受到有关西亚、南亚文化的质疑，不过，按提出者的解释，亚洲价值主要是指东亚受儒家文化影响的价值体现。亚洲价值是亚洲传统性与现代性的视界融合中所发展出来的价值态度和原则。这些原则根于亚洲文化、宗教和精神传统的历史发展，这些原则又是亚洲在现代化过程中因应世界的挑战，淘除传统不合理的要素，适应亚洲现代性经验所形成的，亚洲价值被概括为五大原则：一、社会、国家比个人重要；二、国家之本在于家庭；三、国家要尊重个人；四、和谐比冲突有利于维持秩序；五、宗教间应互补、和平共处。可以看出，这几条在儒家伦理中都是满足的。"③

刘梦溪认为，所谓亚洲价值，应该指涉三方面的内容：第一，亚洲许多国家都是"文明体国家"，它们有自己独特的民族文化传统，从而在实践中形成了自己的特殊社会结构和适合本国情况的发展道路；第二，亚洲的一些国家，由于地缘、人种和历史诸方面的原因，文化与信仰存在一定程度的相似、相近、相融、相合之处，因而衍生出文化符号、文化伦理、文化哲学和文化行为的某些共通性和共识性的成分。例如日常生活中饮食方式的一些习惯；儒学伦理带动的行为规范的特征及其对公私生活产生的

---

① 庄礼伟：《亚洲的高度》，广东旅游出版社1999年版，第442页。

② ［马来西亚］马哈蒂尔：《迈向亚洲的复兴》，《南洋商报》1996年3月10日。

③ 陈来：《谁之责任？何种伦理？从儒家伦理看世界伦理宣言》，《读书》1998年第10期。

影响；还有佛教在民间的广泛传播等等……当然不应忘记，亚洲地区本身也由文化与信仰的多元形态所构成。第三，亚洲价值的提出，绝不单纯是对一个特定地区以往历史与文化的共同特征的概括，更重要的，是它所具有的前瞻性的内涵，即包括共通性和共识性成分在内的这些国家的文化传统与现代性是否相关？他们的固有传统能不能转化为现代文明建构的有用资源。最后一点，是亚洲价值的重心所在，是现时性因素，是它的生命力量之源泉。否则所谓亚洲价值，不过是历史的遗存物，充其量只有个体眷顾的价值和审美的价值，对文化与社会的发展而言，谓之无价值亦可。①

循着时间轨迹来审视学术界围绕"亚洲价值观"展开论争的基本线索，我们可以以20世纪末金融危机为界，将这场论争分为以下两个阶段：在金融危机之前，针对李光耀的"亚洲价值观"论述中所表达出来的"文化即命运"的观点，另一位东亚著名的自由主义政治家金大中作出回应，认为李光耀的观点有"西方式民主在东亚是行不通"等拒斥西方民主价值观之暗示，提出"我也承认文化的重要性，但是我并不认为，文化单纯地决定一个社会的命运，并且是不可改变的。应该看到，作为工业化的无法避免的结果，以家庭为中心的东亚社会同样迅速地走向以自我为中心的个人主义。人类历史中没有什么是永恒不变的。亚洲同样具有许多民主传统。当亚洲日益接受民主价值观时，人们有机会和义务向老的民主政体学习。亚洲可以为世界的其他地方作出榜样；亚洲的以民主为价值取向的哲学与传统这份丰富的遗产，能够为全球民主的发展作出重大的贡献。文化未必就是我们的命运。民主才是我们的命运"②。

到金融危机发生后，论争更是直线升级。美国经济学家德怀特·玻金斯认为："亚洲价值——现在在一些情景中这个词仍然被使用——主要是用来解释亚洲如何相信社区而不是个人的价值。这个概念更多是作为一种

① 刘梦溪：《亚洲价值的反省》，《人民日报·海外版》2000年12月19日。
② ［韩］金大中：《文化就是命运吗？——亚洲反民主价值观的神话（答李光耀）》，《外交》1994年第11—12期。

借口,而并非一种真正的价值分析。我认为,西方文化是一种更加个人主义的文化,而亚洲人比美国人更愿意遵循父亲的意愿。但我不会对亚洲价值赋予太多意义,并且,如果以此来解释经济则相去甚远。"①

可见,伴随着亚洲金融危机的发展,有关"亚洲价值观"的论争也变得更加复杂。

(三)价值观念"承载体系"的变迁

对社会核心价值观的关注必然驱使人们对价值观的承载者问题展开进一步的思考。近年来,在欧美学术界,关于"公共知识分子"消逝的研究特别引人关注。

在前工业社会和工业社会相当长的一段时间里,无论是在欧美还是亚洲,在精神文化生产及传播领域,知识精英都毫无疑问地占据着非常重要的中心位置。知识精英在掌握知识的同时,实际上还握有传播、阐释和守护社会价值观的神圣使命。但到20世纪晚期,在社会日益走向高度现代化和专业化的背景下,知识分子因其自身的严重分化而逐渐走向消失。1987年美国学者拉塞尔·雅各比提出他令世人惊诧的观点:知识分子消失。他认为:"在35岁甚至45岁以下的对社会有重要意义的美国知识分子已经很少引发什么评论了。在过去50年里,知识分子的习性、行为方式和语汇都有所改变。年轻的知识分子再也不像以往的知识分子那样需要一个广大的公众了:他们几乎无一例外地都是教授,校园就是他们的家;同事就是他们的听众;专题讨论和专业性期刊就是他们的媒体。学院派人士为专业刊物写作。教授们共享一种专业术语和学科。他们的专业生涯成功之时,也就是公共文化逐渐贫乏衰落之日。"②

---

① 许知远:《转折年代:美国著名学者眼中的世界走向》,浙江人民出版社2002年版,第54页。

② [美]拉塞尔·雅各比:《最后的知识分子》,江苏人民出版社2002年版,第1—5页。

2001年，法国学者莫兰对知识分子与社会核心价值体系之关系也发表了精彩的论述："在今天，由于职业化、技术官僚和学科分工的强大压力，知识分子的作用大大地被削弱，被抹杀，一个专家只能具有一方面的知识，不仅不能超出他技术专业范围的问题，甚至连对他自己的学科都没有反思的能力。不对重大问题进行思考，知识分子的价值一落千丈。然而，即便他们毫无能力，知识分子的价值就在于至少能够看到重大问题的所在。"[1]"所以，不要把知识分子推向某一专长，让他们只成为囿于一业的专家而应该鼓励他们关心重大问题，让他们去思考、了解和慎重对待天下大事。我们的社会需要一个非专业化非技术化的公共空间，对根本问题重大问题进行开放性讨论。阻碍的因素会引起反弹来保护这个空间并促进它的更新发展。"[2]

很显然，知识分子高度专业化的直接后果便是其承载的公共精神逐渐走向衰落，其所思、所言很难成为社会良心和社会价值承载者。在这一意义上，现代社会核心价值体系的创建需要重新寻找社会价值观的承载者。任何一个健康的社会核心价值观体系都不应该是单一的，而应是一种充满内在张力的结构体系。正如泰勒所说："统治一个当代社会就是不断地重建相互抵触的要求之间的一种平衡，在旧有的均衡变得令人生厌时不停地发现新的创造性解决方式。从根本上讲不可能有一个确定的解决方式。"[3]

无论是传统农业时代还是现代工业社会，任何时代的价值观都应有自己的承载体系，而不能仅是虚幻的形而上存在。诚如涂尔干所言"人是有限的存在：他是整体的一部分。从生理上讲，他是宇宙的组成部分；从道德上讲，他是社会的组成部分"，因此，"要想治愈失范状态，就必须首

---

① ［法］莫兰：《反思欧洲》，生活·读书·新知三联书店2005年版，第114页。

② 同上书，第115页。

③ ［加拿大］查尔斯·泰勒：《现代性之隐忧》，中央编译出版社2001年版，第128页。

先建立一个群体，然后建立一套我们现在所匮乏的规范体系"①。这实际上是在强调任何真正意义上的社会价值体系都需要具体的社会承载者，否则就是无意义的抽象物。以中国为例，"古代中国社会的伦理资源是由士大夫提供的，这种知识人的伦理资源不同于欧洲传统社会中由教士阶层提供和维系的伦理资源，它强调以民族文化的特殊价值理念为基础的意义体系和伦理秩序。同样重要的是，这种知识人的宗教性的社会化和制度化机制，不是由组织自主的教团性的独立建制来贯彻，而是与国家的官僚集团的结合来贯彻"②。但当"制度化儒家"走向终结后，士大夫作为传统伦理承载者的身份便失去了合法性，从而使国家伦理资源面临严重的亏空。在此背景下，"精英伦理要想维系住自身的生存并尽可能重建社会化机制，看来只有固守并维护大学的人文领域，然而，即使这一领域亦面临被缩减的困局"③。

近代以降，在回应西方资本主义列强挑战的过程中，东亚各国采取了截然不同的回应策略，对其价值体系的维持和发展产生了关键影响。如近代中国自"五四"以来采取的是"激进主义"的进路，而日本虽然表面上有激进的"欧化主义"运动，但其现代化进程从骨子里看是保守主义的。学术界很多论者都已洞悉其中变化的内在逻辑。如林毓生即言：日本现代化比中国成功，"一个根本原因是日本的政治和社会中心没有崩溃，它走的路是一个保守主义的现代化道路。而中国从康梁以后一直走的是激进主义的现代化道路。日本的道路相对地稳定，虽然日本近代史上也出现了很多严重的问题，遭遇不少灾难，但由于政治中心和社会中心没有崩溃，所以二次大战后国力却也恢复得很快。中国事实上没有保守主义的现代化道路，自认为是保守的人也是相当激进的。为什么没有保守主义的现代化？

---

① ［法］埃米尔·涂尔干：《社会分工论》，生活·读书·新知三联书店2000年版，第17页。

② 刘小枫：《这一代人的怕和爱》，华夏出版社2007年版，第289页。

③ 同上书，第294页。

因为中国近代史是一个政治、社会中心崩溃的过程，到五四时期已整个崩溃了"①。林氏这里所说的"社会中心的崩溃"，具有多重含义，其中除了传统的价值理念式微之外，还应包括价值体系承载者的丢失。因此，我们在探讨东亚价值理念问题时，不能只见观念形态的价值理念，而忽视了同样重要的"承载者"问题。

（四）东亚社会核心价值理念建构之限制

与欧美社会相比，当代东亚社会核心价值理念的建构有其独特的限制性因素。"在欧洲有基督教，而日本则无此类思想基础。战后英国流派的功利主义、美国流派的实用主义、法国流派的个人主义、经济中心——个人至上主义之类的东西到处蔓延。日本曾经有过共同体、集团和归属等观念。家庭、地域、公司和国家中都是如此。现在这种东西已经相当弱化，演变为万能的个人主义了。"②这种个人主义流行的现状势必导致日本社会泡沫的出现，各行各业丧失了最基本的责任感。日本农林水产大臣松冈利胜于2007年5月28日上吊自杀，成为日本二战以后首名自杀身亡的内阁大臣。事件再次警醒人们对于日本高自杀率问题的关注。有别于日本传统观念推崇"为尊严而自杀"的"武士情结"，很多人认为，日本目前存在的高自杀率问题，更多的是因为现代日本社会正在丧失其核心价值观。几十年前很多日本人认为自杀是一种勇敢的自我牺牲行为，但是现在，普通日本民众把自杀归咎于人们太容易逃避责任。相对于西方社会崇尚个性的价值观，日本人承担的社会责任更重。但是现在，很多日本人正在失去他们与社会的联系。在过去，自杀是一种承担责任的做法，而现在，自杀

---

① 林毓生、梁燕城：《中国现代化道路和文化的内在困境》，王元化等主编：《崩离与整合：当代智者对话》，东方出版中心1999年版，第73页。

② ［日］中曾根康弘：《日本二十一世纪的国家战略》，海南出版社2004年版，第66页。

是一种逃避责任的做法。①那种进取的价值观开始逐渐丧失。"根据某项调查，日本的大学毕业生第一就业志愿是政府机关，也就是公务员，理由是因为风险小（生活安定）。但这从国家的观点来看则很可能是最大的损失。"②

在此背景下，当代日本社会文化核心价值体系构建必然发生根本性转换，这一转变可表述为由"灭私奉公""灭公奉私"到"活私开公"的转变。日本学者今田高俊认为，20世纪90年代前东亚公共性最为重要的两种表现形态为：（1）行政管理型的公共性，即以公共福利为目的公共事业和社会资本的整合，对私权加以限制，是一种赋予公权力活动以正当性的理论；（2）市民的公共性或市民运动型的公共性，即通过市民公开的讨论和社会运动形成政治舆论，以市民的欲求为国家媒介的理论。此种类型公共性的特点是以与公权力对立的形式形成公论。③战后日本的公共性便是循着这两条线索展开的。可见，旧的公共性的特点往往是在与"私"对立的形式下凸显"公"的问题的。无论是行政管理型的公共性还是市民运动型的公共性，其共同特点在于都是以"私"相对立的形式凸显"公"的存在的。但随着个人主义价值观的演进，日本开始由"企业和国家优先"的社会向"个人优先"的社会转换，国民对公共性的关注日益薄弱，同时，以"公私对立"为前提的公共性自然也不复存在。因此，日本的公共性便由旧有的"灭私奉公"和"灭公奉私"转变为"活私开公"。这里所说的"活私开公"，就是由强调与"私"相对置的公共性，转而从个体"私"的行为中开出新的公共性。即是将个体的自我实现这一"私的动机"与对弱者的关怀救助结合起来，在"活私开公"中奠定新公共性的基础。

---

① 《日本高自杀率凸显核心价值观丧失》，《广州日报》2007年5月30日。

② ［日］崛悦夫：《在崛起与衰退之间——一个日本学者对中国改革开放的思考》，复旦大学出版社2007年版，第165页。

③ ［日］今田高俊：《意味の文明学序説——その先の近代》，东京大学出版会2001年版，第265页。

当然，在社会核心价值体系构建问题上，传统价值体系的"创造性转换"也是必要的。如杜维明认为，为克服人类精神困境，宗教界试图开掘出一种普世伦理，经过研究，"学者们认可了人类社群可以共同生存的最基本的两大原则。儒家对这两大原则有很精确的描述，比如说第一个原则，就是'己所不欲，勿施于人'。这个'己所不欲，勿施于人'的恕道原则一定要为另一个原则所证成，那个原则就是要以人道来对待所有的人，就是康德所讲的，要把人当做目的，不把人当做手段，应把人当做内在的价值，不把人当做工具价值，也就是俗话所称把人当人看。"①

此外，正如法国学者布雷雄所言：重大的历史事件对于社会价值观往往会产生重大影响，"历史事件对价值观念的影响有两种形式。第一种形式是它影响某一代人的世界观，但历史事件的影响也不是经久不衰的。某一代人随着新经验的积累，将会重新调整思想，他所具有的与某一历史创伤相关的特点也就变得模糊不清了。另外一种形式是第一种形式的拓展：历史事件不止是影响一代人，而是影响所有的人。另外，某些阶段性结果与一些事件是分不开的，例如90年代不安全感的增强使得所有的人都要求维护公共秩序。"②

---

① ［美］杜维明：《东亚价值与多元现代性》，中国社会科学出版社2001年版，第102页。

② ［法］布雷雄：《法国人价值观念的变化》，《国外社会科学》2001年第2期。

第五章　空间知识变动与东亚现代化的起源

　　根据《牛津英语词典》（1989）界定："现代"意味着"具有当前或最近的时代特征，与遥远的过去区别开来"。作为一个"时间概念"，现代一词没有下限，具有极强的伸缩性、相对性。这或许是学术界关于"现代"争讼不已的一个重要原因。在价值上，现代"这是一种用一个概念来归纳五个世纪以来具有足够连贯性和共性的、饶有兴趣的概念"[1]。此概念的涵盖量之大，实在罕见。其意义是指区别于中世纪的新时代精神与特征。如从空间的尺度来理解，"现代"应该是属于"西方"的。"现代的这个概念被牢牢地固定在西方之上，而后通过不平衡的殖民主义和全球资本主义传播到了世界上的其他地区。"[2]

　　从空间的角度审视现代性在全球范围内的具体展开过程，我们会发现，包括东亚在内的非西方国家走向现代化的过程，实际上也是对西方这一最早生成现代性且具有超强扩张力的空间的挑战，做出迅捷的回应的过程。一些关于东亚现代化的命题性研究也大多由此逻辑展开。如日本社会学家富永健一概括的"东亚现代化四命题说"认为："非西方后发展社会现代化的第一个条件，就是通过与本国文明完全异质的、作为外来文明的西方文明的输入，使脱离本国传统主义的精神为广大群众所接受和支

---

[1] 　梁展选编：《全球化话语》，上海三联书店2002年版，第187页。

[2] 　同上书，第192页。

持……第二命题：由推进现代化的杰出人物所承担的工业文明的输入和稳定；第三命题：出现使工业文明转向内部的承担者；第四命题：现代阵营与传统阵营之间对立的消除。"①

认真解读富氏的"四命题说"，我们会发现上述各命题之间不是孤立的，而是存在着密切的关联。窃以为：对与本国文明完全异质的、作为外来文明的西方文明的输入，是其中最具决定性意义的因素。的确，自16世纪肇始的西方现代资本主义文明的崛起，堪称是人类有文字记载以来最为剧烈的"空间变动"。有的学者将这一旷世奇变形象地概括为：犹如一股喷泉从英伦三岛喷薄而出，向全球扩散。对于非西方国家社会来说，其内在的变化逻辑在于：空间知识的变动所带来的空间观念的变革引发了思想变动，进而向政治权力中心渗透，引起政治变革，实现社会由传统向现代的转变。西方著名地理学家哈维曾对"空间"概念作了深刻的阐释，他认为："对空间蹩脚的概念化问题是通过人类在这方面的实践来解决的。换句话说，空间性质产生的哲学问题不能从哲学的角度来回答——答案来源于人类的实践。因此，'什么是空间问题'就被另一个问题所代替，即人类不同的实践活动是怎样产生和利用明确的空间概念化的？"②强调人类社会实践活动在"空间生产"过程中的重要作用。上述观点对我们研究工业革命以来人类社会在剧烈变迁状态下所发生空间重组提供了深刻的启示，本章实际上就是从"空间"角度对东亚这一特殊的"空间"展开分析，试图发现"空间变动"与东亚现代性起源之间的内在联系。

---

① ［日］富永健一：《"现代化理论"今日之课题——关于非西方后发展社会发展理论的研讨》，《国外社会科学》1986年第4期。

② ［英］R.J.约翰斯顿：《人文地理学词典》，商务印书馆2004年版，第667页。

一、问题的提出

十八九世纪，在富于侵略扩张的西方资本主义工业文明的严峻挑战面前，包括中日两国在内的东亚国家先后发起了旨在通过摄取西方工业文明以富国强兵的现代化（与近代化同义）运动。从历史上看，这些非西方国家虽然当时已处于封建社会晚期，其社会内部已不同程度地出现了一些具有现代性意义的变化，但在西方资本主义工业文明率先勃兴并"骎骎东来"的形势下，其"后发外生型"现代化的发生，往往都是以对西方工业文明的感应认识和大量摄取为前提，"自上而下"地发生的，目的性极强，具有明确的历史起点。但在确定起点的标准和具体标志问题上，学术界却有着不同的看法。本章拟在总结前人观点的基础上，对中日两国现代化的起点问题做一比较研究考察，以揭示中日现代化启动运行的特殊规律，进一步理解东亚现代化的起源。

谈及东亚现代化的起点问题，学术界往往把目光投向19世纪中叶前后，并很自然地想起日本的西南诸藩改革、明治维新和中国的鸦片战争、洋务运动等两国现代化进程中的重大历史事件，并以此作为中日现代化启动发轫的标志。民国时期以来，学术界大体有以下三种代表性观点：

其一是"西洋列强冲击论"，即以中日两国在西方资本主义列强侵略战争的重压下签订的不平等条约作为现代化起点的标志。其代表人物是民国年间中日关系史研究的著名学者王芸生，1937年，他在《泛论中日问题》一文中提出："我们若以江宁条约为中国现代化的起点，神奈川条约为日本现代化的起点，很显然的，这个赛跑中国开脚早了十几年。很不幸，中国在这现代化征途上，跑了将近百年，一步一跌没什么成绩，日本却步伐整齐，突飞猛进，把中国远撂在脚后。"[①]认为中国的第一次鸦片战争和日本1853年发生的美国海军准将培理叩关的"黑船事件"是两国现代化起点的标志。

---

① 王芸生：《泛论中日问题》，《芸生文存》大公报1937年版，第249页。

其二是改革运动说。此种观点又可分为"同步说"和"非同步说"两种。所谓"同步说"，主要是以19世纪60年代大体同步的中国地主阶级改革派发起的洋务运动和日本维新派领导的明治维新为现代化起点标志。此说的代表人物是汪向荣，他们认为：中国的近代化从第二次鸦片战争后所谓同治中兴的洋务运动开始时起算，比较近乎事实。而日本的近代化一般都是以明治维新作为契机的。因此，近百年两国的近代化进程几乎是同时开始的。①

所谓"非同步说"，是以中日两国学习引进西方工业技术为核心的低层次改革运动为其现代化起点标志，此说的代表者是丁日初和杜恂诚，他们将中日两国的现代化运动分为从"低层次改革"到"高层次改革"两个不同的阶段。所谓低层次改革，就是在生产技术、科学文化、教育等方面向西方学习、发展资本主义的过程；而高层次改革则是国家政治经济制度的变革，其核心是改革派或革命派参与以至掌握国家政权。在日本，这种"低层次改革"主要表现为19世纪40年代开始的西南诸藩改革运动，在中国则为19世纪60年代由洋务派发起的自强运动。相比之下，"在日本，资本主义现代化运动早在培理舰队入侵的前十三年，即1840年，长州、萨摩、佐贺等藩在天保改革中进行军事现代化和奖励西学，即已开始了低层次现代化改革。而中国不但在鸦片战争前没有进行过任何改革，甚至在战争失败之后的二十年里，也没有进行任何改革，直至60年代，颟顸的清廷才被迫允许实行新政。在两国面临危亡的严重时期，中国比日本的现代化，起步就晚了二十多年"。②日本学者十时严周也提出了类似的观点，认为工业化是东西方具有普遍意义和跨文化标准的现代化起点。按此标准，日本"向工业化过渡的起始点当在江户时代幕府及西南诸藩引进西洋

---

① 汪向荣：《中国的近代化与日本》，湖南人民出版社1987年版，第1页。

② 丁日初、杜恂诚：《19世纪中日资本主义现代化成败原因浅析》，《历史研究》1983年第1期。

军事工业时期"①。他在文中虽未谈及中国，但以其所立标准而论，自然应是19世纪60年代发生的以摄取西方机器文明为主要内容的洋务运动。

其三是"前现代化说"，即以中日两国步入近代社会前（19世纪中叶前）其社会内部发生的具有现代性意义的变化为标志。从20世纪八九十年代开始，中日学术界分别出现了一种将两国现代化的起点提早到十七八世纪的观点。如日本著名学者大石慎三郎、中根千枝等人于1986年共同编著《江户时代与现代化》，在对江户时代中后期的政治、经济、思想、文化诸方面进行综合研究的基础上，认为此时期的日本社会已经发生了具有现代性意义的变化，并据此提出日本现代化的起点不是19世纪中叶前后的西南诸藩改革或明治维新，而是江户时代中后期（17—19世纪中叶前）。②而中国学术界也有一些学者提出明清时期中国传统社会结构体系中产生了一种内生性的早期现代化的萌动。主要表现为政府对基层社会政治控制的松弛化以及普通百姓人身自由的扩大；商品经济繁荣和资本主义萌芽；反传统观念的兴起。有的学者甚至明确提出中国现代化启动于清朝前期。其具体分期为："从晚明到清初，是早期近代化的酝酿时期；从清初到19世纪中叶，是早期近代化的发展时期；19世纪中叶后是全面近代化的启动期。"③很显然，这是以中国社会内部具有现代性意义的变化作为现代化起点标志的。

上述诸种观点分别以中日两国与西方列强签订不平等条约、两国现代化进程中的重大改革运动或传统社会内部萌生的现代性因素为标志，来揭示两国现代化启动运行的基本规律，这对于我们理解认识两国现代化的成败得失是颇有裨益的。但是，笔者认为上述观点并未真正体现出非西方国家现代化启动运行过程的特殊性和复杂性。在这里，一个值得深入探讨的

---

① ［日］十时严周：《社会变迁与现代化——现代化理论的标准设定》，转引自罗荣渠《现代化：理论与历史经验的再探讨》，上海译文出版社1993年版，第391页。

② ［日］大石慎三郎主编：《江户时代与现代化》，筑摩书房1986年版。

③ 高翔：《论清前期中国社会的近代化趋势》，《中国社会科学》2000年第4期。

问题是，如何在东西方现代化启动运行过程的比较研究中，发现非西方国家走向现代化的历史特点，以确定非西方国家现代化起点的独特标志。

首先，关于"西洋列强冲击论"。应该承认，西方资本主义列强通过侵略战争或外交讹诈等手段，强迫非西方国家与之签订不平等条约，并将其强行纳入世界资本主义经济体系，的确是非西方国家历史发展进程中的"大转折"和"大变局"，它标志着非西方社会从此步入了一个充满着血与火的异常严峻的发展阶段。但由于非西方国家现代化的发轫，实际上是面对西方工业文明的现代性挑战所做出的一种积极的、有意识的回应，究其实质，乃是"内外因素"交互作用的产物，因而，西方资本主义列强以武力强迫非西方国家签订不平等条约，只是标志着西方列强对其所施加的"外压"更加强大，"挑战"更加严峻，作为一种"外力"作用，这种"外压"和"挑战"只能通过非西方国家社会内部的主动"回应"，才能发生作用。因此，我们认为西方列强通过侵略战争或外交讹诈，强迫非西方国家签订的不平等条约等事件，只是非西方国家现代化运动发生的重要背景，可以作为非西方国家被动地进入近代社会的标志，如以1840年鸦片战争作为中国近代史的开端，以1853年的"黑船事件"作为日本步入近代社会的标志等，但我们却不能将其作为两国现代化起点的标志。这告诉我们，现代化的起点和近代社会的开端不是一个问题，二者的发生、发展具有"不同步性"，应该加以认真区别。

其次，关于"前现代化"说。近年来，学术界以中日两国封建社会晚期（十七八世纪）社会中出现的某些带有"现代性"意义的局部性变化作为两国现代化起点的标志，其价值在于摆脱"西方中心论"的束缚，强调非西方国家传统社会内部也存在着自生的"现代性"资源，借以发现非西方国家社会发展运行的"本来的样态"[1]。所有这些研究对于探索人类文明发展演进的复杂性和多元性都具有积极的学术意义。但笔者认为在衡量评估非西方国家这些具有"现代性"意义的变化时，一定要避免简单化倾

---

① [日]沟口雄三：《中华文化在21世纪的作用》，《光明日报》2000年11月14日。

向，应该对问题进行复杂性分析：一方面，要注意人类文明由传统农业社会向现代工业社会的转变从一开始就是一个世界性的发展现象，这就要求我们在研究评估非西方社会这些具有"现代性"意义的变化时，一定要与地理大发现、工业革命以来的世界文明系统的剧变结合起来进行考察。即将非西方国家那些具有现代性意义的变化放在人类文明走出中世纪，迈向近代社会的整体行程中加以衡量，而不能将其视为一个仅在某些国家一定时期内发生的孤立现象。从历史上看，人类文明的发展是不平衡的。这种"不平衡性"在由传统农业社会向现代工业社会过渡的进程中表现得尤为突出，即当西方资本主义工业文明已率先勃兴，并浮海东来之际，非西方国家尚处于封建农业时代。虽然这些国家中有些已处于封建时代晚期，其社会内部业已发生了一些具有"现代性"意义的变化，但这些"变化"不是系统的，尚未引起传统社会发生结构性的变化。而在西方资本主义现代化已率先启动并迅速向东方扩张的形势下，历史已不允许这些国家在传统的文明秩序框架内自生现代工业文明，自然而然地实现由传统农业社会向现代工业社会的过渡，而只能通过学习、摄取的手段，移植西方现代工业文明，通过"自上而下"的现代化改革运动，实现现代化。因而，不能单纯地以非西方国家社会内部产生的某些现代性因素作为其现代化起点的标志。

另一方面，虽然非西方国家的上述具有"现代性"意义的变化不能作为其走向现代化的起点标志，但这并不意味着这些"现代性"变化没有价值。因为从历史上看，非西方国家"后发外生型"现代化的一个重要特点在于其"派生性"。所谓"派生性"，是指某种文明形态在某个民族那里不是自然而然地形成的，而是通过"征服"或"采借"等形式，从其他民族"转移"来的。但值得注意的是，任何一种文明的派生形态都在一定程度上偏离了这种文明的"原生形态"，并有所"变形"。这种"变形"之力主要来源于包括非西方国家社会内部产生的"现代性"因素在内的一切本土社会因素。由于非西方国家社会内部自生的现代性因素与整个现代化进程具有"同向性"，故其作用尤为重要。因此，在非西方国家走向现代化、摄取西方文化的整个行程中，其社会自身"现代性"因素变化的作用绝非消极被动，而是作为一种积极的、主动性的因素始终参与影响着现代化的全过程的。在某种意义上可以说，无论是哪种类型的现代化，只有在其社会内部有利于现代化发展的"现代性"因素被广泛有效地动员起来，化作一种发展的潜力时，其现代化进程才具有可能性。究其实质，非西方国家的现代化实际上是传统的制度和观念在科学和技术进步的条件下对现代社会变化需要所做的功能上的调适。

因此，笔者认为在非西方国家现代化起点标志选择的问题上，既不能简单地以非西方国家中世纪晚期社会内部某些带有"现代性"意义的变化为标志，也不能以西方资本主义列强发动侵略战争，强迫其签订不平等条约或以其现代化改革的重大运动或事件为标志。而应该以将上述两种"趋向"结合起来的"双线交汇点"作为现代化起点的标志。具体言之，这一"交汇点"在当时主要表现为其社会精英人物摆脱传统世界秩序观的束缚，确立科学实证的现代世界秩序观，并调动社会内部有利于现代化启动的因素，大力摄取西方文化，以直面西方文明挑战的重大事件为标志。这正如法国学者阿兰·图雷纳所说的那样："不可能把内源发展和外源发展对立起来，仿佛这两种极端的类型纯而又纯。比较可取的方法是，假定一切成功的发展过程，无不把内部和外部因素统统作为经济和社会文化因素而结合起来。"[①]而能将这种"内生的"现代性因素和"外来的"现代性挑战结合起来的最为关键的环节恰恰是非西方国家社会精英在感应世界文明变化过程中所发生的"世界秩序观"的变化。

最后，关于现代化"改革运动"说。毫无疑问，非西方国家在19世纪下半叶陆续发动的带有资本主义现代化色彩的改革运动，是其走向现代化最具决定性意义的历史事件。从历史上看，许多非西方国家就是通过这些

---

① ［法］阿兰·图雷纳：《现代性与文化特殊性》，《国际社会科学杂志》1990年第1期。

"自上而下"的现代化改革运动而最终走上现代化之路的。但这些具有标志性意义的改革运动和事件同样不能作为非西方国家现代化起点的标志。因为与西方"早发内源型"现代化相比，非西方国家"后发外生型"现代化属于"感应型""传导型""外诱型"的现代化，此种类型现代化勃兴最为突出的特点在于它的"后发性"和"感应性"，即其现代化的发轫不是其社会内部现代性因素积累、发展、演变的产物，而是其面对外部现代性"挑战"所作出的积极的、有意识的"回应"。从历史上看，在文明剧烈变迁的时代，对于那些仍停留在传统社会形态的或已产生新文明的萌芽却未实现质变式突破的国家来说，传统世界秩序观的改变，是其文明盛衰最为关键的因素。因为与封建时代人类文明的"区域分立"不同，近代资本主义文明最大的特点是其"扩张性"和"不平衡性"。即当西方资本主义工业文明已率先勃兴，并浮海东来之际，绝大多数的非西方国家尚处于封建农业时代，与西方国家之间存在着相当悬殊的落差。在西方资本主义工业文明已率先兴起的形势下，无论这些非西方国家是否产生了具有"现代性"意义的新变化，这种严重倾斜的世界文明格局，已不允许这些国家自生现代工业文明，自然而然地实现由传统农业社会向现代工业社会的过渡。面对西方社会现代化变迁的冲击挑战，非西方国家所作出的最初的"回应"行动就是对西方先进工业文明的学习和摄取。而在学习、摄取西方文明之前，必须首先抛弃传统的"自我中心"的世界秩序观，对西方资本主义工业文明进行科学而客观的估价，承认西方工业文明的先进性，形成新的科学实证的世界秩序观。只有这样，东方国家的现代化才能顺利地启动运行。很难想象，在视西洋人为"化外夷狄"，视西方文化为野蛮文化的情况下，以摄取西方近代工业文明为核心内容的现代化运动会勃然兴起。因此，对于非西方国家"后发外生型"现代化的启动运行来说，往往是先有"现代化意识"，后有"现代化运动"，即哪个国家首先对西方工业文明产生了科学的感应认识，并发生了"主观衡值"的变化，便会在现代化进程中捷足先登，占据领先地位。很显然，非西方国家在与西方文明接触初期发生的"世界秩序观"的转变绝不仅仅是现代化启动的肥料和催化剂，而是其现代化启动最原初的起点。

据此，我们可以把非西方国家"后发外生型"现代化的启动过程概括为前后相续的两个阶段：其一，是以对西方文明的"感应认识"为前提，"传统世界秩序观"解体，"现代世界秩序观"形成，并开始从"形器"层面摄取西方先进文化的阶段。在这一时期内，非西方国家在与西方接触的过程中，开始逐渐摆脱传统世界秩序观的束缚，开始意识到在本国之外，还存在着更为广阔的文明世界，承认世界文明多元一体的总格局，实现了地理世界观和文化世界观的根本性转变，进而肯定西方文明的先进性，产生了学习摄取意识，发起了移植西方科学技术体系的运动，这是其现代化启动的起点。其二，是在上述阶段的基础之上，统治阶级中的开明势力和初步掌握西学的社会精英人物联合起来，以"自上而下"的改革变法运动等形式全面推进、发起以"制度变革"为核心内容的资本主义现代化运动。这是其现代化的大力推进发展阶段。由此可见，非西方国家的现代化不是以剧烈的现代化改革运动开其端绪的，也不是以其社会自身具有现代性意义的变化开其端绪的，而是以传统世界秩序观的解体和新的世界秩序观的形成为起点的。在这里，新的"世界秩序观"的形成与从"形器"层面摄取西学的运动几乎是同步启动的，这是非西方国家现代化运动勃兴最大的特点。过去，学术界往往把西潮冲击下中日两国"世界秩序观"的改变，视为是其现代化启动的一个重要的前提条件，这实际上是低估了传统价值观念变革在非西方国家现代化进程中所起到的决定性的作用。

根据非西方国家现代化启动过程中的上述特殊规律，结合中日两国走向现代化的具体史实，我们发现日本现代化启动的起点是18世纪70年代的兰学运动，其现代世界文明秩序观确立的具体标志性事件是1774年兰学家翻译出版《解体新书》。而中国摆脱传统世界秩序观束缚则发生于19世纪四五十年代的"世界史地研究"热潮，主要以《海国图志》《瀛环志略》

为代表的世界史地研究著作的刊行为标志。据此，我们会发现，日本的现代化发轫于18世纪70年代，而中国现代化则是以19世纪四五十年代为起点的，相比之下，两国间存在着一个长达80多年的巨大的"时间差"。

二、东亚传统"空间观念"的特质

要想明晰中日两国摆脱传统世界秩序观的束缚，确立现代世界秩序观，进而启动现代化的具体过程，我们必须首先弄清中日两国在长期历史发展过程中所形成的传统世界秩序观的特点。从历史上看，中日两国在漫长的古代农业社会中形成的传统世界秩序观都非常狭隘，主要表现在：首先，在地理世界观方面，明代耶稣会士东来之前，中国人的地理观念基本上是"天圆地方"，认为中国是世界的中心。早在先秦时期，中国的先民们便认为世界大地是方盘形的，自己居住的地方是世界的中心，即所谓"天圆如张盖，地方如棋子"①，"天处乎上，地处乎下，居天地之中者曰中国，居天地之偏者曰四夷，四夷，外也，中国，内也"②。以此种地理观念为基础，历代封建统治者皆以为中国位于地球中央，疆土四面环海，旁无大国，极其狭隘，对中国以外的地区多依稀恍惚，不甚明确，往往以海洋表示。在宋人刻印的《华夷图》《广舆图》中，周边国家和海洋都被绘得很小，而中国区域则画得很大。这种狭隘的"自我中心"的地理世界观极大地限制了中国人的视野。相比之下，岛国日本则因远离亚洲大陆，偏居一隅，大海的阻隔和航海技术的落后，使其视野更加狭隘。

---

① 《晋书·天文志》。

② ［宋］石介：《徂徕集》卷十。

"飞鸟时代"前，古代日本人的地理观念带有"神道空间"论的色彩。所谓"神道空间"，是指依山川地势而构成的封闭的空间单元，其空间为不同的神、不同的部族、不同的神话、不同的礼仪所充填。这是一个神话般的世界，众多的"神话世界"如同蜂房一样排列于日本列岛之上。"飞鸟时代"后，以佛教传入为契机，日本人的地理世界观进入了一个"神道空间"和"佛教空间"二重构造的时代。在接受佛教世界观的同时，日本人的地理视野开始扩大到印度。得知在中华文明之外，还有另一个高级的文明存在，从而形成了"三国世界观"，即认为世界是由本朝（日本）、震旦（中国）、天竺（印度）三国构成的。对于此外的世界则处于茫然无知的状态之中。①

其次，在文化世界观方面，中国历代朝野人士大都持带有浓厚文化优越感的"华尊夷卑"说，即认为中国周边的诸族诸国皆为落后的夷狄，在华夷体制内，中国是居天下之中的天朝，通过朝贡制度，夷狄定期向天朝朝贡，中国则有教化恩典夷狄的义务。这种华尊夷卑的思想体系，是以维护儒家以君权为核心，强调华夷内外等级秩序、名分制度的意识形态，作为一种畸形变态的世界观，影响极大，使中国士大夫养成了一种强烈的文化自豪感。

与中国相比，日本文化世界观的结构则极为复杂，在以中华为中心的东亚华夷秩序的框架内，日本是桀骜不驯的一员，它既被中国视为夷狄，又始终没有放弃力争中华地位的努力。对日本民族来说，最高文化崇拜与一个民族所必有的我族最高崇拜未能合二为一，而是处于一种对立的状态。这正如佐藤诚三郎所指出的那样：室町时代出现的"和魂汉才"一语，充分显示了日本人归属独自的日本文化的归属感和自卑于中华帝国文化的劣等感的某种复合。②在这里，"对中国文化的憧憬和神国的自尊意

---

① ［日］朝尾直弘等编：《日本的社会史——社会观和世界像》第7卷，岩波书店1987年版，第303—304页。

② ［日］佐藤诚三郎：《近代日本的对外态度》，东京大学出版会1974年版，第4页。

识矛盾地并存为一体"①。日本"文化世界观"这种独特的结构，决定了其对外意识呈现出"两极化"的发展态势：一极是对中国大陆文明的狂热崇拜。从历史上看，日本因其文明发展演进深受中国的影响，自古以来便产生了"慕夏"思想，对中华文化钦羡不已。一些颇有影响的日本思想大师甚至认为中国是世界的文化中心，表现出强烈的"崇华慕夏"意识，日本留唐学问僧惠日曾说："大唐国者，法式备定之珍国也，常须达。"②另一极是对大陆文化的离心力和疏离感。历史上，日本古代统治阶级在接受先进文明的过程中，并未臣服于唐帝国型的华夷秩序，受中国历代王朝"华夷观念"的影响刺激，日本统治阶级对以中国为中心的东亚"册封体制"产生了一种逆反离心倾向，他们称日本是"神国"，位于"天下之中"，是真正的"中国"。在文化道德上也是"圣贤之国"，形成了"日本型"的华夷观念，自圣德太子以降，取消了对中国的贡纳、臣礼关系，谋求国际自立，并据此构建了一个小型的华夷秩序世界。③与中国历代王朝的华夷观念相比，日本型的华夷观念的特点主要表现在：第一，日本华夷观念中"天下"概念的含义与中国不同，中国的"天下"是天子统治的对象，也包括中国以外任何地方的整个世界，中国是"天下"的文明中心，世界上一切邦国名义上均为中国天子的臣属；而日本的"天下"则仅指日本本岛，不包括中国、朝鲜等另外的世界。因而，在对外关系上，中国自称天朝，鄙视外夷，日本则自称国，承认与西方各国的对等关系。第二，日本四面环海，孤立于世，文明发展程度远逊于大海彼岸的中国，没有维系华夷观念的"实体基础"。而中国的周边都有落后的蛮夷的存在。这使得华夷观念没有完全渗透到日本的政治、经济和文化生活当中，没有出现像中国那样的朝贡制度。只是在律令国家所规定的"化外"地域中，

---

① ［日］朝尾直弘等编：《日本的社会史——社会观和世界像》第7卷，岩波书店1987年版，第303—304页。

② 《日本书纪》推古天皇三十年秋七月条。

③ ［日］柴田纯：《思想史上的近世》，思文阁1991年版，第274页。

规定唐为邻国，视朝鲜、渤海为"外藩"，列岛边境的"准人"、"虾夷"为夷狄，构建了一个以天皇为中心的华夷秩序世界。[①]由此可见，在16世纪西人东来以前，中日两国在地理世界观方面都显得狭隘无知，亟须开阔视野，摄取近代地理新知。而在文化世界观上，日本人所持的是以"慕夏"为核心的"崇外主义"，而中国所持的是"天朝意识"下的自恋自大，两国对外来文明分别采取"狂热摄取"和"傲然排拒"的不同态度，这对于两国改变传统世界秩序观，形成新的世界秩序观将产生重大的影响。

三、西学东渐与东亚国家"空间知识"的变动

传统世界秩序观的解体与科学实证新世界秩序观的确立。16世纪中叶，随着耶稣会士和贸易商人的东来，近代世界地理观念开始传入中日两国，立即对两国的传统世界秩序观产生了极大的冲击和影响。西力东侵的严峻形势，为中日两国摒弃传统的古代世界秩序观，形成新的近代世界秩序观提供了一个有利的契机，其"世界像"的具体变化主要表现在地理世界观和文化世界观两个方面：

首先，在地理世界观方面，从16世纪上半叶开始，以耶稣会士东来为标志，世界地理知识陆续传入中日两国。关于世界地理著作在两国的传播过程，学术界已有一些研究探讨，本书在此不拟赘述。但如果我们从比较角度研究分析世界史地知识在中日两国传播的具体进程，就会发现许多令

---

① ［日］石母田正：《天皇和诸藩》，《日本古代国家论》第1部，岩波书店1973年版，第329页。

人惊异的不同：

1. 从世界史地著述成书及传播的过程看，在中国，耶稣会士扮演了绝对的主角，而在日本则以兰学家、洋学家为主力。19世纪中叶前，在中国颇具影响的世界史地著作几乎都出自耶稣会士之手，如利玛窦的《几何原本》《万国舆图》，艾儒略的《职方外纪》，利类思的《西方要纪》等。而且，在西学著作的具体翻译过程中，明清士大夫虽然也曾参与其事，但其作用不大，即"西士所译之书，有口授者，有亲笔而经他人修消者，有共事合作者；然无论如何，所译之书，必经西士寓目审考，而华士润色之也"①。既然耶稣会士在西学东传的过程中扮演了绝对的主角，那么明朝后期的西学摄取势必带有明显的"被动性"色彩。如明代的李之藻就曾不断地询问耶稣会士："现在有何新书？""现在何书可译？"②而耶稣会士在译书方面则显得比较被动，因为他们译书的目的根本不在于传播科学，而是使中国的士大夫因着科学，进入其所谓的"圣教"。从1708年开始，在康熙帝的支持下，西方传教士开始了《皇舆全览图》的测绘活动，但这次活动并不属于中国地理学者与西方传教士的合作，而是在西方传教士直接主持下进行的。可见，上述这些西学著作的产生，从主体上看，并非中国士大夫倾心学习摄取的产物，而是耶稣会士"灌输"的结果。

而在同时期的日本，其世界史地著作则多出自洋学家之手，或为翻译洋书而得，或为自汉籍训读而来；或为综合洋汉各种著作独立撰著而成。如《华夷通商考》（1695）、《增补华夷通商考》（1708）的作者西川如见，出身于长崎商人世家，他根据日本商船远赴南洋贸易的见闻，参考《职方外纪》等汉译书籍，撰著《华夷通商考》，介绍了五大洲等崭新的世界史地知识，对西方的殖民侵略者也表现出极大的关注。另外，同时期被称为锁国时代日本最大的"海外通"——新井白石，在1708年通过各

---

① 徐宗泽：《明清耶稣会士译著提要》，中华书局1949年版，第13页。

② 徐宗泽：《中国天主教传教史概论》，上海书店1990年影印本，第336页。

种途径，直接了解到西欧乃至世界的地理知识，编写了《和兰纪事》、《采览夷言》等书籍，使锁国时代日本人的海外知识遍及五大洲，"（白石）的世界观在广博精密这一点上，整个十七八世纪的亚洲无与其比肩者"[1]。宽政八年（1796），桥本宗吉依据1700年刊行的荷兰地图原本，绘制了《荷兰全译地球全图》，极为精确。文化七年（1810），德川幕府又命高桥景保绘制刊行《新订万国地图》（东西两半球图），成为江户时代最为精确的世界地图。此外，世界地理知识的传入，极大地刺激了日本人的好奇心和走向世界的勇气。1582年，日本的大友、有马、大村三侯派遣了少年遣欧使节，对欧洲文明进行了实地考察，获得了大量有关欧洲文明的感性认识。此后又经过了18年的时间，完成了日本全国的大地测量，绘成《大日本沿海实测地图》。这在亚洲国家之中，是第一个不假借欧洲人之手，独立地完成全国大地测量，绘制自己国家地图的。[2]

文政四年（1821）洋学家高桥景保在《大日本沿海实测全图序》中，将忠敬地图与清康熙年间的大地测绘相比较，评价道："汉土五千年，至清假手与西人，而后地图始定，则忠敬之功岂浅小乎哉？"[3]应该说，这是对此时期中日两国世界史地成果恰如其分的评价。

2. 从长时段角度审视世界史地知识在两国传播的动态发展轨迹，可以发现中国明清时期呈现出"中断性"特色，而江户时代的日本则带有"连续性"特点，不断走向"科学化"和"精确化"。

就世界史地著作本身而言，在日本，十七八世纪由南蛮学家和兰学家撰写的西学著作到19世纪初大多都有新的发展和突破。如兰学家山村才助昌永在享和二年（1802）参考国内外史料增订白石的《采览异言》，为撰写此书，才助"参考西籍32种、汉籍41种、和书53种、汉籍中包括了《坤

---

①　［日］宫崎道生：《世界史与日本的进运》，刀水书房1979年版，第291页。

②　李廷举、吉田忠主编：《中日文化交流史大系·科技卷》，浙江人民出版社1996年版，第217页。

③　［日］伊达牛助：《伊能忠敬》，东京古今书院发行1937年版，第116页。

舆全图》、艾儒略的《万国图说》《坤舆外纪》等"①。兰学家大规玄泽在该书的序言中给予了很高的评价，他认为：书中"精详明确，尽白石先生所未尽之地海、坤舆、方域之至大，四方万国之广袤，国俗之情态，政治之得失，人类之强弱，物产之怪异，周悉至其极"②。才助将新井白石的著作又提升到一个新的境界。此外，世界史地著作在社会上传播和影响也很广泛，如出于明晚期耶稣会士艾儒略之手的《职方外纪》，在明清士大夫看来是荒诞不经，不值入目，但在日本却颇为流行。据增田涉先生考证，因幕府禁教，《职方外纪》虽不能在日本公开翻刻出版，却有很多手抄写本被广泛传阅。仅致力于"锁国时代日本人海外知识研究的鲇泽信太郎就收藏了文化、文政、天保年间的八种《职方外纪》写本。增田涉本人经调查也收藏了四种写本。这足以证明此书在日本传播的普遍性"③。再如1799年人大规玄泽芝兰堂的大阪富商山片重芳，酷爱荷兰"风物"搜集，在他数百件的"兰癖收集品"中，仅地理学门类的图书就有40多种。④足见世界地理知识在日本影响之大。可见，对外"锁国"并未使日本的世界史地知识传播发生中断，反而有了更高的"连续性"的发展。

而在中国，世界地理知识的传播则发生了严重的中断。在明代西方世界地理知识初入中国之时，对于这些闻所未闻的新知，以李之藻、徐光启为代表的开明士大夫，对西方地理知识曾表现出极大的热情，他们为自己和国人不知海外尚有如此新奇广阔的世界而感到惭愧，惊呼："孰知耳目思想之外，有此殊方异俗，地灵物产，真实不虚者？"慨叹："地如此其大也，而其在天中一粟耳。吾洲吾乡又一粟之毫末，吾更藐然中处。"⑤"中国居亚细亚十之一，亚细亚又居天下五之一，则自赤县神州

---

① ［日］海老泽有道：《锁国史论》，东洋堂刊1944年版，第143页。

② ［日］沼田次郎：《洋学传来的历史》，至文堂1960年版，第97页。

③ ［日］增田涉：《西学东渐与中国事情》，岩波书店1979年版，第24页。

④ ［日］有坂隆道：《日本洋学史研究》，创元社1985年版，第129页。

⑤ 徐宗泽：《明清间耶稣会士译著提要》，中华书局1949年版，第48页。

而外，如赤县神州者且十其九，而戋戋持此一方，胥天下而尽斥为蛮，得无纷井蛙之诮乎。"①这说明一部分开明士大夫已经率先打破"中国中心论"的世界秩序观，开始接受近代世界知识。但值得注意的是，明清之际，世界地理知识的传播范围很小，有些西洋舆图的收藏者，其动机也只是好奇。绝大多数国人对近代世界地理知识，采取了半信半疑的，甚至抵制的态度。翻检明清时期的典籍，怀疑、排斥西方世界地理知识的言论俯拾皆是。他们将世界地理知识斥之为"邪说惑众"，"直欺人以目所不能至，无可按验耳"②。并视之为"邹衍谈天，目笑存已"③，根本不予接受。由于此时期绝大多数士大夫对于西方地理知识采取了排拒的态度，因而，世界地理知识在当时的中国并未扎根，当利玛窦、李之藻、徐光启等一代灌输西学之人辞世后，世界地理知识很快为人所忘记、失传，到鸦片战争前夕，中国朝野人士的世界地理知识反而不如明朝末年。降至清代，这些经由耶稣会士之手传入的西方世界地理新知并未得到进一步的发展，相反，在很多官方权威经典中却对此表示怀疑和批判。《四库提要》的作者们虽然将耶稣会士所著之《职方外纪》《坤舆图说》等世界史地著作列于"总目"之中，但对书中所描述的真实的外部世界图景却采取了轻率的否定态度，认为"所述多奇异不可究诘，似不免多所夸饰"，"疑其东来以后，得见中国古书，因依仿而变幻其说，不必皆有实迹"④。将耶稣会士描绘的真实世界图景视为虚幻的传闻之辞，采取了"姑且录之"的态度，根本不承认其学术价值。

3. 在初步接受世界史地知识的基础上，日本的兰学家和幕府中较为开明的统治者摈弃了传统狭隘的"三国世界观"，确立了科学实证的现代世界观。而明清朝野人士则未完成这一关键性的转化。明清时期，由耶稣

---

① 谢方校释：《职方外纪校释》，中华书局1996年版，第9页。

② 徐昌治辑：《圣朝破邪集》卷三。

③ 梁启超：《中国近三百年学术史》，中华书局1936年版，第323页。

④ 《四库全书总目提要》卷七十一，史部。

会士主持翻译的世界地理著作，实际上已经向闭锁状态的国人介绍了五大洲、地圆说、五带划分、测量经纬度等全新的世界地理知识。他们强调："地既圆体形，则无处非中。所谓东西南北之分，不过就人所居之名，初无定准。"[①]但这些观念传播不广，并未被时人所接受。可见，从16世纪上半叶的西人东来，到19世纪中叶鸦片战争爆发前夕300余年间，在人类文明由"分散"到"整体"，走向一体化的大背景下，中国朝野人士没有对巨变的世界作出迅捷的反馈和回应，没有完成由古代世界秩序观向现代世界秩序观的转变。

与中国不同，日本的近代世界地理知识传播没有仅仅局限于知识阶层，而是渗透到统治阶级的最高层次。据日本学者鲇泽信太郎研究：无论是织田信长，还是丰臣秀吉、德川家康，都是日本新世界地图的研究者，他们常看着世界地图，与近臣畅谈世界形势，表现出极高的认识世界的热情。1708年，新井白石通过潜入日本的意大利传教士西笃梯等途径，成为锁国时代日本最大的"海外通"。"九千里外存知己，五大洲中如比邻"[②]，这是兰学家杉田玄白所赋的诗句，从中可以窥出以新的地理空间知识的广泛传播为前提，日本知识精英全新的、开阔的世界文明视野，已经明确地意识到日本在人类文明体系中的存在。由此可见，在19世纪中叶前，日本人已经知道了它在世界上的位置，拓宽了视野，打破了狭隘的"三国世界观"，确立了科学实证的世界地理观念。

在文化世界观方面，从16世纪上半叶开始，通过与西方文化的接触，中日两国传统的"文化世界观"发生了不同路向的变化。在中国的明清时期，以徐光启、李之藻为代表的少数开明士大夫开始摒弃文化偏见，承认西学在某些方面优于中国文化，认识到"泰西"诸国并非茹毛饮血的"夷狄之邦"，那里也有"声教""礼义"，也有自己的文明和风俗。并坦言："独笑儒者未出门庭，而一谈绝国，动辄言夷夏夷夏。若谓中土而

---

① 谢方校释：《职方外纪校释》，中华书局1996年版，第27页。

② ［日］高桥碛一：《洋学论》，三笠书房1939年版，第211页。

外，尽为侏离左衽之域，而王化之所弗宾。"①对传统的夷夏观念进行深刻的反思。据利玛窦回忆，一位与他有往来的医生，曾向他表达自愧不如之意。所有这些都表明有些人已逐渐对"中国文化中心观"产生了怀疑，其文化世界观发生了变化。但值得指出的是，上述具有"现代"意义的卓见只限于明中后期和清初极少数士大夫之中。随着清政府对外采取闭关政策，绝大多数的朝野人士仍固守传统的地理观念，对五大洲、地圆说持排斥态度，仍然陶醉于浓烈的"天朝意象"之中，难以自拔。面对激变的世界文明格局，其华夷观念非但没有发生转变，却发生了畸变，变成了一种非理性的东西。

从历史上看，这种转变是在以下两种力量的推动下完成的。一方面，明清王朝是这个历代封建政权中最讲究华夷之辨的王朝。这是因为明政权是驱逐元朝、恢复"中华"的产物，而清朝则是以"东夷"的身份入主中原，"名不正，言不顺"，在对内统治中非常忌讳自己的"夷狄"身份，所以在对外关系中大力提倡华夷之辨，企图借此把汉族视满族为夷狄的看法转移到西洋民族身上，以提高自己的身价。另一方面，早期西洋各国贸易商人为谋取贸易之利，对中国封建王朝一切唯命是听，甚至行三跪九叩之礼，也强化了国人的华夷观念。据记载，1637年，英吉利贸易远征队加比丹威里的代理者，对于广东的官吏，曾执跪拜礼。此外，荷兰、葡萄牙、西班牙之使节也都多次行"三跪九叩"的大礼。"此等使节，既经弃其国威，而中国人之傲慢心，因之益形增长。且更有可鄙夷者，当时商人中，如丹麦人、葡萄牙人、英吉利人、法兰西人、西班牙人、荷兰人等，因商业竞争，欲垄断其利，故互相倾排诋于中国人之前，甲曰某国人怀诈而来，不可近，已复报之。以故，中国人之视欧洲人，以为昏射利而忘义者"，更加鄙视夷狄。从华夷观念出发，士大夫们把"英吉利"、"意大利亚"、"佛朗机"等西方国家视为夷狄，列入中华帝国的朝贡系统。在经济上，中国"富有四海""天朝物产丰盈，无所不有，原不藉外

---

① 谢方校释：《职方外纪校释》，中华书局1996年版，第9页。

夷货物以通有无"。在政治上，中国是居于"天下之中"的"天朝"，远方的夷狄应以三跪九叩的大礼前来称臣纳贡。有些士大夫还把西学的起源归于中国，认为西学既然源于中国，人们自然不必认真学习西学，只要埋头中学，即可得到西学，这严重阻碍了西学的输入，障碍了中国对西方的认识，使得处于文明剧变前夜的近代中国根本无法直面世界，产生开放意识，其现代化也自然无法启动。

而在日本，新的地理世界观的确立，直接导致了日本传统世界观的根本变化。笔者认为，18世纪70年代是日本民族世界秩序观开始发生决定性变化的时期。其变化的具体标志是1771年杉田玄白等人亲自解剖了处刑犯人的尸体，并据此证明了荷兰版医书的正确性，纠正了中医传统理论的错误，并由此对中国文化产生怀疑。1774年，日文版的《解体新书》一经出版，立即在日本社会产生了划时代意义的影响，主要表现为：

其一，打破了对中国的传统崇拜观，确立了西洋文明崇拜观。如前所述，早在飞鸟时代，随着佛教的传入，日本人已意识到，在世界上还存在着像印度那样与中国文明并立的文明，对中国的绝对崇拜开始走向"相对化"。13世纪下半叶元朝渡海远征日本时，日本人的"中国像"更发生了重大的变化，开始视中国为夷狄之邦。日本学者藤家礼之助对此曾这样分析道："由于蒙古是夷狄的缘故。而且这个夷狄之国与具有亲近感的汉民族的正统王朝——南宋正处于战争状态，并在侵吞南宋。野蛮的蒙古狰狞面目，大概已通过南宋的商人和禅宗僧侣之口，或者通过我国（日本）人宋僧的见闻，已详细地传到日本。"[①]但值得注意的是，日本人上述对中国相对化的认识，还主要是建立在想象和情绪化的基础之上的。而以《解体新书》中所传输的新世界秩序观却是建立在科学实证的基础之上的，因而，其意义自然不可低估。1775年，杉田玄白继译刊《解体新书》之后，又著《狂医之言》，初步否定了古来流行的"中国中心论"，形成了新的"西洋文明中心观"。他说："地者，一大球，万国分布，所居皆中，

---

① 《日中交流两千年》，北京大学出版社1982年版，第146页。

任何一国皆可为中土，支那亦东海一隅之小国也。"①司马江汉也认为：
"如称支那为中国，吾邦为苇原中津国，似无不为中央之邦矣。"②渡边
华山也提出：西洋各国"艺术之精博，教正之羽翼鼓舞，似为唐山（指中
国）所不及。"③很显然，在他们的文化世界观念里，中国已经不再是文
明的中心，崇拜中国的天平已逐渐向西方倾斜，这标志着日本知识精英中
国文明崇拜观的崩溃和西洋文明崇拜观的确立，也揭开了日本摄取西方文
明的序幕。

　　其二，对西方工业文明的认识不断深化。早在17世纪初，被称为锁国
时代日本"海外通"的新井白石在评说西方近代文明时，即承认西方文明
在"形器"方面是先进性的，但中日两国在"形而上"的哲理和人伦道德
方面还是远远优越于西方的。④他将西方的自然科学与基督教区分开来，
为兰学的勃兴开辟了道路。此后，随着兰学的日益传播，日本的知识精英
开始逐渐意识到西方的"形而上"之道也是颇值师法的。如兰学家前野良
泽在《管蠡秘言》中即指出欧洲的教育比中国和日本优越，批判了封建的
身份制度，从而暗中赞美了基督教。司马江汉也把欧洲各国的繁荣看作是
由于"格物穷理"所致。他在谈到这种穷理所表现的欧洲制度时，指出人
才录用和教育制度完备，救济院、孤儿院等社会设施发达，人权受到尊
重。本多利明认为"国土之贫富强弱皆在于制度与教示"⑤。透过上述对
西方文明"形而上"层面的钦羡赞叹之辞，可知日本知识精英的西洋观已
经超越了"形器"层面，进入到社会制度层面。这是日本由传统向现代过
渡进程中最具决定性意义的变化，它开辟了日本人直接依据原著研究和移
植西方近代科学文化知识的道路。这标志着西方近代科学成果开始移入日

---

①　［日］信夫清三郎：《日本政治史》，上海译文出版社1982年版，第59页。

②　《日本思想大系64，洋学上》，岩波书店1976年版，第449页。

③　《日本思想大系55》，岩波书店1978年版，第69页。

④　《日本思想大系35，新井白石》，岩波书店1975年版，第19页。

⑤　《日本思想大系44，本多利明、海保清陵》，岩波书店1977年版，第132页。

本，标志着日本现代化的大幕已徐徐拉开。

其三，在民间形成了一支"自下而上"地推进现代化的社会力量。与"地理世界观"和"文化世界观"转变的同时，先后兴起了兰学运动和洋学运动，出现了一大批通晓西方文化的知识分子。据1852年出版的《西洋学家译述目录》统计，1774年至1852年的108年间，日本翻译欧洲的医学、天文、历学等书籍多达470余种，从事翻译西洋书籍的学者有117人。[①]而且，其中还有像杉田玄白、志筑忠雄、宇田川玄随等大师级的兰学家，构成了日本摄取西方文化的核心力量。如大规玄泽在其师杉田玄白《解体新书》的基础之上，又推出了《重订解体新书》，成为以解剖学为中心的基础医学的集大成之作。可见，日本与中国不同，其"执政者虽亦关心西欧科学，但其输入及研究却以民间为主"[②]。

同时，随着时间的推移，这股起自民间的强劲的摄取西方文化的浪潮，逐渐向幕府权力深层渗透，出现了与政治结合的趋向。有些幕府的老中、一般官吏和地方诸侯大名醉心于以兰学为核心的西方文化，被称为"兰癖老中"和"兰癖大名"。形成了由兰学家、诸侯大名、幕吏藩臣三者构成的摄取西学的主体力量。如1795兰学家大规玄泽成立以兰学家和兰学爱好者为核心的沙龙式组织"新元会"，定期集会，研讨西方学问。从1795年到1837年，共集会44次。据考证，计有104名兰学家和兰学爱好者参加了集会，"就其中经历大致清楚的67名来看，官藩医阶层26人，被推定为町医的有8人，医生占绝对多数。此外，藩主阶层7名"[③]，足见其成员构成的多元性。再如萨摩藩主岛津齐彬酷爱西方文化，多次派人前往长崎，花重金购买西洋图书和机械模型。他还常"与江户洋学者川元幸民、箕作阮甫、高野长英等共讲洋学，在当时的诸侯中率先研究泰西文明，通

---

① ［日］辻善之助：《增订海外交通史话》，内外书籍株式会社1930年版，第757页。

② ［日］薮内清：《西欧科学与明末》，刘俊文主编：《日本学者研究中国史论著选译》第10卷，中华书局1992年版，第82页。

③ ［日］杉本勋：《日本科学史》，郑彭年译，商务印书馆1999年版，第239页。

晓海外大势，见识远大"①。这些具有新思想的人物在日本放弃锁国、走向开放进程中起决定性的作用，使日本现代化在启动的伊始阶段便呈现出"自上而下"与"自下而上"相结合的特点。综上所述，可知日本早在18世纪下半叶，在与西方的接触中已实现了地理世界观和文化世界观的转变，产生了开国思想，形成了开放力量，实现了思想文化观念层面的"无形"之变，揭开了日本学习西方，追求现代化的序幕。

　　而中国在同时期对西方文明的感应则比较迟钝，直到19世纪四五十年代，以《海国图志》《瀛环志略》等开眼看世界的史地著作诞生为标志，中国思想界兴起了一股强劲的认识西方的思潮。以此为契机，五大洲、地圆说等世界地理新知才又重新传入。如魏源在《海国图志》的三种版本中，均按区分国，图文并茂地介绍了世界各国的地理、历史及其他情况，成为当时中国最完备的世界知识总汇，构成了立体实证的世界文明全图。在传统地理世界观转变的基础上，国人初步摆脱了华夷观念的束缚，对人类文明的多元性有了深刻的体认。他们认为这些来自极西的"远客"，"有明礼行义、上通天象、下察地理、旁彻物情、贯穿古今者，是瀛海奇士、域外之良友，岂可称之为夷狄乎？"②徐继畲在1844年撰著的《瀛寰志略》中称外国人为"夷"之处比比皆是。但在此后刊行的《瀛环志略》中却未用一个"夷"字。到19世纪60年代，随着中外接触交流机会的增多，一些洋务思想家更明确地意识到"今日之天下，非三代之天下……神州者，东南一州也"③。这表明中国知识精英已率先突破了华夷观念的束缚，实现了由传统世界秩序观向现代世界秩序观的转变。正是在上述"无形"之变的基础上，中国早期现代化才得以启动。但相比之下，日本现代化的启动阶段已比中国早了80多年，这种往往为人们所忽略的"时间差"，实际上是两国对西方现代文明挑战综合回应能力的集中体现。很显

---

① 鹿儿岛市役所编：《岛津齐彬公传》，鹿儿岛市教育会1925年版，第12页。

② 《海国图志》卷76，《西洋人玛吉士地理备考序》。

③ 东元编：《郑观应集》上册，上海人民出版社1982年版，第67页。

然，正是上述这种差别，决定了中国早在现代化的启动阶段便已落在了后面，这对两国现代化的成败产生了巨大的影响。

四、结　论

从20世纪70年代后期起，以美国学者柯文的《在中国发现历史——中国中心观在美国的兴起》一书的出版为标志，海内外很多学者开始对传统的"西方冲击—中国回应"的外因取向分析模式提出了激烈的批评和质疑。他们反对单纯地从"西潮冲击"视角来解释非西方国家走向现代化的历史，主张改变研究视角，从"亚洲的角度"来分析观察亚洲国家近代剧烈的社会变迁。毫无疑问，上述观点对于学术界突破"西方中心论"的束缚，研究发现非西方国家由传统社会向现代社会转型变迁的特殊规律，尤其是揭示传统社会与现代社会之间的内在联系是大有裨益的。但应该指出的是，人类文明由中世纪向现代社会过渡发展的进程是不平衡的，尽管很多学者认为十七八世纪的中日两国已经发生了种种具有"现代性"意义的变化，但由于此时西欧的资本主义工业文明业已兴起，使得包括中日两国在内的非西方国家已不可能自然而然地实现由传统社会向现代社会的过渡，因此，如何应对西方文明的严峻挑战，便成为此时期非西方国家最具决定性意义的历史课题。在这一意义上，西方的挑战和中国的回应，仍然是这些国家现代化研究分析的一个基本视角。本书就是以此问题为基本线索对中日现代化起点进行比较分析的。

如前所述，学术界普遍认为中日两国的现代化大体上都是在19世纪60年代前后同步启动的，相比之下，中国的洋务运动比日本的明治维新还要早一些。因此，很多学者把比较研究的注意力主要集中在19世纪60年代到90年代这30年的时间里，认为正是在这段时间里，明治维新超过了洋务运动，东亚文明实现了结构性的盛衰之变。但如果我们从"长时段"的角度宏观审视两国现代化的启动进程，就会发现，在明治维新前的一个多世纪前，亦即是18世纪70年代，日本已经实现了由传统世界秩序观到现代世界观的"无形"之变，开始了以摄取西方文明为主题的现代化运动。而同时期的中国，则仍陶醉于"天朝意象"之中，难以自拔，这使得两国在现代化的启动阶段，已经存在着一个不小的"时间差"，直接导致了两国现代化的不同命运。这告诉我们：在宏观比较研究中日两国现代化进程的时，不能仅局限于"事件比较"，而应注意"过程式"的长时段比较，进行探源式研究。

　　同时，值得提及的是，19世纪中叶前百余年间，中日两国面对西方资本主义工业文明咄咄逼人的挑战，之所以做出了上述不同的反应，其原因是多方面的。但从总体上看，两国不同的对外认识传统应是其中最重要的原因。20世纪初，梁启超就曾提出："日本小国也，且无其所固有之学。故有自他界入之者，则其趋之如鹜，其变如响，不转瞬而全国与之俱化矣。中国则不然，中国大国也，而有数千年相传之固有之学，壁垒严整，故他界之思想入之不易。阅数十百年，常不足以动其毫发"[①]。当代华裔学者黄仁宇也认为："因日本重洋远隔，吸收外界文物时有突然性，有时发展为举国一致的运动。"[②]上述观点对于我们深入理解中日两国现代化启动过程中的异同是大有裨益的。但我们却不能由此得出"日本无文化"的结论，因为积极主动地摄取外来文化，本身就是一种优秀的文化品质。从非西方国家现代化的进程看，摆脱传统世界观，形成新的现代世界秩序观，往往不是一帆风顺的，许多民族常常是经过长期反复的认识，才对激

---

① 梁启超：《饮冰室合集》之七，中华书局1989年版，第64页。

② 黄仁宇：《资本主义与21世纪》，生活・读书・新知三联书店1997年版，第313页。

变的世界形势有了清楚的认识，结果在时间上错过了实现现代化的最好时机，导致其早期现代化的延误。在这一意义上，我们可以说，19世纪中叶前中日两国在摆脱传统世界观，确立现代世界观的问题上存在的时间差，是两国早期现代化成败最重要的原因之一。

第六章　区域文化与东亚社会发展模式选择

——以中国东北区域为研究个案

中华文明地域辽阔，民族众多，在漫长的历史发展进程中，其文化既具有统一性和一体性，同时又带有浓厚的多元性和地域性色彩。近年来，很多学者在宏观研讨把握中华文化统一性的同时，也注重地域文化研究，先后提出了一系列区域文化的概念，并进行了深入的研究界定，这标志着中华文化研究已经摆脱了以往空泛虚浮的流弊，不断走向深入。而进入20世纪90年代，随着中国经济社会的快速发展，人们逐渐意识到单一经济发展观的局限，开始强调发展的全面性，并注意将区域文化与社会发展联系起来，注重探讨区域社会发展的文化内涵。本章拟在上述研究的基础之上，以东北地域文化为研究个案，对区域文化与社会发展之关系，做进一步的探讨。

一、"区域文化"与"社会发展"的双向互动

自近代资本主义工业文明勃兴以来，面对人类社会的空前巨变，学术界在反思社会发展和现代化问题的过程中，一个明显的趋向是，越来越强调文化因素的作用。很多学者把目光投向文化领域，试图以此解释社会发展进程中的"奇迹"和"欠发达"。从"韦伯命题"到托克维尔的"民情论"，从英克尔斯的"人的现代化"理论到阿兰·佩雷菲特对经济发展奇迹的文化解说，无不将文化因素作为社会发展最强劲的推动力。可见，文化研究从其登上学术舞台伊始，便与发展问题结下了不解之缘。近年来，以全球化和人类文明的剧烈变迁为背景，更多的学者将文化精神因素置于决定性的位置，注意探求决定发展过程的非经济因素。在他们看来，"自然条件可以开辟一些可能性，或制造某些障碍，但不能产生文明，文明纯粹是精神的产物"[①]。主张从长时段的角度，对"发展"这种罕见的历史现象进行认真考察，以揭示"发展"真实的文化内涵。一时间，文化研究成为学界研究的热点。但是，伴随着学术研究的不断深化，人们逐渐意识到发展问题和文化现象二者之间交相互动的复杂性，开始探索新的发展理论范式。

首先，文化虽然对于社会发展具有决定性的推动作用，但我们却不能将其影响作用简单化，不能将发展仅仅视为是经济发展，不能认为文化在整个社会发展进程中仅仅起到了外在的"工具性"的作用，而应该将其纳入发展的内在要素，从发展的文化维度加以研究考察。诚然，来自外部的现代性挑战，可以为发展创造出有利的条件和契机，并在相当大的程度上影响左右着发展的具体行程。但应该看到，这种"外压"和"挑战"只能通过社会内部的回应，才能发挥作用。无论是发达国家，还是发展中国家，只有在其社会内部有利于现代化发展的深厚的"文化底蕴"被

---

① ［法］阿兰·佩雷菲特：《论经济奇迹——法兰西学院教程》，中国发展出版社2001年版，第254页。

广泛有效地动员起来，并化作一种发展潜力时，其现代化进程才具有可能性。"不可以把内源发展和外源发展对立起来"，因为"一切成功的发展过程，无不把内部和外部因素统统作为经济和社会文化因素而结合起来"①。文化因素对社会发展影响的复杂性还表现在其作用的双向性，一个开放的、充满活力和个性的文化体系，可以为社会的成功提供强大的文化支持。同样，一个缺少文化积淀的、封闭的文化体系也可使社会长期处于欠发达状态，难以自拔。

其次，在研究单位选择的问题上，很多学者开始对以往文化研究中泛泛而论的宏观研究取向进行深刻反思，力倡由宏观性文化研究转向区域文化研究。笔者认为，推动文化研究实现这一转向的主要因素有：

1. 伴随着文化研究和发展研究的不断深化，人们对文化构成的复杂性有了进一步的认识。文化的产生是多元的。在人类文明产生的早期，受地理环境等因素的制约，各个民族用不同的方式创造着不同的文化，地域文化的差异乃是一种无法回避的客观存在。但是，在一段时间里，人们却一直把文化现象作为一种泛泛而论的宏观现象来谈论。随着研究的不断深化，人们发现，泛泛而论的文化研究无法对复杂的发展现象给出深刻的具有说服力的解释，开始强调区域研究的重要性。而区域研究的勃兴，则直接引发了人们对绝对普遍性的质疑。如针对近年来有些学者将"韦伯命题"普遍化的做法，有的学者即提出：即或我们承认韦伯命题具有一定的合理性，也不能将其作为放之四海而皆准的模式。因为就是在欧洲，"资本主义首先出现于威尼斯时并无新教渗入。以后相继推及于法国及比利时，这些国家至今皈依天主教"②。很显然，在欧洲，资本主义的勃兴是一个极其复杂的问题，应该注意不同区域的不同特色，而不能将其简单化和模式化。这就要求我们在研究单位的选择上，既要注意民族国家发展的

① 中国社会科学杂志社编：《社会转型：多文化多民族社会》，社会科学文献出版社2000年版，第20页。

② 黄仁宇：《资本主义与21世纪》，生活·读书·新知三联书店1997年版，第8页。

一体性，也要发掘文化发展的地域性和不平衡性特征。深刻体认近代以来人类社会发展"统一性"和"多样性"之间的复杂关系。可见，当代区域文化研究的勃兴，实际上是针对泛泛而论的文化研究的一种反动。

2. 人类文明走向全球化进程中所产生的"地方化"趋向，是区域文化研究产生的另一重要背景。如果将文化研究置于人类走向全球化的进程之中，我们会发现，经济的全球化，并未导致文化的单一化，相反，却出现了"地方化"的演变趋向。全球化在使当代社会生活的各个方面都趋于普遍化的同时，它又以同样的方式鼓励特殊化，致使独特性得到强化。"全球化刺激了地区化，这种情况会出现。或者更明确地说，全球化导致了文化的渗透，这种状况反过来导致了文化替代的增加和新的'地区性'文化的生长。文化多元性正在日益成为各社会无所不在的特征。""全球化可能会自相矛盾地看到进一步的多元化而不是统一化。"①文化系统的复杂性和多元性给文化系统提供发展动力。"真正的创造性并不导致一致性。一致性在人类领域里可能像在自然领域里一样是极其有害的。"②各种复杂系统从其多样性中汲取力量："一个物种从基因的多样性中汲取力量；生态系统从生物的多样性中汲取力量；人类社区从文化的多样性中汲取力量。每种文化构成了解释世界和处理世界关系的独特方式，世界是如此的复杂，以至于只有以尽可能多的角度来观察它，才能达到了解它和与它相处的愿望。"③对文化复杂性和多样性的理解实际上为我们分析研究人类社会复杂多变的社会文化现象提供了基本的解释。

在这一意义上，全球化似乎为区域文化研究注入了新的活力，无论是

---

① 联合国教科文组织编：《世界文化报告——文化、创新与市场》（1998），关世杰等译，北京大学出版社2000年版，第1页。

② ［美］拉兹洛：《决定命运的选择》，生活·读书·新知三联书店1997年版，第121页。

③ 联合国教科文组织编：《世界文化报告——文化、创新与市场》（1998），关世杰等译，北京大学出版社2000年版，序言。

发达的欧洲，还是发展中的亚洲，每一地方的人们在策划地方经济社会发展战略时，都以深邃的寻根意识更加自觉地开掘地方文化资源，以为其地方的社会发展提供文化支持和精神动力，这使得区域文化研究在21世纪初期呈现出更为强劲的发展势头。

3. 区域文化发展过程中内部结构的均衡是其发展的重要条件。这些区域间各具特色的文化间的存在，为文化发展提供了必要的空间支持。如作为东亚大陆文化的中心，中华文化在其长期发展过程中，形成了齐鲁文化、燕赵文化、巴蜀文化、三秦文化、湖湘文化、三晋文化、关东文化、岭南文化等各具特色的地域文化。近代以来，更在传统地域文化的基础之上形成了以京派文化和海派文化为主体的现代文化。在日本，早在德川幕府时期，在幕藩体制下即保有较强的地方主义传统。1868年明治维新后，日本建立了被称为"总体主义"的中央集权的统治体系，在中央集权的体制下，东京控制了资源的垄断权。幕府时期的大名、华族等贵族阶层纷纷迁至东京，作为"年金接受者"过着金利生活。德川时代的土地所有者被剥夺与国外的贸易权，这样关西地方以外的大商人阶级几乎被消灭殆尽。当然，以其为载体的地方文化的发展也受到极大制约，但当时仍存在东京圈和以大阪为主体的关西圈的对垒。

4. 区域文化研究的勃兴，不仅仅是文化研究内在学理的自然逻辑推演。近年来，地方政府为推进地方经济社会发展，也往往设立各种关于区域文化研究的项目和课题，成立研究中心，大力推动地方文化研究，成为又一个区域文化研究强有力的推动者。

二、东北地域文化特质与社会发展

从广义上看，文化实际上是人类的一种生活方式和生存方式。它既包括"有形"的器物文化，也包括人们所持的价值观和体制性、制度性等因素。在前现代社会，落后的农业生产方式使人们生活在一个落后而封闭的圈子里，由于各文化间缺少交往和互动，加之社会发展速度缓慢，"传统"与"习惯"往往积淀内化于区域文化的价值体系内部，使得不同的地域呈现出不同的文化特质和风貌。步入工业文明时代后，伴随着工业社会的快速发展，传统社会虽然逐渐开始走向解体，传统与习惯的力量也开始弱化，但其影响仍不可低估。而且，现实社会中的体制性和制度性的制约也开始上升为影响社会发展的主导性因素。在这一意义上，我们可以说，一个区域文化一旦形成，就将作为一种相对稳定的力量长期地影响着经济社会发展。

与其他区域文化相比较，作为中华文化一部分的东北地域文化，在其形成和发展过程中形成了别具一格的文化特质，对东北的社会发展产生了深远的影响。

（一）东北地域文化的"间断性"和"跳跃性"与社会发展

从"长时段"角度审视文明起源和发展的轨迹，我们会发现，东北区域文化在其漫长的发展历程中，没有形成一种"直线上升"的发展轨迹，无论是时间上，还是空间上，都呈现出明显的"间断性""停滞性"和"跳跃性"特点。其文明发展的纵向轨迹极为坎坷曲折，时而大踏步前进，时而在顷刻间中断毁灭，陷入长期停滞的落后状态，表现出与中原农耕世界长期稳定、缓慢前行截然不同的发展特点。作为中华文化大系统中的"边缘文化"，东北区域文化跳跃性发展的根本原因在于摄取中原先进文化，不断走向文明。而其文化发展的"间断性"则主要是由于战乱、民族迁徙或实施人为的封闭政策所导致的一种历史现象。

　　具体言之，东北区域文化在其发展进程中所表现出来的这种"跳跃性"和"间断性"特点的产生，主要是因为：一方面，在古代社会，与中原先进的农耕文化相比，东北区域文化应属"低势能文化"。这种"低势能文化"在与中原农耕世界"高势能文化"的交流对话中往往会产生"文化原生区衰落"现象。众所周知，在中国封建时代，一些周边区域以游牧渔猎经济为主体的"低势能文化"，由于其社会分化不明显，仍然保持着"军政合一"的社会组织体制，加之其尚武风气，使得其在与中原农耕世界的对垒中，往往占有较大的优势。但是，"野蛮的征服者按照一条永恒的历史规律，本身被他们所征服的臣民的较高文明所征服"①。从历史上看，入主中原的东北民族虽然会在较短的时间内迅速接受先进文化，步入先进的文明社会，实现社会发展演进过程中质的飞跃，但值得注意的是，这些"低势能文化"在完成军事征服之后，往往要离开其原居地点，进入中原，实行空前的"文明空间"大转移。而新迁来的民族往往比前一民族更加落后，遂导致吉林区域文化出现明显的倒退。使得这一地区的"民族文化似乎永远停留在比较原始、比较落后的阶段。这些文化落后的民族又不可避免会把他们比较落后的文化强加于先进民族，使先进民族的文化不断受落后民族文化的干扰，而延缓了发展"②。

　　另一方面，这些东北民族在入主中原后，为保持其尚武精神和某种政治需要，往往对其原居地实行特别的封禁政策，从而导致原居地处于封闭隔绝的状态，从而导致其社会发展处于长期停滞、甚至倒退的状态。历史上最为典型的事件是清政府对其所谓的"龙兴之地"的东北所采取的封禁政策。这种封禁政策对东北社会经济文化的发展起到严重的阻碍作用。

　　从历史上看，这种"间断性""停滞性"的发展特点，使得东北区域文化的发展缺少连续性，往往是文化发展已经有了一定的积累，但却因战

① 马克思：《不列颠在印度统治的未来结果》，《马克思恩格斯选集》第1卷，人民出版社1995年版，第768页。

② 孙进己：《东北各民族文化交流史》，春风文艺出版社1992年版，第385页。

乱、迁徙和人为的封闭政策而毁于一旦。由此,其社会发展自然也就缺乏厚重的文化积淀。仅就城市文明的形成发展而言,正如有的学者以吉林区域文化为例所概括的那样:吉林省大中小城市建设的历史普遍较短,"最早的城镇是船厂,它是清朝为皇家造船的集镇,由造船、屯兵带动了其他产业、服务业,直到1930年才由当时政府正式命名为'吉林市'的。长春市是原名为'宽城子'的一个小镇,被伪满洲国定为国都后,才形成城市雏形……与其他城市比颇为逊色。"①毫无疑问,这对于东北地域的社会发展产生了深远的影响。

(二)移民文化与社会发展

从历史上看,东北区域很早便是人类生息的场所。随着各族的兴衰,东北的人口分布时增时减,变化幅度较大。在这里,值得特别提及的是清代封禁政策对东北人口发展的影响。

17世纪中叶,清兵进入中原后,大批人口"随龙入关",导致清初东北人口急剧下降。同时,清廷为维护其统治秩序,保持八旗兵的尚武精神,多次下令对东北地区进行封禁,遂使东北的人口极度稀少。从19世纪下半叶开始,关内百姓纷纷打破封禁政策,闯关进入东北,揭开了移民关东的序幕。尤其是进入20世纪后,华北战乱频仍,灾害连年,从1900至1903年间,每年有500万左右的贫民移入东北,后来多数留下定居,对东北的社会发展产生了极大的影响。因而,从人口构成的角度看,东北区域文化很自然地表现出一种极具特色的"移民文化"。

民国年间,一些从事文化人类学研究的学者曾试图将中国东北的移民与美国历史上的移民相比较,他们提出的学术假设为:"移民或殖民运动中最有趣味之一方面厥为移殖之品质之优越。一地人口之中,非尽人可为移民或殖民也。必也特立独行之士,有进取骛远之心,以唤起其移殖之志

---

① 孙乃民主编:《吉林蓝皮书·吉林省农村经济形势分析与预测》(2001),吉林人民出版社2001年版,第225页。

愿。有冒险耐劳之性，以维持其移殖之经过。有聪明干练之才，以开拓其移殖之环境。一而十，十而百，声应气求，寝假而移殖之运动以成。"①在他们看来，与美国移民运动相同，近代以来迁往东北地区的移民同样应该具有"冒险""开拓""独立"等优秀品质。

但应该指出的是，评估移民文化的历史影响是一个十分复杂的问题。从一般意义上讲，在"鸡犬之声相闻，民罕往来"的农业时代，移民作为一种社会流动现象，往往具有传播文化的积极作用。但移民作用的大小以及其作用的发挥，则还要看一些具体情况。对此，葛剑雄曾提出过三条标准，颇富启发性。他认为，在评估移民具体作用的问题上，要注意以下几个要素：（1）移民迁出地的文化水准和类型，即来自文化先进地区的移民才有可能传播先进文化，而从落后地区迁来的移民，尽管其中不乏优秀的个人，却不会给迁入地带来直接的进步；（2）移民本身的素质；（3）移民在迁入地的地位。②按照上述若干标准来衡量，笔者发现，移民文化对东北社会发展的影响是十分复杂的，主要表现在：

第一，从移民迁出地的文化水准和类型看，来东北的大多数是来自华北的贫苦农民，他们一般都拥有丰富的从事农业生产的技术和经验。毫无疑问，他们的到来，为东北的开发作出了不可磨灭的贡献。但我们也必须看到，从移民的成分构成看，带有明显的"单一化"色彩。据统计，清末民初以来的移民运动，就其数量构成而言，绝大多数是内地来东北垦荒落户的贫苦农民，虽然没有移民构成的具体统计，粗略估计也在95%以上。③他们的出行，或由于军阀战乱，或因为华北的水旱灾害，具有极大的被动性。对于移民的状况。时人作了如下的描述："由奉天入兴京，道上见夫拥只轮车者，妇女坐其上，有小孩哭者眠者，夫以后推，弟自前

---

① 潘光旦：《优生概论》，上海书店1989年影印本，第246页。

② 葛剑雄：《人口与中国社会》，转引自周积明、宋德金主编《中国社会史论》上卷，湖北教育出版社2000年版，第285页。

③ 路遇等主编：《中国人口通史》，山东人民出版社1997年版，第866页。

挽,老媪拄杖,少女相依,踉跄道上……前后相望也。"[1]可以说,民国年间移往东北的移民中绝大多数具有灾民性质。虽然这些移民对于东北的土地开发起到了积极的作用,但对东北的文化发展其作用却不是很大。其直接表现是,直到民国末年,东北的文化发展仍处于比较落后的状态。以吉林为例,据1948年出版的《中华年鉴》统计,直到新中国成立前,吉林人口每千人只拥有大学2人、高中6人,而女性每千人只拥有大学0.5人、高中不到2人。而文盲率达80%以上,女性为90%以上。在就业率方面,新中国成立前,由于吉林省经济比较落后,农业和无业人口占80%以上。[2]

第二,虽然清末民国以来向东北移民的数量大大地增加了,但与山东、河南等人多地少的狭乡相比,东北仍属地旷人稀之地,加上土地肥沃,遂使得迁徙至此的移民虽然不会有大发展,但维持生计却一点也不困难。这对于那些颠沛流离、居无定所的灾民来说,小富即安,很容易产生满足感。而寒冷的气候,又使得东北乡土社会形成了漫长的"猫冬文化"。由于其生存压力不足,遂直接导致其很难产生美国移民那种冒险、开拓意识。

第三,在东北移民社会里,没有建立起像关内地区那样典型的传统伦理关系网络。中国传统社会是一种典型的"乡土伦理社会",这种社会得以存在和维系的一个重要的因素在于传统农业的定居特性。这正如费孝通在《乡土中国》中所言:"乡村社会是安土重迁的,生于斯,长于斯,死于斯的社会"[3],世代定居是常态,迁移是变态。这种变态的迁移实际上打破了传统社会的旧秩序。当这些移民来到新地区后,势必需要重新修复建立这种关系。但由于近代移民社会的建立,系特殊的战乱灾荒所致,因此,当中原重新恢复稳定后,便会发生"移民回流"现象。如在20世纪40年代中期,由华北迁往东北的人数锐减。相反,却有大量移民返回华北。

---

[1] 转引自石方《中国人口迁移史稿》,黑龙江人民出版社1990年版,第390页。

[2] 曹明国主编:《中国人口·吉林分册》,中国财政经济出版社1988年版,第59页。

[3] 费孝通:《乡土中国》,北京大学出版社1998年版,第50页。

虽然具体人数无从考究，但这种"移民回流"现象一直持续到民国末年。相比之下，这种"移民回流"现象在辽宁基本上没有出现。"辽宁省人口由民国34年的2040万增长为2059万，增加19万。而吉林人口则由民国34年的1160万人口，下降为1145万口，减少了15万口。"[1]毫无疑问，这种频繁的迁徙流动，使得乡村的宗法伦理关系的修复和重建非常缓慢。因而，东北社会与中原及长江流域相比，不是一个典型的原生型的乡土社会，而是一个变态的移民社会。其传统的伦理关系需要重新修复，方可重新建立。近年来，中国江南地域乡镇企业的勃兴，在很大程度上就是利用了乡村社会传统的组织资源。而相比之下，东北乡村社会的此类资源则不甚丰富，这自然会对东北乡镇企业的启动和模式选择产生较大的影响。

（三）古代民风与社会发展

一个地域文化的特质，既非造物主的赐予，亦非绝对理念的先验的产物，而是一定的民族在其特定的地域范围内，在长期的社会实践中创造积淀而成的。这种创造和积淀不是凭空产生的，而是深深地植根于民族生存的自然环境和经济生活的土壤之中的。

如果我们把目光投向整个中华文明圈，就会发现：古来生息在东北地域的先民所面临的自然生态环境是严酷的。崇山峻岭中寒风呼啸，野兽出没，生存条件极为艰苦。严酷的自然环境，艰苦的生存条件，铸就了东北先民健壮的体魄和刚健、豁达、尚武的文化性格。这在肃慎、挹娄、靺鞨、女真等居住在白山黑水之间的东北先民的生产和生活方式中，都有较为充分的体现。如肃慎"处山林之间""土气极寒""夏则巢居，冬则穴处"，其服饰多为兽皮，"冬则以豕膏涂身，厚数分，以御风寒，夏则裸袒，以尺布隐其前后"[2]，其葬俗为"死者其日即葬之于野，交木作小椁，杀猪积其上，以为死者之粮。性凶悍，以无忧哀相尚。父母死，男子

---

① 路遇等主编：《中国人口通史》，山东人民出版社1997年版，第866、1109页。

② 《三国志·魏志》卷三十。

不哭泣，哭者谓之不壮"①。这种刚健、豪放、质朴的性格，表现了东北先民与自然争胜的勇气和魄力。适应农耕、狩猎相结合的物质文化生产方式，东北地域各民族均有极强的尚武精神。早在西周初年，即收到肃慎之矢等贡品。这种肃慎之矢，是以桦木做杆，以石为镞的箭，是当时先进的狩猎和作战武器。以箭为贡品，既反映了肃慎族的狩猎生活方式，同时也说明了其民族的尚武精神。这种刚健豁达的个性和勇毅果敢的尚武风气结合起来，构成东北区域古典文化的核心精神和独特的"民情"，使得东北区域文化具有质朴雄劲的特质。

在漫长的古代社会，正是凭借着这种文化资质，才得以使东北先民得以聚成一个有力的群体，形成巨大的"朔方冲击波"，数度入主中原，改变了中原农耕世界的历史发展进程，为其发展注入了新的活力。虽然东北地域的居民历经战乱、波动、迁徙，大多迁离东北地域，但这种源自古代社会的刚健进取精神和淳朴的民风，作为一种文化精神资源积淀因袭下来，对当代东北人的性格仍然产生了巨大的影响。19世纪上半叶，法国学者托克维尔在论及一个国家得以建立现代社会的条件时，曾将"民情"作为其中最具决定性意义的因素。他所说的"民情"，是指"人在一定的情况下拥有的理智资质和道德资质的总和"②。今天的东北人从古代先民那里承继下来的这种刚健、质朴的民风民情，作为一种道德文化资质，与冰雪文化、山林文化珠联璧合，使得东北区域文化在中华文化体系中保持着独有的特色。

（四）典型的"单位文化"与社会发展

在以往的分析研究中，人们发现，东北地域常常出现一些令人深思的"发展怪象"：如"资源丰富，但开发利用不够；盛产粮食，但多种经营和农业技术水平不高；工业发展较快，但经济效益低；高教和科研力量较

---

① 《晋书》卷九十七。

② ［法］托克维尔：《论美国的民主》，商务印书馆1996年版，第332页。

强，但分布不合理，科研成果应用不够；交通运输比较发达，但运输不畅；能源工业有所发展，但速度慢，浪费大，供需矛盾突出；人均工农业总产值、国民收入水平较高，但产品调出量和财政上缴少"①。这是1986年吉林省委研究室对社会发展进程中的"吉林现象"进行分析解剖的一段文字。

上述这段带有强烈的自我反思色彩的文字所揭示的"发展困境"，其产生的原因固然非常复杂，但笔者认为，一些限制和制约似乎是一个不可忽视的重要原因。再具体一点说，这主要表现为"典型单位制度"的影响。近年来，学术界对"单位制度"形成及其社会影响进行了较为系统的研究。在研究中，人们一般都是将"单位制度"作为一种全国性的、普遍性的制度纳入研究视野，没有注意到"单位制度"在不同地域文化背景下所发生的变异。

从单位制度建立的过程来看，我们可以把它看作是一种范围甚广的"全国性的现象"，具有明显的"共性"。以吉林省为例，新中国成立初期，国家在推进工业化的进程中，将吉林省作为重点建设的工业基地，遂使吉林省在很短的时间内，建成了一批巨型国有企业，其高级技术人才大大地增加。据统计，新中国成立后，吉林省基本上是一个人口净迁入的省区。从1950年到1982年这33年的资料分析，迁移增长人数约100万人。新中国成立后，吉林省是东北重工业基地的组成部分。第一汽车制造厂、三大化工联合企业重点建设项目，均布局当地。因此，"一五"与"二五"大规模经济建设时期，省外曾有大量工业人口迁入。仅据1953—1954年的不完全的统计，长春第一汽车制造厂从外省招聘参加建设或分配来厂工作的各类人员就多达10000人左右（尚不包括随迁家属），其中工人（包括五级以上工人）与工程技术人员约占20%多。同时，50年代初，曾从上海市迁来一些私人小轻工企业，约有1000人。另外，吉林省也是全国高等教育与科研重点建设的省区之一。在全国高等院校调整与单位调整过程中，

---

① 中共吉林省委研究室主编：《吉林省基本省情》，吉林人民出版社1986年版，第21页。

教育与科技人员迁入也比较多。^①如果说清末民初以来吉林之移民主要是一种"农业移民"的话，那么，新中国成立后移入吉林之移民则带有"技术移民"色彩，这使得吉林的经济开始快步迈入工业社会，在全国迅速占据了较为发达的位置。在单位制度和计划体制下，吉林省曾创造了发展的奇迹。在相当长的一段时间里，社会发展综合指标一直在全国居于前列。

20世纪90年代以来，伴随着中国社会结构的变迁，非国有经济及非单位制度迅速扩大发展，形成了当前中国社会"单位制"和"非单位制"并存的局面。在某种意义上，这意味着单位社会已经开始走上了消解之路，有人称之为"后单位制时代"。但如果我们认真分析研究会发现，受地域的经济结构、文化特色、历史积淀等因素的影响，单位制度的消解过程不是"同步"的，往往呈现出极为明显的地域性特征。具体言之，在非国有经济比较发达的省份，生活在非单位体制下的成员的人数较多，"他们或者按照市场的机制，或者同时利用市场或非市场新旧两种机制，不断地改善着自己的经济地位。他们的行为作为一种参照群体，在很大程度上刺激着生活在单位制度中的社会成员"^②，对传统的单位制度构成了巨大的冲击，加快了单位制度的消解过程。但与之相反，东北三省的非国有经济和非单位制不够发达，其对传统的单位制度的冲击自然也就不大。这使得东北的单位制虽然也走上了消解之路，但相比之下，单位制的现实影响仍然很大，不仅传统的单位制度的堡垒仍然非常坚固，而且，一些非单位制的企业也往往向单位制靠拢。因而，作为与计划经济体制相配套的一种社会政治组织体制的存在，单位文化对东北的社会发展仍然具有重大的影响，表现在：

第一，东北的科技、教育等方面的专门人才虽然在全国居于领先地位，但是，在计划经济时代已经宣告终结、单位体制已经逐渐走向消解的背景下，除了一部分外流到沿海发达地区外，绝大多数专业人才仍聚集在

---

① 曹明国主编：《中国人口·吉林分册》，中国财政经济出版社1988年版，第133页。

② 李汉林：《制度规范行为——关于单位的研究与思考》，《社会学研究》2002年第5期。

单位体制之下，传统的单位体制和观念对其影响极大。因此，如何在传统的单位体制下，理顺关系，激励其工作热情和创新精神，实现人的解放，是摆在我们面前的严峻问题。

第二，在单位体制下，超大规模的国有企业几乎控制了所有的社会资源，遂使来自民间的社会发展的推动力量严重不足。所谓"单位制"，既是一种制度，又是作为一种文化而存在的。其典型的特征是以单位为核心的社会组织控制了几乎全部的社会资源，整个社会实际上是围绕着这些资源而运转的。在整个社会资源都被单位所控制的条件下，来自民间的现代化推动力量自然严重不足。具体表现为，在东北三省，无论是城市中的民营经济、外资企业，还是农村的乡镇企业，都不甚发达。

第三，在重建社区的进程中，单位制度与社区之间的关系成为问题之关键所在。笔者曾就老工业基地的社区建设模式问题进行了调查，发现对于东北老工业基地来说，由"企业办社会"向"社区办社会"的转变，是一个非常艰难的过程。在单位办社会的漫长岁月里，单位已经建立了庞大的社会公共服务系统，这些服务体系既是企业的包袱，也是企业所控制的资源。这些利益既包括"有形"的物质利益，也包括一些"无形"的社会资源的控制。因而，如何完成由"企业办社会"到"社区办社会"的转变，是东北老工业基地必须直面的现实问题。

鉴于此，我们在制定东北地方社会发展战略的过程中，一方面要注意旧有的单位文化对我们今天现实发展的制约和影响，大力进行体制改革，将个人从封闭的、人身依附较强的旧体制的束缚下解放出来；另一方面，也要清楚地意识到，传统单位体制的消解和取代之的新的组织体制的诞生是一个漫长复杂的过程，绝不可能一蹴而就。在目前的条件下，我们不能简单地否定单位制，而应该"通过其内在逻辑的更新，使得单位体制成为一种适合超大型社会调控的形式"[1]。

---

[1]　刘建军：《单位中国——社会调控体系中的个人、组织和国家》，天津人民出版社2000年版，第566页。

三、几点思考

寻找东北区域文化的"自性",总结东北区域文化特质对当代社会发展的影响,可为我们今天制定科学合理的社会发展战略提供有益的启示。

第一,认清区域文化"自性"是制定区域社会发展战略的基本前提。

区域文化是生存空间在文化意义上的展开,是类型文化在空间地域中的凝固。历史上,中华各地域文化基于其自身地理的、生态的、历史的、民族的条件不同,而形成了特质各异的区域文化。这种文化"自性"与社会发展交互作用,形成了截然不同的社会发展模式。在某种意义上,我们甚至可以说,每一区域在其社会发展推进过程中所表现出来的不同特点,实际上都可以从其文化"自性"中寻找到相应的答案。

但在相当长的一段时间里,一些地区在制定其社会发展规划时,不是从其区域文化的"特性"出发,认清其发展模式之"自性"所在,寻求"有我的发展",而是虚骄浮躁,盲目地"求高""求新"。无视其经济结构的巨大差异,均将发展高科技产业作为其追求的目标。甚至在新建街路或建筑物的命名问题上,也都非常缺乏"自性",统称为"硅谷大道""硅谷大厦""硅谷大桥"等名。事实上,这是一个明显的发展误区。对此,联合国教科文组织的专家小组报告曾指出:"与那种以国民生产总值为标准来衡量的经济增长过程比较起来,发展过程的内涵要复杂得多,丰富得多,广泛得多。只有当它建立在每一个社会独立意志的基础之上,只有当它真实地表明它的基本特性时,发展才是有效的。"①在这一意义上,我们可以说认清区域文化的"自性",是我们科学制定发展战略,摆脱"发展困境",获得"有效发展"的基本前提。

第二,区域文化与社会发展之间的互动关系极为复杂,其影响作用具有双向性。

---

① [美]欧文·拉兹洛:《多种文化的星球——联合国教科文组织国际专家小组的报告》,社会科学文献出版社2001年版,第8页。

近年来，学术界已经普遍认识到，经济社会发展离不开"文化力"的支持。[①]这也是20世纪80年代以来文化热持续不断的深层原因。但是，在文化资源利用问题上所存在的症结主要表现在，我们往往在没有弄清区域文化具体内涵和特质的情况下，泛泛地谈论传统文化资源的利用。尤其是没有从动态的角度来全面地分析评估研究区域文化的作用。

这就要求我们首先要通过系统的清理研究，弄清区域文化的内涵和特质，反思追问区域文化对社会发展复杂的、多面向的影响。既要研究区域文化对社会发展的正面效应，也要注意对其负面效应的考察。近年来，由于很多区域文化研究的项目多为地方政府资助，其研究动机多为挖掘区域文化资源，以推进地方社会发展。因而，其研究取向几乎都是清一色的正面研究，忽视了问题的复杂性和多面性。如与证明"东北也有积淀厚重的文化"这一命题相比，认识东北区域文化的特性，反思东北区域文化对社会发展的滞阻效应，具有同等的重要性。同时，我们还要注意，不能只研究观念、价值形态的文化，还要注意研究"体制性""制度性"文化对社会发展的影响。

第三，不同的区域发展模式之间不能简单地模仿和复制。

在人类文明走向全球化的时代谈发展问题，必须强调从多种源泉汲取发展创新的动力。为此，我们应该以开放的心态，积极地学习摄取一切发展模式的长处。但同时我们也要注意，各种模式间的相互学习和采借是有限度的。任何一种现实的发展模式都必须获得其社会内部强有力的文化支持，才能成立。改革开放以来，中华大地上出现了多元社会发展模式千帆竞逐的场景，诸如"温州模式""苏南模式""宝鸡模式""南街村模式"等，一时成为各地学习效法的热点。但人们往往喜欢简单地移植一些发展模式，而忘记了"发展模式"不能简单地复制，真正意义上的发展需要源自其母体文化的内在的支持的。因为从本质意义上看，不同的发

---

① 较早提出"文化力"概念的是贾春峰，其关于"文化力"的系统阐述，可参见其文集《文化力》，人民出版社1995年版。

展模式实际上是其地域漫长历史发展过程中潜移默化的产物，绝不能简单机械地照搬。如学术界很多学者认为，"1980年以后温州经济发展所取得的巨大成就，与其说是什么'经济奇迹'，还不如说是在新的历史条件下传统的复兴和发展，温州的今天只不过是它过去的延续，是这些传统经济行为的复苏。温州模式的'小商品，大市场'特征与该地域自宋朝以来就有的注重商业功利的'瓯越文化'、善于长途贩运做生意的历史传统密切相关"[①]。虽然将当代温州的发展完全归于传统的影响有些失之偏颇，但温州传统的"商业文化"和"功利思想"的现实影响的确是不可忽视的因素。鉴此，我们"要一以贯之地拓宽和鼓励各种资源的内源创造性……内源创造性的产物也应该力求与原有的文化结构浑然一体，易于接受"[②]。因为只有获得区域文化内在支持的发展模式，才是具有强劲生命力的。这也从另一角度说明了寻找区域文化"自性"的重要性。

---

① 参见张敦福《区域发展模式的社会学分析》，天津人民出版社2002年版，第220—221页。

② 中国社会科学杂志社编：《社会转型：多文化多民族社会》，社会科学文献出版社2000年版，第22页。

第三部分

东亚发展危机与社会分化研究

世纪交替之际，在全球范围内，无论是发达国家还是发展中国家，都在面临空前的社会分化和社会差距问题。虽然在不同的国度里，所谓"社会分化"和"社会差距"具有很大程度上的区别，但依然构成了当代世界社会发展进程中最值得关注的问题。诚如法国社会学家阿兰·图海纳在《我们能否共同生存：既彼此平等又互有差异》一书中所言：我们所置身的社会世界正面临空前的破裂，"就像巴黎这个五方杂处的城市一样，在市中心和郊区之间有许许多多越来越难以跨越的界限。那些最富有的国家，划出这样一条界限，就把少数人隔离了出来，使他们的处境与穷国中的少数人的处境并无两样。还在不久以前，我们还以为我们的社会是一个在人头上居于多数的中等阶级构成的社会；在它两厢，一边是善于在市场上找到自己位置从而迅速富起来的精英，另一边是在越来越快的马拉松赛跑中落伍的被淘汰者或穷人"①。2005年11月初以来在法国发生的郊区骚乱似乎证明了图氏的预言。

实际上，这种日趋严重的社会分化态势在东亚也有其特殊的表现，日益为学术界所关注。21世纪初，在日本出现了旷日持久的有关"格差社会"争鸣讨论的热潮，众多社会科学家甚至一些政界人士都卷入此论争之中。而在转型期的中国，亦出现了所谓"社会断裂说""社会阶层碎化说"、"十大阶层论"等观点。中国政府在"和谐社会"理念的背景下，提出系列的社会建设方案。此外，在关怀弱势群体的总体氛围下，来自印度的"底层理论"在东亚被译成多种文字得到迅速的传播。总之，关怀底层弱势群体一时成为近年社会发展模式研究的主潮。

在本部分的第七章东亚社会的"危机"与"发展"中，指出当下的所谓东亚发展危机，绝不仅仅意味着一些具体"事件"，也不仅仅是对未来发展的忧虑，而是"后发外生型"现代化国家在其转型发展过程中发生的、持续不断的社会结构性危机。对这些关于危机的估价和判断，直接决

---

① ［法］阿兰·图海纳：《我们能否共同生存：既彼此平等又互有差异》，商务印书馆2005年版，第57—58页。

定着我们对战后以来东亚社会发展的总体估价，对于东亚社会的发展模式和未来走向也会产生难以估量的影响。在第八章"东亚社会分化研究"中，我们将对日本社会和学术界关于"格差社会"的成因、表现形态、应对策略等问题进行系统的研究综述。同时也对近年来学术界关于中国转型社会背景下的"断裂社会论""十大阶层论"等学术观点展开评述，以期总结出对中国和谐社会构建有益的经验和教训。

第七章 东亚社会的"危机"与"发展"

如果我们从长时段的研究视角来审视人类社会发展进程中所面临的种种危机和风险，就会发现，危机和风险似乎是人类的常客。可以想象，徘徊于原始森林中的人类先民所遭遇的风险，与高谈风险社会的现代人相比，其所理解的风险会有何等的不同。尽管如此，我们仍应明确地意识到，现代人所面临的危机和风险是真实的。正如泰勒所言："尽管我们的文明在'发展'，人们仍视这些特点为一种失败和衰落。"[①]时下人类所面临的一切危机和隐忧，似乎都可以在"现代性之隐忧"这一话语下加以理解和展开。现代人可以自豪地宣布：我们业已取得的文明堪称现代文明的最高成就。但现代文明的"反身性"导致那些从根本上威胁人类文明未来的最危险的因素实际上是植根于发展过程之中的。这似乎是现代社会危机和风险的实质所在。

---

① ［加拿大］查尔斯·泰勒：《现代性之隐忧》，程炼译，中央编译出版社2001年版，第1页。

一、东亚社会发展进程中"危机论"的特殊含义

新旧世纪交替之际，文明危机论和社会风险论在全球游荡。比较观之，这些弥漫全球的"危机话语"在不同地区具有不同的含义：在欧洲主要是指经济衰退背景下福利国家消解所引发的公民与国家关系的恶化及社会分裂。在美国则以"9·11"恐怖事件之类的突发性事件为代表。而对于东亚社会而言，这些"危机话语"则更为特殊和复杂，表现为：

其一，从危机论的内涵看，东亚危机话语甚为丰富，具有"多层次性"。主要包括：（1）"金融危机"。主要以1997年以来横扫东亚的那场金融危机为代表。学术界普遍认为金融危机背后隐藏的实际上是"威权主义"治理体系的危机。（2）"政治危机"或"治理危机"。东亚金融危机刚刚落下帷幕，在印尼、菲律宾、韩国等一些建立了西方民主体制的国家和地区先后发生了对领导人的弹劾事件，引发了波及全国的政治风潮，学术界将其称之为：继东亚金融危机之后的"一场带有普遍性的领导人危机"或"治理危机"。它对东亚传统的威权主义体制提出了强劲的挑战。（3）地区性国家安全危机。与世界其他地区普遍建立了安全保障体系不同，直到今天，东亚仍然是一个矛盾重重的松散体系，地区内部国家间缺乏信任，矛盾冲突和危机不断。一些小事件的摩擦往往会引发民族国家间关系的极度紧张和交恶。（4）突发性事件所导致的公共性危机。伴随着经济的高速发展和城市化步伐的大大加快，东亚社会正走向一种人口高度密集的生活方式。人口高度密集居住方式所面临的风险在于，它可以使我们日常生活中出现的某些"危机"以数十倍甚至百倍的能量释放出来。人类社会开始面临前所未有的风险，2003年发生的SARS事件使人们对于此类危机有了强烈的认同。（5）文化认同和文明活力危机。言文化危机者多以全球化为背景，认为西方强势文化挟经济全球化之力向东亚扩散，对东亚本土文化的"自性"构成了毁灭性的冲击。于是，亚洲价值观之议骤起，形成了当代文

化史上旷日持久的争论。

上述这些关于东亚危机的种种判断构成了近年来东亚危机话语的"总体图景",使人们强烈地意识到,对于东亚国家来说,所谓"危机"绝不仅仅意味着一些具体"事件",也不仅仅是对未来发展的忧虑,而是"后发外生型"现代化国家在其转型发展过程中发生的、持续不断的社会结构性危机。对这些关于危机的估价和判断,直接决定着我们对战后东亚社会发展的总体估价,对于东亚社会的发展模式和未来走向也会产生难以估量的影响。

其二,受东亚诸国发展程度和社会结构的制约,关于东亚危机的话语在不同国家也具有不同的意义。

在以往的研究中,人们往往把东亚诸国简单地视为是儒教文化圈的一员,是中国文化的附属品或复制品。事实上,东亚社会发展进程既具有统一性,又具有多样性。在封建农业时代,中华文化作为东亚文明圈中的核心文明,其思想、律令、文字等都对周边国家产生了巨大影响。这些周边国家在构建其文化体系的过程中,虽然大量地运用了中华文化的材料,但它们绝不是简单地复制出一个中国文化的小型翻版,而是形成了自己文明的独特规则,创造出独特的社会组织制度和政治体制,使之与"中心文明"开始存在结构性的差异。到今天我们已经不能再用"儒教文化圈"这样简单的话语来概括东亚文明的特点了。东亚世界各成员间的"异",逐渐开始大于"同"。同时,在攀登近代文明阶梯的过程中,东亚诸国也存在着明显的时间差。故正如谈东亚奇迹时不能将其成因简单地混为一谈一样,总结分析东亚危机形成的原因及其表现时,同样不能以一个版本加以说明。很多学者在分析当今日本所面临的困境时普遍认为:时下日本的危机和衰落并不等于贫困和经济的凋敝。这正如英国《金融时报》的一篇文章所言:一位英国商界人士置身光芒四射的银座大街时,简直惊呆了。她本以为会看到像20世纪30年代时那样的萧条景象。"日本可能已陷入衰退,但并不是像过去的衰退那样。每个人都在谈论这场经济大萧条,但就像百慕大三角一样，我们却很难发现它的迹象。"①著名学者森岛通夫也认为："日本现在虽然是西方七国集团成员之一，期望跻身于世界一流国家的行列，然而却已经不是其中的重要成员。政治上业已败，现今所倚仗的，只剩下经济。"②对于韩国来说，几乎所有的危机话语都是围绕着对"威权主义"发展模式的批判展开的。而在中国，危机似乎大多集中在社会转型发展过程中的阶层分化和地域发展不平衡等问题上。

其三，"西方中心论"与"危机话语"的内在关联。

如前所述，在西方思想文化体系中并不缺乏理论化、体系化的"危机""忧患"思想，这正如德国学者彼得·欧皮茨所概括的那样："尽管对进步的信仰仍然是今天西方世界的重要基本特征，但这个概念却丧失了许多昔日的光辉，它开始发白，开始凋谢。""在这期间，一个与其相反的概念——危机的概念——却迅速繁荣。从'能源危机'开始到'原材料危机''世界经济危机''环境危机''安全危机''民主的危机'、第三世界的'危机'以及欧洲'危机'等等。"因此，"危机概念繁荣的背景恰恰是人们对进步的怀疑。一个概念的摇摇欲坠和另一个概念的直线上升仿佛发出了我们这个时代将要结束的信号。"③但自1997年东亚金融危机以来，危机似乎开始成为东亚国家的"专用名词"。

认真分析体察西方学术界的"东亚危机论"，我们会发现其中存在着一种值得注意的倾向，即以西方社会发展的模式为准绳、凡符合西方模式的便是合理化的发展，反之则是走向危机的发展。在20世纪90年代，其主要代表人物是克鲁格曼。当时，正当以亚洲"四小龙"为首的亚洲经济

---

① 《这是经济衰退——但不是旧式衰退》，《金融时报》2001年12月1日，转引自《参考消息》2001年12月9日。

② ［日］森岛通夫：《透视日本——兴与衰的怪圈》，中国财政经济出版社2000年版，第198页。

③ ［德］彼得·欧皮茨：《进步：一个概念的兴衰》，《中国社会科学季刊》1994年夏季卷。

蓬勃发展之际，克氏于1994年11—12月在《外交》杂志上发表了那篇著名文章《亚洲奇迹的神话》，认为东亚的高速发展"不仅对西方的实力，也对西方的观念的支配地位提出了挑战"。在他看来，东亚经济的高速增长率是建立在大规模资本和密集劳动力的投入上的，没有真正的知识进步和技术创新，也缺少健全有效的制度支持，所以这种增长是不可能长期保持的。他断言"没有发现东亚增长进程后面的力量对理论有什么新的寓意"。"可能在少数人看来，亚洲的成功证明了更少公民自由和更多计划的经济体制的优越性，而这种体制是我们西方所不愿意接受的。"[1]事实上，克氏对于东亚发展模式的批评未尝不可作为苦口之良药，但其批评话语外部明显的"西方中心论"的包装却是很难令非西方国家所接受的。因为在他看来，西方的发展模式具有放之四海而皆准的普遍性，是不可违背的。

二、东亚"危机"与"发展"的复杂关联

近年来在学界、政界风行的"东亚危机论"是在东亚社会发展取得了一定的成功的背景下，以东亚金融危机这一重大事件为契机出现的。与西方"后现代版本"的危机论所关注的"富国麻痹征"不同，迄今关注东亚危机的种种理论大多是围绕着"危机"与"发展"这两个基本概念展开的。于是，"危机"和"发展"的关系问题实际上成为最具实质意义的话题。

---

[1]　［美］保罗·克鲁格曼：《流行的国际主义》，中国人民大学出版社、北京大学出版社2000年版，第184—203页。

首先，从长时段的角度看，东亚今日所面临的"危机"是其社会发展过程中发生的危机，是东亚国家对经济高速增长所引发的政治、社会、文化等一系列变革缺乏准备的产物。

18世纪以来三百年的世界文明发展有两个值得注意的趋向：一是西方文明居于主流文明，长期主导着世界文明的深度发展；二是从20世纪下半叶开始，以东亚为代表的一些东方古老的文明开始复苏，显现出强劲的发展势头，虽然其发展水平距西方发达国家尚有相当距离，但其高速发展已构成了对西方世界的挑战。如果我们将东亚目前发生的危机置于上述转型过渡长时段进程中来加以审视，就会发现，东亚危机实际上是在其追求发展、走向现代化进程中发生的。其实质是东亚国家试图以"赶超"的范型，将欧美社会三百年的发展浓缩在二三十年的时间来完成，其间所发生的剧烈社会变迁必然对传统社会产生剧烈的冲击，产生本土的与外来的、传统与现代等剧烈冲突，使得危机的发生具有一定的必然性。就韩国的发展经验而言，其独特性主要表现在其发展"是在前近代、近代、后近代等三个时期重叠之下形成的过度发展、低发展、不发展等三者并存的体验。在此期间，民主主义和世界主义、霸权主义和民主主义、增长主义和生态主义、经济发展和社会福利，以及传统主义和现代主义之间一直不断地进行着斗争和妥协。其表现可以例举为被分裂的民族国家、未成熟的市民社会、被垄断的市场经济、从属的资本主义、被破坏的生态环境、被埋没的民族文化等"[1]。

这种超常的发展模式也常常被称为"压缩式发展"，它强调发展的高速度，带来经济社会间的不协调性，使得社会运行潜藏着严重的风险。同时，值得注意的是，在"增长至上"的旗号下，社会精英控制了"发展话语"和"发展方向"，使得财富的分配和占有愈加不平衡。如在东亚金融危机爆发时，一位法新社记者即称东亚实际上是患上了虚骄浮躁"高尔

---

[1]　［韩］林贤进、郑日准：《韩国的发展经验和省察性近代化——近代化的方式和近代性的性质》，《当代韩国》1999年冬季号。

夫球场病"。认为以奢华的高尔夫球场和超高层的建筑群落作为东亚畸形发展的象征实在是再贴切不过了。日本学者古馆真认为："建设巨大建筑物，其中一个原因是出于想通过建大楼显示本国经济实力这种幼稚的思想。以前，想通过建大楼夸耀经济实力与技术力量的当权者，世界上比比皆是。在历史性建筑中，也有不少是为显示权威而建造的雄伟、壮丽的建筑物。但如今的时代，靠建筑物大小来比较国家与民族优劣的想法是非常愚蠢的。"①表现在经济发展上，这种"高尔夫球场病"往往体现为东亚一些国家热衷于建立超大规模的大公司。韩国建大公司的动机是为了与日本的大公司抗衡。认为日本人能做到的事情，韩国人也能做到。但在亚洲金融危机之后，韩国已开始对此进行反思。中国近年来深受韩国模式的影响，追求企业间的大规模合并。对于国营企业来说，所谓"强强联合"，往往是凑资产，搞形式合并。张维迎认为："如果单纯为了进入500强，把全中华人民共和国注册为一个股份公司就可以了，肯定是第一。"②

其次，既然东亚危机是其发展过程中的必然产物，那么我们要想破解东亚社会危机与发展之谜，就必须注意揭示"危机"和"发展"间复杂的内在关联。

在近年来的东亚研究评价中，存在着严重的"话语分裂"，表现在人们在探究"东亚奇迹"的成功经验时，无不承认"政府威权"的主导性推动作用。但当人们开始反思东亚陷入危机的缘由时，又毫不犹豫地将危机罪魁的"桂冠"戴在威权主义的头上。这种严重的"话语分裂"集中地反映了东亚社会发展进程中"危机"与"发展"的复杂关联性。

事实上，东亚的危机和发展是一体的。没有战后东亚持续高速的发展，就不会有今天这种意义上的社会危机。目前东亚社会所面临的种种危机实际上是其进入"风险时代"的标志，是东亚社会发展不可逾越的历史

---

① ［日］古馆真：《反调——驳日本可以说不》，经济日报出版社2001年版，第184页。

② 宋犀坤：《全球500强：〈财富〉中国论坛备忘录》，中国经济出版社1999年版，第6页。

阶段。迄今对东亚的发展与其危机发生间的复杂关系作出较好诠释的是日本学者森岛通夫的两部著作。1982年，当日本的发展势头如日中天之时，森岛通夫出版了《日本为什么"成功"？》一书，集中阐释了近代日本崛起的深层缘由。据森岛自己解释，他当时之所以将"成功"加上引号，主要是因为在他看来，任何国家都不可能在一切方面都取得成功。而且，某一方面的成功必然与其他方面的失败密切相连，成功与失败往往是相互纠缠着出现的。于是，到20世纪末叶，当日本陷入不景气的危机时，他又写下《日本为什么将会衰落？》的新著。①窃以为：森岛通夫的两部著作，给我们分析问题提供了极好的思路。如果将森岛通夫的两部著作结合起来看，就会发现，其独到之处在于建立了"成功"与"衰落"之间的内在关联性。昔日促使日本走向成功的因素，今日或许恰恰就是导致日本衰落的要因。

　　精通日本文化的阿列克斯·科尔则在《犬与鬼：现代日本的坠落》一书中陈述了大体相同的道理：

　　"世界上存在着两个日本，一个是我们很熟悉的日本，该日本拥有先进的技术和优良的发展模式……但是，还存在着另一个日本，一个真正的日本。这个日本在技术和文化方面已经落后，国际社会也因此避开它，转而去示好它的东亚邻国……简言之，日本非但不是我们一直认为的现代成功国家，在有些方面不啻为当代的失败。造成这种局面由来已久，只不过迹象显示缓慢，因为使日本今日滞后的很多原因正是它一度成功的源泉。教育人们缄默的教育体制在以制造业为基础的旧经济中对于培养公司武士无疑很好，却无法产生适应软件和知识产业的创造型企业家。同样，允许官员接受甚至鼓励做假账的不透明的金融体制，尽管在第二次世界大战后的头几十年里很受用，却最终导致了20世纪90年代泡沫经济的崩溃。"②

---

① 　[日]森岛通夫：《透视日本——兴与衰的怪圈》，中国财政经济出版社2000年版，第198页。

② 　[美]阿列克斯·科尔：《犬与鬼：现代日本的坠落》，中信出版社2006年版，中文版"序言"。

在韩国，我们也看到了类似的情形：导致危机的原因和解决危机方法具有极强的一致性。20世纪六七十年代，在朴正熙主政时期，他贯彻"经济发展第一"的方针，执行政府主导型的市场经济政策，依靠集权主义的官僚体制通过权力高度集中，摧毁一切不利于经济发展的障碍，大力扶持大型企业，整个国家就像一个大公司，总统就是总经理，政府是企业管理机构，各个企业只是生产车间或销售机构。由此，朴正熙时期的韩国政治体制被学者们冠以"发展型国家"、"发展型政府"、开发独裁等名称。韩国经济就在这样的高度权威主义之下高速发展着，从1962年到1979年，国民生产总值由23.2亿美元增加到636.1亿美元，年平均增长率为9.5%，其中1977年增长率高达10.3%，1978年高达11.6%，人均国民生产总值由1962年的87美元增加到1979年的1640美元，年平均增长率为18.9%。这一发展速度被誉为"汉江奇迹"[①]。而当韩国陷入危机时，舆论又一致指向"威权主义"主导下的发展模式，呈现出"成也萧何，败也萧何"式的迷局。

最后，在东亚的日本已出现以"富国麻痹征"为主要特征的文明的危机。

20世纪90年代以来，伴随着日本经济发展的盛极而衰，整个日本列岛弥漫着一股衰退的气氛，从森岛通夫的《日本为什么衰落？》，到澳大利亚学者加文·麦考马克的《虚幻的乐园》，学术界和政界不断出现关于日本衰落的种种诊断。

日本首相中曾根康弘在反思日本21世纪国家战略时，曾对当代日本存在的严重危机做了如下分析，他认为，日本的衰落主要表现在三个泡沫上，除了政治泡沫、经济泡沫外，社会泡沫的崩溃也是值得格外关注的。这种社会泡沫"象征性地表现在从财界政界到警察和自卫队中泛滥的渎职现象。一看每天的报纸，恶性犯罪、儿童和青年人的犯罪等为数不少。对人的存在和价值等恶毒观念正在改变。最重大的问题是教育的崩溃。从这一意义上来讲，现在的情况是一种文明病，战后的文明病。就算要实行教

---

① 李敬南：《卢泰愚传》，新华出版社1991年版，第20页。

育改革，也不是靠责怪学校和老师能实现的。社会全体患上了文明病。因此，这不单单是一个文部省的问题，而应当是由国民自觉地在日本全国发起国民运动来解决的问题"①。

东亚发展过程中这种"危机"和"发展"间复杂的关联，给我们认识评价东亚现象进而寻找解决问题的路径增添了难度。面对危机的存在，我们既不能用战后"东亚奇迹"去抹杀危机的存在，也不能用"危机"去抵消"发展"的业绩，而应对"危机"与"发展"间的内在关联进行客观的研究和评价，寻求摆脱危机、进一步发展的路径。

三、对东亚传统发展模式的反思

以研究中国现代化著称的著名学者金耀基，在一篇文章中曾借用墨西哥诺贝尔文学奖得主、诗人巴斯（Octavio Paz）的命题，称中国现代化是"命定地现代化""被诅咒地去现代化"。其含义是说中国的前途除现代化之外，别无他途，但现代化却又不是一个福音。②窃以为，此命题的深层意蕴表现为：在揭示现代化道路必然性的同时，也发现在弱肉强食的现代世界上，中国的选择空间已变得非常狭小。这决定了非西方国家的现代化行程中每作出一次选择，都必定要付出极为高昂的代价。在这一意义上，对于19世纪中叶以来的东亚来说，任何理想的"发展模式"选择和"制度设计"恐怕都是奢侈品。事实上，包括中国在内的所有的东亚国家的社会发展模式选择都必须接受一切既定的历史条件的制约和局限。关于

---

① ［日］中曾根康弘：《日本21世纪的国家战略》，海南出版社2004年版，第65页。

② 金耀基：《论中国的现代化与现代性》，《北京大学学报》1996年第1期。

近代以来东亚社会发展模式的选择，学术界有很多概括，或相对于早发现代化而称之为"后发外生型"现代化；或相对于自然而然式的循序渐进式演进的发展模式而称之"压缩式发展"模式。笔者认为就东亚近代以来的社会发展模式而言，称之为"压缩式发展"似乎更能体现东亚社会发展模式的特点。

（一）"压缩式发展"的含义

所谓"压缩式发展"，在这里主要是指非西方国家在实现其"赶超型"现代化和社会发展的过程中，其发展进程表现出强烈的"时空压缩"特点。即在时间上的"压缩"，"我们是一个在一代或两代人的时间内实现了工业化的农业社会。西方在200多年或更长的时间里发生的变化在这里正在用50年或更少的时间来完成，所有这一切统统塞进一个极其紧迫的时间框架内，因此必然会出现错位和功能紊乱"①。在空间上，结束社会闭锁发展的历史，而走向开放，开始从属于西方发达国家的发展进程，即"东方"从属于"西方"的过程。

作为"后发外生型"现代化的典型范本，战后东亚社会发展呈现出明显的"赶超跃进式"特点。对此，学术界有不同的概括。而从反思性角度展开分析，我们会发现"压缩式发展"这一概念有助于揭示非西方国家社会发展特有的复杂蕴涵。

首先，表现在时间和空间上，"压缩式发展"往往表现为"百年锐于千载"的跨越式的发展，这是一种典型的时空压缩，在表面"高效"发展的背后潜藏着巨大的风险。"压缩式发展"是高效的。正如一位在日本工作多年的英国建筑家所言："一座在英国需要一年时间才能建成的建筑，在日本只要6个月就能建成。"她补充说同样的房子在韩国可能只需要3个月就能建成。"这种速度和流动性是从何而来的呢？为此又必须付出哪些

---

① ［美］扎克雷亚：《文化即命运——与李光耀一席谈》，上海市社会科学院信息研究所编：《国外社会科学前沿》，上海社会科学院出版社1998年版，第376页。

代价呢？"①

　　"压缩式发展"似乎更重视"形式化发展"。这从东亚发展过程中严重的"中心情结"即可略见一斑，"随便提一个有发展前途的经济部门，该地区的领导人都会异口同声地说，他们想在其中独领风骚。东南亚现在出现了从'航空中心'到'风险资本中心'的形形色色的中心。它涉及各行各业，包括生物工艺学、磁盘驱动器、教育、时装、金融、保健、传媒、钻探设备和旅游。这种对成为中心的热切追求很好解释。几乎人人张口就能说出世界上的最高山峰，但如果要他们说出第二高峰，他们可能就会支支吾吾。换句话说，除非你是一个中心（也就是位居第一），否则就什么也不是"②。在城市建筑发展问题上，摩天大楼被当成是力量的象征、文明的象征、进步的象征，"在经济竞赛热火朝天的亚洲，许多国家都在较着劲儿攀比大厦高度，这是国家重点扶持的竞赛项目，汉城、上海、重庆、雅加达、加尔各答，都试图冲击世界纪录"。"随着亚洲经济的高速发展，已出现了一些预想不到的后果，包括资源浪费、贫富差距扩大、环境质量和生活质量下降，我们要的不仅仅是摩天大楼，由'数量'和'高度'推动和体现的亚洲奇迹能持续下去吗？此外，亚洲在经济高速增长的同时，在人文和精神上的高度上去没有？我们看到古希腊、中国的春秋战国、欧洲的文艺复兴等历史阶段，在物质文明取得突破性进展的时候，文化和思想上也是成果丰硕，巨人迭出，亚洲还远远未到可以骄傲的时候。"③

　　其次，为了迅速改变落后境地，在向现代化推进的过程中，往往需要民众与国家保持相当高程度的"一致性"，这就导致在给予现代化以巨大推动力的同时，使得其公民社会建设严重滞后，出现了只有"国民"没

---

① 贺照田：《后发展国家的现代性问题》，吉林人民出版社2002年版，第115页。

② 《中心、中心、中心》，新加坡《海峡时报》2005年3月19日，转引自《参考消息》2005年3月26日。

③ 庄礼伟：《亚洲的高度》，《东南亚研究》1997年第5期。

有"市民"只有"家庭"没有"个人"的情况。在韩国现代生活构造中，"国民"和"家族"是两个发挥巨大力量的词汇。"在某种意义上，韩国社会能在如此短时间内获得奇迹般的经济增长，应归功于它在创造'国民'上的成功。这种'成功'通过抹杀市民社会的生长空间而得以成为可能……压缩型增长时期生产出这样一个社会，其间只有冠冕堂皇的国家权力和家长制家庭，却没有公民或是自律的个体。当然，这种民族人必然会使压缩型发展得以成为可能。"①这说明，压缩式发展固然可以获得经济发展绩效，但在物质财富增长的背景下，实际上却是以"压缩社会"为前提的。这种靠牺牲权利、压抑自由求得的"发展"，只可能是一种暂时的繁荣。原因很显然：多年的市场经济实践已经证明，良性发展的前提，是法制的健全，是民主意识的勃兴，是每个个体权利的舒张。

最后，"压缩式发展"具有突出的模仿性特点，使其现代化进程充满着"虚妄""浅薄"和模仿的一面。"西欧的理性化进程是一种借助相互制衡的复杂力量关系来实现的自发过程。而整个发展中国家的制度移植，却是典型的人为设计的社会工程。在这种设计过程中，无论是出于有意还是无意，理性化的移植都变成了单纯程序技术的移植。在表面性经济繁荣的背后，欠缺价值的支撑和制约，真正贫乏的时间，成为一种空壳式的现代社会。"②早在1911年8月，夏目漱石在刚成立的学习院里作了题为"现代时期的日本文明"的演讲。在演讲中，他把他所谓的"道德平衡的丧失"和日本对西方的奴隶一般的简单模仿直接联系起来：

"简单说来，西方文明（我是说，一般意义的文明）是从内部生成的，而日本的文明是从外部生成的。'内部生成的'事物自然而然从其本身发展出来，如同鲜花绽放，先是蓓蕾绽开，然后花瓣向四周展开。而'外部生成的'事物总是由于外在的压力而被迫呈现出某种特定的样子。以这种方式获得文明的国家或者民族只会感到虚无、不满和焦虑。有些人

① 贺照田：《后发展国家的现代性问题》，吉林人民出版社2002年版，第123页。

② 李猛：《论抽象社会》，《社会学研究》1999年第1期。

为我们的文明沾沾自喜，好像这是从内部生成一样，但他们错了。他们也许以为他们代表了最新的潮流，但他们错了。他们虚假而肤浅，好像小男孩们还不知道烟草是什么味道就叼着香烟四处炫耀。可日本人必须这样才能够生存，我们的悲哀也就在于此。"①

（二）走向"内发型""渐进性"发展

在反思"压缩式发展"的基础上，"新发展主义"开始提倡"内发型""渐进性"发展。"内发型发展"是日本人类学家鹤见和子率先提出并加以使用的概念。早在1975年她便对此概念作了如下的界定：

与现代化理论相区别，内发型发展论有如下特点：（1）现代化论的单位是社会整体，其边界是国家。与此相反，内发型发展论的单位是地区性的，是一个边界比国家小而且比国家受到更多限制的实体，它是以共同的生态特征为基础的村、镇和城市社区网络。现代化论代表了发展的中心化模式，而内发型发展论主张的是分散化模式。（2）经济增长即GNP规模是现代化论的主要指标。而内发型发展论主要衡量的是人的发展，经济发展尽管重要，只是实现人的发展的一个条件。（3）内发型发展论要求与自然生态的平衡与协调，而现代化理论缺乏环境考虑。（4）现代化论的主张者是政治和工业化的精英，而内发型发展论的主张者是地方社区的居民，其创造性是其明确目标和发展进程的关键，它导致了发展模式的多样性，而现代化理论的发展模式是单一的。（5）根据现代化理论，为了实现现代化，必须尽快替代前工业社会的传统。与此相反，内发型发展论认为，前工业社会在社会结构、文化和精神传统方面的遗产及各种技术要由人民来使它们复兴，以纠正或防止现代化的弊端。（6）现代化论植根于西欧国家的历史经验。这些国家有着共同的精神遗产即基督教。内发型发展论所依据的是非西方国家的历史经验，而这些国家的精神遗产却各不相

---

① 转引自［美］约翰·内森《无约束的日本》，华东师范大学出版社2005年版，第10—11页。

同，如佛教、印度教、儒教、道教、伊斯兰教等，还包括基督教。每一种宗教都有自己的自然观，代表着不同的人与自然、人与人的关系。[①]

稍后，日本学者西川润在上述定义的基础上，做了更为简洁的概括，他认为所谓"内发性发展"可表述为："后发社会不只是模仿先进社会，而是立足于自身社会的传统，改造外来模式，谋求与自身社会条件相适应的发展路线。"[②]

这一概念后来也表述在联合国教科文组织的文献中，其赋予内源发展的首要含义是：尊重文化的同一性和各国人民享有自己文化的权利。在经济上的考虑和把发展归结为数量上的增长长期居于统治地位以后，人类恢复了自身的中心地位，人类既是发展的动力，又是发展的目的。尽管对文化个性的肯定得到承认，但是对应该赋予文化个性的含义却有着各种互相对立的看法，从厚古薄今的态度到激进的未来主义，还有技术统治论和人种发展论。[③]

从本质上讲，所谓内源发展，是由内部产生的发展，是着眼于为人类服务的发展，就是说，其目标首先是满足人民的真正需要和愿望，从而确保他们自身的充分发展。一个机构必须按照自身的结构发展，由此可见，一个社会只有按照自己的方式，才能获得真正的发展。[④]一个社会要获得发展，首先，必须从一开始就不停地保存自我，因为凡不复存在的东西，就无发展可言。其次，发展的过程不应导致破坏、变质或（和）丢掉各民族的个性。在历史上，一些社会被更强大的社会吞并的例子屡见不鲜。被强者吞并的社会，其领土和人民在后来变得比过去更昌盛、更"文明"

---

① 北京大学社会学人类学研究所编：《东亚社会研究》，北京大学出版社1993年版，第78页。

② ［日］三石善吉：《传统中国的内发性发展》，中央编译出版社1999年版，第2页。

③ 联合国教科文组织：《内源发展战略》，社会科学文献出版社1988年版，前言，第1页。

④ 联合国教科文组织：《内源发展战略》，社会科学文献出版社1988年版，前言，第1页。

（按照占统治地位的文化模式），这是可能的。但是，被吞并的社会既不复存在，也就谈不上它自身的发展了。[①]

可见，“渐进性”，是与“激进型发展模式”相对而言的，其主要特征是其社会发展注重社会土壤的培育，这种社会土壤主要包括“比较合理有效的社会流动机制；系统的社会保险和社会保障制度；社会财富分配的公平；必要的社会共识等。现代化建设一旦具备一种有益的社会土壤，社会机体本身便会有一种由自然的需要而产生的一种自然递进的惯性。在此基础上，现代化进程的人为推进方式方可起到有效而切实的作用”。而“激进型发展模式”的一个重要特征便是“脱离了特有的社会土壤。这种模式试图一步到位，以尽量缩短现代化的进程”[②]。

四、关于危机对策的思考

谈及“危机应对机制”的建立，人们首先想到的是危机预警、识别危机、隔离危机、危机后处理等危机管理的具体措施，这往往是一般性危机的应对之策。而对于由赶超战略所带来的社会结构性危机，则需要做更为全面的反思。

---

① 联合国教科文组织：《内源发展战略》，社会科学文献出版社1988年版，前言，第2页。

② 吴忠民：《渐进模式与有效发展——中国现代化研究》，东方出版社1999年版，第227—228页。

（一）对传统发展模式的反思

战后以来，占绝对统治地位的发展理论是将经济增长简单地等同于发展，将经济增长视为社会进步的先决条件。落后国家若想对发达国家实现赶超，就必须高速推进工业化。在这一理念的作用下，人们更多思考的是快速发展，而未考虑发展意味着什么？结果导致了危机的发生。因此，我们要想解决由社会高速发展所引发的危机，就必须对传统的发展主义进行深刻反思，致力于经济社会的协调发展。在东亚诸种版本的发展模式中，虽然其具体的发展理路有所不同，但在以赶超模式追逐经济发展的问题上却具有惊人的一致之处。这种发展模式可以在一定的时间内创造巨大的物质财富，却无法保证将发展建立在坚实的社会基础之上。澳大利亚著名学者加文·麦考马克曾对战后日本的发展进行了综合的研究考察，他发现："如果把繁荣作为目标的话，市民是能动员起来的。繁荣被理解为不间断的发展，这个概念已渗透到市民日常生活中的每个角落。"①但这种唯"发展"之马首是瞻的发展模式，最终导致了人与人、人与自然关系的断裂，使得战后成为经济帝国的日本不过是一座"虚幻的乐园"。另一位日本学者田所昌幸近日在《经济杂志》上也撰文指出："日本可悲并不是因为经济不行了，而是因为日本只有经济。重新构筑起一套与富裕社会相适应的激励机制是日本当务之急，'唯有经济'才是日本的悲哀。"

当然，在危机到来之时，对传统的发展模式进行反思批判是十分必要的，但我们却不能由此而走向否定一切的极端。应该承认，在当时历史条件下此种发展模式存在的必然性，"此前的经济发展的确有很大成就。这种经济发展最起码使东亚摆脱了因第二次世界大战中被侵略和被掠夺而带来的贫困状态。因目前的经济困难而否定一切，正是文化自卑心理的一种

---

① ［澳］加文·麦考马克：《虚幻的乐园——战后日本综合研究》，上海人民出版社1999年版，英文版序言。

体现"①。而且，在危机解决问题上，以韩国为例，一个发人深省的现象在于：当危机来临时，韩国用以救援危机的基本力量还是来自传统的"威权模式"。韩国运用了政府的力量调动了全国资源。同时，韩国从上到下都体现了一种"共赴国难"的精神。有的家庭主妇甚至可以捐献出两千万美元的黄金。"这样的方式和心态，还是亚洲模式的体现。不管是否成功，它能调动资源的模式还是政府宏观调控和企业间互相配套的模式。如果韩国顶住了这个危机，则绝不是原来模式的崩溃，恰恰相反，一定会导致经济上更大的发展。"②

（二）重建经济繁荣的社会基础

在东亚传统社会，宗族和家族构成了社会结构的基石，保证了传统社会秩序的存在。在现代化浪潮的直接冲击下，这些传统的社会组织单位纷纷解组，代之以一种现代的原子化生存方式。在人口高度密集居住生活方式的状态下，如何保持社会秩序便成为最具挑战意义的话题。目前世界范围内掀起的社区建设浪潮便是在社会剧烈变迁的形势下重建社会秩序的一种努力。在欧美国家，社区建设往往与第三条道路和福利国家建设联系在一起。而在东亚，社区建设一般是在培植民间力量，调节国家与民众间关系的意义上而存在的，与西方民间力量相对成熟不同，包括日本、韩国、中国在内的东亚国家在社区建设推进过程中，政府都在其中都扮演了重要的角色。无论是日本的町内会，还是中国新近由居民委改组而成的社区，其主要功能都是作为连接政府和民间的桥梁而存在的。在某些时期甚至是作为行政色彩极为浓厚的非政府机构而存在的，而不是与政府直接对立的。据笔者调查，SARS危机来临时，在中国起决定性作用的仍是传统单位

---

① 周月琴：《IMF：韩国的经济改革与儒教资本主义社会的文化症结探源》，《中州学刊》1999年第1期。

② ［美］杜维明：《东亚价值与多元现代性》，中国社会科学出版社2001年版，第75页。

管理体系和政府—社区联动体系，而其他民间组织机构则没有发挥重要作用。鉴此，在东亚地域，以政府为主体的政府—社区联动体系在应对危机的过程中仍将扮演重要角色。

（三）地区合作体制的建立

与欧洲社会发展"一体化"趋向不同，在经济全球化的背景下，东亚地域国家和地区的区域意识淡漠，不是一个整体，只能实现"连带式发展"，而不能实现欧洲式的"一体化发展"。作为后发外生型现代化的代表，历史上东亚诸国主要寄希望于从西方发达国家获得资金、技术、知识，而忽略了地区内部合作力量的重要性。东亚地区组织的严重匮乏已严重地制约着地区经济社会发展。当东亚发生危机时，没有一个权威的地区组织可以出来处理。因此，有必要建立跨越国境的社会危机处理机构，进行协商和协调，以建立"共同繁荣空间"。

全球化时代社会发展的一个根本性特点在于各国家地区间相互依赖性的大大增强。但这并不意味着民族国家经济社会发展独立性的丧失。英国《经济观察家》杂志曾撰文批评到："大多数亚洲国家习惯于将其经济问题归罪于他人，对于眼下的经济困境，他们总是强调一些外在因素，诸如美国经济增长放缓，全球信息产业投入暴跌以及中国竞争力增强等。毋庸置疑，美国经济衰退对东亚打击是沉重的，但其深层次原因还在其内部。"事实上，东亚国家和地区目前所面临的真正危险在于，为了应对经济衰退而采取干预和保护措施。如果他们变得越来越像干涉主义者，越来越封闭，那么，这些曾经生气勃勃的"小虎"，将很快丧失活力。

（四）寻找失去的"自我"

在通常的情形下，现代文明社会最危险的危机是"无形"的，其中在现代化和全球化背景下，最值得关注的是民族"自性"的危机。美国学者约翰·内森在对当代日本的危机作出自己的解读时，非常注意强调恢复作为记忆存留在想象力中的本土文化，以免在现代化进程中被外来的力量所吞没。他分析道："迄今，日本还没有完全从这次经济滑坡中恢复过来。随着国民情绪日益低落，那些令人不安的老问题再次被提出来：当一名日本人究竟意味着什么？日本独特性的源泉和本质是什么？这些问题急需回答，但却一直没有满意的答案，于是全民族的不安再次浮出水面，今天很多日本人都有这样的体会，觉得他们的生活中缺少了某种根本的东西……日本民族迫切地感到需要重获第一意识，从而通过与本土文化建立或恢复联系。"①如前所述，韩国的现代化进程实际上也是伴随着激烈的冲突和矛盾纠葛蹒跚前行的，如何缓解矛盾冲突，建构协调发展的社会氛围，亦为韩国当代社会发展的难题。2006年12月5日到11日，韩国以208名教授为对象的调查结果显示，43.8%的受访者选择了"反求诸己"作为2007年韩国社会期许的词汇。这反映出2006年韩国社会里层出不穷的纠葛与分歧事件。②人们试图通过激活古训来遏止现代社会持续不断的矛盾和冲突。

五、东亚社会发展趋势的预测

受20世纪晚期弥漫世界的悲观主义情绪的影响，20世纪末叶，东亚范围内亦被一种危机氛围所笼罩。德国社会学家贝克1986年出版《风险社会》，甫问世时在东亚并未引起关注，但近年却被翻译出版，成为学界热议的话题。而在日本年度汉字评选中，"震""毒""倒""末""伪"

---

① ［美］约翰·内森：《无约束的日本》，华东师范大学出版社2005年版，第18—20页。

② 《208名教授推选新年寄语，"反求诸己"列榜首》，《参考消息》2007年1月1日。

等与"危机""衰落"相联系的汉字接连被选为"年度汉字",表现出人们对社会未来发展的不确定性认识大大增强。当然,在社会危机衰落论之外,也有对东亚抱有复兴期望的所谓"东亚复兴论",形成了与"衰世论"鼎足相对的格局。

(一)"东亚复兴论"

在理论表述上,"东亚复兴论"往往是与"东方复兴论"直接联系在一起的。自西方工业文明崛起并向全球扩张以来,"东方复兴"实际上是与"西方没落"直接相连带的问题。每当"东方复兴"的论调如日中天时,西方文明的发展肯定是遇到了"发展危机"和严峻挑战。最典型的事例来自第一次世界大战时期,当时在欧洲人那里,"西欧决定论已经破产","欧洲人对东方表现出如此强烈的爱慕之情"[①]。甚至在中国思想家梁启超的笔下,竟然出现了用中国传统的"诸子之学"去拯救大洋彼岸那些在血泊中仇杀的欧洲人的奇想。可见,"东亚复兴论"者手中最锐利的武器亦主要来自传统原典的武库中。

与近代东亚思想界论证东亚复兴的基本思路相同,20世纪晚期的"东亚复兴论"常用的理论资源也是"文明理论",所选择的参照系亦是地理大发现以来一直独占鳌头的欧美文明。在他们看来,欧美文明与东亚文明此消彼长,每当欧美社会陷于文明危机的时刻,便是东亚文明复兴之时。

如日本学者岸根卓郎在《文明论:文明兴衰的法则》的"东方文明复兴论"即是建立在西方文明衰落的基础之上的,只不过岸根的论证方式是别具特色的。譬如欧美的观点一般认为,欧盟的诞生似乎会成就一个任何国家都无法对抗的超经济大国,但在岸根卓郎看来,这非但不会使欧洲强大,反而会使其丧失"地域文明的基因"而走向衰落。他认为:"欧洲各国正是由于维持着其他国无法取代的独有的"地域文明基因"(土著文明)才存续至今。德国的天才文明、法国的优雅文明、意大利的艺术文

---

① 　[日]中村元:《比较思想论》,浙江人民出版社1987年版,第42—43页。

明，它们各自独立又相互影响而得到持久发展。但欧共体的统一将使各国的人、物的流动和信息完全自由化，由此在各个方面消除地域差别而趋于同化，从而丧失各国地域文明相互对立的存在而最后消亡。这是违背了我想要说的'有对立的存在才有我的存在'的宇宙法则的必然结果。欧洲各国由于欧共体的统一固然可以称为超经济大国，但同时将丧失本国的土著文明，甚至由此丧失整个欧洲大文明。因此，欧共体的统一是一个最危险的选择。丧失了文明的欧洲将有怎样的未来。"①在预见欧洲和美国文明必然走向衰落的同时，他断言："遵循文明兴衰的法则，日本必将崛起。认为在我的文明论中，包括日本在内的环太平洋各国戏剧性的崛起，和美国、欧洲、苏联的衰退的征兆，不过是宇宙法则通过文明兴亡法则变形的表现形式，是历史的必然。沉睡了八百年终于醒来的亚洲人，其巨大能量隆隆地爆发只是时间的问题，从我们自己，我们的身边已可以感到其胎动。东方文明的时代就在眼前，新的21世纪将是旭日东升的时代。"②

神川彦松在《从文明的视角看世界的现状和未来》一书中，也提出从人类文明演进的长时段看，"欧洲优越时代"正在走向终结，"个人主义、争斗主义、优胜劣败主义、物质主义、经济偏重主义等，不可避免地引起民族纷争，不能实现国际和平。代之而起的是太平洋文明的创建"③。

日本外交评论家井上茂信则从人与自然关系的角度，提出地球危机将导致东方文明的复兴，认为当前世界文明发展"正处于黎明最黑暗的时刻。或许可以说，以环境问题为核心的地球危机正是诞生新文明过程中的阵痛"，"随着全球变暖趋势进一步加剧，构成20世纪文明重要特征的工业化社会，正由于环境恶化和资源不足而陷于停滞。建立在物质至上主义

---

① ［日］岸根卓郎：《文明论：文明兴衰的法则》，北京大学出版社1992年版，第174—175页。

② 同上书，第177页。

③许启贤：《世界文明论研究》，山东人民出版社2001年版，第319—320页。

和科学万能论基础之上的西方文明，其缺陷日益暴露出来；追求天人合一的东方文明，将重新焕发活力，成为全人类的思想基础。从1975年到2075年的100年，将是东西方文明的交替期，也是新文明诞生的过渡期。在新文明社会中，以全球气候变暖为代价实现高度工业化的模式将被改变。为追求天人合一的东方文明的智慧应当成为全人类的智慧"①。

各种版本的"东亚复兴论"虽然理路各异，但其共同之处在于都带有极强的主观臆测色彩。而其依据传统思想文化资源来判定文明兴衰的做法也遭到自由主义者的强烈抨击。

（二）"东亚危机衰落论"

毫无疑问，自20世纪五六十年代开始，东亚研究便成为学术界的一门显学，近年来，关于其历史经验概括和未来发展走向的研究成果都大大增多。当然，对东亚社会发展的总体预测和估价，离不开对各民族国家具体评价。

世纪交替之际，关于东亚国家即将走向衰落的话语不绝于耳。在英国伦敦经济学院任教的日本学者森岛通夫在《日本为什么将会衰落？》中阐述了其独特的"社会衰落观"。他认为："衰落通常意味着经济的凋敝，然而观察一下日本的明治维新，可以看出衰落并不等同于贫困，二者也不一定同时发生。当时的德川幕府体制虽然已是穷途末路，走到了死胡同尽头，但是就其时的日本经济而言，民众并未备尝辛苦，陷入困境。危机感是来自政治的窘困，而非源于经济。日本现今的衰落与历史上的明治维新毫无二致，也是源于政治。这或许是日本的传统。"②他主要根据日本的人口变动情况预言21世纪中叶的日本将不可避免地走向衰落。他认为人是

---

① ［日］井上茂信：《地球危机是新文明诞生过程中的阵痛》，日本《世界日报》2008年1月23日，转引自《参考消息》2008年1月26日。

② ［日］森岛通夫：《透视日本：兴与衰的怪圈》，中国财政经济出版社2000年版，第197—198页。

社会最重要的基础。"从以人口为基础的变动中推导出社会的变动这一思考，是不是可以称之为一种人口史观，在人口史观中扮演最重要角色的不是经济学，而是教育学。如果确定了人口在量和质方面的构成，继而可以推断出由这样的群体能营造出什么水平的经济。如果基础的质量恶劣，经济效率自然不佳。我就是依据这种方法来推断和预言日本将走向衰落。这就是我立论的依据。"①

值得特别提及的是，有关东亚衰落的观点并不完全来自思想家和学者那里，在一些源自新闻机构调查或网络评论中，亦弥漫着大量体现"衰世"的言论，这意味着"危机""衰落"的氛围已弥漫于整个社会生活之中。如从1995年开始至今，日本每年均开展评定"年度汉字"活动。从业已评出的年度汉字中，即可对日本社会民众的世道人心有一较为真切的体验。

表7-1　1995—2006年"年度汉字"

年份	年度汉字	理由
1995年	"震"	阪神・淡路大震灾、奥姆真理教事件、金融机构的崩坏的动荡之年。
1996年	"食"	食品中毒事件、疯牛病的发生、税金和福祉被吞食的贪污事件的多发。
1997年	"倒"	山一证券经营破产等一系列倒闭事件的发生。
1998年	"毒"	和歌山的咖喱毒物混入事件以及其他环境污染事件的发生。
1999年	"末"	世纪末，连续发生东海村临界事故等不祥事情，使人产生一种世纪末之感。
2000年	"金"	日本选手奥运会获得金牌和为实现韩朝统一而举行的"金一金"首脑会谈。
2001年	"战"	美国发生的恐怖袭击事件令世界形势为之一变，对恐怖主义而战，向世界不景气宣战。

---

① ［日］森岛通夫：《透视日本：兴与衰的怪圈》，中国财政经济出版社2000年版，第209—210页。

续表

年份	年度汉字	理由
2002年	"归"	日本经济回归泡沫经济以前之水准，被朝鲜绑架的日本人质归国。
2003年	"虎"	派遣自卫队参加伊拉克战争，如同踏着虎尾一般。
2004年	"灾"	台风、地震等天灾频发，在伊拉克，外国人质被杀害，日本儿童杀人事件发生，使人产生天灾人祸交织之感。
2005年	"爱"	日本社会发生了多起残忍的少年犯罪事件，使人们痛切地感受到社会上"爱"的匮乏。
2006年	"命"	儿童因受欺负而自杀，社会上虐待事件、酒后驾车事故频发，使得人们痛感生命之沉重和危殆。
2007年	"伪"	食品造假事件频发，社会上弥漫着"伪善""伪恶""伪证"的气氛。

在上述表格中，其所选定的"年度汉字"，有来自大自然无法抗拒的威慑和打击，如"震"（1995）、"灾"（2004）等；有源自一种宿命的"不确定感"，如"末"（1999）、"命"（2006）等；亦有来自人世间残酷的竞争和倾轧，如"食"（1996）、"倒"（1997）、"毒"（1998）、"战"（2001）、"伪"（2007）等。尤其令人注意的是，虽然2005年，"爱"被选为当年的"年度汉字"，但需要澄清的是，这并不是因为人们之间存有"至爱"，而是因2005年日本社会发生了多起残忍的少年犯罪事件，使人们痛切地感受到社会上"爱"的匮乏，故"爱"才得以入选。

第八章　东亚社会分化研究

　　分化是发展的前提，也是发展的直接后果。无论是发达国家还是发展中国家，只要其选择了发展之路，就必定要承担"社会分化"的后果。正如刘易斯所言："收入分配的变化是发展进程中最具有政治意义的方面，也是最容易诱发妒忌心理和动荡混乱的方面。"[①]在这一意义上，当一个社会倾其全力谋求发展时，同时也注定要构筑完备的社会安全体系，否则其发展成果很可能难以持久，甚至会在激烈的社会冲突之中付之一炬。正是基于此，20世纪90年代以来的社会发展模式研究者，开始特别关注社会分化问题，注意缓和社会矛盾，探寻关怀贫困阶层和弱势群体之道，防止酿成"破坏性发展"的恶果。

---

① ［美］刘易斯：《发展计划》，北京经济学院出版社1988年版，第78页。

一、"新发展主义"的"弱势群体"观

（一）底层研究概观

与"发展主义"强调竞争、效率和速度不同，"新发展主义"在肯定"发展"的同时，更关注因发展而衍生的贫困问题和弱势群体生计问题。近年来，学术界出现了"底层研究""底边社会""劣势群体""被排斥群体""弱势群体研究""脆弱群体研究"等一系列关涉弱势群体的概念，涌现出如印度人古哈、查特杰、阿马蒂亚·森以及中国台湾地区人类学家乔健等专门以底层研究为职志的学人，形成了诸多颇具影响的"底层学派"。同时，联合国下属的世界银行、教科文组织、人居署也多次以贫困问题和弱势群体为对象，发布专题研究报告，其数量呈现出成倍增加的趋势。[①]如世界银行"世界发展年度报告"自1978年刊行以来，多次以"贫困和弱势群体关怀"为主题。1980年世界发展报告即以"人力资本开发与减轻贫困"为主题，分析了贫困、经济增长与人力开发之间的关系，指出单纯的经济增长并不能有效地消除贫困，而人力开发在消除贫困特别是绝对贫困的过程中，有着极其重要的作用。1990年的世界发展报告更是直接以"贫困与发展"为主题，给出了由"机会"和"能力"两个方面组成的最有效的扶贫战略：一是实行劳动密集型发展模式及其配套政策，促进对穷人最丰富的资产即劳动力的需求，为穷人提供谋生的机会；二是广泛向穷人提供基本社会服务，增加劳动力的人力资本，提高穷人利用谋

---

① 如世界银行《1999年世界发展报告：贫穷》，华盛顿，1999；《世界银行降低贫穷策略的实施：进步与挑战》，华盛顿，1993；《降低贫穷与世界银行：20世纪90年代的进步与挑战》，华盛顿，1996；《安全网络项目与降低贫穷：跨文化的经验教训》，华盛顿，1997；《降低贫穷与世界银行：1996—1997年财政年度进步》，华盛顿，1997；《印度：降低贫穷的成就和挑战》，华盛顿，1997；《全球经济前景和发展中国家的1998、1999：金融危机之后》，华盛顿，1999；等等，见哈佛燕京社《建构世界共同体》，江苏教育出版社2006年版，第231页。

生机会的能力。前者解决的是劳动力数量过多问题，后者解决的是劳动力质量过低问题，以此来提高劳动者的收入，从而解决贫困问题。此外，应用有效的补贴和安全保障网帮助不能受惠于上述两点的老弱病残者和易于受到冲击的阶层。报告认为，国际扶贫援助须与受援国正确的扶贫政策结合，以取得最好效果。此外，2000—2001世界发展报告也是以"与贫困做斗争"为主题，旨在增进人们对贫困及其成因的了解，使人们行动起来创建从各方面摆脱贫困的世界，以应对消除贫困所带来的挑战。在他们看来，即或是获得了发展，但如果这种"发展"是以破坏平等和自然环境为前提的，那么，这种"发展"便可以归类到"破坏性发展"之属。当然，这里所说的"破坏"并不仅仅是指环境意义上的，同时也包括因社会结构和社会联结被破坏而导致的"社会失灵"。总之，"新发展主义"在关注贫困和弱势群体时，对传统的贫困理论给予了极大限度的拓展。

（二）"贫穷""弱势"观的新解读

从历史上看，贫穷的含义在西方随着宗教、自然环境、社会经济的变化而发生了根本性的变化，"在中世纪早期，以基督教为本的西方文化以道德意义赋予贫穷，由于耶稣的形象是一个穷人，所以贫穷有正面的意义；自16世纪以后，穷人以及游荡的乞丐被视为疾病，贫穷的道德意义从正面逐渐转向反面，在继之而来的商业发展时代中，经济实力成为衡量个人成功的主要标准，贫穷、无业的人，自然进一步受到道德上的谴责"[1]。可见，"贫穷乃是一种特定文明的建构物，既与资源分配不均有关，也同时源于文化上的偏见"[2]。在现代资本主义制度下，"一切以金钱与物质财产界定贫与富，于是贫穷的前提被认为就是缺乏、匮乏。随着以欧美为中心的世界资本主义体系的扩张，这种有关贫穷即物质匮乏不能满足'无限的欲望'的文化偏见，逐渐在全球有关发展的话语中取得统识

---

① 梁其姿：《施善与教化：明清的慈善组织》，河北教育出版社2001年版，第14页。

② 许宝强、汪晖选编：《发展的幻象》，中央编译出版社2001年版，第395页。

的地位。在这种文化偏见的统识之中，穷人之所以是穷人，正是由于他们不能，也不应像富人一般生活，而富人的生活方式，则被赋予更高的社会价值"[1]。

正是在上述变化的基础上，"新发展主义"对"贫困"和"弱势"给出了一些新的解释和界定。《1981年世界发展报告》中指出："当某些人、某些家庭或某些群体没有足够的资源去获取他们那个社会公认的，一般都能享受到的饮食、生活条件、舒适和参加某些活动的机会，就是处于贫困状态。"在以贫困问题为主题的《1990年世界发展报告》中，世界银行给贫困所下的定义是："缺少达到最低生活水准的能力。"该报告同时指出，衡量生活水准不仅要考虑家庭的收入和人均支出，还要考虑那些属于社会福利的内容，比如医疗卫生、预期寿命、识字能力以及公共货物或共同财产资源的获得情况。它用营养、预期寿命、5岁以下儿童死亡率、入学率等指标，作为以消费为基础对贫困进行衡量的补充。这是一个基本上可以接受的定义，但其中的最低生活水准显然需要具体化。

在2000—2001年世界发展报告中，更是用较大的篇幅对贫困进行新的界定："贫困不仅仅是指收入低微和人力发展不足，它还包括人对外部冲击的脆弱性，包括缺少发言权、权利和被社会排斥在外。从这种多视角观察，反贫困战略具有更大的复杂性，因为需要考虑更多的因素，如各种社会与文化力量。"[2]对于贫困的广义的、深刻理解，有助于我们更为全面而深刻地从多种角度来测量贫困（见表8-1）：

---

[1]　黄平等编：《社会学、人类学新词典》，吉林人民出版社2003年版，第123页。

[2]　世界银行：《2000—2001年世界发展报告：与贫困作斗争》，中国财政经济出版社2001年版，第11页。

表8-1 几种贫困测量的方法[1]

贫困测量角度	测量方法的特点
收入贫困	用货币收入或消费来确定和测算贫困程度具有较为悠久的传统。这种方法以家庭收入和支出调查为基础,目前已成为对贫困进行定量分析和政策论述的主要手段。其优点在于它采取了在全国具有代表性的调查样本,因此可以据此推断全国的贫困状况和贫困的变化。其缺点不仅表现在调查结果难以比较,而且其调查结果无法显示家庭内部的不平等状况。
健康与教育	通过健康和教育指标来反映贫困状况,这一传统较好地体现于国际发展指标之中。
脆弱性	从收入和健康的角度看,脆弱性是指一个家庭和一个人在一段时间内将要经受的收入和健康贫困的风险。脆弱性还意味着面临许多风险(暴力、犯罪、自然灾害和被迫失学等)的可能性。脆弱性是一个动态的概念,不可能仅通过一次家庭调查就能得出结论,因此,测量脆弱性难度非常大。人们现在越来越一致地认为,任何单项的脆弱性指标都不大可能较为理想地反映穷人面临的所有脆弱性。
无发言权和无权无势	无发言权和无权无势可通过以下几种方式综合评定,如参与方式、投票以及对诸如公民权和政治自由等可量化变量的全国性调查等。

"新发展主义"从多种角度来观察贫困的方法给我们的启示在于: "如何反映整体贫困?如何比较在不同贫困方面所取得的成就?反映贫困不同方面的指标有时候可能正好走向相反,比如健康指标改善了,而收入可能降低了;一个人可能是收入贫困,而不是健康贫困。"[2]

(三)关注"新不平等"现象

对贫困弱势群体研究的展开,直接的后果是使贫困弱势群体研究与社会不平等研究空前紧密地结合在一起了,人们开始密切关注新的社会条件

---

① 根据世界银行:《2000—2001年世界发展报告:与贫困作斗争》第1章"贫困的性质与演变"相关数据制作。

② 世界银行:《2000—2001年世界发展报告:与贫困作斗争》,中国财政经济出版社2001年版,第19页。

下出现的不平等表现形态。尊严的平等、权利的平等、机会的平等、收入的平等、资产的平等、幸福的平等、资源的平等、能力的平等、参与的平等[①]都成为学术界关注的对象。荷兰学者P. 特雷纳对21世纪初欧洲新不平等现象展开研究，概括出当代欧洲新不平等的9个特征：

1. 新不平等是一种政治信念，这种信念是：社会变得如此复杂，以至于许多人无法充分参与其中。但据笔者所知，100年前，人们并没有用社会复杂性来证明不平等的政治或道德合法性，这就是新不平等的不同之处。这种新不平等所依据的信念是认为人口中有一部分人（也许是20%、40%或60%无法适应技术社会）并不是因为他们不具备从事高技术工作的技能或学历，而是因为他们天生就不行。同样典型的一种信念是认为这必然造成一个分裂的社会，"失败者"的功能是为那些成功适应的胜利者服务，"生产者"和他们的"仆人"有一种社会分工，这种分工保护了"仆人"，并赋予其社会角色。这样的社会可能分裂成两层，也可能是三层或四层。

2. 恢复了不平等的传统合法性。在"新不平等"社会中，多数高收入者自认为生来就优于低收入者。许多人还持有其他生来就不平等的理论：文化的、语言的或道德的新理论。

3. 社会流动不再是一种社会目标和社会理想。

4. 国家成为新的低收入职业的主要提供者。

5. 对于一个庞大的群体来说，工作福利计划将成为唯一的出路。

6. 新不平等的政治背景与传统的不平等不同。

7. 新不平等意味着终身考试。

8. 大学或同等学力成为最起码的就业资格。不具备这种学历就无法找到工作。其实强调学历并非"知识社会"或"信息社会"的必然结果，但它造成了不平等，意味着社会正发生戏剧性的变化，也意味着有些人跟

[①]　参见王绍光在《安邦之道：国家转型的目标与途径》（生活·读书·新知三联书店2007年版，第205—209页）一书中的概括。

不上形势的发展。强调学历还被用来说明不平等的合法性。

9. 精英大学和其他精英机构的复兴。①

（四）"新社会弱者"群体的出现

新世纪之初，无论是发达国家还是发展中国家，其社会弱势群体的类型都有一些值得注意的新变化，从而向传统的社会保护模式提出了新的挑战。"约翰·弗德文（John Friedman）在《自强不息：另类发展的政治》一书中提到，近期资本主义组织里所呈现的剧烈转变，包括其全球性触及范围、革命性科技创新、巨型企业及金融建制的中央化，结果实际上已经排斥了世界上极大数目的穷困者，使她／他们不能有效地参与经济及政治。向她／他们发出的信息显然十分清晰：在所有实际目标上，她／他们对全球资本累积已变得多余。现代资本主义在大部分情况下，可以不再需要仅能糊口的农民、无土地的农村劳动者，以及高速增长的都市贫民窟和棚户区。有些人甚至认为她／他们对资本累积有负面影响，依据是都市贫民只顾吸走资本来建设相对地缺乏生产性的公共开支，例如房屋、教育及医疗等，所以那些仅能糊口的农民阻碍了必需的农业生产现代化。"②

此外，"年龄作为不平等以及社会冲突的根源也越来越受到人们的重视。这一点适用于各个年龄阶段，也适用于个别年份的同龄人群的命运"③。一些在传统观念中难以归于弱势阶层青年人群被学术界归于弱势群体当中。这主要是因为"传统的福利社会中，政府注重保护退休者、小孩等弱势群体，但目前在欧洲的状况是，社会最大的弱势群体可能是年轻人，年轻人普遍很难找到工作，所以现有的福利模式要更注重对年轻人的关照，帮助他们找到岗位。传统福利模式中，政府负责一切买单，这

---

① ［荷］P. 特雷纳：《欧洲新不平等的9个特征》，《国外社会科学》2004年第6期。

② 文诺：《为另类发展的实践赋予意义》，NGOCN发展交流网www. ngocn. org，2005年2月28日。

③ ［德］沃尔夫冈：《现代化与社会转型》，社会科学文献出版社2000年版，第159页。

是一种被动防御性质的福利模式。我认为，传统的福利模式必须改变，成功国家已经穿越了其中改革的障碍。在现代福利模式下，政府不仅要保护人民经济上的损失，也要让他们生活得更好，这些问题在中国同样需要讨论。"①在日本，学术界还针对年轻人中出现的"依赖父母""晚婚"或"不婚""就业难"等现象，提出"青年弱者"概念。

此外，后工业社会中围绕着信息的控制也产生了严重的分化和对立。"作为生产主要因素的信息和知识的获得，成为社会集团新极化和新统治阶级形成的基础。社会两极对立的危险性在于：一个社会集团对于另一个社会集团的优势地位被下面的这种观点证明是正确的，即知识阶级的物质财富不是人剥削人的结果，而是体现了这个阶级的代表本身的具有创造性的创造活动。"②

二、日本的"格差社会"论

（一）"格差社会"的含义

第二次世界大战以降，在日本走向发达资本主义强国的进程中，一直保持着"平等社会"的神话，其经济发展实绩使得日本由战前泾渭分明的"阶层社会"，转变为一个"一亿国民皆中流"的相对平等的社会。以至

---

① 石剑峰：《吉登斯：走出西方，中国需要跨越式发展》，《东方早报》2007年12月4日。

② ［俄］伊诺泽姆采夫：《后工业社会与可持续发展问题的研究》，中国人民大学出版社2004年版，第119页。

于多数日本人都认为"日本是与欧美资本主义具有不同性质的国家，与欧美各国相比，日本的收入分配平等性高，并没有太大的贫富差别。而且，很多日本人能够感觉到自己处于中流阶层"①。从20世纪60年代到80年代，日本国民九成在"终生雇佣制"下，往往自比为中产阶级。

但在1991年泡沫经济崩溃后，"一亿国民皆中流"的社会也开始走向终结。根据2007年国民收入调查统计所得出的数据，回答对收入感到满意的人仅占41.4%，而回答不满意的国民达到56.5%之多。与之相对应，日本学术界关于"格差社会"的议论也随即成为社会热点，"格差社会"这一用语频繁出现于日本媒体，甚至成为2006年十大社会流行语之一。同时，各种有关"格差社会"的出版物在社会上大为流行，成为畅销书（见表8-2）。

表8-2　新世纪日本出版的有关"格差社会"的书籍

书名	作者	出版社	出版时间（年）
不平等社会日本	佐藤俊树	中央公论新社	2000
论争·中流崩坏	"中央公论"编辑部 编	中央公论新社	2001
机会不平等	斋藤贵男	文艺春秋	2005
超越格差社会	晖峻淑子	岩波书店	2005
日本的不平等	大竹文雄	日本经济闻社	2005
下流社会	三浦展	光闻社	2005
平等主义福利的丧失	竹内章郎	青木书店	2005
日本的收入格差与社会阶层	樋口美雄	日本评论社	2006
格差社会	橘木俊诏	岩波书店	2006
格差社会的终结	中野雅至	ソフトバンククリエイティブ	2006

---

① ［日］橘木俊诏：《日本的贫富差距——从收入与资产进行分析》，商务印书馆2003年版，第3页。

续表

书名	作者	出版社	出版时间（年）
教育格差绝望社会	福地诚	洋泉社	2006
团块格差	三浦展	文艺春秋	2007
特集：吞噬年轻人的格差社会	论文集	中央公论	2006
特集：脱"格差社会"的构想	论文集	世界	2006
特集 地方格差	论文集	中央公论	2006
特集："格差时代"自治体的作用	论文集	地方自治职员研修	2007

关于"格差社会"概念，学术界有很多不同的界定。一般说来，所谓"格差社会"，主要是指社会流动的"阻滞化"，即指在社会成员阶层化的背景下，阶层间的流动存在严重困难和障碍的社会。在理解"格差社会"时，我们至少要注意以下几个方面的问题：

第一，"格差社会"概念中所说的"格差"不仅仅指经济收入问题，其涉及范围甚广。具体说来，格差社会所说的"格差"，既包括收入差距、资产差距、消费差距，也包括教育机会差距、信息获得差距、地区差距等，甚至还包括人主观意识方面的差距。可见，这里所说的"格差"，绝非"贫富差距"所能简单涵盖。中国学术界在译介使用"格差"一词时，就曾颇费思量，"某些报道间接地将其称为"贫富差距问题"，也有些报道称之为"各种差距问题"，还有些报道索性直接沿用"格差社会"一词"①。

第二，将"格差社会"一词与英语中的有关词汇相对应，人们很容易想到"阶层社会"概念，但认真辨析之，则会发现"格差社会"中的"格差"不能用阶层差距简单加以概括，有人则主张用"胜组"和"败组"来形容日本社会因竞争而走向"分裂"的变化趋向。

第三，据考证，东京学艺大学的山田昌弘是较早提出"格差社会"

---

① 金熙德等：《日本：2006》，世界知识出版社2007年版，第350页。

概念的学者。2004年11月，山田昌弘在筑摩书房出版了《希望格差社会》一书，认为："随着现代社会的发展，日常生活中人们面临的风险越来越高，在被称为"胜者群体"的成功者获得社会财富的同时，自由打工者及企业裁员受害者等"败者群体"越来越失去改变自己处境的希望，产生出"即使努力也得不到回报"之感，走向绝望、逃避，甚至自杀、犯罪。日本社会正在走向"对未来抱有希望的人"和"对未来绝望的人"两极分化的过程，成为"希望格差社会"。"①

第四，"格差社会"概念之所以格外引人关注，主要是因为随着"格差"的不断扩大，这种"差异格差"有可能转变为"对立格差"，并由此引起社会的分裂和动荡。

（二）"格差社会"诸形态

如前所述，格差所涉及的领域极具广泛性，包括雇佣格差、消费格差、资产格差、年收入格差、教育格差、恋爱格差、情报格差、地域格差、希望格差等。但认真分析之，最为关键的"格差"主要表现在以下几个方面：

1. 由收入和财产所见的"格差"（见表8-3）

表8-3 依据年龄差别和年雇佣所得未满100万日元、200万日元受雇佣者统计表

年龄	总数（人）	未满100万日元人数（人）	未满200万日元人数（人）	未满100万日元人数比例（％）	未满200万日元人数比例（％）
20—24岁	3120900	42800	775300	1.4	24.8
25—29岁	5580500	56300	571700	1.0	10.2
30—34岁	5125100	58800	354700	1.1	6.9
35—39岁	4240900	59700	269500	1.4	6.4
40—44岁	3878100	61600	262200	1.6	6.8
45—49岁	3837800	51300	280600	1.3	7.3

① 金熙德等：《日本：2006》，世界知识出版社2007年版，第350页。

续表

年龄	总数（人）	未满100万日元人数（人）	未满200万日元人数（人）	未满100万日元人数比例（%）	未满200万日元人数比例（%）
50—54岁	4485300	67500	338400	1.5	7.5
55—59岁	3127500	48400	302400	1.5	9.7
20—59岁合计	33396100	446400	3154800	1.3	9.4

表8-3根据2002年《就业结构基本调查》（厚生劳动省）制作，从表8-3可以看出，各年龄段均有1.0%—1.6%的受雇佣者一年间所得不满100万日元。而在年收入未满100万日元的受雇者中，20—29岁间合计多达446400人。年收入未达到200万日元者，占受雇佣者的9.4%，多达3154800人。尤其令人注意的是，在青年人群体中，年收入未满200万日元的人数逐渐增多。此外，据统计，日本国民对收入和财产状况的不满意程度逐年攀升（见表8-4）。

表8-4　日本国民对收入和财产的平等状况的满意程度变化（单位：%）

年度	充分满意	相当满意	不好说	不太满意	基本不满意	没有回答或不明白
1978	1.7	8.5	33.7	27.2	13.5	15.4
1981	2.3	8.6	34.5	29.3	13.6	11.7
1984	1.8	9.4	34.2	30.8	14.6	9.2
1987	1.9	5.3	40.9	33.5	18.0	0.4
1990	1.3	5.4	42.6	29.1	20.8	0.8
1993	1.1	4.3	45.8	31.0	17.2	0.6
1996	1.0	4.0	44.4	31.0	19.0	0.6
1999	0.8	4.0	44.5	31.0	19.2	0.5
2002	1.0	3.5	43.5	29.5	22.4	0.1
2005	0.8	3.3	39.8	30.8	24.3	1.0

另外，根据《读卖新闻》2008年最新公布的日本"读卖新闻"和"英国广播公司（BBC）"的一项共同民意调查数据显示：83%的日本民众，

对日本经济差距造成的贫富问题表示不满,在八大工业国中排名第二,仅次于意大利的84%。

受调者针对"经济财富是否充分公平地普及于国民之间"的问题,高达83%的日本民众表示否定的看法,反映出对社会贫富悬殊问题的不满。其中,回答"完全不公平"的占33%,加上回答"不怎么公平"的占83%。在进行调查的36国中,对经济收入差距的不满意度平均为64%,而日本却高达83%,足见经济差距在国民中的影响。在八大工业国中,意大利以84%高居首位,其次依序是日本83%、法国78%、俄罗斯77%、德国71%、英国56%、美国52%和加拿大39%。[①]

通过上述统计数据,当代日本社会存在的"收入格差"可略见一斑。

2. 地域格差

所谓"地域格差",主要是指城市与乡村之间、中央和地方之间在经济收入、城市基础设施等方面的差距。相比之下,用来特指"城市和乡村"之间差距的场合较多。在一般情况下,地域格差的扩大往往与过疏化和老龄化有着较为密切的关联。

由于日本近代以来实施中央集权政策,尤其是伴随着战后经济发展奇迹的发生,出现了"东京一极集中"现象,导致"首都圈"与"地方"间的经济社会发展出现较大的差距。而且尤应引起注意的是,近年来这些"差距"非但没有缩小,反而有所扩大,呈现出"格差定型化"的趋势。小泉纯一郎执政时期,在"构造改革"路线下采取了"抑制公共投资"的策略,主要依靠民间力量来带动经济发展。公共事业投资明显减少,其直接后果是使各地域间发展的"格差"开始进一步拉大。是否拥有景气的大企业,成为地域经济发展的重要标志。据经济产业省预测:在未来的二三十年内,各地域间的人口数量和经济发展间的格差将更加明显地呈现出来。

---

① 《英国BBC与本报联合舆论调查:日本民众对经济格差不满意度达83%》,《读卖新闻》2008年2月7日。

3．就业格差

日本劳动厚生省近日宣布，2001年日本辞去工作的"离职者"增加了40万，达到701万人，这一数字为日本全国从业人员的16.9%，比1999年的离职率增加了0.9个百分点，为1991年此项调查开始以来的新高。在离职的理由中，"个人原因"为66.3%，比1999年减少了0.7个百分点；破产、企业重组等"经营上的原因"为12.0%，比1999年增加了2.7%。①

4．医疗格差

所谓医疗格差，主要是指医疗服务提供方面所存在的差别。2007年6月16—17日，日本《读卖新闻》以地域医疗为题进行舆论调查，约有87%的受调查者认为，医生多集中在城市，而町村则存在严重的医生不足现象，存在着严重的医疗格差。只有10%的受调查者认为不存在医疗格差。值得注意的是，在町村回答医生不足的约有41%。关于医生不足的原因分析，约有40%的受调者回答，之所以想居住在城市，主要是因为城市医疗资源比较丰富。约有38%的受调者对国家在确保医生数量方面存在较多的不满。在具体的医疗科目上，约有43%的受调者认为妇产科医生最为奇缺，约有37%的受调查者认为儿科医生较为奇缺。②

（三）"格差社会"与社会边缘群体

进入20世纪八九十年代，日本社会高速发展的"稳定时代"已宣告结束，开始进入到一个"不安定化时代"。"格差社会"不仅造成社会的对立和分化，同时还会打破人们的希望。因为在机会不平等的前提下，"双亲的职业和收入与子女的所得水准有着极其密切的联系。当然，孩子有怎样的父母是无法选择的。但无论怎样努力还是没有希望，最终将使社会走向绝望"③。

---

① 《日本去年"离职"人数创新高》，《国外社会科学》2002年第6期。

② 《认为医疗地域格差扩大者达87%》，《读卖新闻》2007年7月1日。

③ 大竹文雄：《思考格差社会》，《读卖新闻》2006年3月2日。

伴随着社会差别的扩大,素来以平等著称的日本社会也出现了颇具
"规模"的"社会边缘群体"。以下我们以日本2007年关于"无家可归
者"的综合调查数据来分析透视日本边缘人群的存在状态。根据调查设
计,调查对象主要包括以城市公园、河边、道路、车站及其他设施为居住
场所者,调查结果显示2007年日本全国共计无家可归者18564人,平均年
龄57.5岁,比2003年调查上升1.6岁。

其中具体数据如下(见表8-5):

表8-5 2007年日本无家可归者调查系列数据

(1)无家可归者数多的都道府县

都道府县	本次调查(人)	2003年调查(人)
大阪府	4911	7757
东京都	4690	6361
神奈川县	2020	1928

(2)无家可归者较多的市区

市区	本次调查(人)	2003年调查(人)
东京都23区	4213	5927
大阪市	4069	6603
川崎市	848	829
福冈市	784	607
名古屋市	741	1788
横滨市	661	470
京都市	387	624

(3)无家可归者生活的场所

场所	本次调查(人)	比例(%)	2003年调查(人)	比例(%)
都市公园	5702	30.7	10310	40.8
河川	5653	30.4	5906	23.3
道路	3110	16.8	4360	17.2
车站	910	4.9	1254	5.0
其他设施	3189	17.2	3466	13.7

（4）无家可归者的年龄阶层

年龄阶层（岁）	本次调查（%）	2003年调查（%）
40—49	10.6	14.7
50—54	15.9	22.0
55—59	26.8	23.4
60—64	21.2	20.3

（5）路上生活的状态生活场所

生活场所	本次调查（%）	2003年调查（%）
公园	35.9	48.9
河边	31.8	17.5
道路	11.1	12.6

（6）路上生活时间

路上生活时间	本次调查（%）	2003年调查（%）
10年以上	15.6	6.7
5年以上10年未满	25.8	17.3
3年以上5年未满	18.9	19.7
1年以上3年未满	16.8	25.6

（7）工作及收入情况

正在工作者占70.4%，其中从事废品回收者为75.5%。正在工作者月收入约为4万日元工作月收入总额。

月收入总额	本次调查（%）	2003年调查（%）
1万～3万元未满	29.8	35.2
3万～5万元未满	25.1	18.9
5万～10万元未满	21.5	13.5

（8）路上生活的职业和雇用形态

职业	本次调查（%）	2003年调查（%）
基建行业从事者（土木工、现场清理工等）	29.5	34.2
基建行业技术工人（大工、配管工等）	18.3	19.9
生产工程、制造业从业者	12.2	10.3

从事建筑行业相关者约占5成。

雇用形态	本次调查（%）	2003年调查（%）
固定工作	43.2	39.8
日雇	26.2	36.1

（9）在街头生活的理由

理由	本次调查（%）	2003年调查（%）
工厂裁员	31.4	35.6
破产失业者	26.6	32.9
因病、因伤或高龄而不能工作者	21.0	18.8

（10）今后希望怎样生活

项目	本次调查（%）	2003年调查（%）
有就业劳动想法者	35.9	49.7
安于流浪现状者	18.4	13.1

（11）求职活动状况

状况	本次调查（%）	2003年调查（%）
正在求职者	19.6	32.0
现在没有求职活动，将来也无求职打算者	59.8	42.0

在日本，这些"无家可归者"有着许多称谓，初期被称为"野宿者"，1990年后，逐渐被"浮浪者"和"路上生活者""无家可归者"所替代。2000年，政府召开"无家可归者问题联络会议"后，对"野宿者"的称谓逐渐走向统一和集中，统称为"无家可归者"。值得注意的是，这些"无家可归者"不是乞丐和社会无赖，正如有的论者所言：他们"一不是天生的懒骨头；二不是小说虚构的都市探险家；三是不乞讨，不盗窃，也不是一般观念中的社会渣滓；四是他们沦落大城市，是勤劳、生存意志强的失败者"[①]。一言以蔽之，这些"无家可归者"主要是在严酷社会竞

---

① 黄彬华：《勤劳富裕的日本为何有"流浪族"？》，《联合早报》2008年3月28日。

争过程中的失败者。据《日本经济新闻》统计，"到2003年2月为止，日本无家可归者的人数已达25296人，其中排名前3位的是大阪府7757人，东京都6361人，爱知县2121人。日本人口有1.2628亿（2001年），因此，无家可归者人数，仅占总人口的0.029%"[1]。正是日本近十年来经济萧条而引发的"败组"成员的急剧增加，直接导致无家可归现象的产生。

值得注意的是，近年来，日本社会自杀人数也屡次攀升，逐渐厕身高自杀率国家的行列。在日本甚至还出现了通过互联网组织集体自杀的事件。据日本警方统计，2003年日本自杀的人数为34427人，在这些自杀者中只有34人是通过网络联系进行集体自杀的。到2004年集体自杀的数字上升到54人，只占自杀人数的2%，对其影响不应过分夸大，但作为日本一种新的自杀形式理应引起社会各界的高度警惕。[2]历史上，日本文化中有视自杀为尽忠的文化传统，但在近年来日本自杀率大幅度攀升的情况下，很多观点开始把自杀与生活压力和推卸责任联系在一起。几十年前很多日本人认为自杀是一种勇敢的自我牺牲行为，但是现在，普通日本民众把自杀归咎于人们太容易逃避责任。相对于西方社会崇尚个性的价值观，日本人承担的社会责任更重。但是现在，很多日本人正在失去他们与社会的联系。在过去，自杀是一种承担责任的做法，而现在，自杀是一种逃避责任的做法。[3]

---

① 　[马来西亚]林华生：《东亚经济圈》，世界知识出版社2005年版，第136页。

② 　《集体自杀引起日本社会高度关注》，《参考消息》2005年2月22日。

③ 　《日本高自杀率凸显核心价值观丧失》，《广州日报》2007年5月30日。

三、东亚社会分化之比较分析及对策

（一）东亚社会分化之复杂形态

应该承认，如果我们从总体上比较分析东亚社会分化现象，便会发现问题的复杂性。如转型期的中国也出现了较为明显的社会分化。近年来学术界围绕着转型期中国的社会分化问题展开了系统的研究，涌现出"十大阶层论""断裂社会论""倒丁字形社会结构论"等一些颇具影响力的研究成果。"十大阶层论"是陆学艺在其研究课题《当代中国社会各阶层研究报告》中提出的。该报告"以职业分类为基础，以组织资源、经济资源和文化资源的占有状况为标准"，将当代中国划分为国家与社会管理者阶层，经理人员阶层，私营企业主阶层，专业技术人员阶层，办事人员阶层，个体工商户阶层，商业、服务业员工阶层，产业工人阶层，农业劳动者阶层，城乡无业、失业、半失业者阶层十大社会阶层，并对十大阶层及其社会地位、特征等作出了界定。

"社会失衡断裂论"的代表人物是孙立平和王绍光。近年来孙立平先后出版《断裂：20世纪90年代以来的中国社会》（2003年）、《失衡：断裂社会的运作逻辑》（2004年）、《博弈：断裂社会的利益冲突与和谐》（2006年）等著作，对"社会失衡"和"社会断裂"等概念展开论述，他后来对其观点做了以下的概括："对于断裂社会这个概念，我曾经在下述几种不同的意义上使用过。第一，在社会等级与分层结构上是指一部分人被甩到社会结构之外，而且在不同的阶层和群体之间缺乏有效的整合机制。第二，在地区之间，断裂社会表现为城乡之间的断裂。城乡之间的断裂既有社会结构的含义，也有区域之间的含义。第三，社会的断裂会表现在文化以及社会生活的许多层面。断裂社会的实质，是几个时代的成分并存，互相之间缺乏有机的联系。但在更根本的意义上，断裂社会是指存在主要断裂带的社会。而这条主要断裂带，在今天我们的社会中就是贫富差距。目前中国社会所面临的种种分歧和对立，有相当一部分就是沿着这条主要断裂带展开的。"①

而王绍光对此概念也做了大体相同的界定，认为："所谓失衡社会是指，在一个社会中，一个利益集团或阶层拥有的各类社会资源（包括获得的公共资源）占社会总资源的比例远高于他们占总人口的比例，另一个利益集团或阶层拥有的各类社会资源（包括获得的公共资源）占社会总资源的比例远低于他们占总人口的比例。所谓断裂社会是指，在一个社会中，几大板块（利益集团和阶层）并存，彼此之间不仅缺乏有机联系，又不能互换、交易、妥协。社会中存在差别总是难以避免的。只要差别是连续的、可交易的，这样的社会尽管会面临种种挑战，但由于能够妥协，既不可能革命，也不太可能崩溃。断裂社会则不同，治理这样的社会十分困难。出台对某一板块有利的政策，往往必须以另外的板块为代价。在'零和游戏'里，当事人不愿妥协，局外人也难以协调。更严重的是，上述三种'断裂'中，受伤害的主要是占人口绝大多数的工农大众，尤其是居住在中西部省份的农民。"②

关于断裂社会的评价，学术界存在争议。有的学者认为："该理论强调断裂是结构性的，造成社会断裂的原因是社会的急剧转型、市场转型，由于转型太快，很多社会阶层都被淘汰或抛弃了，比如企业的失业下岗阶层等弱势群体。该理论所讲的断裂是多方面的，包括：国企改制中的断裂、城乡结构的断裂、生产与消费之间的断裂、文化的断裂等。该理论认为由于'多个时代的社会成分共存一个社会之中'，导致的社会断裂是全方位的。所以，在这里，贫富分层也被解释为是一种断裂的关系。当然，如果社会真的断裂了，或连接不上了，那样的社会岂不就瓦解了？如果仔细考察该理论的话，该理论对于中国社会发展的预测也并不都是悲观的，对于社会转型也有乐观的估计，所以，该理论更多的是对于社会的一

---

① 孙立平：《优化社会结构 走出断裂社会》，《南方周末》2007年1月25日。

② 王绍光等：《第二代改革战略》，《战略与管理》2003年第2期。

种警告。"①

2005年，李强提出倒"丁字型"社会结构论，在社会上产生较大影响。他认为，中国的总体社会结构，既不呈"橄榄型"也不呈"金字塔型"，而呈现为一个倒过来的"丁字型"的社会结构。李强认为，丁字型的社会结构，由于其下层群体过大，而且下层与其他群体之间属于一种两极式的（或直角式的）连接方式，因而导致社会群体之间甚至整个社会处于一种"结构紧张"的状态。所说的"结构紧张"，也可以称作"社会结构紧张"，是指由于社会结构的不协调，而使得社会群体之间的关系处在一种对立的、矛盾的或冲突的状态下，或者说，社会关系处于一种很强的张力之中。在这样一种状态之下，社会矛盾比较容易激化，社会问题和社会危机比较容易发生。社会群体之间需求差异太大，社会交换难以进行。几乎所有的社会问题，都可以从丁字型结构和结构紧张上得到解释。中国社会要想最终从"紧张"走入"宽松"，需要等待丁字型社会结构的根本转变。②

作为发达国家，日本的社会分化虽已引起日本国内外各方的密切关注，但其分化程度与作为发展中国家和正走向转型的中国社会相比，存在很大差别，而其可比性自然会大打折扣。而就其分化性质深入分析，又会发现二者存在一定的共性，具体表现在：日本社会的"格差问题"实际上是20世纪晚期日本的发展模式由"日本模式"向"美国模式"转换的过程中发生的。"除了老龄化等社会结构变化的因素外，实际上正是由'日本模式'向'美国模式'转换过程中出现的不可避免的现象。然而，在'中流意识'业已深入人心的情况下，差距的扩大有可能引发各种社会摩擦和问题。另外，假若日本在尚未改变其'企业本位主义'社会意识及制度装置的情况下出现美国式社会差距扩大，就有可能产生比美国更大的弊

① 李强：《怎样看待我国社会分层的新变化》，中国网2007年9月6日。

② 李强：《"丁字型"社会结构与"结构紧张"》，《社会学研究》2005年第2期。

端。"①而同时期中国社会的严重分化实质上是由计划经济向市场经济转型过渡进程中的必然产物。在这一意义上，两国的社会分化问题实质上与其发展模式的选择和转换密切相关联，必然对两国未来的发展产生深远而巨大的影响。

在研究中，人们对于这些社会分化现象持一种激烈的批判态度，似乎是理所当然的。但也有观点认为，我们应充分意识到分化问题的复杂性，而对分化的具体情形进行辨析："过去人们以为，分化只能带来社会的不稳定，其实不尽如此。我们知道如果社会分化是简单的两极分化，那当然是不好的。但如果社会分化是利益的碎片化，人们的利益是多元的。那样反而不容易发生利益纠纷。"②值得注意的是，有的研究发现，无论是发达国家还是发展中国家，其社会分化现象都与社会空间的分裂紧密地联系在一起。"悲观的形势是：新的城市分隔形式以及已经存在的社会差距越来越大，使得很多社会阶层几乎不可能共同生活，在这里一些目标和共同解决方案可能要通过共同协商来决定，这可能就是民主的定义。就此而言，封闭居住区里的公民资格或'市民资格'就没有什么意义了。"③此外，法国社会学家阿兰·图海纳在《我们能否共同生存：既彼此平等又互有差异》一书中也指出：我们所置身的社会世界正面临空前的破裂，"就像巴黎这个五方杂处的城市一样，在市中心和郊区之间有许许多多越来越难以跨越的界限。那些最富有的国家，划出这样一条界限，就把少数人隔离了出来，使他们的处境与穷国中的少数人的处境并无两样。还在不久以前，我们还以为我们的社会是一个在人头上居于多数的中等阶级构成的社会；在它两边，一边是善于在市场上找到自己位置从而迅速富起来的精

---

① 金熙德等：《日本：2006》，世界知识出版社2007年版，第362页。

② 李强：《社会分层弊大于利吗？》，《北京日报》2003年4月7日。

③ ［法］热罗姆·班德：《城市贫富分隔即将形成？》，《国外社会科学》2000年第6期。

英，另一边是在越来越快的马拉松赛跑中落伍的被淘汰者或穷人"①。上述问题的严重性在于，当分化后的各阶层不在"同一空间"并存时，我们所立足的整体意义上的社会实际上也就不复存在了。

（二）政府对策

围绕着"格差社会"所引发的社会分化，日本各界的看法不一，其对策亦具有多元性：日本政府中对于格差现象持"肯定论观点者"主要以新自由主义倾向者为多，包括小泉纯一郎、安倍晋三、中西辉政、竹中平藏、奥田硕、宫内义彦、三浦朱门、八代尚宏等，他们认为：社会分化乃是勤劳者努力奋斗的结果，在某种程度上也可视为是一种能力差别的体现，不应简单否定。尽管如此，日本政府仍将"社会格差"问题作为一个社会敏感问题列入政府的讨论议题（见表8-6）。

表8-6 小泉纯一郎执政期间参众两院的审议涉及差距问题的次数（单位：次）

国会届数	召开时间	经济差距	收入差距	差距扩大	格差社会
151（通常）	2001.1—2001.6	2	4	2	——
152（临时）	2001.8	——	——	——	——
153（临时）	2001.9—2001.12	7	1	——	——
154（通常）	2002.1—2002.7	13	17	2	——
155（临时）	2002.10—2002.12	3	4	1	——
156（通常）	2003.1—2003.7	7	9	1	——
157（临时）	2003.9—2003.10		1	——	——
158（特别）	2003.11	1	——	——	——
159（通常）	2004.1—2004.6	10	18	1	——
160（临时）	2004.7—2004.8	——	——	——	——
161（临时）	2004.10—2004.12	4	5	1	——

---

① ［法］阿兰·图海纳：《我们能否共同生存：既彼此平等又互有差异》，商务印书馆2005年版，第57—58页。

国会届数	召开时间	经济差距	收入差距	差距扩大	格差社会
162（通常）	2005.1—2005.8	13	44	10	11
163（特别）	2005.9—2005.11	——	7	7	2
164（通常）	2006.1—2006.6	30	64	69	109
合计		90	174	94	122

　　而在中国，近年来有关社会分化问题的解决方略实际上都是在和谐社会构建的大背景之下提出的。中国共产党的十六届六中全会和十七大，以构建社会主义和谐社会为主题，全面阐释了构建社会主义和谐社会的指导思想、目标任务和原则，并系统设计了和谐社会构建的途径和方略。特别注意在把握当代世界及中国社会发展新趋向的基础上，注意加强"社会基础秩序"建设。因为只有建立了稳定、牢固的社会基础秩序，一个社会的经济发展和制度建设才能获得真实的基础，才能真正将和谐社会建设落到实处。

　　这里所说的"社会基础秩序"，包括的范围很广，但其核心内涵主要包括两个方面：其一是组织形态的"基础秩序"，意指社会结构体系中自生自发的基层秩序，主要包括城乡社会的基层组织建设和社会秩序的维持；其二是观念形态的"基础秩序"，主要包括社会道德规范、人们之间的相互信任关系以及保证社会正常运行的规则体系。在道德失范诊治对策的问题上，一般的观点往往强调教育的重要性。毫无疑问，教育在社会文化传承和道德规范确立问题上发挥着不可替代的作用。但值得特别提出的是，社会道德观念实际上是在集体生活中完成和实现的，一个失去健全集体生活的社会不可能拥有完整的道德规范体系。因此，在转型期社会呈现出原子化变化态势的背景下，初级社会群体建设应是社会道德规范救治的关键。诚如法国社会学家涂尔干所言："集体的角色不仅仅在于在人们相互契约的普遍性中确立一种绝对命令，还在于它主动积极地涉入了每一规范的形成过程……社会置身于舆论的氛围里，而所有舆论又都是一种集体形式，都是集体产生的结果。要想治愈失范状态，就必须首先建立一个群体，然后建立一套我们现在所匮乏的规范体系。"正是在上述意义上，中国共产党的十六届六中全会把培育扶持和依法管理社会组织，发挥行业协会、学会、商会等社会团体的社会功能，为经济社会发展服务，作为新时期社会建设重要的核心内容。

（三）学术界：由"格差社会"到"共生社会"

在日本，学术界围绕着"格差社会"问题展开了较为充分的研讨，其最为突出的表现是对格差社会背景下社会分化的激烈批判。2006年，日本东京大学大学院经济学研究科教授神野直彦和北海道大学教授宫本太郎出版《脱格差社会战略》一书，提出：应改变小泉改革所尊奉的"不安和竞争的社会观"，而代之以"安心和连带的社会观"，那种一旦错过了机会便无法重新选择的"单向通行型社会"是一种典型的"非合理社会"。[①]

值得注意的是，学术界在关注"格差问题"的同时，还对东亚传统原典中蕴涵的"共生思想"进行了引人注目的溯源式探究，表现出努力由"格差社会"向"共生社会"转变的发展趋向。在日本，自20世纪90年代以来，学术界形成了共生思想研究的热潮，大量有关共生研究的著书相继出版，如表8-7所示：

表8-7 日本出版的有关共生研究的书籍

书名	作者	出版社	出版时间（年）
共生空间	高桥高子	新潮社	1973
共生和进化	石川统	培风馆	1988
以民族共生为目标	姜尚中·铃木二郎	部落问题研究所	1993
共生的经营诊断	三上富三郎	同友馆	1994
共生时代的男女平权	青木やよひ	原点出版中心	1994
共生的文化人类学	渡部重行	学阳书房	1995
迈向共生社会的地方参政权	徐龙达	日本评论社	1995

---

① ［日］神野直彦、宫本太郎：《脱格差社会战略》，岩波书店2006年版。

续表

书名	作者	出版社	出版时间（年）
共生的大地——新经济的开端	内桥克人	岩波新书	1995
共生社会	佐伯胖 藤田英典 佐藤	东京大学出版会	1995
共生的伦理	上广荣治	实践伦理宏正会	1996
共生社会的社会学	坂田义教他	文化书房博文社	1996
东亚共生之道	武者小路公秀	大阪经济法科大学出版社	1997
共生的国际关系：国际学初探	松本仁助	世界思想社	1997
迈向共生社会的道路	堀田力	日本放送出版协会	1997
从市场社会到共生社会：自律和共同哲学	武田一博	青木书店	1998
多民族共生论	谷口房男	总和社	1998
从竞争到共创：场所主义经济的设计	清水博前川正雄	岩波书店	1998
共生社会的文化战略：现代社会和社会理论	庄司兴吉	梓出版社	1999
佛教中的共生思想	日本佛教学会编	平乐寺书店	1999
走向自立·互惠·共生的亚洲圈	成岛道官	木铎社	1999
走向共生的障碍	山本胜美	岩波书店	1999
共生思想之探求：亚洲的视角	吉田杰俊卞崇道尾关周二	青木书店	2002
共生的基础知识	上田广	研成社	2003
作为共生问题的教育学	大沼荣穗	北树出版社	2004
环境共生社会学	东洋大学国际共生社会研究中心编	朝仓书店	2004
共生的文化学	芝山丰	文化共生研究会	2004
新共生思想——世界的新秩序	黑川纪章	德间书店	2005
多元世界的宽容和公共性：东亚的视点	芦名定道	晃洋书房	2007

上述这些以"共生思想"为主题而展开的学术研究虽然学科视角和知识视野各异，但大多都表现出由"格差社会"向"共生社会"转化的思想趋向：

（1）关于"共生思想"的基本内涵。

所谓"共生"一般是指复数种类的生物在同一空间内或同一关系体系内共同生存的现象，亦是指建立在互惠基础之上的"互利共存"，与"片利共生"和"片害共生"相对而言。在东亚思想发展演进的历史上，存在着比较丰厚的共生观，如儒家的"和而不同"、墨家的"兼爱"、佛教的"众生平等"等思想。而在现代社会，将社会分化的具体情形与共生思想结合起来，其实质在于分化中的社会强势阶层与弱势阶层、"胜组"和"败组"如何在同一社会共同体内相处的问题。当然，广义的"共生"也包括"人与自然的共生""异民族的共生""与残疾人共生""与老年人共生""男女共生""与疾病共生"等。

（2）关于"共生社会"建构之基本条件。

近代以来，在社会达尔文主义风行的背景下，人类始终处于高度竞争的社会之中，为生存竞争而疲于奔命，作为一种社会运行逻辑，优胜劣汰具有天然的合理性。作为对社会达尔文主义的反动，共生思想所揭示的是人类社会各阶层之间的和谐共生之理。值得注意的是，社会学意义上的"共生"，与生物学意义上的"共存"和"寄生"不同，具有一些必要的条件：

第一，在我们现今的竞争社会中，必须是对生存方式本身的自我变革之决心的表白。因为在竞争关系中，站在优势一方者虽然也说共生，但若没有相当的自我牺牲的觉悟的话，就不会得到弱者的信赖。第二，不是强求遵从现成的共同体的价值观，或是片面强调"和谐"与"协调"而把社会关系导向同质化方向，而必须是在承认种种异质者的"共存"的基础上，旨在树立新的结合关系的哲学。第三，它不是相互依靠，而必须是以与独立保持紧张关系为内容的。第四，是依据"平等"与"公正"的原理而被内在地抑制的。第五，必须受到"透明的公开的决策过程的制度保障"的支撑。①

上述这些条件应该是构建"共生社会"所依据的基本原则。

（3）共生社会之构建，既是一种关于理想社会的思潮，也是一种具有极强实践色彩的"社会行动"。

世纪交替之际的日本，共生主义在社区发展、福利体系构建、国际关系等领域的实践中产生了重大影响。如果我们承认"共生社会"构建的核心和关键问题是"强者"和"弱者"的关系问题，那么，就会发现，伴随着社会的发展和进步，昔日建立在熟人关系基础上的共同体逐渐走向解体，使得现实社会秩序开始面临严峻的挑战。诚如日本社会学家福武直所言：在将来的日本，挣脱了各种枷锁约束的家庭，必须在其居住的区域社会中创造出新的社会关系，重建新的共同体。而传统社会解体的过程，实际上也是严重的分化过程。为防止社会走向原子化，我们必须在新的历史条件下，使人类建立起新的"社会联结"。在此过程中，我们应该特别注意的问题是："在实现社会弱者与强者的共生关系的场合，由弱者结合而成的共同或共同体的抵抗力是不可缺少的。否则，共生的理念就可能成为隐蔽压抑和支配关系的意识形态。"②

在现实中，"共生思想"所揭示的和谐理念对政府及社会各界产生了一定的影响。2005年6月29日，日本政府发布了《共生社会促进政策研究会报告书》，对共生社会构建的理论及其实践问题展开了深入的探讨。

---

① ［日］山口定：《关于共生》，《朝日新闻》1994年10月30日，转引自尾关周二《共生与共同的理念——超越自由主义》，《国外社会学》2002年第1期。

② ［日］尾关周二：《共生与共同的理念——超越自由主义》，《国外社会学》2002年第1期。

第四部分

东亚社会建设的新取向

20世纪90年代以降，以全球化和现代化的突进为背景，东亚各国陡然掀起一股社会建设和公共性研究热潮，"社会建设"和"公共性构造"的转换问题，一时成为学术界关注的热点。据统计，日本从1975年到2002年，以公共性研究为主题的学术论文总数达到1100篇，27年间平均每年40余篇。特别是从1999年到2002年间的增长令人瞩目，1999年突然增加到115篇，2000年141篇，2001年155篇，2002年10月前85篇。而且，根据检索发现，上述关于公共性的1100篇论文中，涉及的领域包括行政领域287篇、教育191篇、城市115篇、环境54篇、学校41篇、自治体32、民营化28篇、公害24篇、公共事业15篇。[①]这些学术研究成果，最终汇成十卷本的《公共哲学》，由东京大学出版会推出，产生了巨大的社会影响。中国对此话题的关注始于20世纪90年代后期，主要表现为，在学术界出现了非营利组织研究热以及对弱势群体的空前关注。2002年，中共十六大把"社会更加和谐"作为全面建设小康社会的目标之后，此问题作为建构和谐社会的核心内容，逐渐与"民生问题"结合，演化为社会热点话题。社会建设之所以成为东亚社会发展模式研究的热点问题，主要是因为从战后初期到20世纪七八十年代，东亚发展的主题是一直是"经济发展"，到80年代，伴随着经济的高速发展运行已使东亚的社会结构、社会关系以及宏观的社会空间结构都发生了根本性的变化。过疏的村落何以为继？过密的都市何以成为可能？在个人主义盛行的、老龄化和少子化时代，又如何避免"社会原子化"趋向？一言以蔽之，如何在现代社会高速发展运行的状态下，保持经济、社会的均衡、协调发展，成为摆在东亚各国面前最为艰巨的任务，其发展主题自然会转换为"社会建设"。

如果我们把近代以来东亚社会在建立民族国家进程中形成的以"官"为主要承载者的公共性作为东亚公共性的"典型构造"或"旧公共性"的话，那么，从20世纪90年代开始，以全球化、市场经济的发展、消费社会的形成、老龄社会的到来等因素为背景，日本、韩国和中国先后出现的在

---

① 参见［日］山口定等《新公共性》，有斐阁2003年版，第1—2页。

"官"以外的公共性诉求，则可视为是一种"新公共性"。新公共性的内涵非常丰富，它既包括"市民的公共性"，即基层社区自治、NPO·NGO建设以及网络社会背景下"公共议论"的最新发展，也包括"跨越国境的公共性"，即在全球化背景下超出民族国家空间范围外的"空间公共性"的构建和认同。在这一意义上，新公共性之构建实际上是一种社会创新，即"用新的办法来解决已有的社会问题，改变人们相互之间发生关系的方式"①。东亚新公共性的构建是一个异常复杂的进程，其进一步的成长和推进面临着诸多制约因素。东亚在直面公共性问题挑战的同时应努力突破欧美中心主义，充分注意东亚公共性构造转换的一系列特殊的制约限制因素。

本书拟在第九、十两章，对东亚新公共性构建和社会工作本土化问题展开研讨；在第十一章中，对东亚的社区发展问题展开研究。

---

① 赵灵敏：《社会也需要创新——专访英国杨氏基金会主席周若刚》，《南风窗》2006年11月16日。

第九章　东亚社会建设与新公共性构建

　　伴随着20世纪下半叶现代化的高速发展，日本社会进入了以"欲望和感情解放"为主题的个人主义时代，利己主义风行、价值体系崩坏、地域发展不平衡，旧的公共性开始被破坏，建构"新公共性"的问题应运而生。而在中国，以"单位社会"逐渐走向消解和构建社会主义和谐社会为背景，培育、催生从市民社会中离析出的带有新型公共性的公共领域，进一步推进"社会建设"，亦为人们所密切关注。虽然"新公共性"作为一个学术话题在中日等东亚国家刚刚兴起，但对东亚社会的进一步发展具有极其重要的意义。东亚新公共性的构建是一个异常复杂的进程，其进一步的成长和推进面临着诸多制约因素。东亚在直面公共性问题挑战的同时应努力突破欧美中心主义，充分注意东亚公共性构造转换的一系列特殊的制约限制因素。本章拟以中日两国为例，在总结反思东亚公共性传统构造的基础上，对东亚"新公共性"构建问题做一初步的探讨。

一、关于社会建设的基本理论

（一）社会创新与社会建设

关于社会创新，学术界有着大致相同的理解和概括。德国社会学家沃尔夫冈对此概念做了较为系统的研究界定，他认为"社会创新不能简单地等同于社会变迁，而只能作为社会变迁的一个部分：它是解决问题的新途径，能够改变社会变迁的方向；社会创新也不能简单地等同于社会改革和政治改革：只有那些经过获得共识的标准证明是有能力的、长久的改革才值得考虑，才值得他人模仿。如果我们用革命这个基本概念特指那些少数的、激进的和迅猛的历史变化，它们全面改变了一个业已确立的社会制度，那么，社会创新也不是革命。当然，在革命性的情形中，我们可以发现一连串的社会创新。""澄清了这些概念之后，我们可以说：社会创新是达到目标的新的途径，特别是那些改变社会变迁方向的新的组织形式、新的控制方法和新的生活方式，它们能比以往的实践更好地解决问题，因此值得模仿，值得制度化。"①

加拿大学者司徒·康格也认为："社会创新就是创造新的程序、法律或者组织，它改变着人们相互之间发生关系的方式，它解决具体的社会问题，或使迄今为止还达不到的社会秩序或社会进步成为可能。代表社会创新的程序方面的例子包括：语言、文字、慈善事业、民主、罢工、审批、宣誓、检验、心理分析、培训。"②英国杨氏基金会主席周若刚则认为："简而言之，社会创新就是用新的办法来解决已有的社会问题，改变人们相互之间发生关系的方式。"③在西方走向现代社会的历史上，有着

---

① ［德］沃尔夫冈：《现代化与社会转型》，社会科学文献出版社2000年版，第21—22页。

② ［加拿大］司徒·康格：《论社会创新》，《马克思主义与现实》2000年第4期。

③ 赵灵敏：《社会也需要创新——专访英国杨氏基金会主席周若刚》，《南风窗》2006年第22期。

极其丰富的社会创新的记录。"作为社会创新的法律方面的例子有：1388年英国的《济贫法》、1601年的《儿童领养法》、1689年的《英格兰权利法案》、1717年的《俄罗斯义务教育法》、1875年美国的《禁止虐待儿童法》；可以称得上是重要的社会创新的组织方面的例子包括：学校、法院、下议院、工会、监狱、基督教青年会、红十字会、童子军等。"①在他们看来，每一个走上现代社会发展之路的民族国家，不仅要通晓"富国富民"之术，更应谙熟社会创新和社会建设之道。

20世纪晚期以降，鉴于现代人类社会的剧变和社会生活体系的脆弱化，在公共性建构的话语之下，国际学术界掀起了一股以"新公共性"构建为主要内容的社会思潮，其内涵主要包括社会"第三域"建设、社会问题的公共讨论和以社区建设为核心内容的社会基础秩序建设等内容。

（二）关于社会"第三域"建设

所谓社会"第三域"，实际上是建立在"社会三分法"认识基础之上的。一般说来，"第三域"主要是与"第一域""第二域"相对而言的。"第一部门"是国家或政府或政府组织（公共权力领域），属于政治领域；"第二部门"是市场或营利组织，也叫私人领域；"第三部门"是公共领域，是前两者之外的"第三域"，它们属于狭义的社会领域，包括非政府组织（NGO）、非营利组织（NPO）或志愿域、市民社会等民间组织。上述三个部门的功能各不相同，"政府部门的职能是确保对法律的遵守和对资源的分配；企业部门是提供工作机会，促进经济发展；社会部门主要是满足社会和生存性需要（生存性是指在自由社会环境下的个人选择行为）。要在21世纪建设（或者重建）健康的、可实现社会功能的社

---

① 赵灵敏：《社会也需要创新——专访英国杨氏基金会主席周若刚》，《南风窗》2006年第22期。

区，这三个部门必须都发挥各自的作用"①。在这一意义上，所谓"第三部门"是指"在其中的所有团体应是：根本上为了社会的目的而存在，而并非实现营利的目标。必须独立于国家，因为他们由一组独立的人管理，而非政府部门、地方或医疗当局的组成部分。将他们全部的经济结余重新投入到提供的服务中去或用于团体的自身建设"②。从"社会三分法"出发，我们可以有两种不同的社会发展建设路径：就宏观的社会建设而言，所谓社会建设可以是经济、政治、文化、社会"四位一体"的建设过程；而从狭义的社会"第三域"出发，所谓社会建设实际上主要是指狭义的社会领域，即非政府组织（NGO）、非营利组织（NPO）、志愿域、市民社会等民间组织的建设过程。

从历史上看，不同国家和地区公民社会的起源及其具体表现形态极为复杂。对于欧美发达国家来说，长期以来，以欧洲和北美社会为核心的西方社会被学界视为世界上市民社会的典范，但事实上在"第三域"发展的问题上也是极不平衡的。杜维明先生曾指出，在世界范围内市民社会真正发达的只有美国社会，包括德、法、意、英的整个西欧社会市民社会的发展都不全面。③表达了对公民社会的独到见解。的确，19世纪30年代，当法国人托克维尔来到美洲大陆时，惊奇地发现美国的"第三域"（公民社会）极为发达，"在美国和其他许多国家，社会存在于国家之前。也可以这样说，社区形成于人们处理他们共同的问题的政府或政府机构以前。当人们要自己处理各种问题时，他们通常发现在志愿组织中与别人一起行事是有用的。这样的结果产生了消防部门、学校、领养协会等许多志愿者团体。甚至在政府产生后，美国人通常不愿意使用它，担心会重新形成专制制度或官僚化。因此，市民们仍然自己解决问题，直到大家同意需要政府

---

① ［美］德鲁克基金会：《未来的社区》，中国人民大学出版社2006年版，第30页。

② 李亚平、于海：《第三域的兴起》，复旦大学出版社1998年版，第54页。

③ 哈佛燕京学社：《儒家与自由主义》，生活·读书·新知三联书店2001年版，第9页。

的帮助"①。

在德国，非营利领域（或第三领域）一般是指"包括所有具有一定结构形式、在组织上独立于国家、实行独立管理、不以营利为目的并且不是强制性社团的组织。它们既不隶属国家又不隶属市场。它们作为国家、市场和集体之间的中介，是现代社会的公民社会基础设施的重要组成部分，其社会政治意义远远超过了就业政策意义。因此，第三领域的发展常被视为社会指数，标志公民仁爱和无私参与公共和公益事业的程度，标志社会实现积极民主的程度。在德国，第三领域只受到学术界的关注，政界和舆论界尚未予以重视"②。第三域的就业非常稳定，究其原因有："（1）公民对第三领域提供服务的需求不断扩大；（2）第三领域组织不像市场领域那样追求利润，因而较少遭受合理化的压力；（3）非营利组织不是通过市场而是通过会费、捐献、赞助、国家赞助、社会保障赞助以及义务和自愿参与等途径确保财政；（4）作为会员、工作人员和赞助者们的动机和控制媒介，休戚与共、宗教虔诚和人道等等价值观念具有很高地位。"③

对于非西方国家而言，其社会第三域发展的过程，实际上也是"公民社会"建构的过程。历史上由"臣民"到"国民""公民"的身份变更，是人类社会由"传统"到"现代"，从"身份"到"契约"社会进步运动的重要标志。从一般意义上讲，公民社会体现了一种新的"社会联结"，"公民身份意味着一定的社区或文明社会在人与人和群体与群体之间有某种联系或网络，而且有某些规范和价值观使他们的生活有意义"④。其显著特征在于"它是相对于政府而言的非官方的社会结构和过程，诸如各种民间组织机构、非政府机构、中介组织、社会运动等均属于市民社会的范

---

① 李亚平、于海：《第三域的兴起》，复旦大学出版社1998年版，第35页。

② ［德］E. 普利勒尔等：《德国的第三领域》，《国外社会科学》1999年第5期。

③ 同上。

④ ［美］托马斯·雅诺斯基：《公民与文明社会》，辽宁教育出版社2002年版，第32页。

围"①。在世界范围内，无论早发的西方资本主义工业文明，还是后发的非西方国家，包括新的社会主义现代文明，其中的自然人主体都是公民。当然，在战后尤其是20世纪晚期全球化的背景下，公民的实质内涵和外延已经远远超越了西方早期公民社会的模板。在这一历史过程中，公民社会建设任重而道远。因此，关于公民社会问题的研究也就成为当代人文社会科学面对的一个严肃而重大的学术课题。

（三）社区发展与社会基础秩序的建构

众所周知，自滕尼斯提出社区概念以来，社区便成为社会科学知识体系中的核心概念。值得注意的是，学术界在运用社区概念展开社会分析的过程中，不断地为其增添新的含义，以至于到1955年时，有的西方学者即发现已有94种社区定义问世。但关于社区的权威理解无外乎以下两个思路：其一认为"社区是居住在相对紧凑和接近的区域的许多家庭和个人的聚合体，这种聚合体带有公共生活的特征，它表现为风俗、习惯、传统和讲话的模式。根据上述定义，人、地理空间中的位置、社会性的相互影响和公共关系成为理解社区的四个重要组成部分"。其二是将地域性社区和功能性社区区分开来，将社区视为"由那些有共同兴趣、爱好或职业的人群组成，如福利、农业、教育和宗教信仰"②。

20世纪晚期以降，世界范围内出现了严重的社区认同危机，虽然自进入工业社会以来，人类的种种社会计划活动业已证明，人类是具有一种超强"社区本能"的高级动物，但到20世纪末叶，伴随着社会分化和隔离的加剧，"我们运用社区本能来彼此隔离、自我保护，而不是创建一个丰富多样又互相交融的世界社区文化。我们寻找与自己最相似的人，目的是

---

① 俞可平：《社会主义市民社会：一个新的研究课题》，《增量民主与善治》，社会科学文献出版社2003年版，第196页。

② ［加拿大］乌莎·乔治：《社区：变化的概念和策略》，陈启能等：《中国和加拿大的社区发展》，民族出版社2002年版，第190页。

为了保护自己，与其他部分隔离开来。显而易见，这条隔离之路不会带领我们走向一个值得生活的未来。我们面临的重要任务，是重新思考社区观念，从目前封闭的保护主义走向开放，迎接全球化社区的到来"①。

在欧美发达国家，社区重建问题的背景极为复杂，主要表现在以下几个方面：其一是伴随着城市化和郊区化的进程，大量中产阶级迁往郊区，昔日繁盛的内城开始走向衰落，导致城市空间结构发生根本性变化；其二是在个人主义取向之下，西方社会的原子化进程大大加快；其三是由老龄化时代的到来而引发的社会活力的丧失。可见，在上述背景下兴起的新的社区发展浪潮，其实质是在新的历史条件下重建人类社会生活所依托的"共同体"。这里所说的"共同体"泛指"社会中存在的、基于主观上或客观上的共同特征（这些共同特征包括种族、观念、地位、遭遇、任务、身份等等）而组成的各种层次的团体、组织，既包括小规模的社区自发组织，也可指更高层次上的政治组织，而且还可指国家和民族这一最高层次的总体，即民族共同体或国家共同体。既可指有形的共同体，也可指无形的共同体"②。

英国社会学家齐格蒙特·鲍曼曾撰著《共同体》一书，在书中他对共同体有一段颇为动情的描述："首先，共同体是一个'温馨'的地方，一个温暖而又舒适的场所。它就好像是一个家，在它的下面，可以遮风避雨；它又像是一个壁炉，在严寒的日子里，靠近它，可以暖和我们的手。可是，在外面，在街上，却四处潜伏着种种危险……我们每时每刻都处于警惕和紧张之中。可是在'家'的里面，在这个共同体中，我们可以放松起来——因为我们是安全的，在那里，即使是在黑暗的角落里，也不会有任何危险……其次，在共同体中，我们能够互相依靠对方。如果我们跌倒了，其他人会帮助我们重新站立起来……如果我们犯了错误，我们可以坦

---

① ［美］德鲁克基金会主编：《未来的社区》，中国人民大学出版社2006年版，第4页。

② 参见［英］齐格蒙特·鲍曼《共同体》，欧阳景根译，江苏人民出版社2003年版，第1页译者注。

白、解释和道歉，若有必要的话，还可以忏悔……谁不希望生活在一个我们可以信任、他人的所言所行我们又可以依赖的友善的、心地善良的人群之中呢？"①透过这段文字，我们似乎对西方世纪交替之际重提社区发展的背景会有更为深刻的理解。

（四）社会问题的"公共讨论"

公共讨论是社会进步发展的重要工具。在公共讨论问题上，一个经常发生的误解是，认为"公共讨论"乃是欧美社会的"专利"，而在非西方社会则不存在这一"争鸣传统"。对于非西方发展中国家来说，重要的是以睿智的威权来统辖民众，形成现代化的"一致性"力量，而不是带有现代民主色彩的"公共讨论"。但在近年来勃兴的"新发展主义"思潮看来，问题并非如此简单：

第一，从比较的角度分析之，我们会发现，在公共性问题的理解上，西方和东亚的确存在诸多不同。从严格意义上讲，公共性是一个舶自西洋的概念。在包括中、日、韩在内的东亚国家的历史上，不存在严格意义上的"公共性"概念。于是，有的学者主张，在研究过程中，这些概念只能作为基本参照意义上来使用。理解东亚的公共性问题，必须首先从语义上澄清西方和东亚对于公共性的不同理解。如日本学者在《岩波哲学·思想事典》即提出：在英语世界中，公共性多是"作为政治、社会理论的用词而被使用，是指作为公共言论的空间，或是形成公论的市民生活领域"。而在日本则"往往是作为公共事业等公共权力活动正当化的词汇而使用"②。《新社会学辞典》的作者也认为："在日本，公共性在很多场合是指以公共福利为目的的社会价值和社会有用性。作为公共事业和社会资

---

① ［英］齐格蒙特·鲍曼：《共同体》，欧阳景根译，江苏人民出版社2003年版，第2—4页。

② ［日］广松涉等编：《岩波哲学·思想事典》，岩波书店1998年版，第486页。

本建设的合理性依据。关乎公共性的事例主要包括私权受到损害。""一般说来，我们将与私益相对的具有公益性质和价值的事物称之为公共性。但值得注意的是，公共性的具体含义和社会功能因社会不同，尤其是因独立于国家的市民社会传统的强弱而有所不同。这使得公共性成为一个多义的充满论争的概念。但在日常用语中，将与公共权力相关联的事务规定为公共性，在这里，公共性理论实际上是作为赋予政府和行政权力等公权力活动以合法性的理论而存在的。另外，哈贝马斯的"市民的公共性"概念，则主要是主张以市民与公权力对抗的理论……"①

第二，公民社会和"公共讨论"的理念和实践活动不仅对于发达国家重要，而且对于发展中国家的社会发展也极为关键。不仅对于上流社会和中产阶层重要，对于陷入贫困的弱势群体也具有特殊意义。因为真正对贫困表示拒斥的社会，一定是个民主的社会。能够为弱势群体表达自己的意见，实现社会参与建立起相应的制度，"参与机制能为所有人，尤其是来自贫穷阶层和受社会排斥的阶层提供表达意见的权利。穷人是与贫困作斗争的主角。他们应处在构建、实现和监督反贫困战略的中心位置"②。建立在民主基础上的"公共议论"实际上赋予了社会各阶层的表达权和倾诉权，以保证社会循着"各得其所""均衡发展"的轨道前行。诚如纳尔逊·曼德拉所言："每一个要讲话的人都如愿以偿。这是最纯粹的民主。在发言人中可能存在重要的等级制度，但每一个人都说了话，包括首领和臣民、武士和巫医、店家和农夫、地主和佣工。自治的基础是，所有的人都可以自由地发表自己的意见，而且作为公民在价值上是平等的。"③

第三，欧美西方国家的确存在典型的"公共议论"的传统，相比之

---

① ［日］森冈清美等编：《新社会学辞典》，有斐阁1993年版，第419页。

② 世界银行：《2000—2001年世界发展报告：与贫困作斗争》，中国财政经济出版社2001年版，第11页。

③ 转引自［印度］阿马蒂亚·森《惯于争鸣的印度人：印度人的历史、文化与身份论集》，上海三联书店2007年版，第23页。

下，非西方国家虽然现代"公议"制度不甚健全，但考诸历史，非西方国家亦存在可资借鉴的"公议"传统。对此阐述最为充分的是经济学家阿马蒂亚·森，他认为"公共议事的悠久传统在全世界的许多不同文化之中都可以找到，当然，希腊和罗马公众议事的遗产是实至名归，但是具有重要意义的公众审议在印度也有引人瞩目的历史"，因此，我们要避免两个很容易犯的密切相关的错误："（1）仅将民主制度视为西方世界的一份礼物，印度只是在独立之时照单接受而已；（2）认为在印度历史上有某种无与伦比的东西，因而让国家非同寻常地适应了民主制度。更确切地说，核心道理在于，民主制度是与公众议事和互动说理密切相关的。公众议事的传统存在于全世界，而不仅是西方。"①

第四，建立在民主议事基础上的发展，是一种真正意义上的"参与式发展"。参与不仅仅是一种形而上的至尊理念，而且是与民众最切身的利益结合在一起的。

（五）东亚"社会建设"的核心问题

作为人类古老文明的发源地之一，东亚社会以其独特的社会构造及其文明的内在活力，保证了其文明发展能够绵延长久，实现连续的、不中断的发展。但值得强调的是，在走向现代化的进程中，东亚各国为实现其赶超西方的目标，在以"经济发展"为绝对目标的背景之下，以"经济发展"覆盖了"社会发展"，在相当长的时间里忽略了社会建设问题，致使其经济—社会发展出现了严重的不协调。直到20世纪晚期，东亚各国的社会建设问题才陆续被提到重要的位置。

东亚和西方社会发展进程中自然而然地形成的"发展落差"决定了二者之间社会建设的任务具有较大的差别。有的学者将其概括为"保卫社会"和"生产社会"之间的区别。这主要是因为"在业已建成市场

---

① ［印度］阿马蒂亚·森：《惯于争鸣的印度人：印度人的历史、文化与身份论集》，上海三联书店2007年版，第10—11页。

经济的国度，与正在实现市场转型的国度，人们在面对社会时，实践与认知的目标和任务颇为不同。前者是在原本已经有一个'社会'的基础上（其自组织的社会生活不仅传统悠远，而且在某些时段内甚至还很强盛）设法复苏和强化社会的各种机制，以抵御市场和权力双重入侵造就的'殖民化'；而后者则是经历了再分配经济和与之匹配的集权体制的长期支配，自组织的社会生活机制不说被彻底消灭，至少也是在受到极大压抑之后，面对新的历史条件，重建或生产社会生活的各种制度和规范——我们必须先有一个社会，然后才能够保卫它。简言之，前者的任务是'保卫社会'，后者的任务是'生产社会'，这是两种不同的认知逻辑和实践逻辑。"①

应该指出的是，世纪交替之际在全球范围内勃兴的以追求"新公共性"为主旨的社会改革浪潮其实质就是社会创新。这股浪潮在不同地域具有不同含义。在欧洲，"中央权力下放以前是一个自上而下的过程，由国家'给予'地方更大的自治权。今天，在大多数发达国家中，中央分权的过程还包括了自下而上的过程……在这一过程中，城市的发言权越来越大，而它们的上级政府则要依赖它们来实施立法和完成项目计划。地方政府也通过地方的支持、结成伙伴关系以及科层机构的现代化来增强解决自身问题和'社区治理'的能力"②。

东亚社会建设和社会创新的核心，是所谓"新公共性构建"问题。所谓"新公共性"，实际上是相对于"旧公共性"而言的。从总体上看，20世纪90年代前东亚公共性构造仍具有极大的相同性。表现为东亚威权社会以"官"为主体、以公共事业的实用性为目标的公共体系。如果我们把20世纪90年代前东亚社会在建立民族国家进程中形成的以"官"为主要承载的公共性作为东亚公共性的"典型构造"或"旧公共性"的话，那么，从

---

① 沈原：《社会的生产》，《社会》2007年第2期。

② ［德］格哈德·班纳：《社区治理与新的中央—地方关系》，《国际社会科学杂志》（中文版）2003年5月。

20世纪90年代开始，以全球化、市场经济的发展、消费社会的形成、老龄社会的到来等因素为背景，日本、中国先后出现的在"官"以外的公共性诉求则可视为是一种"新公共性"。新公共性的内涵非常丰富，它既包括"市民的公共性"，即基层社区自治、NPO、NGO建设以及网络社会背景下"公共议论"的最新发展，也包括"跨越国境的公共性"，即在全球化背景下超出民族国家空间范围外的"空间公共性"的构建和认同。其核心是解决现代化、城市化高密度居住、人际关系疏离状态下的社会何以可能的问题。

与欧美社会"个人—社会"二分的结构不同，包括中日韩在内的东亚国家在漫长的历史发展进程中其社会结构多呈现出"个人—家—社会"这种三元结构形态。在此结构形态下，个人得到的关照几乎都来自"家"，而社会上出于"志愿主义"的关怀则不甚发达。如果东亚社会依旧保持那种"鸡犬之声相闻，民罕往来"的村落时代，则不会发生问题和障碍。而在城市化和现代化的背景下，昔日的共同体逐渐走向消解，则其社会必然面临严峻的挑战。

二、东亚"公共性"的一般特质

作为一个现代政治、社会理论的专用术语，公共性是一个多义性、充满论争的概念。日本《国语辞典》对公共性做的解释是："就公共性的性质而言，其对社会具有极广的利害和影响。而且其影响不是限于特定的集团，而是面向社会全体。"日本学者斋藤纯一认为，所谓公共性"就是不求'闭锁性'和'同质性'的共同性，是抗拒'排斥'和'同化'的一种相互连带"①。中国学者李明伍则将公共性概括为"某一文化圈里成员所能共同（其极限为平等）享受某种利益，因而共同承担相应义务的制度的性质"②。总结上述概括，我们会发现，公共性概念最具核心意义的要素包括：（1）共有性，即对社会具有极广的利害和影响，其影响不是限于特定的集团，而是面向社会全体；（2）公开性，通常是指以公开讨议的形式而形成的公共议论；（3）社会有用性，公共性既是一种价值体系，也是以公共事业为主体的公益服务体系；（4）作为一种社会理念，公共性是一种基于正义和公正，为达致公共善而努力行动的价值体系。

围绕着对公共性的不同理解，学术界形成了不同的公共性研究流派。在欧美20世纪社会理论的谱系中即有哈贝马斯的"市民公共性"、卢曼的"合法至上论"的公共性以及罗尔斯基于自然法论而展开的公共性论述。而在日本学术界近年来热议的公共性话题中，也在国家所代表的公共性、市民的公共性、世界公民社会以及基于后现代立场而提出的"新公共性"等意义上使用公共性概念。

关注公共性研究的学者普遍承认，公共性的存在形态是多元的，在不同的文化地理空间范围内存在着不同类型的公共性。因此，在理解探讨东亚公共性问题时，我们应在把握人类文明公共性一般概念的基础上找出东亚公共性的一般特质。以欧美社会为参照系进行比较分析，我们会发现东亚公共性的一些明显特质：

1. 在欧美世界中，自阿伦特、哈贝马斯以来，公共性多是作为政治、社会理论的用词而被使用，是指作为公共言论的空间，或是形成公论的市民生活领域。而东亚在理解公共性时虽然在很多情况下也沿用欧美的原意，但相比之下更强调其实用性，遂导致东亚的公共性概念缺乏西欧语言中所带有的公共的、公开的及相互沟通交流的政治意味，因此，东亚的公共性"往往是作为公共事业等公共权力活动正当化的词汇而被使用

---

① 　[日]斋藤纯一：《公共性：思考的边界》，岩波书店2000年版，第6页。

② 　李明伍：《公共性的一般类型及其若干传统模型》，《社会学研究》1997年第4期。

的"①。如在日本，"公共性在很多场合是强调以公共福利为目的的社会价值和社会有用性。作为公共事业和社会资本建设的合理性依据"②。而中国在单位体制下，"公"实际上成为从摇篮到坟墓的完善福利保障制度的代名词。

2. 就公共性的主体而言，与欧美世界公共性实现主体的多元形态不同，东亚的公共性主要是由"官""公"来加以承载的。这从东亚国家传统社会思想中的"公私论"中即可略见一斑。虽然中国和日本的"公私观念"存在着一些重要的差别，但如果从"空间"角度对其加以分析，会发现两国空间性的"公家""公门"都是指与"君""官"有关的场所，到近代，进而引申为"政府"或"国家"的领域。相比之下，东亚的"公"基本上是由"官"来加以承载的，形成了"官尊民卑"的独特构造。而欧美世界中的"公共性"则主要包括"市民自主性""公开性""共同性""多样性""讨议"在内的多层面的空间，"官"以外的力量扮演了重要的角色。

3. 在西方世界，公共性理论往往强调市民的公共性，主要是主张以市民与公权力相对抗的理论，是一种"对抗的公共性"。但在中日两国的日常用语中，一般是将与公共权力相关联的事务规定为公共性，在这里，公共性理论实际上是作为赋予政府和行政权力等公权力活动以合法性的理论而存在的。而且，市民与公权力间的关系不是对立的，而是具有明显的"一致性"。诚如有的学者所言"中国的公共性的结构与问题点，在于它是以一元化的共同意识、一体感为前提，谋求社会全体的利益"③。而日本也不存在与公权力相对抗的市民力量，如果我们将日本语当中的"公共"分解为"公"（おおやけ）和"共"来加以理解的话，会发现日语中的"公"（おおやけ）没有英语Public所具有的"人们""民众""公

① ［日］广松涉：《岩波哲学·思想事典》，岩波书店1998年版，第486页。

② ［日］森冈清美等编：《新社会学辞典》，有斐阁1993年版，第419页。

③ ［日］小正浜子：《近代上海的公共性与国家》，上海古籍出版社2003年版，第3页。

众""人民"等意,而是包括天皇和官僚体系在内的在上的力量。这样,在"公"和"共"的组合中,"公"便毫无疑问地压倒了"共",而不存在所谓对抗的格局。①

4. 就公共性的纵向演进轨迹而言,作为后发现代化的典型代表,中日两国的公共性形态都非常清晰地依次经过了"古典的公共性"、"民族国家的公共性"两个阶段。其中,尤其值得注意的是,在中日两国走向现代化和建构现代民族国家的进程中,"官"始终扮演了"公共性"承载者的角色。在中国比较成熟的现代民族国家形态是1949年后建立的"单位社会","这种独特的单位现象构成了现代中国社会极其独特的两极结构:一极是权力高度集中的国家和政府,另一极则是大量相对分散和相对封闭的一个个的单位组织。长期以来,国家对社会的整合与控制,不是直接面对一个个单独的社会成员,更多地是在这种独特的单位现象的基础上,通过单位来实现的"②。而在日本的民族国家建立过程中,则主要体现为"立公灭私""损私奉公"的过程,也表现出极强的一致性。"战后,随着"灭私奉公"神话的崩溃,自我亦即私的利害虽然摆脱了默默无闻的地位,但由于自发结社尚未成为趋向,并未由此产生走向公共性的自主道路。依然由官宪国家代表的公共性,以其慈惠的国库支出和社会保障残留着极强的国家性格。"③

可见,虽然中日两国的公共性构造各具特色,但从总体上看,20世纪90年代前东亚公共性构造仍具有极大的相似性。表现为东亚威权社会以"官"为主体、以公共事业的实用性为主体的公共体系。东亚的公共性构建实际上是其民族国家构建的重要组成部分。东亚公共性与欧美社会所表现出来的不同特征,既是二者间本土传统文化的差异所致,也是东亚与欧美间社会发展存在的"时间差"所致。

---

① [日]山口定:《新公共性》,有斐阁2003年版,第14页。

② 潘乃谷、马戎:《社区研究与社区发展》,天津人民出版社1996年版,第1151页。

③ [日]山口定:《新公共性》,有斐阁2003年版,第7页。

三、东亚的"新公共性"及其表现形态

如果我们把20世纪90年代前东亚社会在建立民族国家进程中形成的以"官"为主要承载的公共性作为东亚公共性的"典型构造"或"旧公共性"的话，那么，从20世纪90年代开始，以全球化、市场经济的发展、消费社会的形成、老龄社会的到来等因素为背景，日本、中国先后出现的在"官"以外的公共性诉求则可视为是一种"新公共性"。

众所周知，在日本，传统意义上的"公"（おおやけ）实际上意味着天皇和政府，"私"在很多情形下意味着市场原理、功利主义和个人主义。以此种认识为前提，人们一般将见之于NPO和福利政策的非政府、非市场的方面称之为"新公共性"。在日本从20世纪70年代开始，市民社会论曾一度高涨，但随着价值观念的多元化和生活方式的个性化，人们的公共意识逐渐淡化，昔日将人们维系起来规范体系受到巨大冲击。日本大都市的"邻组意识"基本丧失殆尽，城市成为真正意义上的"陌生人社会"，出现了在城市高度密集和乡村过疏发展背景下"社会如何成为可能"的问题。1995年日本发生阪神地震，使日本社会的弱点暴露无遗。日本民众意识到无论是政府救助还是市场化的服务，都不能替代"邻里扶持"和非营利组织的自救，以此为契机，新公共性建构之思潮勃然而兴。

而在中国，伴随着"单位社会"走向终结的进程；原来由国家、单位承载的公共性逐渐让渡给真正意义上的"社会"，于是，经济、政治、文化以外的有关人类公共生活的那一部分，便成为我们今天社会建设和管理的重点和难点。这使得新公共性的概念与中国政府近来提出的"社会建设"的概念紧密联系在一起，成为焦点问题。其核心内容在于"这种新型公共性催生了一种从市民社会中离析出的公共领域，这种领域能满足结构日益分化、利益日益多元化的社会需求。在公共事务的治理中出现了非政府组织、基层自治组织等新型的社会治理主体，它不仅改变了社会的治理结构，而且还增加了社会主体结构的和谐性。公共性所蕴涵的意义使其在和谐社会的建构中具有举足轻重的地位和影响。"①

新公共性的内涵非常丰富，它既包括"市民的公共性"，即基层社区自治、NPO、NGO建设以及网络社会背景下"公共议论"的最新发展，也包括"跨越国境的公共性"，即在全球化背景下超出民族国家空间范围外的"空间公共性"的构建和认同。其核心是解决现代化、城市化高密度居住、人际关系疏离状态下的社会何以可能的问题。

结合"新公共性"的主要表现形态进行分析，笔者认为东亚处于萌芽和成长初期的"新公共性"其"新意"主要表现在以下几个方面：

首先，从总体上看，构建中的东亚"新公共性"最具新意之处在于"多元性"和扩散性，即由传统的以"官"为主体的公共性转变为多元的公共性诸形态，摆脱了战前"国家＝官＝公"的一元的"公观念"，代之以立足于公众基础之上的"新公共性"，公共性由"垄断"走向"扩散"。如前所述，明治维新以来日本的公共性实际上是由官僚独占的，是一种"官＝公共""民间＝私"的格局。但在今天的日本"公共性的空间已不是官的独占物，而是包括地域社会和市场以及更加广义上的社会全体来分担其职能"②。来自"民间"的力量在公共性构建进程中发挥着重要的作用。在中国，以"单位社会"逐步走向消解为契机，在旧有的单位福利保障体系宣告终结的同时，昔日的"单位人"也变成了"社会人"。虽然这一转化过程具有长期性和复杂性，但其进程实际上已经揭开序幕。为避免"单位社会终结"后社会的"原子化"，人们开始意识到着力建设独立于国家、单位、市场以外的社会支持体系的重要性。于是，昔日由国家和单位垄断和承载的公共性自然被打破，社区发展和NPO、NGO等非政府组织和非营利组织的建设便成为当代中国社会建设的重要内容。这种"新公共性"构建的意义在于寻找新的社群生活，人们可以通过"社群"建构

---

① 《和谐社会：公共性与公共治理》，《中国青年报》2005年1月3日。

② ［日］坪乡实：《营造新公共空间——市民活动的视角》，日本评论社2003年版，第4页。

一种“公共性”。这种“公共性”能够让人们发出面对生活共同抉择的呼声，可以使其在面对社会急剧变化的“速度”时不致失掉方向感和生存的力量，以实现由国民向市民的转化过程。

其次，作为新公共性最重要的承载者，NPO、NGO等非政府组织和非营利组织在新公共性的构建过程中发挥着越来越重要的作用。中日两国的NPO、NGO等非政府组织和非营利组织建设启动的时间大体相同，但相比之下，日本的发展速度略快于中国。日本的志愿者活动是以1995年阪神、淡路大震灾为起点迅速走向高涨的。在那场瞬间夺去数千人生命的灾难中，人们对行政体系统救援的迟缓提出激烈的批评，市民凭借自己的力量、邻里的力量而生发出的一种新的互助力量。由此，人们将这一年称为志愿者之年。以这种志愿者救助活动的展开为契机，社区的自治空间、公共空间得以拓展。据统计，1996年日本共有25万多个具有正式法人地位的非营利组织，负责规范其行为的社会法规大约有100多部。根据经济企划厅进行的一次调查估计，尚未拥有正式社团地位的非营利组织数量有85000个（见表9-1）。①

表9-1　1996年具有正式法人地位的非营利组织的类型和数量（单位：个）

类型	数量
公益组织	26312
宗教组织	183996
社会福利组织	14832
教育组织	7566
其他	21422
总计	254128

注：此表据《亚洲公益事业及其法规》所公布数据制成。

1998年3月，日本颁布了《特定非营利活动促进法》，到2002年末，

---

① ［美］托马斯·西克尔：《亚洲公益事业及其法规》，科学出版社2000年版，第143页。

NPO在全国已经有1万法人获得认证。其活动范围包括健康、福利、医疗及福利、社会教育、育儿、环境等内容。据经济企划厅2000年的调查，以今后拟参加志愿者活动为标准，自然环境保护的占41.4%、社会福利的占38.4%。①这种新的社会共同体与传统的地域共同体——町内会存在许多不同，主要表现在：加入单位不是家族而是个人；其加入不是被动的、强制的，而是自主的、选择的、开放的；其功能不是笼统的而是限定的、分化的；其组织不是单一的，而是多层面的、交叉的；其责任不是全体的，而是有限的。从20世纪90年代后期开始，中国亦掀起了非营利组织研究及实践的热潮，出现了"自然之友""地球村"等颇具影响的非营利组织。虽然在"大政府、小社会"的整体环境下，非营利组织多带有"半官半民"性，其活动也表现出典型的"民间行为，官方背景"特点，但却标志着当代中国"新公共性"构建的发轫。尤其是2004年3月国务院出台的《基金会管理条例》，更为调动民间力量参与公益事业提供了基本条件。

再次，与局限于民族国家体系内的公共性不同，在全球化背景下出现了跨越国境的公共性。世纪交替之际，以经济全球化和欧洲一体化为背景，东亚也提出了超出民族国家范围的区域统合问题。人们不是将公共性限定在国家公共性的范围内，而是强调超越国境的公共性，开始注意超出民族国家空间范围的"空间公共性"的构建。一方面，经济全球化的浪潮已使东亚在经济上建立了较为密切的联系，呼唤建立新的东亚认同。但迄今为止，东亚区域内的政治、文化和社会等方面的合作交流机制却迟迟没有建立起来。另一方面，一些重大的危机事件，使人们意识到跨越国境公共性建构的重要意义。2003年东亚范围内SARS风暴爆发之时，学界出现了呼唤东亚新地区主义的声音，认为"东亚地区主义本质上属于新地区主义。新地区主义的'新'就在于它的社会负责性，即对解决社会问题、促进社会发展的承诺。我们有必要从社会的角度建构东亚新地区主义，把

---

① ［日］坪乡实：《营造新公共空间——市民活动的视角》，日本评论社2003年版，第43页。

东亚建成社会共同体。东亚地区合作不能仅仅是经济合作与狭义的安全合作，必须包括广泛的社会合作。东亚整合的根本目的是再造区域性公益结构"①。当然，东亚学界和政界在描绘"共同体"蓝图时，普遍意识到在不同政治体制和存在严重历史纠葛的东亚国家间建立跨越国境"公共空间"的难度，认为"这种东亚共同体的形成将是很遥远的事情"②。但人们对这一"遥远目标"的热情却未因其实现艰难而有所减弱。

最后，与"市民公共性"强调"舆论"和"言说"的"言说系公共性"不同，新公共性更强调将公共性实践建立在个体志愿的基础上。

众所周知，在欧美世界，从阿伦特到哈贝马斯，其公共性理论大多都以"公议"、"讨议"这种"言说系"的公共性为核心内容。公共性的言说当然是非常重要的。但如果人们只是沉醉于公共性的言说之中而缺少实践参与意识，那么我们的文明社会就会变成一个失去平衡的"只说不做的社会"。此外，与欧美社会慈善救助行动的宗教伦理背景不同，东亚社会可资利用的慈善思想资源主要来自于儒家文化中的家族伦理文化，其慈善救助行为多是在"血缘家"或"拟血缘家"的基础上建立起来的，缺乏超出集团之外的公共性构建。因此，随着社会的进步和发展，当旧有的共同体日趋消解和社会渐趋个体化之际，建立在个人实践基础上的新公共性构建便成为非常关键的问题。这种建立在个体自愿援助基础上的"新公共性"则具有极强的实践性质，即主张将这种援助行为的完成纳入到公共性理念之中。

在当代日本社会，这种建立在个人实践基础上的新公共性构建可以表述为由"灭私奉公""灭公奉私"到"活私开公"的转变。日本学者今田高俊认为，20世纪90年代前东亚公共性最为重要的两种表现形态为：（1）行政管理型的公共性，即以公共福利为目的公共事业和社会资本的

① 庞中英：《东亚需要"社会地区主义"》，《人民日报》2003年7月28日。

② ［日］小泽一彦、孙新：《21世纪中日经济合作与展望》，社会科学文献出版社2004年版，第258页。

整合，对私权加以限制，是一种赋予公权力活动以正当性的理论；（2）市民的公共性或市民运动型的公共性，即通过市民公开的讨论和社会运动形成政治舆论，以市民的欲求为国家媒介的理论。此种类型公共性的特点是以与公权力对立的形式形成公论。①战后日本的公共性便是循着这两条线索展开的。可见，旧的公共性的特点往往是在与"私"对立的形式下凸显"公"的问题的。无论是行政管理型的公共性还是市民运动型的公共性，其共同特点在于都是以"私"相对置的形式凸显"公"的存在。但随着个人主义价值观的演进，日本开始由"企业和国家优先"的社会向"个人优先"的社会转换，国民对公共性的关注日益薄弱，同时，以"公私对立"为前提的公共性自然也不复存在。因此，日本的公共性便由旧有的"灭私奉公"和"灭公奉私"转变为"活私开公"。这里所说的"活私开公"，就是由强调与"私"相对置的公共性，转而从个体"私"的行为中开出新的公共性。即是将个体的自我实现这一"私的动机"与对弱者的关怀救助结合起来，在"活私开公"中奠定新公共性的基础。

四、东亚"新公共性"构建的限制

如果说20世纪80年代前后东亚学术界关注的话题是现代化，90年代初谈论的热点是现代性，那么，学术界时下所关注的焦点则是公共性问题，这标志着东亚社会已进入一个新的发展阶段。从总体上看，自20世纪90年代肇始的新公共性构建尚处于萌芽阶段，在直面这一问题时，我们必须清楚地意识到，东亚新公共性的构建是一个异常复杂的进程，其进一步地成

---

① ［日］今田高俊：《意义的文明学序说》，东京大学出版会2001年版，第265页。

长和推进还面临着诸多制约因素。

第一，东亚公共性构造转换的复杂性及所潜藏风险。

从20世纪90年代开始，伴随着世纪交替之际中国大地上勃兴的"单位制"改造和日、韩传统威权主义模式的日趋消解，东亚范围内出现了以追求"新公共性"为主旨的社会改革浪潮。虽然中日两国的公共性构造转换各具特点，但其问题的难点及表现出来的复杂性则是相同的：在日本，自明治维新以来，"公"的角色一直由"官"或"役所"承载的局面，已经大大地动摇。但值得注意的是，从市民"自下而上"的立场对其进行补充、改革的"市民公共性"尚未成熟，由此必定会产生出一些特殊的困难情况。①而在中国，单位社会的走向消解，标志着由国家—单位一体化的格局发生了巨大的变化，在这一背景下出现的社区发展和非营利组织的建设，实际上也是试图培植"自下而上"的力量。但我们应该承认，目前中国绝大多数公益事业基本上还是政府工作的延伸部分。短时间内官的作用还是不可忽视的，新的公共性要素与以官为主体的传统公共性二者之间应有相当长的"共存"时间。如果我们忽视公共性构造转换的长期性和复杂性，盲目地以非政府组织替代"官"的作用，就会出现"官退"而"民未进"的困局，导致公共性的"真空"，造成不应发生的混乱。可见，从东亚范围审视公共性构造转换问题，我们会更深刻地体验到问题的艰难和复杂，也更为清楚地意识到东亚公共性构造转换的迫切性和潜在风险，从而自觉地采取行动。

第二，本土文化传统对非营利组织发展的制约。

很多学者意识到，东亚社会要想真正走出长期由"官"为载体的传统"公共性"，必须建立一种新的包括基层社区自治组织、非营利组织在内的多元化的"新公共性"。但我们必须清楚地意识到东亚本土文化传统对"新公共性"构建的影响和制约。以非营利组织的生长发育为例，学术界已普遍意识到在"新公共性"的构建过程中，非营利组织是一个最为

---

① ［日］山口定：《新公共性》，有斐阁2003年版，第4页。

重要的载体。但在发展非营利组织的过程中，我们必须直面不同民族、国家文化传统对其非营利组织发展的影响。如日本的公共性及公共空间，自明治维新以来是国家决定，国民无条件服从的过程。而且从市民的角度来加以理解，所谓公共就是自上而下的。就是在今天，在围绕着公共性展开的政治性的、意识形态的言说中，关于公共事业和公共投资可谓众多，但围绕着市民展开的议论、批判的市民活动的空间尚未成为普遍的态势。在日本，迄今所说的公共性和公共空间，是指通过国家法令和政策对国民实施的公共事业、公共投资、公共资金、公共教育等活动。可以说关于国家的公几乎囊括了一切，不包括市民参与的内容。①荷兰学者汉娜乔吉庇尔在分析日本非营利组织不发达的原因时，即认为"日本之所以不存在像欧美社会那样具有强大影响力的NGO、NPO，其主要原因在于：在日本民众与政府间缺乏革命的历史，人们对政府经常保持调和的立场；有视政府为正义代表的传统信仰；民间部门和政府部门协同处理问题，不需要外部的NGO的介入；儒教传统背景下对政府有较强的依赖。此外，非政府的称谓，往往被视为左翼组织、无政府主义、共产主义、泛政府运动而被排斥。"②

　　长期以来，日本社会的"志愿主义"不甚发达，"这种社会保障和社会福利，即使在战前的日本也是十分落后的。这一点，与家族制度和町村的'邻保互助'具有重大关系。战前，人们认为'养儿防老'是理所当然的，所以社会保障问题根本不会产生。在'亲邻相助'的时代，社会福利也不可能充实起来。可是，一旦城市人口增加、背井离乡的人增多、不能再依赖亲属保障生活的人们增多起来时，仅靠明治初年制定的抚恤规则是根本不够用的。所以，政府就在1929年制定了救济法。但是，在农村，接受亲戚救济，即使是远房亲戚的救济，人们都会感到是一种耻辱。在城

---

① ［日］坪乡实：《营造新公共空间——市民活动的视角》，日本评论社2003年版，第38页。

② ［荷］汉娜乔吉庇尔：《从NPO发达国家看日本》，《松下政经塾报》2000第8期。

市，如果去登记救济卡片，就变成了沦为所谓'卡片阶层'的确凿证据，通常都会被人们视为最下层的贫民。在这种情形下，'有权要求救济'的精神，丝毫也得不到重视。在这种风气之下，收容孤儿和无儿女照顾的老人的设施，大部分都只能变为私人性质的慈善机构。而被收容在这种设施里的人们，过去都是只身漂泊在天涯海角的人，后来才成为慈善事业可怜的对象。鉴于社会事业和基督教的关系非常密切，所以从社会事业在日本这样的土壤中难以产生的观点上说，它所包含的意义是十分深远的。"①

1995年以阪神地震为契机，日本人对志愿主义的兴趣开始大幅度攀升，根据经济企划厅（即内阁府）2000年出版的《国民生活方式白皮书》统计，日本志愿者数量已经从1994年的大约500万人急剧上升到今天的大约700万人。②正是在上述意义上，人们把1995年称为"志愿主义"的起始之年。

而在中国，NGO、NPO的成长也要经历更为漫长、复杂的阶段。在儒家思想背景下中国传统政治社会理念是以突出"私德"为先，以"忠孝"为其核心。上述思想观念自然制约着以"公德"为基础，以"公共理念"为特征的现代公民社会的生成。2003年，当"非典"在中国大地肆虐之际，我们发现：非政府组织、非营利组织等被赋予重任的第三部门并未发挥重要作用，陷于恐惧的一般公民的公共自救能力也令人无法恭维。真正扮演主角的是中国政府，在危机面前，正是"我们政府从操作层面强有力地回应SARS危机"③。而政府回应危机的最重要手段仍然是其传统的国家—单位—国民的社会动员模式。一方面，从中央到地方的垂直的行政系统被最大限度地调动起来；另一方面，作为国家与国民之间的最重要的连接点——单位更发挥了关键作用。当时，所有的单位都动员一切人力、物力和财力，将防范非典作为第一要务。霎时间，社会上一个个单位都变成了

---

① ［日］福武直：《日本社会结构》，广东人民出版社1982年版，第166页。

② 《日本人崇尚志愿主义》，《日本瞭望》月刊2000年8月号。

③ 李鸿谷：《我们的非典政治》，《三联生活周刊》2003年第5期。

封闭的堡垒，如同古代中国战乱时筑垒自保的"坞壁"。当然，在抗击"非典"的进程中，刚刚诞生不久的自治意义上的社区也扮演了特殊的角色。值得注意的是，在社区尚未具备"自下而上"社会组织动员能力的情况下，其主要是以政府组织的延伸机构和单位功能的补充力量而发挥作用的。上述分析也从另一个侧面反映了"单位社会"终结的复杂性。

第三，东亚跨国共同体建设面临着相当的难度。如前所述，时下正在推进的东亚共同体的构建活动是在内外两股力量推动下展开的。其内部因素是经济全球化背景下东亚经济发展相互依赖性的增强；其外部力量则是欧洲一体化进程的强力刺激和典型示范。但实际上东亚各国间形成共同体的条件并不成熟，近代以来由日本侵略扩张而导致的东亚"空间分裂"和由日本政要参拜靖国神社所引发的东亚各国之间的矛盾冲突及不信任等因素，决定短时间内东亚难以实现欧盟式的地区整合。在21世纪初期的一段时间里，有学者强调跨国的非政府组织在超越民族国家体系、建立跨国合作网络进程中的特殊推动作用，但在吉尔吉斯斯坦、乌克兰、格鲁吉亚等国先后发生"颜色革命"的背景下，人们开始重新评估那些跨国NGO与民族国家间的关系，并对其负面作用产生了较高的警惕性，跨国NGO在区域整合进程中的作用自然也就大打折扣了。

尽管如此，仍有学者强调，在全球化背景下，东亚国家非政府组织在跨国民间沟通领域有待进一步加强。如新加坡《海峡时报》2007年7月9日刊登文章《中国软实力的盲点》，认为："一个尤为突出的不足是，国际舞台上看不见中国非政府组织（NGO）的身影，从而使中国丧失了一个关键的软实力工具，束缚了中国的公众外交，削弱了中国试图发出的信息的可信性，减少了北京获得的有关其软实力行动的反馈信息，进而限制了中国评估和改进现行计划的能力。在非洲可以找到有力例证。传统上，中国在非洲的外交素来善于发展与政界高层的关系，而不善于与非洲的国民社团打交道。中国软实力有限的另一个例子是，缺乏有组织、有秩序且国际性的中国的非政府声音，对困扰中日关系的热点问题发表看法。"①

　　虽然以上我们强调东亚新公共性构建所面临的诸多制约因素，但这绝不意味着对新公共性思潮取简单的拒斥态度，而是在直面公共性问题挑战的同时努力突破欧美中心主义，充分注意东亚公共性构造转换的一系列特殊的制约因素。事实上，只要我们选择了现代化和进步，旧的社会秩序必然会发生变迁并走向消解，必然会出现前所未有的社会类型，造成一些新的社会问题，并要求我们作出迅捷的回应。在这一意义上，公共性问题乃是包括东亚在内的人类进步发展不可回避的永恒话题。

① 陆宜逸：《中国软实力的盲点》，新加坡《海峡时报》2007年7月9日，转引自《参考消息》2007年7月21日。

第十章 中国"家文化"与社会工作本土化

　　自20世纪80年代末社会工作再度进入中国大陆以来，社会工作之价值理念及组织方式"本土化"的呼声便不绝于耳。但值得注意的是，迄今为止的"社会工作本土化论"基本上都是围绕着社会工作价值理念和组织运行模式等方面展开的，没有触及其在大陆社会存在和发展的深层调适问题，其局限性自然是非常明显的。仅就社会工作理念之本土化而言，即可发现，我们如若使那些源自西方的社工"助人自助"的理念植根于本土，仅仅从精神观念层面来操作是远远不够的。因为道德规范体系绝非一种虚无的形而上的存在，而是与具体的社会结构直接相联系的。诚如涂尔干所言"人是有限的存在：他是整体的一部分。从生理上讲，他是宇宙的组成部分；从道德上讲，他是社会的组成部分"，因此，"要想治愈失范状态，就必须首先建立一个群体，然后建立一套我们现在所匮乏的规范体系"①。这实际上是在告诉我们，如若实现社会工作理念在中国本土的创造性转换，除了借助中国传统社会思想资源，实现观念层面的转换外，还必须努力提高西方社工理念与中国社会结构的契合度，建立起亲和度较高的实质性关联。其关键问题在于，应弄清：中国本土社会工作价值理念所依托的社会结构是什么？两者如何才能建立起真实的社会关联。

---

① ［法］埃米尔·涂尔干：《社会分工论》，生活·读书·新知三联书店2000年版，第17页。

一、中西社会结构之"异"

既然社工价值理念之真正确立有赖于其以本土社会结构作为切实的依托，那么，我们就应首先弄清中西社会结构的基本形态。自中西海通以降，学术界和思想界关于中西社会之异同比较的研究成果，可谓不胜枚举。中西社会结构之"异"可以从众多角度来观察，但笔者认为，与社会工作理念本土化最为切近的，还应首推从"个人—社会"关系角度对中西社会所做的命题性概括。

早在民国时期，很多著名学者即围绕中西社会结构之异同展开比较，形成了众多的学术观点，如梁漱溟、费孝通等学者均认为，与中国传统的差序格局相比，西方是一种"团体格局"。近年来旅美学者杨笑思则在前人研究的基础上提出一个颇具新意的概括，即认为西方社会是一种"个人—社会"两级模式的社会结构，而中国社会结构的特点则是一种"个人—家庭—社会"三级模式。杨氏认为这种"个人—社会"两极模式在西方广泛存在，且存在于西方观念系统的核心。在这个两极模式中，"个人""社会"构成两个端点或两极，规定了西方人谈论、分析人类事务的方式。两极模式这种规范功能，采取正反两种形式。两极模式既然只认定个人与社会这两极，它便赋予他们以特殊的优越地位，再不容第三极、第四极的成立。于是个人与社会成为仅有的两极，家不再可能是第三极，人类世界不再可能是第四极。家庭、家族、种族、小区、各种社团、各种组织、各个行业及国际组织等概念，在理论地位上只能附属于个人与社会。任何关于这些对象的理论化谈论，都必须表达得适应于环绕个人或社会这两个中心，都要或迟或早纳入两极模式的控制之下，都要应用或还原入个人的加上社会的语言。因此，两极模式不仅是关于事实的、描述的，而且是关于价值的和评价的。它是一个基本的评价模式：个人、社会分别是两个指导评价的原点，是安排或分类全部人类价值的基本参照，是两组西方基本价值的轴心。①

　　两极模式预先把家变成一个较少独立性，较多依附性，必须被还原的对象。②社会学家在定义家庭的准备阶段提到的两个命题"家是一个社会机构"，"婚姻是男女双方的契约"中，前者把家归结为社会性的东西，后者把婚姻意义上的家归结为个人的决定。这两个普遍接受的观念，其一般形式是"家是社会的某某"与"家是个人的某某"。由于"社会的"（及其变种）在西方思想传统的上下文中，几乎无处不与"个人的"（及其变种）相对照，于是家在西方的一切讨论，实际上都很难不在"个人—社会两极模式"的范围中进行。与家有直接关系的概念、理论和上下文通常都会被还原为，或者间接化为附属于个人的或社会的概念、理论和上下文。③

　　由此可以看出，"个人—社会"的两极思维模式直接造成了西方社会"家"文化的缺失。如在柏拉图的思想里，就考虑到解散家庭组织，这不仅仅限于要取消"私人的"空间，以利于社会生活完全政治性的组织，抹杀个人的系谱联系，事实上意味着从根本上改变城邦本身，加强城邦内部的团结一致。④美国文化虽然有别于其他欧洲国家，是一个崇尚多元化的社会，但其文化的基本内涵还是来源于欧洲。在崇尚多元化的美国社会，这个说法很少引起争议，甚至很少引起注意。

　　两极思维模式下西方家文化的缺失，使得基督教对西方家文化产生巨大影响，信仰基督教的人，都树立了一种广义的大家庭即"人类大家庭"的信念，并形成一种集体意识，以此来制约各种人际关系。这种集体

①　杨笑思：《西方思想中的"个人—社会"模式及其宗教背景》，《华南师范大学学报》2001年第5期。

②　杨笑思：《家哲学：西方哲学"个人—社会"模式的盲点》，《运城学院学报》2002年第4期。

③　杨笑思：《家哲学：西方哲学"个人—社会"模式的盲点》，《运城学院学报》2002年第4期。

④　安德烈·比尔基埃等主编：《家庭史》，袁树仁等译，生活·读书·新知三联书店1998年版，第258—259页。

意识是社会责任感和集体福利意识的体现①，形成了西方人重集团生活而轻家庭生活的特性。由此，个人及其自愿结成的组织和团体在西方获得了比较充分的发展，并处于非常重要的地位，而家庭则隐没于"个人—社会"对立的两极之中，其地位很低，作用很小，人们也基本上没有什么家庭观念。梁漱溟对此曾有精彩论断，他说，西洋"以宗教若基督教者为中心"，"以基督教转向大团体生活，而家庭以轻，家族以裂"②。

相对于西方"个人—社会"的两极思维模式，中国社会明显呈现出"个人—家庭—社会"的三维思维模式，这种模式我们从儒家经典"修身齐家治国平天下"一语中可见一斑。

很多学者都认识到"家文化"在中国传统文化中的根基与支配作用。金耀基认为，中国传统社会的结构中最重要而特殊的是家族制度，中国的"家"是社会的核心。它是一"紧紧结合的团体"，并且是建构化了的，整个社会价值系统都经由家的"育化"与"社化"作用以传递给个人。③梁漱溟对中国"家文化"的认识更加全面和深入，他认为，中国的家族制度在其全部文化中所处地位之重要，及其根深蒂固，亦是世界闻名的。在中国传统中，个人一进入社会，"于教学则有师徒；于经济则有东伙；于政治则有君臣官民"，"各种关系，皆是伦理；伦理始于家庭，而不止于家庭"，"更为表示彼此亲切，加重其情与义，则于师恒曰'师父'，而有'徒子徒孙'之说；于官恒曰'父母官'，而有子民之说；于乡邻朋友，则互以伯叔兄弟相呼。举整个社会各种关系而一概家庭化之，务使其情益亲，其义益重。"由此，人们之间互有义务，"全社会之人，不期而辗转互相连锁起来，无形中成为一种组织"④。在这一意义上，中国的

---

① 安希孟：《家、国、同胞，与天下万民——中西哲人及基督教的家庭观》，《宗教学研究》2005年第1期。

② 梁漱溟：《中国文化要义》，上海世纪出版集团2005年版，第46页。

③ 金耀基：《从传统到现代》，中国人民大学出版社1999年版，第24页。

④ 梁漱溟：《中国文化要义》，上海世纪出版集团2005年版，第72—73页。

"家文化"不仅源远流长，而且还具有超强的复制渗透能力，影响到各个社会层面。

传统社会内，家族中的生活经验与习惯常是中国人唯一的一套团体或组织生活的经验与习惯，因而在参与家族以外的团体或组织活动时，他们自然而然地将家族中的结构形态、关系模式及处事方式推广、概化或带入非家族性的团体或组织之中。也就是说，在家族以外的团体或组织中，中国人会比照家族主义的取向而进行。更具体而言，中国人的泛家族化历程主要表现在三个层次：（1）将家族的结构形态与运作原则，概化到家族以外的团体或组织；亦即，比照家族的结构形式来组织非家族团体，并依据家族的社会逻辑（如长幼有序）来运作。（2）将家族中的伦理关系或角色关系，概化到家族以外的团体或组织；亦即，将非家族性团体内的成员予以家人化，成员间的关系比照家族内的情形而加以人伦化。（3）将家族生活中所学得的处事为人的概念、态度及行为，概化到家族以外的团体或组织，亦即，在非家族性团体或组织内，将家族生活的经验与行为，不加修改或稍加修改既予采用。[①]

二、社会结构对社会工作价值理念的制约

如前所述，既然我们承认中西社会结构存在着根本差异，就应明确地意识到中西之间建立在其自身社会结构基础之上的有关"助"的观念体系亦必然有较大差异。因为任何时代民族和国家所发生的"助"的关系都不

---

① 转引自储小平《中国"家文化"泛化的机制与文化资本》，《学术研究》2003年第11期。

能凭空产生，而必须嵌入本土的社会结构之中，才能存在并发挥作用。

在西方，基于"个人—社会"两极模式的社会结构，起源于基督教会的西方社会工作对"家"的作用是忽视的。对于西方社会工作自身所遵循的一套价值体系，不少学者都作过不同的归纳。但总体来说大致可划分为三种取向[①]：第一种取向主要从个人角度来讨论社会工作的价值。持此种取向的有泰勒的社会工作价值体系及列维的有关社会工作的社会价值观；第二种取向主要从社会的角度来考察社会工作的价值，如戈登的社会工作价值体系；第三种取向主要从个人与社会相结合的角度来讨论社会工作的价值，比斯台克的社会工作价值体系和柏尹姆的社会工作价值体系。

从这三种取向我们可以看出，无论是哪种价值取向，哪套社会工作的价值体系，都涉及人的本质、人的责任、人的需要、人的权利与义务、社会的功能、社会的职责及个人与社会的关系等。这些价值取向和价值体系都是在西方"个人—社会"的两极思维模式下进行，考虑的是个人、社会的两极或两极的相互关系，完全忽视"家"的存在，更没有考虑"家文化"在社会工作价值体系中的地位和作用。

西方社会工作对"家文化"的忽视不仅仅体现在价值和理论层面上。在实务和操作层面，西方社会工作仅仅将"家"作为社会工作的外部环境的一部分来看待。西方社会工作者将外部环境划分为微观系统、中介系统、外生系统和宏观系统四个层次，其中家庭与学校、朋友、邻居等同属于微观系统。这种将"家"作为外部环境一部分来对待的观点和态度在西方社会工作的个案工作、小组工作和小区工作三大传统方法中都得到了充分体现。家庭作为整个社会生活所必需的基座，它在事业生涯与生活中起着正面的举足轻重的作用。[②]而从上文的分析来看，无论是价值体系、理论层面还是实务操作层面，这种地位和作用在西方社会工作中都没得到丝毫的体现。

---

① 李迎生：《社会工作概论》，中国人民大学出版社2004年版，第71页。

② 安德烈·比尔基埃等主编：《家庭史》，袁树仁等译，生活·读书·新知三联书店1998年版，第380页。

而与西方相比，基于"个人—家庭—社会"三极模式的，家文化对中国社会工作的本土化的进程具有重大影响。如前所述，西方社会工作的产生与西方近代社会的发展尤其是基督教的兴起与发展密切相关，深受西方文化的影响，植根于西方"个人—社会"两极思维模式，从而逐渐形成了一套适应西方文化模式的社会工作理论和实务。这种社会工作理论和实务，要想在中国特有的"个人—家庭—社会"的三维模式下得到顺利推行和发展，就必然有一个与中国本土文化的互动融合的过程。社会工作十分复杂，在不同的文化中有着不同的社会工作，我们只能置于特定的社会和文化环境中对其加以理解。①社会工作的理论和实务必然是其所处环境的产物，也必然深受其所处环境的影响。前文我们分析了家庭在中国社会中的重要地位，所以，在"个人—家庭—社会"的社会三维思维模式下进行的中国本土化的社会工作，必须考虑中国特有的家文化对社会工作理论和实务的深刻影响，尤其是中国家文化中的家族主义或泛家族主义的影响。

三、转型期中国社工理念的创造性转化

应该承认，虽然新时期社会工作进入中国大陆已达二十载，但在中国社会尚未获得充分的展开。在分析其原因时，学界往往强调经济文化因素的制约作用。但我们认为上述分析仍失之过于笼统，没有触及中西社会结构的影响。

因此，我们欲推进转型期中国社工理念的创造性转化，就必须认真评

---

① ［英］佩恩：《现代社会工作理论》，何雪松等译，华东理工大学出版社2005年版，第15页。

估中国特有的家文化在中国社会工作本土化过程中所扮演的重要角色:

1. "差序格局"式的信任结构。

在"个人—家庭—社会"社会三维思维模式下的泛家族主义的影响下,形成了费孝通所说的"差序格局"式的中国特色的信任结构。

这种信任结构以家庭为中心,以亲密程度为标准,将身边的人群自然而然地分成"自己人"和"外人",并做出相应区分。随着亲密程度的降低,信任也随之递减。这种信任结构对于社会工作的开展造成了莫大的障碍。社会工作者很显然属于"外人"的范畴,但是,由于社会工作性质的独特性,社会工作者所要解决的案主的问题往往发生于家庭,例如婚姻或父母关系出现矛盾冲突等,这就使得社会工作者开展工作时的角色与功能发生冲突。如何调和这种冲突,关系到社会工作的顺利开展和进行,更关系到社会工作的实际效果。如果在实施的过程中,生搬硬套西方社会工作的价值理念和操作模式,可能会适得其反。所以,中国的社会工作者在实践过程中必须探索一条适应中国独特家文化的社会工作理论体系和实务模式,不能同西方社会工作一样仅仅把家庭作为一个微观的社会环境来看待,而应该把中国的家庭及泛化的家庭作为一个整体,视为社会工作的一个重要变量,善于将自己的身份和角色转化为家庭内部的"自己人",将所要解决的问题转化为家庭内部的问题加以处理。

2. 讲究回报的求助模式。

在社会工作的研究中,求助关系的研究处于核心地位。这不仅因为求助关系是社会工作得以开展的基础,而且因为它是社会工作过程的凝缩。求助关系包括双方的意识和价值理念,双方对对方行动的理解,也包括双方互动的展开过程。[①]

在泛家庭主义的影响下,中国传统社会的求助关系不会发生在陌生人之间,讲究"礼尚往来"回报的中国人因为回报的不确定性,一般也不愿意接受陌生人的帮助。所以,中国人的求助形式一般来说有两种:一种是

---

① 王思斌:《中国社会的求助关系》,《社会学研究》2001年第1期。

将熟人关系拟亲属化，一种是一般相互认识者之间的求助关系①，且以第一种为主体。

社会工作者对于中国人来说，显然属于陌生人、局外人的角色。如果中国人要与一个局外人发展一种特殊的关系，那么他们能够灵活地扩大家庭界限，以容纳任何一个局外人员，并称其为"自己人"。如果一个人想同另一个局外人建立一种更紧密或更加亲密的关系，就得给自己贴上与其家庭有关系的标签，也就是说要想方设法跟其家庭攀上关系。只有通过这种方式，中国人在获取家庭之外的人的帮助的时候，才能产生对帮助者的那种责任意识和信任感，才能形成相关的求助关系。因此，在这个意义上，秉承自由、平等和博爱的基督教价值观的社会工作者必须了解中国独特家文化熏陶下的受助者所认同的文化和约束，这样才能理解受助者的行动，才能有效地向其提供帮助。

3. 传统的家庭保障体系。

在"个人—家庭—社会"的三维社会思维模式下的家文化导致了在中国传统农业社会，不要说国家保障，即使像欧洲实施救济的教会组织也是不存在的，家庭往往是唯一的保障机制。中国形成了比较完善和严密的家庭保障机制，不仅要求家庭内成员相互帮助，而且要求宗族内成员相互帮助。这些家庭之间保持密切的联系，实际上结成一个网络家庭，相互照料、互相支持。而且事实上，这种网络家庭不只是局限于直系家庭关系，而是扩展到超出同一父母范围的亲属家庭，如叔伯、舅父、堂姐弟、表兄妹等。

尚晓援曾分析过这种中国父系扩展家庭在儿童保护中的重要作用，认为父系扩展家庭起到了社会保障制度的作用，在父系扩展家庭的范围内分散风险，由家庭和扩展家庭承担福利服务的成本，对家庭成员提供照料，并且用极少的代价进行再分配，有效地减少了国家必需的福利支出。②从

---

① 王思斌：《中国社会的求助关系》，《社会学研究》2001年第4期。

② 尚晓援、刘浪：《解析东亚福利模式之谜——父系扩展家庭在儿童保护中的作用》，《青少年犯罪问题》2006年第5期。

此角度出发，王思斌认为在中国内地，亲友之间的互助在解决人们的生活困难的过程中发挥着重要作用。亲友互助系统以其群体力量的投入和灵活动机性在解决群体成员困难方面发挥着重要作用，它虽然不像专业社会工作那样思路、程序如此清晰，但在理念和技巧运用方面丝毫不逊于专业社会工作。[①]

而且，中国的家文化重视纵向的代际联系，中国特有的家庭保障体系强调家庭或家族成员的反哺功能。这种观念认为个体在家庭中既有享受照顾的权利，也有提供服务的义务。因此，在这个家庭保障体系中，提供服务是家庭成员的义务，接受照顾是个体成员的权利。所以，作为家庭保障的重要对象，老年人倾向于不把利用社会福利服务当作他们的一种权利，而把接受社会服务当作一种不光彩的经历。由家庭成员负责照顾老人的传统价值观念也使他们对利用社会服务抱迟疑态度。很显然，这种独特的家庭保障体系对于社会工作的介入产生了巨大的障碍。

4. 在社会转型的大背景下，中国传统家庭制度正在经历着重大的洗礼，家庭结构、家庭功能和家庭关系正在发生历史性的变迁。

当代中国家庭制度最重要的改变就是家庭结构的转型，即家庭结构的核心化，直接表现为家庭规模的小型化。传统的联合型、扩展式大家庭正在被适应现代工业社会发展需要的核心式小家庭所取代。在城市中，以一对夫妻及其未婚子女组成的核心家庭已经成为家庭结构的主流。同时，家庭类型也呈现多样化趋势，单身家庭、单亲家庭、丁克家庭等大量出现。

家庭结构的核心化和家庭类型的多样化导致了家庭功能的改变。中国传统社会中的泛家族主义中，家庭功能相当完备。从满足人类基本的性生活和生育本能的生物性功能，到作为生产和消费单位以满足人类基本生存需要的经济性功能以及抚养儿童、赡养老人的保障性功能，最后到作为家庭成员休息、娱乐的主要场所实现感情交往和情感依赖的精神性功能，不一而足。但随着社会转型和家庭制度的变迁，家庭的功能出现了一些变

---

① 王思斌：《试论我国社会工作的本土化》，《浙江学刊》2001年第2期。

化。传统家庭并不看重的家庭性爱功能与情爱功能、家庭的享受娱乐功能都有逐渐增强的趋势，家庭功能从基本的生存型功能转向发展型功能。[1]社会转型、经济发展以及计划生育政策的实施，使家庭的生育功能、生产功能、赡老育幼及教育观念向社会转移，而呈现弱化和外移趋势，人们的这类需求可以在社会福利、社会教育及其他相关社会机构中得到满足，家庭功能的社会化已经成为当代中国家庭发展的重要趋势。

从社会工作的角度来看待当代中国的家庭变迁，我们也不可以忽略当前中国人口老龄化趋势和"空巢家庭"的出现。中国社会已经进入老龄化社会，而且这种老龄化趋势正在加速发展，这给中国当前和未来的养老问题提出了新的问题和挑战。同时，工业化进程的持续进行，为家庭成员的就业提供了大量机会，从而拥有自己的职业和经济收入，为个人能够摆脱父系家庭的控制，自主地选择自己的生活方式提供了可能，年轻人的独立性增强，开始倾向于与父系家庭分开居住，自立门户，这就出现了所谓的"空巢家庭"。

从社会工作本土化的角度看待这些家庭变迁，我们可以发现，平等、尊重、个别化等西方式的观念开始在中国涌现，而这些观念正是西方社会工作的基本理念，这就为西方社会工作理念与中国传统文化的融合提供了契合点。同时，家庭的变化也带来了一系列的社会问题。家庭结构的变化使传统的父系扩展家庭的社会支持网络开始减弱，家庭功能和家庭关系的转变同时也带来了家庭冲突和破裂，离婚率的持续上升是其最好的体现，人口老龄化的迅速发展给传统的家庭养老带来了前所未有的压力。这一系列"家庭危机"的存在，拓宽了中国社会工作的实务领域，为社会工作在中国的发展提供了难得的机遇。

但是，我们必须看到的是，在中国的社会里，个人总是被看作家庭成员之一。周永新指出："以家庭为重，是中华文化的传统，更重要的是有了健全的家庭制度，个人便可以得到快乐和满足。"因此，中国本土化的

---

[1]　王思斌：《社会工作概论》，高等教育出版社1999年版，第217页。

"社会工作应以巩固家庭为首要任务"①。

综上所述，要顺利地启动和发展中国本土性的社会工作，在很大程度上就要结合中国三维社会思维模式下的独特家文化，考虑社会工作对象的处境及所享有文化的特殊性，周永新指出，中国文化与社会工作在观念上虽有矛盾，但两者并不是完全无法调协的。②王思斌认为，在中国内地社会工作本土化中采取依靠原有体系、注重生活文化的策略或许是可取的。那么，通过对中西家文化的对比分析，我们可以看出，社会工作在中国的本土化，必须结合其独特的家文化，衍生出一套适合中国国情、能在中国推行和发展的社会工作本土理念和操作模式。

---

① 《发展 探索 本土化》，《华人社区社会工作教育发展研讨会论文集》，中国和平出版社1996年版，转引自王思斌《社会工作概论》，高等教育出版社1999年版。

② 周永新：《社会工作新论》，商务印书馆1994年版，第12页。

第十一章 东亚社区发展过程中的"传统"与"现代"

　　20世纪下半期，世界范围内先后出现了两次社区建设的浪潮：第一次是1955年联合国大力提倡"社区发展"；第二次是20世纪90年代，不论是发达国家还是发展中国家，几乎同时出现社区发展热潮。在这一意义上，今天遍及东亚的社区研究热潮，应属全球范围内"第二次对社区的关注"①的一部分，这表明，现代人类社会已经进入了一个新的发展阶段。

　　对于东亚国家而言，其走向现代化的进程具有浓厚的"压缩式发展"特点，在师法西方，引进西方"器物文明"的同时，其社会基础构造必然经受强劲的冲击，众多的社会矛盾和利益冲突潜藏在社会深处，成为社会发展运行的潜在风险。在这一意义上，包括社区建设在内的"社会基础秩序"的构建便具有特殊、重要的意义。

　　在本章中笔者拟将"社区发展"置于20世纪晚期东亚特定的社会历史背景下，选取日本町内会、韩国的地域对立问题和中国吉林省长春市东北老工业基地社区发展为个案展开研讨，并就东亚社区发展进程中"传统"与"现代"之间复杂的互动关系展开研究。研究发现东亚传统基层组织在社区建设过程中仍扮演相当重要的角色。如日本町内会在现代日本历史上

---

① 沈关宝：《社区研究的地位与领域》，《社会》2001年3期。

虽然几经挫折，却通过其自身角色的调整和改变，始终在社会上发挥着重要作用，这充分说明传统基层社会组织在现代社会剧烈变迁过程中不可替代的作用。

一、东亚社区发展的社会背景

在世界文明发展史上，20世纪是一个极为特殊的时代。两次世界大战的发生几乎使人类文明陷入绝境。在空前的危机和困境面前，无论是发达国家还是发展中国家，其社会构造都发生了空前的调整和变化，以民族国家为主体的社会动员成为此时期社会最基本的运行方式。尤其在第二次世界大战走向无限化的"总体战争"中，整个国家和民族的军事、政治、经济、科技、文化、思想和人的素质等要素，都成为交战国间较量的重要因素。在此背景下，以战争动员为核心的社会动员走向极限，其直接后果是民族国家的社会整合能力得到空前的增强。作为"后发外生型"现代化的典型代表，包括中、日、韩在内的东亚国家在由"传统"向"现代"的过渡和转型过程中，基本上都采取了自上而下的"威权主义"的发展模式。

在日本，明治维新后建立的是以天皇为核心的家族国家体制。这是以天皇为总本家的一国一家的"举国体制"，其特点为将国家权力的行使包含在家族亲情之中。将近世儒教的家族主义和西欧的社会有机体说杂糅在一起，以皇室为总本家，以天皇和皇后为慈父和慈母，国民则为在下的赤子。在"义同君臣""情同父子""醇风美俗"的旗号下，达成忠孝一致。在上述文化设计中，反对天皇即等于逆反双亲，实属大逆不道。这样，日本虽然通过明治维新走上了资本主义的发展道路，但其建立起来的却是"总体主义"或"全体主义"的体制。在这种体制中，社会基层秩序完全建立在"自上而下"指令支配的基础之上，民间活动缺少自主性，基本上是循着国家的宏观战略展开的。

在中国，这一告别"王朝体系"建立民族国家体系的过程主要表现为"单位社会"的建立。在单位社会起源和发展的问题上，学术界往往将其视为革命战争时期根据地模式的直接继承和移植。而笔者则认为：革命战争时期的根据地模式虽然对单位体制的构建和内在运行逻辑产生了重大影响，但如果我们从现代中国社会政治思想演化"长时段"的角度，将单位社会的形成置于19世纪中叶以来中国传统社会"总体性危机"和"社会重建"的高度来加以认识，就会发现，单位社会绝不是一个简单的、偶然的"学习""移植""选择"和一般意义的"创造"，而是作为中国政治精英解决社会危机，"重建社会"的根本性措施而出现的。

在这里，所谓"社会重建"，实际上是针对中国传统"礼治"社会的散漫和涣散特性而言的。因为在礼治社会里，"礼治精神须寄放在社会各个人身上，保留着各个人之平等与自由，而趋向于一种松弛散漫的局面。法治精神则要寄放在国家政府，以权力为中心，而削弱限制各个人之自由，而趋向于一种强力的制裁的。中国人传统提倡礼治，因此社会松弛散漫。政治只成为一个空架子，对社会并没有一种强力与束缚，往往不能领导全国积极向某一目标而前进"[1]。如果没有西方列强的东来，这种礼治社会的"传统体制"不会显现出其散漫无力的弊端，中国的先民们自可在"牛郎织女"的田园诗般的生活状态下延续下去。但海通之后，在西方机器文明勃兴、人类文明渐趋一体化的情势下，继续维持这种体制，只能是落后挨打。于是，清末民初以降，思想精英在深刻反思中国传统社会散漫无力的基础之上，掀起了对传统社会激烈的批判否定思潮。他们认为中国要想在世界文明竞争的大舞台上立足，必须建立一种具有强大社会整合能力的新的社会模式。单位社会的建立，实际上就是上述思潮发展演化

---

① 钱穆：《湖上闲思录》，生活·读书·新知三联书店2000年版，第48—49页。

的最终结果。从人类文明告别中世纪，走向近代的进程看，这股强烈的社会整合浪潮恰恰与民族国家的建构同步。在这一意义上，单位社会的构建与民族国家形成是完全同步的进程。当然，这种改造社会的方案实际上也寄托了现代中国政治精英共产主义的社会理想。单位社会建立的直接后果是确立了"国家—单位—个人"的社会调控体系，以"单位"覆盖了"社会"。

虽然在现代化启动发轫阶段，东亚国家采取"威权主义"和"集团主义"战略，具有一定的必然性。但是，伴随着战后东亚社会的快速发展，其社会结构发生了重大变化。在日本从20世纪70年代开始伴随着价值观念的多元化和生活方式的个性化，人们的公共意识逐渐淡化，昔日将人们维系起来规范体系和组织体系受到巨大冲击。日本大都市的"邻组意识"基本丧失殆尽，城市成为真正意义上的"陌生人社会"，有的学者将这种变化趋向称为"个化"，认为"日本社会个化不是表面现象，而是社会的深层变化。从政治社会学的角度看，欧美的社会秩序是建立在个人主义基础之上的，而东方特别是日本的社会秩序是建立在集团主义基础之上的。集团内部的纵式关系起到了稳固集团的作用，而当今日本社会关系向横向网络发展的倾向，必将使集团性弱化"①。出现了在城市高度密集化和乡村过疏化发展背景下"社会如何成为可能"问题。1995年日本发生阪神地震，使本已非常散漫、脆弱的日本社会的弱点暴露无遗。在严酷的灾难面前，日本民众意识到无论是政府救助还是市场化的服务，都难以完成救灾任务，而"邻里扶持"和非营利组织则因长期废弛而难以发挥作用。

而在中国，伴随着"单位社会"走向终结的进程，出现了社会原子化动向，原来由国家、单位承载的公共性逐渐让渡给真正意义上的"社会"，于是，经济、政治、文化以外的有关人类公共生活的那一部分，便成为我们今天社会建设和管理的重点和难点。新公共性的概念与中国政府近来提出的"社会建设"的概念紧密联系在一起，成为焦点问题。其核心

---

① 李阁楠：《日本社会的"个化"及其双向效应》，《外国问题研究》1996年第3期。

内容在于"这种新型公共性催生了一种从市民社会中离析出的公共领域，这种领域能满足结构日益分化、利益日益多元化的社会需求。在公共事务的治理中出现了非政府组织、基层自治组织等新型的社会治理主体，它不仅改变了社会的治理结构，而且还增加了社会主体结构的和谐性。公共性所蕴涵的意义使其在和谐社会的建构中具有举足轻重的地位和影响"①。以上述社会巨变为背景，在新旧世纪交替之际，社区建设和发展便成为东亚社会一个关乎社会良性运行和发展的重要课题。

二、日本町内会与社区发展

提及日本的社区发展，人们首先想到的是"町内会"。如日本学术界即普遍认为："町内会是日本当今基层社区管理的最重要的代表，町内会和地方政府在明确责任分配的基础上成功地建立起了合作伙伴关系。在日本，除了町内会，没有其他的组织能够代表居民的要求，又能够满足地方政府多方面的合作要求，充分发挥町内会的作用，已成为当今日本各级地方政府考虑如何参与维持社区生活质量的活动，落实基层社区管理，维护社会稳定等重大问题的必需前提。"②

关于"町内会"，日本学界有着大致相同的理解。如日本学者中田实认为：所谓"町内会"，是指"在一定的地域性区划内，尽可能地将在当地居住或营业的所有住户和企业组织起来，参加共同管理，以解决在该

---

① 《和谐社会：公共性与公共治理》，《中国青年报》2005年1月3日。

② ［日］黑田由彦等：《町内会：当代日本基层社区组织》，《社会》2001年第8期。

地域性区划内出现的各种问题的居民自治组织"①。而森冈清美的定义则是"在都市地域中以街道居住区为单位形成的住民组织"②。贝田宗介在《社会学事典》中对"町内会"的界定较为详细，他认为"町内会"作为"日本传统的地缘集团，其规模不定，多在300户左右，其成员可保持面对面的互动"③。

概括起来说，"町内会"的特点主要表现为：（1）加入"町内会"的不是个人而是家族；（2）依所居住地域加入，带有一定的半强制性；（3）其组织功能未发生明显分化，带有多功能性和多目的性；（4）作为"行政末梢组织"发挥其补充作用；（5）其成员以旧中间阶层为基础，带有保守色彩。④长期以来，在"町内会"评价的问题上，日本学术界存在着两种相互对立的观点。一种观点认为"町内会"是封建时代"五人组"的残余，是带有官方色彩的团体，在20世纪30年代以来日本的对外侵略战争中发挥了恶劣的作用。相反的观点则认为，第二次世界大战过程中整个日本社会都加入了战争，而不仅仅是"町内会"，将其单独提出来加以责难恐怕不妥。实际上，在战争中，町内会不是"加害者"而是"被害者"。

从日本战后社区发展的角度来审视"町内会"的性质和现实作用，我们应注意以下几个问题：

首先，关于町内会的性质。

如前所述，与欧美相比，东亚现代化属后发外生式的"压缩式现代化"，其社会高速发展运行的背后潜藏着尖锐的社会矛盾和冲突。虽然与中、韩相比，日本的现代化具有一定的"先发性"，但在其走向现代化的进程中，其国家—社会关系的变化亦经历了复杂的阶段性转换。表现在町

---

① ［日］中田实：《町内会、部落会概貌》，自治体研究社1986年版，第17页。

② ［日］森冈清美等编：《新社会学辞典》，有斐阁1993年版，第1016页。

③ ［日］贝田宗介：《社会学事典》，弘文馆1988年版，第613页。

④ ［日］森冈清美等编：《新社会学辞典》，有斐阁1993年版，第1016页。

内会性质确定的问题上，面对其不同阶段的角色变化，我们很难用一个简单的命题加以概括。

在町内会的起源和发展演进阶段划分的问题上，存在着"五分法"和"三分法"等观点。研究日本町内会的权威专家中田实是"五分法"的代表者，他认为日本町内会的变迁经历了以下五个阶段：（1）町内会的形成时期（1889—1925年）。此时期以明治政府推行的市、町、村改革为背景，一些自然村的居民管理组织没有因町村合并而解散，且仍承担协助政府工作的角色，这些居民组织逐渐演变为民间性组织。（2）町内会的官办化时期（1926—1947年）。1926年后，政府为了进一步利用町内会为行政服务，开始用统一的要求规范各地的居民组织，具体而言即按照政府提出的标准方案重新整顿居民组织。1940年内务省发布部落会、町内会整顿纲要，将町内会纳入动员国民进行战争为目的的政治组织。（3）町内会被禁时期（1947—1952年）。1947年联合国占领军将町内会作为军国主义基层组织而解散。（4）町内会自立时期（1953—1970年）。1952年10月旧金山和约签订使占领军关于町内会的禁令失效。町内会进入自立发展时期。（5）社区组织重组时期（1971年后）。1971年，日本政府发表"社区对策纲要"，开始建设模范社区，町内会的发展进入了社区组织重组时期。①而"三分法"的代表者是中国学者田晓虹，她将町内会的演变分为"行政末端"（20世纪20年代至1947年）、"半官半民"（20世纪50年代至70年代末）、"准市民团体"（20世纪80年代以来）三个阶段。②可见，无论是"五分法"还是"三分法"，都承认，对于町内会的性质不能根据其某一个时期的情况来决定，而应该以动态的研究视角，根据不同时期町内会与国家关系的演变来确定。从总的演进趋向看，町内会虽然与欧

---

① 参见［日］中田实《日本的居民自治组织町内会的特点与研究的意义》，《社会学研究》1997年第4期。

② 田晓虹：《从日本町内会的走向看国家与社会关系演变的东亚路径》，《社会科学》2004年第2期。

美典型的第三部门尚有较大差别，但就其性质而言，越来越具有市民性、公共性和自治性，构成了国家与社会关系演变的"东亚路径"。

其次，关于町内会的社会功能。

町内会作为"行政末梢组织"虽然与官方存在一定联系，但就其原型的主要功能而言，具有极强的民间自发性和互助性色彩，其核心功能是居民自发组织起来，以克服生活困难，改善地域生活环境。菊池美代志认为町内会的核心功能是"町内的调整和统合"；中田实则集中强调了町内会的"地域代表功能"。有的学者则将町内会的功能具体地概括为：（1）亲睦功能（运动会、祭礼、庆吊活动等）；（2）共同防卫功能（防火、清扫等）；（3）环境整备功能（下水、街灯、道路管理、维持）；（4）行政补充功能（行政联络的传达、保险费的收取、组织募捐活动）；（5）压力团体功能（向行政机构陈情、并代表居民提出要求）等。[①]

正因为町内会在上述方面不可缺少的重要作用，因此，在日本现代历史上，以灾难发生为背景，町内会往往获得较大的发展。以东京的町内会为例，其在20世纪初年已开始逐步增多，但值得注意的是，大正十二年（1923年），以关东的震灾为背景，町内会的数量迅速增多（见表11-1）。同样，在20世纪末发生的阪神地震中，由政府官僚部门组织的灾后救助工作的迟缓和不得力受到社会的严厉批评，社会各界关于加强町内会，密切邻里互助关系以及建立NGO组织的呼声日益强烈。

表11-1 东京町内会数量变动表[②]

1868年（明治元年前）创立	4
1887年（明治二十年）以前创立	14
1897年（明治三十年）以前创立	46
1907年（明治四十年）以前创立	137
1917年（大正六年）以前创立	156

① ［日］仓泽进：《都市社会学》，东京大学出版会1973年版，第134—135页。

② ［日］莲见音彦：《地域社会论》，有斐阁1980年版，第347页。

续表

1923年（大正十二年）以前创立	563
1932年（昭和七年）以前创立	1393
1938年（昭和十三年）以前创立	739

　　而就东京町内会经费使用情况的调查看，更可窥出其在市民生活中特殊重要的意义，据1935年8月关于町内会的调查数据，1934年东京全市町内会经费的决算总额为5107361日元，相当于市税收的1/8。其中，除去一些事务费等杂费外，其他的支出主要依次为：卫生费14.7%、夜警费13.3%、祭事费9.3%、设施费4.3%，由此可见，东京町内会的主要功能是家庭安全和互助自卫。[①]

　　最后，关于町内会发展的当代困境和最新变化。

　　虽然町内会到目前仍是全国规模最大的居民组织，但伴随着现代化、城市化而发生的频繁的社会流动，直接对町内会的活动形成了诸多挑战。主要表现为："随着人口流动的加剧，只关心企业或只关心个人小家庭生活的人越来越多，热心于町内会活动的人明显减少，使町内会的活动出现不少困难，如参加组织活动的人越来越少，很难选出组织负责人，无法保持活动的连续性和制定活动计划等等。"[②]

　　日本町内会在社区发展过程中所发挥的特殊作用，给东亚社区发展留下了许多有益的启示：第一，关于传统基层组织在现代社区建设过程中的作用。毫无疑问，20世纪下半叶世界范围内两次社区发展的热潮，其目的都是在现代经济高度发展的背景下，试图通过政府"自上而下"社区发展的路径，抗拒来自市场对社会的冲击，以维持社会的秩序和稳定。在这一意义上，社区是现代性的产物。但应该指出的是，这一现代基层居民自治组织真正意义的发展不是凭空的，而是需要将其发展深深地植根于本土。日本町内会在现代日本历史上虽然几经挫折，却通过其自身角色的调整和

[①]　［日］莲见音彦：《地域社会论》，有斐阁1980年版，第348页。

[②]　［日］中田实：《日本的居民自治组织町内会的特点与研究的意义》，《社会学研究》1997年第4期。

改变，始终在社会上发挥着重要作用，这充分说明传统基层社会组织在现代社会剧烈变迁过程中不可替代的作用。

第二，关于社区在社会宏观结构中特殊的"联结"作用。近年来，在东亚社区发展过程中学术界普遍关注所谓"社区行政化"问题。在这里，所谓"社区行政化"，主要是指"城市政府为寻求经济增长与社会稳定的平衡，依靠行政权力，自上而下地实现社会再组织化的过程。其基本标志是：社会空间行政化、社区组织行政化、社区事务行政化"①。人们普遍对社区行政化提出批评，认为它有碍真正意义的居民自治。从而提出"去行政化"的社区发展目标。笔者认为，社区行政化固然会扼杀社区的自治精神，但完全意义上的社区"去行政化"实际上既不可能，也不可行，这从前述的日本町内会的发展即可略见一斑。在相当长的历史时期内，町内会实际上是作为"政府"和"居民"之间的联结组织而存在的。社会是一个超级复杂的联结系统，以至于我们很难用简单的话语完全揭示其中的奥秘。但我们必须注意那些最具关键性的联结环节，因为一个社会如果关键的联结处被破坏了，便会发生社会解组的悲剧。正如默顿所言："在社会系统中，人们之间的沟通渠道在结构上的不当或部分中断，也会导致社会解组。处于一定社会关系、地方社区或国家社会中的人必须能够沟通，因为他们相互依赖，以实现社会对他们的期望和他们个人自己的目标。"②因此，我们应从社会联结的角度来理解社区性质，这样就不会简单地将社区置于与政府相对的立场之上，简单地提出"去行政化"的思路了。

---

① 陈伟东等：《社区行政化：不经济的社会重组机制》，《中州学刊》2005年第3期。
② ［美］罗伯特·K.默顿：《社会研究与社会政策》，生活·读书·新知三联书店2001年版，第79页。

三、地域发展进程中的"地域
对立"——以韩国为例

如果把"发展主义"与"地域"概念结合起来进行分析和认识，会发现在"中央—地方"关系背景下衍生出来的一种开发模式，是中央主导型的开发模式。而从地域主义角度出发推出的发展主义，则是以地域居民自身生活为基础，致力于改善其生活世界的一种发展理念。"从具体的层面看，追求地域的政治的、行政的自律性和均衡性。避免使人口、产业、资本技术以及文化过度地集中于中央。减轻中央政府过重的责任，培育地方自主的、自生的社会力量，激活地方发展活力的一种积极的手段。"①而所谓"地方化时代"，则是将中心行政的部分权力下放到地方。日本学者在《现代地域开发论》一书中，就地域开发的目标问题，进行了阐述：第一，地域开发要以推进地域居民及其组织建设为中心。地域开发不能仅仅限于物的条件的整备，而要考虑到地域居民和其组织的自主的行动创意、自发性的活动所产生的成果。这实际上是强调地域开发的自主性和主体性，地方自治和地方分权。第二，地域经济自立的形成。第三，建立在其地域特性基础之上的地域文化的创造。第四，以非经济的观点评价地域开发的环境问题。②韩国学者朴仁镐也认为：地域开发的关键在于激活"地域民间"的内在的力量。

当地域主义由于经济的、人种的、文化的、言语的、宗教的理由而强化了其地域意识的时候，便会发生地域间的对立和纠葛。其初级表现形式是言语攻击和以地域为单位的相互排斥和对抗，其高级形式则是分离主义。可见，就地域对立产生的原因而言，其或基于宗教、种族而生；或基于经济发展和分化而生，往往表现为因经济发展不平衡而产生的"地域分裂"；在有的情况下，围绕着政治上的控制权，在选举过程中也会出

---

① 　［韩］朴仁镐：《韩国地域发展论》，多贺出版社1989年版，第9页。

② 　［日］久留岛阳：《现代地域开发论》，明文书房1987年版，第86页。

现"地域对立"现象。韩国政治发展进程中的所谓"东西现象",即"岭南"和"湖南"的对立便是其中的典型案例。①在重大的历史变动的时代(如德国统一后的"东西问题")或基于饥荒或瘟疫等大灾难,也会产生严重的"地域对立"。地域对立的思潮和现象,对于国民意识、公民意识往往会产生巨大的冲击,对社会协调发展亦产生不利的影响。以下我们试以韩国20世纪七八十年代以来发生的"岭南"和"湖南"的对立为典型案例,对现代化进程的地域对立做一个案分析研究。

韩国现代历史上所谓"岭南"和"湖南"的对立,主要是指庆尚道和全罗道之间的对立和冲突。这一掺杂着地域感情纠葛的地域间对立和冲突虽然有其历史渊源,但其真正作为地域问题提出是在20世纪七八十年代。首先,20世纪60年代以来,在韩国经济发展起飞的进程中,出现了地域不均衡发展现象,表现在"岭南"和"湖南"之间,因在相当一段时间内(尤其是第三共和国以来)"岭南"出身的官员在官场占据优势(见表11-2),在经济开发政策的制定过程中对"岭南"(庆尚道)有所偏重,遂导致"岭南"和"湖南"间的经济发展出现较为明显的差距。

表11-2　韩国历届政府高级官僚出身地域分布(单位:%,名)

时期	首尔	京畿	江原	忠清	庆尚	全罗	济洲	黄海	平安	咸镜
第一共和国	19.7(48)	13.5(33)	6.1(15)	16.0(39)	18.8(46)	6.2(15)	0.4(1)	3.7(9)	9.8(24)	5.3(13)
过渡政府	17.6(6)	5.9(2)	0.0(0)	8.8(3)	20.6(7)	20.6(7)	0.0(0)	2.9(1)	5.9(2)	14.7(5)
第二共和国	9.2(9)	7.1(7)	0.0(0)	16.3(16)	25.5(25)	16.3(16)	1.0(1)	4.1(4)	13.3(13)	5.1(5)

———————

① ［韩］朴仁镐:《韩国地域发展论》,多贺出版社1989年版,第13—15页。

续表

第三、四共和国	10.4（45）	3.7（17）	5.6（24）	13.9（60）	30.1（130）	13.2（57）	2.1（9）	6.0（26）	8.1（35）	6.0（26）
过渡政府	16.1（9）	7.1（4）	5.4（3）	17.9（10）	26.8（15）	14.3（8）	0.0（0）	5.4（3）	5.4（3）	1.8（1）
第五共和国	10.3（16）	7.7（12）	5.1（8）	13.5（21）	43.6（67）	9.6（15）	0.0（0）	2.6（4）	5.8（9）	1.9（3）

　　据韩国学者金浩镇研究，20世纪60年代中期，在韩国步入工业化的初期，"岭南"和"湖南"之间的产业结构没有明显的差异，其产业体系中"第一产业"都占有较为重要的地位。到70年代后半期，庆尚道和全罗道的产业结构发生了明显的变化。到1978年，庆尚道产业结构体系中，第二产业开始占据重要地位，而第一产业则逐渐退居次要地位。相比之下，全罗道则仍以第一产业为主体（见表11-3）。两地之所以发生如此变化，主要与60年代中期以来政府开发政策的地域偏袒有着直接的联系。"岭南"和"湖南"产业结构的根本变化直接导致两地的居民的经济收入发生了较大的变化（见表11-4）。

表11-3　岭南湖南产业结构变化（单位：%）

区分		1965年	1967年	1970年	1975年	1978年
庆尚道	第一产业	40.2	35.0	30.2	22.8	21.3
	第二产业	23.7	23.6	27.2	34.3	36.0
	第三产业	36.1	41.1	42.6	42.9	42.7
全罗道	第一产业	61.8	53.9	51.7	46.4	43.2
	第二产业	11.8	13.0	13.0	18.4	17.8
	第三产业	26.4	33.1	35.3	35.2	39.0

表11-4　道别个人所得表（与全国平均所得相对比）（单位：%，位）

区分	1961年	1970年	1978年	年度位次		
				1961年	1970年	1978年
全国	100	100	100			
首尔	214	152	237	1	1	1
京畿道	96	97	112	3	2	3
江原道	99	81	78	2	8	7
忠清北道	83	91	85	7	4	4
忠清南道	79	84	76	9	6	8
全罗北道	83	82	74	8	7	10
全罗南道	77	75	76	10	10	9
庆尚北道	85	80	85	6	9	4
庆尚南道	91	95	122	5	3	2
济州道	92	88	83	4	5	6

资料来源：韩国银行"统计月报"1965年9月、内务部"住民收入年报"。

　　这种地域对立的情绪往往在总统选举过程中得到充分体现。如1987年和1988年的两次选举中，"地区感情对立以一种"大释放"的方式表现出来：1987年选举中，岭南地区92%的选票投给了两位岭南籍的总统候选人（卢泰愚和金泳三），而湖南地区89%的选票则投给了湖南人金大中。1988年的选举实际上成为两个地区间的竞争；卢泰愚和金泳三领导的党取得了岭南地区66个席位中的63个，金大中的党取得了湖南地区37个席位中的36个。卢、金两党在湖南地区没有获得任何一个席位，而金大中的党在岭南地区也交了白卷。"①

　　为克服这种发展矛盾，韩国政府2002年2月颁布《实现地方分权和地域均衡发展》文件，制定最高国情目标新政府的"战略"核心是，中央（首都圈和中央政府）集中的权限和财政尽可能地向地方移交，建设分权、分业、分散型的国家，并形成地域特色化发展的基础。金大中政府

---

① 转引自林震《论韩国民主化进程中的地域冲突问题》，《东北亚论坛》2004年第2期。

（国民的政府）正是这种情况。2001年1月，金大中政府为支援落后地域创设了《地域均衡发展三概念规划》，其中包括将大企业总公司移交地方、地域教育特色化、培育地域特色产业等75项改革课题。但是该计划没能取得任何成果，和金大中政府一起沉寂于历史长河之中。[①]

作为韩国经济社会发展进程中出现的这种典型的地域对立现象，严重地阻碍韩国地域政治意识民主化，使得韩国始终难以成为一个真正的民主国家。还容易引起一系列社会问题，值得引起我们特殊的研究和关注。

四、社会转型期传统体制对社区发展的制约
——以中国长春市为研究个案

从20世纪90年代开始，伴随着中国走向市场化的进程，传统的单位体制开始趋于消解和变异，"还经济于市场，还社会于社区"。在"权力下移"的总体背景下，社区建设成为社会各界的聚焦点。从理论上看，所谓"还社会于社区"，实际上就是由"单位办社会"转变为"社区办社会"，即将过去由单位承担的社会功能剥离出来，由"社区"加以承接。这似乎是一个简单的"剥离"和"承接"的过程。但如果我们结合东北老工业基地"典型单位制"的实际情况，从实践操作层面加以分析观察，就会发现，问题远非如此简单。因为在"典型单位制"背景下，东北老工业基地的社区建设实际上面临着更为复杂而众多的制约性因素。本部分拟在对"典型单位制"进一步理解界定的基础上，对"典型单位制"对东北老

---

① ［韩］金永玎：《地域革新体系和地域均衡发展：韩国政府的新政策实验》，《社会科学战线》2004年第2期。

工业基地社区发展的制约作一研究探讨。

（一）"典型单位制"背景下东北老工业基地社区建设的特殊意义

如前所述，从历史上看，新中国成立以来单位体制在全国城市社会范围内的普遍确立，堪称中国有史以来规模最为巨大的"空间重组"。这既包括城市"地理空间"的变化，也包括社会关系和社会控制体系的重构。在这场剧烈的空间重组过程中，由于特殊的历史背景和社会条件的作用，使得以东北老工业基地为代表的"超大型"工业社区形成了极具特色的"典型单位制"，对其经济社会发展产生了极其深刻的影响。从一般意义上讲，以东北老工业基地为代表的典型单位制的特点可以表述为以下几个方面：

首先，从地理空间角度看，以东北老工业基地为代表的"典型单位制"是在较短的时间内、在相对集中的空间里建立起来的。除了日伪时期遗留下来的一些企业外，东北老工业基地所属的大型企业多是在新中国成立初期，尤其是在第一个五年计划期间（1953—1957年）建立起来的。在建厂过程中，主要选择了一些靠近城市，但其地点相对荒芜空旷的地区，在空间分布上具有占地面积大和高度集中等特点。

其次，从社会空间的角度看，企业成员是在一个相对封闭的社会空间内展开其互动关系的，更易形成浓郁的单位氛围和国营惯习。要想真正了解"典型单位制"的内部世界，仅仅关注其实体空间是不够的。从社会学视角看，空间的真正价值不在于其几何意义，而在于其社会性。这诚如齐美尔所言："并非空间，而是它的各个部分由心灵方面实现的划分和概括，具有社会意义。"[1]在这一空间范围内充满了人们之间的相互作用。因此，我们除了关注这些"超大型"工业社区的地理空间构成外，更应了解这些空间的使用者在日常生活中对空间的真实感受以及其在此空间范围

---

① ［德］齐美尔：《社会是如何可能的》，广西师范大学出版社2002年版，第291—292页。

内所展开的复杂的互动关系。

　　与规模相对较小、居住相对混杂的工业社区相比，东北老工业基地范围内的工业社区普遍具有占地面积广、社会互动规模大的特点，在相对集中的空间内形成了一整套的社会服务体系，使得这里的居住者更容易体验到"单位办社会"的氛围。浓郁的单位氛围使得这一空间具有明显的封闭性，体制性的限制使得其员工无法走出单位的辖区，缺乏社会流动。同时，单位的封闭性自然带来"排他性"。社会福利保障体制使得单位人充满了一种优越情节，人们也不愿意轻易离开单位空间。此外，与城市社会"异质性"特点不同，在集中的工业社区里生活工作的人们虽然岗位分工有所不同，但其生活方式却具有极强的"同质性"，形成了带有地方特色的"社区文化"。这里所说的"地方特色"，狭义地说就是"一个地方的场所感"，"是使人能区别地方与地方的差异，能唤起对一个地方的回忆"①。人们对其日常生活中的空间有着基本上一致的看法和评价，他们每日都以大致相同的节奏展开他们的工作和生活。

　　由于这些"超大型工业社区"多是新中国成立后在城市远郊或城乡结合部新建的，这种新建性决定了它几乎没有什么历史和传统的社会关系可以继承，这里的社区文化完全是由"单位人"自己建立起来的。这里的每一个家庭和个人都从属于单位。在企业建立之初，只有家庭里的户主（通常是丈夫）属于单位人。后来，随着"家属革命化"的进程，来自农村的妻子也被纳入企业所属的集体所有制单位中工作，开始进入单位系列。此后，甚至连中学生也被潜在地纳入了"单位体系"，成为"单位人"的预备。因为在高考制度被取消的条件下，这些单位子弟未来的主要出路是通过"接班"进入国营企业或进入单位附设的集体企业工作。从历史上看，地理空间组织行为往往具有很强的历史继承性，在计划体制下，通过职工代际间的传递和影响，使得东北老工业基地形成了具有独特意义的"社会空间"。

---

①　［美］凯文·林奇：《城市形态》，华夏出版社2001年版，第291—292页。

再次，从社会控制体系建构的角度看，这些超大型的企业不仅仅承担着"单位办社会"的诸项职能，还必须扮演着一个行政区的角色。在单位体制下，国家全面占有和控制了各种社会资源，但国家并不是直接面向单位成员分配这些资源，而是通过单位来实现这一分配过程的。与一般意义上的单位制不同，由于东北老工业基地所属的企业规模大、空间相对集中，其对社会资源的占有具有更为明显的垄断性。在权力资源占有方面：在东北老工业基地建设过程中，其单位地址的选定，往往是根据工业发展的需要，大多选定在市区边缘或远离市区，实际上已在地方政府控制之外。虽然随着老工业基地企业的成长，政府也在同一地域范围内建立了区政府及其派出机构街道办事处等延伸性行政管理机构。但企业和地方政府二者之间不是垂直的领导关系，而是相互协调的平行关系。从其领导隶属关系上看，这些大型的国营企业一般都是直属于国家的某些部委，行政级别较高，远非区街级别所能比拟。在单位办社会的条件下，单位几乎控制了所有的社会资源。除了在计划时代由国家直接控制调拨的粮油、煤炭供应之外，其他所有的社会资源大多都由单位企业所控制。而其具体执行单位一般是所谓公共事业服务公司。

最后，从社会控制体系建构的角度看，这些超大型的企业不仅仅承担着"单位办社会"的诸项职能，而且同时还必须扮演着一个行政区的角色。

综上所述，在计划时代形成的单位制度虽然在全国具有一定的普遍性，但在东北老工业基地特殊的社会历史背景之下，更具有典型意义。这主要是因为"东北老工业基地是原有计划体制统治时间最长、贯彻最为彻底的地区。在这一区域内，企业一方面曾受到旧体制的严重束缚，但另一方面至今仍对旧体制存有深深依赖；经济发展既受害于旧体制，又受惠于旧体制；职工与社会心理上既迫切向往改革，又对旧体制颇多怀念，相当多的干部、职工对市场经济下的竞争怀有担心甚至恐惧，对竞争的压力思想准备至今不足。这种状况构成了老工业基地体制转轨的重要障碍"[1]。

---

[1] 吴艳：《老工业基地改造研究》，大连出版社1997年版，第96页。

可见，东北老工业基地目前这种"剪不断，理还乱"的发展困境，与这种"典型单位制"有着密切的联系。

从东北老工业基地的历史和其目前所面临的现实出发，社区建设具有特殊重要的意义。据学术界研究，大约从20世纪80年代起，由于我国生产力布局政策的改变以及老工业基地自身情况的制约，加之体制转轨、企业组织结构和设备老化、重复建设等因素的影响，我国的老工业基地普遍出现了明显的衰退迹象。虽然国家采取了很多措施，但这种衰退景象并未得到解决。[①]为了对东北老工业基地的衰退给出一个具有说服力的解释，有的学者曾将东北与美国等西方国家的城市化和区域发展进程进行比较，认为从世界各国城市化和区域发展周期的历程看，各区域间发展的不均衡是必然的。区域经济发展周期理论表明，"随着相对优势转向其他地区，'阳光带'也将不可避免地经历衰退。而且，区域经济发展周期有变短的趋势……从这个角度看，中国东北部提前进入衰退有一种必然性，在城市化周期上可能出现变短的趋势，复兴也并非远不可及。我们也应看到，地区经济的成长与衰退都是相对的，它绝不是一个零点游戏：一个地区兴起必然导致或伴随另一个地区的衰退"[②]，揭示了东北老工业基地衰退的必然性。

不过，应该指出的是，在中国，所谓"老工业基地"，具有更为复杂的含义。在20世纪80年代，谈及老工业基地，纳入人们视野的老工业基地主要包括上海、北京、天津、湖北、辽宁、黑龙江、吉林、四川等地。但经过90年代的发展，上海等老工业基地凭借其自身的综合优势，已基本走出了衰退的阴影。而受地缘和国家宏观政策等因素的影响，老工业基地的衰退趋向在东北地区表现得更为严重，表现为大量企业处于停产、半停

---

① 参见郭振英、卢建、丁宝山《中国老工业基地的改造与振兴》，《中国社会科学》1993年第1期。

② 王旭：《工业城市发展的周期及其阶段性特征——美国中西部与中国东北部比较》，《历史研究》1997年第6期。

产，甚至破产倒闭。出现了一些严重的资源枯竭型城市，社会上下岗失业人员大量增加。据吉林省劳动和社会保障厅调查，2001年1—9月，吉林省国有企业下岗职工累计已达45.24万人。而且，下岗失业人员呈现出年轻化、文化程度高、长期失业人数比重大等特点。[①]在辽宁省的重工业城市本溪，"到2000年年末仍有下岗失业人员22.6万人之巨。占城镇从业人员总数的38.49%"[②]。

而在一些资源枯竭型城市，问题显得更为严峻。以阜新为例，"一五"期间，国家156项工程在阜新安排4项，新建了海州露天矿、五龙立井、兴隆立井和扩建阜新发电厂，形成了以超大型资源型企业集中辐辏、以煤电为主体的产业结构。全市固定资产投资，五分之三集中在煤电工业上，其他产业发展缓慢。从其类型划分看，应属"典型单位制"之代表。但"进入80年代以来，随着煤炭资源的逐渐减少，阜新矿务局共计报废矿井11对，经济规模逐年缩小。致使就业压力极大，大量职工处于贫困状态。据2001年统计，全市共有失业下岗人员13.8万。其中，矿务局失业和下岗人员占全市的50%。一些特困职工家庭生活已处于绝对贫困线之下，导致家庭、社会矛盾激增，社会治安状况恶化。"[③]总之，随着下岗、失业和买断工龄工人的大量出现，一大批"单位人"几乎同时走出单位，变为"社会人"。在单位传统的资源分配、控制、整合功能面临危机的时刻，社区建设便具有更强的急迫性。

此外，一些尚可维持的企业也由于背上了"单位办社会"的沉重包袱而步履维艰，亟须解除企业额外的负担，将企业办社会的部分向社会分解。上述几个方面的因素就使得东北老工业基地的社区建设具有更为特殊

---

① 孙乃民：《吉林省社会形势分析与预测》（2002），吉林人民出版社2001年版，第58—59页。

② 郝赤军：《东北老工业基地再就业的社会障碍性因素分析——以本溪市为中心》，吉林大学社会学未刊硕士论文，第58—59页。

③ 阜新市经济转型办公室编：《阜新市经济转型部分资料汇编》（资料选集）。

的重要的意义。

（二）"典型单位制"对社区建设的影响和制约

对近年来东北老工业基地社区建设的实际进程进行分析，我们可以发现，东北老工业基地的社区建设存在着极其复杂的制约关系，而在诸多的制约要素中，又以"典型单位体制"的影响最为突出：

1. 从社区建设的推动力来看，东北老工业基地的社区建设存在着严重的推力不足问题

中国现代化属于"后发外生型"，其发轫过程不是社会内部现代性因素自然而然地生发、积累的过程，而是面对西方外部现代性挑战所作出的积极的、有意识的回应。在现代化发轫的过程中，国家往往起着决定性的推动作用。新中国成立以来，东北老工业基地的建立实际上就是在国家政策的直接支持推动下，在较短的时间里，在一个相对集中的空间内建立起来的。改革开放以来，伴随着中国走向市场经济的总体进程，"总体性社会"开始走向消解，行政权力下移成为政治体制改革的主导性取向。但是，由于我们长时期处于"以单位制为细胞的、以纵向组织为中介的、高度中央集权的体制之下"[①]，"自下而上"的民间力量的发育极为缓慢。因此，在今天遍及全国的社区建设热潮中，无论是"行政社区"取向的"上海模式"，还是"自治社区"取向的"沈阳模式"，政府都在其中扮演了绝对的"主角"，政府既是社区建设的发动者，也是推动者。没有政府的强力推动，社区建设无论如何都是不可想象的。

但应该特别指出的是，在东北老工业基地所属的"典型单位制"的超大型工业社区内，"强政府"命题却有其更为复杂而特殊的内涵。主要表现为在政府派生出的工作单位和地方政府两大系统中，以大型企业为主体的单位组织居于"强势"地位，而地方政府却长期处于"弱势"，出现了超大型工业社区地方政府"弱势化"的趋向。这主要因为：

---

① 张静：《国家与社会》，浙江人民出版社1998年版，第20页。

（1）从时间上看，在东北老工业基地的超大型工业社区内，往往是先有企业，后有地方政府。"一五"期间，由于我国缺乏经济建设经验，加之特殊的国际形势，致使当时许多大型工业项目的建设都选择在城市边缘或远离城市的地区，这对企业发展产生了重大影响。《怎样解决职工的住宅问题》一书的作者曾描述了当时的情形："第一个五年计划期间，由于我们工业建设的经验不够，因而在选择新建工业企业的厂址方面有一些缺点，就是有些地区，选择在距离原有城市中心较远的地方建厂……很多新建工厂的厂址都距离市中心地区五公里到十公里，有的还更远一些。这种情况，有的是由于自然条件如水源、地质以及交通条件的限制造成的，有的却是由于缺乏经验，安排不当。新建工业企业厂址，距离原有城市中心区过远，就无法充分利用城市原有建筑物如住宅、学校、商店、影剧院以及其他服务设施等，就会使得正在建设中或投入生产不久的企业感到住宅等建筑物的不足。"①可见，这种情况在全国范围内具有一定的普遍性。如果我们对这一现象加以认真分析，就会发现，工厂远离城市，除了给工人的生活带来极大的不便外，更具有实质性意义的问题是，这些超大型企业在其建设过程中，势必要承担起一级政府的责任。只有当企业有了进一步的发展和壮大后，区政府或地方政府的派出机构——街道办事处才会逐渐建立起来。因此，在这些超大型工业社区的范围内，企业不仅在时间上"在先"，而且在"空间"上亦是"在先"。

（2）在行政权力体系中，东北老工业基地这些超大型的、直属于中央各部委的企业集团是一种独立性较强的实体。在纵向的领导体系中，这些大型企业集团大多是直接归国家部委领导，行政级别较高。虽然有些事项也要"入乡随俗"，接受地方政府规章的制约。但其与地方政府大体上是一种平行的、积极协作的关系。一般说来，地方政府只是在计划生育、精神文明评比等方面对这些大型企业有一定的制约作用。但随着企业专注于市场发展，对这些来自行政权力的荣誉和评价越来越淡化。从而导致企

① 芸重、熊克明：《怎样解决职工的住宅问题》，工人出版社1958年版，第18页。

业与地方政府间的关系越来越缺乏实质意义，而成为一种形式。尤其是在改革开放和全球化背景下，资本的跨地域、跨国流动成为一种新的发展趋向，地方政府对企业的影响和制约力更是相形见绌。

（3）在资源占有方面，由于这些超大型企业在地域上的相对集中性和封闭性，使得其在资源占有方面远远超过了地方政府，地方政府则处于相对的"弱势"地位。当驻区企业效益普遍较好时，地方政府主要围绕着企业的经营项目做文章，在"服务企业"的旗号下分得一杯羹。而当企业效益不佳，陷入衰退时，地方政府则无能为力。

2004年8月，笔者在吉林省某超大型企业S厂所在的A区政府调查访谈时，发现区政府已将原来的两个街道办事处合并为一个，其目的在于避免两个街道办事处相互配合的不协调，更好地为此大型企业服务。A区民政局副局长告诉我们："S企业坐落在我们区的管辖范围内，实在是我们的福分。我们区非常重视对S厂的工作。S厂区有人口20多万人。管理任务十分繁重。原来我们在S厂住宅区设立了两个街道办事处，一个是Y办事处；一是J街道办事处。但1999年11月时我们将其合并为一个街道办事处。理由是：为企业服务，一个街道办事处思想容易统一；避免两个街道办事处之间的无序竞争，如为与企业合作办市场的事情，两家过去经常发生竞争；让S厂对我们重视，支持。于是我们便合并了，成为全国最大的街道办事处。出现了全国最大的街道办事处对全国最大企业的格局。"①

S厂街道办事处主任在接受访谈时强调说："我们工作开展最感到困难的是，我们是在别人的家里工作，就连我们街道办事处的办公楼都是人家S厂的，借给我们用，水电费用自己拿。我们想在辖区内做任何事情，都要征求S厂的同意，否则就寸步难行。我们要想把工作开展得顺利一些，就必须和S厂处理好关系。近几天S厂50周年大庆，我们主动编排了文艺节目，准备在百货大楼进行文艺会演。每年春节我们是初八上班，都要

---

① 资料来源：2003年3月在吉林省某老工业基地的调查访谈。

主动去S厂进行团拜，关系全在处了。"①这里所说的"服务"，显然具有更为复杂的内涵。

在此条件下，在全国"大政府""强政府"的总体格局下，东北老工业基地却出现了地方政府"相对弱化"的情况。毫无疑问，这对社区建设产生了巨大的影响。一方面，由于企业在时间和空间上"在先"，又握有工业社区的资源垄断权，在行政级别上也居于较高的地位。遂使政府在社区建设过程中的推动作用往往只能通过单位来实现。但另一方面，在社会转型期，绝大多数的东北老工业基地的企业多处于调整期，效益普遍不佳，存在着大量的下岗工人和失业者，遂使企业已不可能拿出更多的资源来支持社区建设。多数企业视支持社区建设为额外负担。

这样，我们便发现在东北老工业基地的社区建设过程中，出现了双重的"支持不足"，即政府推力不足，单位支持力度不够，直接导致社区建设缺乏强劲的推动力，这是"典型单位制"背景下社区建设所呈现出来的一道独特景观。

由于基层政府直接控制的资源非常有限，遂使得单位不能立即退出社区建设，相反却应对社区建设进行大力的支持。在东北三省的老工业基地，我们会发现：凡是有单位支持的地方，其社区建设就比较顺利，凡是单位和政府配合欠佳的地方，其社区建设就难以取得进展。

2. 在"单位办社会"总体格局背景下，长期存在的"逆非单位化"现象对社区建设的复杂影响

早在新中国成立初期，伴随着单位社会形成的历史轨迹，"单位办社会"初现端倪，而通过第一个五年计划得到大大强化，导致单位实际上成为一个封闭的福利化堡垒，并演化为一种挥之不去的僵滞传统。②

从理论上看，社区建设的推进过程，实际上是由"单位办社会"转向"社区办社会"的过程，即"非单位化"的过程，但由于老工业基地企

---

① 资料来源：2003年3月在吉林省某老工业基地的调查访谈。

② 参见姜汝祥《国有企业如何解决企业办社会的问题》，《新东方》1997年第3期。

业与政府资源占有的巨大反差，使得这一转换格外艰难。如前所述，在典型的单位体制下，这些中央直属的"超大型企业"几乎控制了全部的社会资源，而街道、居民委员会则完全居于"剩余体制"之下，居委会的建设费用主要依靠驻街单位的无偿支持。而社区成立之后，虽然企业开始向社区转移其部分职能，但社区仍然拉住单位不放，因而，出现了所谓"逆非单位化"的现象。所谓"逆非单位化"，是指"改革开放以来，企事业单位向社区释放责任，社区组织在接受这些任务的同时仍不放松让企事业单位承担一定的责任，即拉住企事业单位，让它们承担社会服务的责任。这种促使企事业单位继续承担它要放弃的社会服务责任的现象，我们称之为"逆非单位化""[①]。对于这种"逆非单位化"现象，我们不能简单地予以否定，而应该看到此种现象的存在，在目前还是有其现实依据的。在目前情况下，单位的社会服务责任之所以难以摆脱，主要是因为，在漫长的发展过程中企业控制了大部分社会资源，进行封闭式的分配。尤其是在东北老工业基地，更是一个典型的"企业办社会"的典范。由于单位控制了绝大部分资源，社区建设必须寻求单位的援助。由此，如何完成由"企业办社会"到"社区办社会"的转变，是东北老工业基地必须直面的现实问题，而其中最为关键的问题在于单位资源的利用问题。

从历史上看，东北老工业基地所属的企业具有支援地方政府建设的传统。但从20世纪80年代东北老工业基地出现衰退现象开始，企业的整体实力大打折扣，事实上已经难以拿出更多的资源来与政府共建社区。

（1）在社区建设的硬件设施方面，企业很难在办公房屋和设施方面慷慨解囊。笔者到吉林省某老工业基地所在的社区进行访谈时发现：街道办事处的办公场所甚至都是租借企业的。街道办事处的负责人认为：在老工业基地建设社区最大的挑战是社区的经济基础问题。我们之所以把社区经济基础看得比较重要主要是因为老工业基地在其发展过程中单位已经控

---

① 雷洁琼：《转型中的城市基层社区组织——北京市基层社区组织与社区发展研究》，北京大学出版社2001年版，第91—92页。

制了几乎全部的社会资源。拿街道所在的地区来说，从土地到各种社会资源而言都被单位完全控制了。这就使得在社区建设过程中，老工业基地的社区经济基础格外脆弱。现在我们街道办事处的房屋都是每年花17000多元从企业那里租来的。[①]这使得社区建设比起其他方面显得更加艰难。

吉林省某社区成立于2002年5月，成立时街道办事处虽然想了很多的办法，但社区办公用房却一直没有着落。社区主任只能在家里40多平方米的屋子里暂时办公。为了解决社区的办公场所问题，社区和街道方面曾与驻社区的厂方领导协商，请求将该企业经营不景气、基本上处于闲置状态的托儿所借一间房子暂时过关。但企业领导却强调困难，没有达成协议。

2003年3月，在吉林省另一家大型企业所在的街道办事处，一位负责社区建设的领导在接受笔者访谈的过程中，颇具感慨地谈了社区硬件建设的艰难："社区建设在我们这里已经运作三四年了，但长期以来得不到企业的理解和配合，导致社区居委会主任在家办公，影响不好。一来扰民；二来办事不方便。现在国家要求劳动保障管理进社区，没有办公地点怎能行。近来省市要求加快社区硬件建设，我们去企业社会事业管理部谈社区办公用房的选址问题。但企业领导说：现在我们正在大搞厂区建设，要还绿地于居民，不同意我们建房。于是我们便开始了马拉松式的动员。我们街道吃了闭门羹后，区委的党政一把手又去协商，仍然没有结果。后来市民政局局长代表市里出面找企业书记协商，才有了结果。企业同意把14个粮店调剂过来，我们必须花300万元，给粮店的工人买断工龄。但是，这次建社区的钱是分3年分期拨下来的，能不能到位，我现在也没有把握。实在不行我们就少买几个粮店。""企业之所以对于社区建设不重视，我觉得也有一定的道理，他们认为我们厂子里早已有了配套的服务设施，如老年活动中心、文化宫等，档次也很高，没有必要再建一套低水平的社区服务站；另外，如果非建不可，应该由国家一手包下来，而不能再向企业

---

① 资料来源：2002年6月在吉林省某老工业基地的调查访谈。

摊派，以加重企业的负担。"①

　　（2）社区建设人力资源匮乏的困境。在典型单位制的条件下，居委会几乎完全居于"剩余体制"之下，当时的居委会典型模范，大多是在若干个单位聚集的区域发生的。而在超大型企业聚集的空间里，居委会很自然地处于边缘地位。由此，一个单位人到居委会任职简直是一种不可想象的事情。近年来，沈阳、长春、吉林等老工业基地虽然成立了社区，但由于社区管理人员的待遇过低，以长春为例，社区管理人员月收入仅在300元左右。如此很难吸纳高学历人员来社区任职。因此，只要企业的光景尚可维持，企业的人力资源便不可能分化出来，纳入社区。2003年11月，东北师范大学社区管理专业的部分大学生进入社区工作，给社区注入了活力。据清和街道办事处党办王主任介绍，现在社区工作人员年龄偏高，文化水平偏低，很多对居民有益的活动都无法开展，有的可以开展也不一定会有好的效果。她说："自从我们所辖的社区来了几名大学生后，社区工作有了很大的变化，很多具体的工作不用挨门挨户去做了，只需要在电脑上查查资料就可以，既方便又快捷。"西朝阳社区主任赵玉燕一提到大学生的工作就赞不绝口，她说："大学生接受新事物速度很快，文化层次高，比如以前我们在调查时需要一些表格，现在大学生只需在电脑上做出这些表格就行，很方便，这些工作方式的确比一些年老的工作人员的工作方式先进。"但好景不长，因为待遇过低，大学生很快便离开社区。当记者与辞别社区的大学生谈到在社区的工作时，他们十分无奈地向记者表示："我刚到社区工作时负责一些管理工作，干起来也比较得心应手，唯一的不足就是待遇太低了，每月才350元，对于我个人来说没法维持生活。我身边的一些同学有的去了深圳，有些去了上海，他们都找到了适合自己的岗位，有很高的收入。其实社区的发展离不开高学历人才，主要应在待遇方面给予提高，希望政府等有关方面能考虑一下，如何让大学生留

---

① 资料来源：2003年3月在吉林省某老工业基地的调查访谈。

在社区工作，为社区的发展做一些贡献。"①

3. 社会"公共空间"形成的进程更加缓慢

从20世纪50年代开始，在联合国发表的《通过社区发展促进社会进步》的专题报告中，即提出社区发展的目的是动员社区居民积极参与社区建设。并认为社区的实质性特征主要表现在：这种"聚合体带有公共生活的特征，表现为风俗、习惯、传统和讲话的模式"②。

从此，市民参与几乎成了衡量社区发展最具核心意义的指标。就是在今天，在西方社区主义者看来，社区高远的主旨亦在于，"培养公共的习俗和制度，好让不同传统习惯的人和睦相处"③。这说明：社区要想取得真正意义的发展，必须使其发展进程直接牵涉社区中所有人以及他们的总需求。如果社区发展与其居民的实际利益毫无关系，是很难发生互动关系，形成内聚力的。目前，对于东北老工业基地社区建设来说，其所面临的一个重大的挑战，便是如何将"单位认同"转化为"社区认同"。

在计划经济体制下，政府通过单位，对社会实施全面的管理和控制。政府的权力触及了社会的各个方面，一个外在于国家的社会实际上并不存在。因此，近年来，在社区研究的热潮中，很多学者发出了"社会在哪里？""社区在哪里？"的感叹。尤其是在东北老工业基地这种典型的单位体制之下，几乎所有的社会公共事务都由企业包下来。从社会关系角度看，所谓"单位办社会"实际上是以"单位"覆盖了"社会"，用"单位空间"代替了"公共空间"。从单位与其外部世界的关系看，更具有极其强烈的封闭性。单位将几乎所有的人都吸纳进单位体系的内部，其活动，其社会交往关系，都直接与单位发生关系。在东北老工业基地建设初期，在职工队伍之外，还存在着较大的所谓"家属队伍"，但随着"家属革命

---

① 杨雪莹：《待遇低使我不得不离开社区》，《东亚经贸新闻》2003年11月18日。

② 陈启能：《中国和加拿大的社区发展》，民族出版社2002年版，第189页。

③ 欧阳景根：《背叛的政治——第三条道路理论研究》，上海三联书店2002年版，第132页。

化"的进程，其家属也基本上都进入到所谓的"集体企业"当中。后来，其子女也都进入到集体企业当中。这样，在居民委员会控制的职权范围内，就基本上没有什么人了。因此，无论是职工，还是其家属，都对企业产生一种强烈的依附，这种"依附"所带来的对"企业的内部认同"也是非常强烈的。这种对单位的认同，实际上替代了对社区的认同。在这些职工和家属看来，单位乃是一种绝对性的、更为理想的存在。这种强烈的单位意识，决定了东北老工业基地民间"公共空间"的形成之路更加曲折漫长。

4. 典型的"单位文化"与社会发展

在以往的分析研究中，人们发现，东北老工业基地的发展常常出现一些令人深思的发展怪现象。以吉林省为例，表现为："资源丰富，但开发利用得不够；盛产粮食，但多种经营和农业技术水平不高；工业发展较快，但经济效益低；高教和科研力量较强，但分布不合理，科研成果应用不够；交通运输比较发达，但运输不畅；能源工业有所发展，但速度慢，浪费大，供需矛盾突出；人均工农业总产值、国民收入水平较高，但产品调出量和财政上缴少。"[1]

这是1986年吉林省委研究室对社会发展进程中的"吉林现象"进行分析解剖的一段文字。上述这段带有强烈的自我反思色彩的文字所揭示的"发展困境"，其产生的原因固然非常复杂，但笔者认为，来自"体制上"的限制和制约似乎是一个不可忽视的重要原因。再具体一点说，这主要表现为"典型单位制度"的影响。近年来，学术界对"单位制度"形成及其社会影响进行了较为系统的研究。在研究中，人们一般都是将"单位制度"作为一种全国性的、普遍性的制度纳入研究视野的，没有注意到"单位制度"在不同地域文化背景下所发生的变异。

从单位制度建立的过程来看，我们可以把它看作一种范围甚广的"全

---

[1] 中共吉林省委研究室主编：《吉林省基本省情》，吉林人民出版社1986年版，第21页。

国性的现象",具有明显的"共性"。新中国成立初期,国家在推进工业化的进程中,将吉林省作为重点建设的工业基地。遂使吉林省在很短的时间内,建成了一批巨型国有企业,其高级技术人才大大增加。据统计,新中国成立后,吉林省基本上是一个人口净迁入的省区。根据1950—1982年这33年的资料分析,迁移增长人数约100万人。新中国成立后,吉林省是东北重工业基地的组成部分。第一汽车制造厂、三大化工联合企业重点建设项目,均布局当地。因此,"一五"与"二五"大规模经济建设时期,省外曾有大量工业人口迁入。仅据1953——1954年的不完全统计,长春第一汽车制造厂从外省招聘参加建设或分配来厂工作的各类人员就多达一万人左右(尚不包括随迁家属),其中工人(包括五级以上工人)与工程技术人员约占20%多。同时,50年代初,曾从上海市迁来一些私人小轻工企业,约有1000人。另外,吉林省也是全国高等教育与科研重点建设的省区之一。在全国高等院校调整与单位调整过程中,教育与科技人员迁入也比较多。① 如果说清末民初吉林之移民主要是一种"农业移民"的话,那么,新中国成立后吉林之移民则带有"技术移民"色彩,这使得吉林的经济开始快步迈入工业社会。在单位制度和计划体制下,吉林省曾创造了发展的奇迹。在相当长的一段时间里,社会发展综合指标一直在全国居于前列。

20世纪90年代以来,伴随着中国社会结构的变迁,非国有经济及非单位制度迅速扩大发展,形成了当前中国社会"单位制"和"非单位制"并存的局面。在某种意义上,这实际上意味着单位社会已经开始走上了消解之路,有人称之为"后单位制时代"。但如果我们认真分析研究,会发现,受地域的经济结构、文化特色、历史积淀等因素的影响,单位制度的消解过程不是"同步"的,往往呈现出极为明显的地域性特征。由于吉林省的非国有经济和非单位制不够发达,其对传统的单位制度的冲击自然也就不大。这使得吉林的单位制虽然也走上了消解之路,但相比之下,单位

---

① 曹明国主编:《中国人口·吉林分册》,中国财政经济出版社1988年版,第133页。

制的现实影响仍然很大，不仅传统的单位制度的堡垒仍然非常坚固，而且，一些非单位制的企业也往往向单位制靠拢。因而，作为与计划经济体制相配套的一种社会政治组织体制的存在，单位文化对吉林省的社会发展仍然具有重大的影响，表现在：

（1）吉林的科技、教育等方面的专门人才虽然在全国居于领先地位，但是，在计划经济时代已经宣告终结，单位体制已经逐渐走向消解的背景下，除了一部分外流到沿海发达地区外，绝大多数专业人才仍聚集在单位体制之下，传统的单位体制和观念对其影响极大。因此，如何在传统的单位体制下，理顺关系，激励其工作热情和创新精神，实现人的解放，是摆在我们面前的严峻问题。

（2）在单位体制下，超大规模的国有企业几乎控制了所有的社会资源，遂使来自民间的社会发展的推动力量严重不足。所谓"单位制"，既是一种制度，同时又是作为一种文化而存在的。其典型的特征是以单位为核心的社会组织控制了几乎全部的社会资源，整个社会实际上是围绕着这些资源而运转的。在整个社会资源都被单位所控制的条件下，来自民间的现代化推动力量自然严重不足。具体表现为，在吉林省，无论是城市中的民营经济、外资企业，还是农村的乡镇企业，都不甚发达。

（3）在重建社区的进程中，单位制度与社区之间的关系成为问题之关键所在。笔者曾就老工业基地的社区建设模式问题进行了调查，发现对于东北老工业基地来说，由"企业办社会"向"社区办社会"的转变，是一个非常艰难的过程。在单位办社会的漫长岁月里，单位已经建立了庞大的社会公共服务系统，这些服务体系既是企业的包袱，也是企业所控制的资源。这些利益既包括"有形"的物质利益，也包括一些"无形"的社会资源的控制。因而，如何完成由"企业办社会"到"社区办社会"的转变，是吉林老工业基地必须直面的现实问题。

鉴于此，我们在制定吉林地方社会发展战略的过程中，一方面，要注意旧有的单位文化对我们今天现实发展的制约和影响，大力进行体制改革,将个人从封闭的、人身依附较强的旧体制的束缚下解放出来;另一方面,也要清楚地意识到,传统单位体制的消解和取而代之的新的组织体制的诞生是一个漫长复杂的过程,绝不可能一蹴而就。在目前的条件下,我们不能简单地否定单位制,而应该"通过其内在逻辑的更新,使得单位体制成为一种适合超大型社会调控的形式"①。

总之,典型单位制背景下社区建设最大的困局在于:一方面,在全球化和中国体制转轨、社会转型的背景下,单位制走向消解已是大势所趋,不可逆转。但另一方面,由"单位办社会"向以"社区"为主导的社会的转变又不是一个简单的直线过渡。而最令人尴尬的困局在于,我们失去了"单位",却无法拥有"社区",转而成为孤独的、原子化的个体。

(三)振兴东北与社会空间的再建

应该承认,激活国有大中型企业,使东北在经济上重现往日辉煌,是振兴东北最具现实意义的推进路径。但如果我们承认时下东北的振兴和发展,其实质是一个复杂的空间重组和整体的社会转型的话,就会发现,东北老工业基地振兴的基本内涵,既包括以国企改革为核心的经济发展,同时也包含以社区建设为核心的社会发展。在这一意义上,我们应从振兴东北的战略高度来认识"典型单位制"的改造和社区建设问题。

其一,"典型单位制"背景下的东北老工业基地社区建设,其实质是由"企业办社会"向"社区办社会"的转变。长期以来,"单位办社会"是中国国企普遍存在的问题,但相比之下,东北老工业基地的问题尤为严重。据统计,东北地区中央企业仅办中小学校、公检法、医疗卫生等社会机构,每年需支付约80亿元补助费。②这是一项沉重的负担。此前,各级政府和企业都曾数次下决心进行改革,但均因种种障碍而搁浅。其结果使

① 刘建军:《单位中国——社会调控体系中的个人、组织和国家》,天津人民出版社2000年版,第566页。

② 苏民:《东北中央企业调整改造仍面临四大难题》,《经济日报》2004年2月14日。

企业自身的负担越来越重，同时也压抑了政府和企业以外的社会力量的成长。鉴于此，我们在推进东北老工业基地的改造的过程中，应痛下决心，在对国有企业"办社会"的职能进行大力度的剥离的同时，积极推进社区建设，以承接单位分化出来的基本职能，保证东北老工业基地的经济社会协调发展，以实现其"社会空间"的重组和再建。

其二，社区建设模式的多样性。无论是发达国家，还是发展中国家，其社区建设的模式都是多元的，不存在一个"放之四海而皆准"的社区建设模式。从理论上看，迄今为止的社区建设发展，主要有两个路径：一是"自下而上"，即民间自治力量在社区建设过程中表现出相当的主动性和自觉性。二是"自上而下"的路径，即以政府为代表的行政力量在社区建设过程中扮演重要的角色。在一般的情况下，"主动性来自政府这一思路往往遭到社区专家的反对。他们担心民主的经验不会来自强加的计划"①。社区建设采取何种路径主要应该取决不同民族国家和地区具体的历史背景和现实条件，而不能简单地从理论和价值出发。东北老工业基地社区建设的特殊性在于，在漫长的历史岁月里，以企业为主体的单位因素在工业社区形成和发展过程中一直占据着绝对主导地位，这遂使老工业基地的社区建设难以在短时间内摆脱单位的影响和制约。政府行政力量应该在东北老工业基地社区建设过程中扮演主导性角色。如前所述，东北老工业基地"典型单位制"背景下社区建设的特殊性在于，在长期的发展过程中，以企业为主体的单位因素一直占据着绝对的主导地位，遂使老工业基地单位之外的力量相对弱小。因此，目前我们尚不能过高地期望民间自治力量在社区建设进程中表现出相当的主动性和自觉性，而以政府为代表的行政力量和以企业为主体的单位方仍将发挥主导作用。

其三，社区建设不仅是目的，也是手段。从社区建设的长远目标看，它不仅与城市基层民主建设的伟大目标相联系，而且与东北老工业基地的改造与振兴方略相结合。从社区建设的近期目标看，社区发展也往往是地

---

① 　陈启能：《中国和加拿大的社区发展》，民族出版社2002年版，第13页。

方解决现实问题的一种手段。在社会转型期，东北老工业基地的就业矛盾非常激化，弱势群体数量大，出现了大量的"新贫困人口"。从而使得东北老工业基地社区建设负有更为艰巨的使命。明乎此，我们就会更加明确地选好社区建设的着力点。目前，要想将东北老工业基地的社区建设真正地推向一个新的阶段，就必须将社区建设与东北老工业基地的改造结合起来，只有这样，才能唤起政府、单位、个人多方面的积极性，并将其凝聚成一股合力，全力推进社区建设。

目前，各地社区建设多为"示范"取向，即选择那些自然环境、经济条件较好的居民聚居区作为"示范点"，以发挥其"示范效应"和"带动"的作用。平心而论，这种做法在社区建设的启动阶段不失为一种切实可行的运作路径。但笔者认为与上述"示范"取向相比，持一种"问题"取向切入社区建设，似乎具有更大的意义，所谓"问题取向"，就是以解决与城市化进程相伴生的各种现实社会问题为职志，选择那些城市内的"老棚户区"和下岗职工等城市弱势群体居住较密集的区域作为社区建设的"着力点"，来推进城市社区建设。此种选择的价值主要表现在：城市内弱势群体居住较密集的社区，人民群众各种"急、难、愁"的社会困难和问题积累较多，社会保障和社会救助的任务也较重，亟须解决。很多社区研究者在实地调查中都发现社区内的居住者依其收入和地位的不同，形成了不同的"世界"，不同的"世界"对于社区服务的需要程度是不同的，其中，弱势群体对社区服务、保障、救助的需求最为强烈。由此，以"问题"取向为指导，选择弱势群体居住密集的地区作为城市社区建设的"切入点"，加快社区服务业和社会保障体制的建设，通过解决社区居民具体的生活困难和问题，使社区居民在社区建设中得到实实在在的利益，切实提高居民的生活水平和质量，可以使居民增强对社区的认同感，体验到社区的存在价值，进而提高社区居民的参与意识，推进社区建设。此外，从世界各国家、地区城市社区建设的经验看，其初始的动机也多为"问题取向"。即将社区发展作为解决经济社会发展过程中出现的大量的社会问题和社会矛盾，并取得社会稳定的措施。如20世纪30年代，美国的芝加哥学派在研究美国城市社区的过程中，就曾以"贫民社区"作为研究的重点，取得了一定的成效。

由此，笔者认为，目前中国的城市社区建设应该从中国的具体国情出发，以"弱势群体"居住区为"着力点"，把社区建设与老城区的改造结合起来，发挥社区组织在社会保障对象管理和服务方面的作用。这样做虽然其社区规划不会特别规整，也不会产生强烈的"视觉效应"，但却为社区居民解决了实实在在的问题。①

其四，社区建设的长期性。应该承认，随着科技进步和人类文明的发展演进，人类改造社会的能力得到了极大的增强。但我们同时也必须承认：迄今为止，人类一切改造社会的活动，都是在一定的前提条件下进行的。这告诉我们，在社区建设过程中，必须遵循社会运行的基本规律。面对复杂的社会现象，我们应该少一点"只争朝夕"的浮躁，而要多一些"赛慢精神"。在迈向市场化的社会转型过程中，东北老工业基地的典型的"单位社会"虽然已经开始走向消解，但我们必须明确地意识到这一"转化"的长期性和艰巨性，注意寻求中间性过渡环节，而避免社区"空壳化"，堕入"行政社区"的误区。

其五，从社区建设的长远目标看，"今天的社区建设可以看作是一个城市化过程的继续，既是城市发展的继续，也是市民现代化的继续"②。而从近期目标看，社区发展也往往是解决现实问题的一种手段。在社会转型期，东北老工业基地的就业矛盾非常激化，弱势群体数量大，出现了大量的"新贫困人口"，各种内在的矛盾冲突激烈，难以在短时间内化解，易于酿生突发性事件，产生倍增的负面效应。近来东北一些地方出现的严重的"集群事件"即是其表现。在这一意义上，东北老工业基地的社区建设实际上承载了极为艰巨的使命。在此问题上，笔者同意有的学者提出的

---

① 田毅鹏：《城市社区建设要选好着力点》，《光明日报》2001年1月15日。

② 费孝通：《对上海社区建设的一点思考》，《社会学研究》2002年第4期。

关于"有限社区"的概念，即在社区发展的目标问题上，不能把基层社会发展的各种职能都列入社区建设的范围。①不能四面出击，要选好社区建设的着力点，集中解决弱势群体的紧迫问题。只有这样，才能突破"典型单位制"的硬壳，实现"社会空间"的重组和转换。

自人类告别蒙昧走向文明以来，人类无时不生活在"共同体"之中。从农业时代的宗族、村社，到现代的社区、单位，均可归于"共同体"之属。共同体对于人类文明的发展和维系往往会起到决定性作用。关于"共同体"对人类的特殊意义，中外思想家及学者留下许多精辟的论述。如荀子即云："人力不若牛，走不若马，而牛马为用，何也？曰：人能群，彼不能群也。"②强调"群体生活"乃是人类生存的关键。英国社会学家齐格蒙特·鲍曼则专著《共同体》一书，在书中他对共同体有一段颇为动情的描述：

"首先，共同体是一个"温馨"的地方，一个温暖而又舒适的场所。它就好像是一个家，在它的下面，可以遮风避雨；它又像是一个壁炉，在严寒的日子里，靠近它，可以暖和我们的手。可是，在外面，在街上，却四处潜伏着种种危险……我们每时每刻都处于警惕和紧张之中。可是在"家"的里面，在这个共同体中，我们可以放松起来——因为我们是安全的，在那里，即使是在黑暗的角落里，也不会有任何危险……其次，在共同体中，我们能够互相依靠对方。如果我们跌倒了，其他人会帮助我们重新站立起来……如果我们犯了错误，我们可以坦白、解释和道歉，若有必要的话，还可以忏悔……谁不希望生活在一个我们可以信任、他人的所言所行我们又可以依赖的友善的、心地善良的人群之中呢？"③

---

① 武克全：《以新的视野和思路推进社区建设的研究和实践》，《社会学研究》2002年第4期。

② 《荀子·王制篇》。

③ ［英］齐格蒙特·鲍曼：《共同体》，欧阳景根译，江苏人民出版社2003年版，第2—4页。

在这里，虽然鲍曼所说的共同体具有极其宽泛的内涵①，但其动情的描述却概括出共同体所具有的一般性特质。毫无疑问，今天，在现代化、城市化、全球化以及社会转型的背景下，人类在城市的存在状态发生了根本性的变化。用美国学者帕克的话说即是"在城市环境中，邻里关系正在失去其在更简单、更原始的社会形态中所具有的重要性"，"在那里，成千上万的人虽然居住生活近在咫尺，却连见面点头之交都没有，初级群体中的那种亲密关系弱化了，依赖于这种关系的道德秩序慢慢地解体了"②。在上述情形下，如何建立新的"共同体"，是摆在东亚社会面前极为艰巨的任务。

---

① 参见［英］齐格蒙特·鲍曼《共同体》，欧阳景根译，江苏人民出版社2003年版，第1页译者注。

② 转引自冯刚《整合与链合——法人团体在当代社区发展中的地位》，《社会学研究》2002年第4期。

第五部分

东亚地域发展模式批判

从空间社会学和地域社会学的研究视角出发，审视当代社会发展模式研究的基本走向，地域发展模式是一不可忽视的核心问题。法国当代社会理论大师亨利·列斐伏尔在构建其现代性理论的过程中，曾提出"空间生产"概念。他批评以往的研究简单地从几何学的角度把空间视为空洞的空间或将空间仅仅看作是社会关系演变的静止"容器"或"平台"的传统观点，认为空间从来就不是空洞的，它往往蕴涵着某种意义。"任何一个社会，任何一种生产方式，都会生产出自己的空间。社会空间包含着生产关系和再生产关系，并赋予这些关系以合适的场所。"并断言："既然认为每一种生产方式都有自身的独特空间，那么，从一种生产方式转到另一种生产方式，必然伴随着新空间的产生。"[1]在他看来，所谓人类文明变迁的过程，实际上就是"社会空间"的重组过程。列氏的上述观点对我们研究工业革命以来人类社会在剧烈变迁状态下所发生空间重组提供了深刻的启示。

如果我们从"空间变化"的视角审视日本现代化、城市化的发展进程，便会发现战后日本在其快速发展的城市化进程中，社会发生剧烈变动，其突出表现是其社会"空间结构"的巨大变化，出现了城市"过密"和乡村"过疏"现象，并由此衍生出一系列社会问题。在此我们不能仅仅将"过密现象"和"过疏现象"简单地视为日本本土独有的产物，而应将其视为是现代性在全球范围拓展过程中必然发生的现象。究其本质而言，实际上是世界上各民族国家走向现代化、城市化进程中的必然产物。在这一意义上，日本城市社会发展进程中的"过密—过疏现象"及其治理对策，值得我们认真分析研究和借鉴。

城乡关系是世界上所有走向现代化的国家都必须面临的问题，围绕着城乡关系问题，学术界的观点可谓众说纷纭。乐观派认为，就其一般趋向而言，伴随着现代化的发展进程，城乡差别会越来越小。而相反的观点则主张对城乡关系尤其是非西方国家的城乡关系做复杂分析，充分意识到非

---

① 　包亚明：《现代性与空间的生产》，上海教育出版社2003年版，第87页。

西方发展中国家城乡关系发展的长期性和复杂性。

在人类走向工业化和城市化的进程中，无论是西方还是非西方，其社会发展都无一例外地呈现出"城市—乡村"对立的二元模式。但我们绝不能把这种对立视为是一种势均力敌基础上的对抗。因为在大工业发展基础上建立的"现代的大工业城市——它们的出现如雨后春笋——来代替自然形成的城市。凡是它渗入的地方，它就破坏手工业者和工业的一切旧阶段。它使城市最终战胜了乡村"①。西方社会学家滕尼斯曾预测"城乡之间的差别虽然在中世纪的几个世纪之内越来越大，越是接近新时代的门槛，城乡差别就越大。然而，由于城市以及在大城市里新出现的城市的本质占压倒优势，这种差别才增大起来，使城乡对立得到充分的发展，城市本质占压倒优势与新城市相结合，在新时代迄今为止的发展中，从根本上讲，变成了新时代的一个十分典型的特征"②。由此，在城市工业文明的冲击之下，乡村必定走向"隔绝和分散"③，与日渐繁荣的城市形成了鲜明的对照。

早在20世纪初，西方发达国家已基本完成城市化进程，城乡间的矛盾、对立和冲突已基本解决。但在东亚，上述问题仍然表现得非常充分。在中国社会发展转型期，由城乡"二元结构"而引发的城乡关系的复杂性主要表现在"所谓城乡关系问题，不仅仅是收入差距问题，已经广泛地表现在社会结构、社会心理等方方面面。不能只看城市，也不能只看农村，要把城乡关系的统筹和协调作为一个极具复杂性的大政策加以研究"④。而在日本和韩国，城乡关系问题虽然依然存在，但实际上已经转变为更为复杂的"地域问题"。在战后日本发展的初期，城乡关系主要表现为"过

---

① 《马克思恩格斯选集》第1卷，人民出版社1995年版，第114页。

② ［德］滕尼斯：《新时代的精神》，北京大学出版社2006年版，第127页。

③ 马克思、恩格斯：《德意志意识形态》，《马克思恩格斯选集》第1卷，人民出版社1995年版，第104页。

④ 景天魁：《统筹城乡发展》，黑龙江人民出版社2006年版，第43页。

密"和"过疏"问题，这是城乡问题在不同地域空间的集中表现。而到20世纪八九十年代则又出现了"新过密现象"。新过密化最大的特点是东京圈的"一极集中化"发展。韩国亦存在以首尔为中心的"首都圈"和地方圈的对立。

在本部分中笔者拟就日本现代化高速推进过程中的"过密—过疏"现象及其衍生出的其他地域问题展开初步探讨。

第十二章　东亚城市过密问题及其对策

——以东京为例

在相当长的时间里，人们每提及现代化，都会情不自禁地将其与"城市化"联系在一起，并赋予城市化在现代化体系中的核心地位。据联合国2008年最新公布的数据显示：到2008年年底全球人口中将有一半生活在城市，这在人类历史上尚属首次；到2050年，中国城市人口有望超过总人口的70%。可见，超大型城市中的"过密生活"已是人类难以回避的选择。本章拟以日本东京为例，对东亚"高密度社会"背景下城市发展模式的选择展开初步研究，为新世纪中国和谐城市建设提供有益的借鉴。

一、"过密问题"的起源与发展

所谓"过密"，实际上是相对于"适密"而言的。城市社会学的理论告诉我们，适当的人口密度为城市文明所必需。在某种意义上我们甚至可以说：高密度恰恰是现代城市社会的基本特质。如《不列颠百科全书》

即将城市定义为"相对永久性的和高度组织起来的人口集中的地方"。中国台湾地区学者蔡文辉等在《简明英汉社会学辞典》中，也将城市定义为"一个人口众多、密集且成分复杂的居住区域"①。而世界公认的当代城市研究和规划大师级人物简·雅各布斯也特别强调"密度"对于城市的重要意义，她在那部题为《美国大城市的死与生》的名著中，专设"密度之需要"一节，强调指出：对于城市来说"人流的密度必须达到足够高的程度，不管这些人是以什么目的来到这里，其中包括本地居民"②。在她看来，如果说"都市过密"会导致城市问题发生的话，那么，都市人口密度不足则往往会导致城市发展停滞甚至走向衰败。当然，我们在这里所要研讨的"过密"，不是指一般意义上的都市人口的高密度问题。如果仅仅将"过密"视为是城市发展过程中必然出现的一般性问题，那么显然是将问题简单化了。

日本学者森冈清美等在《新社会学辞典》中，曾结合日本情况给"过密"问题作出如下的定义，认为所谓过密问题，是指"在住宅和城市等被限定的空间内，因人类大量集中而发生的各种社会问题。但在判断某地区是否存在过密现象时，又因其文化背景、生活样式、地理条件、技术水准等存在巨大差异。作为城市问题的过密现象，往往发生于经济活动和人口向城市急剧、过度的集中进程中，具体表现为生活条件的恶化和各种城市功能的低下。具体言之，过密问题主要包括住宅不足和过密居住、学校和城市下水系统、公园等城市公共设施整备滞后，道路和公共交通机关混乱，大气污染和噪声等公害，土地利用形态混乱等众多问题"③。

从时间上看，战后日本城市发展过程中的"过密"，主要经历了两个

---

① 蔡文辉、李绍荣：《简明英汉社会学辞典》，中国人民大学出版社2002年版，第27页。

② ［加拿大］简·雅各布斯：《美国大城市的死与生》，译林出版社2005年版，第221页。

③ ［日］森冈清美等编：《新社会学辞典》，有斐阁1993年版，第215页。

阶段的复杂变化。

在战后初期日本发展的历程中，过密问题是与过疏问题相伴而生的，是城乡问题在不同地域空间的不同表现。而20世纪八九十年代出现的"新过密现象"则并非指新的城市和农村之间的地域政治，而是包括了"城市过密社会"和"城市过疏社会"的含义，即在新一轮的"过密"发展过程中，一些中心城市圈外的中小城市被大大地边缘化了，因此，新过密化最大的特点表现为东京圈的"一极集中化"。

第一阶段：在战后初期发生的"过密"和"过疏"现象中，主要是指"城市过密"与边远农村、山村、渔村的"过疏"。当时的过密问题可以在"城市—乡村"的范式和框架内加以理解。从20世纪60年代开始，日本社会出现了史无前例的人口大迁徙和大流动，大量人口举家离村，进入城市，遂导致城市和农村同时出现了所谓"过密"和"过疏"问题。

在一般意义上讲，所谓"过疏问题"，主要是指农村人口和农家户数发生急剧大量外流的结果，导致其地域居民的生产和生活发生各种障碍，使地域生产规模缩小，生活发生困难，最终导致村落社会自身崩坏过程。也就是说，过疏是作为生产和生活空间的村落社会的解体过程而存在的。在20世纪60年代的经济高速发展时期，由于人口大量涌入于城市，使得过疏现象成为日本农村，尤其是山村地域严重而深刻的问题。在上述意义上，日本的城市过密问题实际上是相对于乡村过疏而存在的。

第二阶段："新过密问题"的发生。所谓"新过密问题"是指20世纪80年代后期以来过密现象的最新变化。这里所说的"新过密—过疏"，并非是指城市和农村之间的地域变化，而是包括了"城市过密社会"和"城市过疏社会"的含义。新过密化最大的特点是东京圈的一极集中化。[1]即从昭和五十年代到六十年代，日本出现了"国土东京偏极化"的发展趋向，大量人口流入东京。"与昭和三十年代、四十年代不同，此次大阪、名古屋圈相对比例有所降低，呈现出东京一极集中的样态。如果说昭

---

[1] ［日］佐藤俊一：《战后日本的地域政治》，敬文堂1997年版，第411页。

和三十年代、四十年代是'三大都市圈对地方圈'的构图的话，那么现在则是'东京对非东京'。一边是繁荣的东京，另一边则是不景气的地方。"①

与东京的繁盛一时相比，地方城市则因"过疏状态"而陷于衰退境地，出现了"繁荣的东京和陷于不景气的地方"②。在这一意义上，"新过密"几乎成为东京一极集中发展的同义语。日本学者矢田俊文曾对"东京一极集中"一词的本义进行探寻，认为："东京集中一词被学界广泛使用大约开始于20世纪80年代后期。因此，'东京一极集中'问题可以说是20世纪80年代后期的事情。"③"在昭和三十年代前半期，伴随着经济高速增长的进程，人口向东京圈、大阪圈、名古屋圈集中。后来随着经济增长的平缓，流入三大都市圈的人口逐渐减少，而人口向地方圈的流动则格外引人注目。但是，自昭和五十年代后期以降，由于产业结构的转换及就业机会由制造业向商业、服务业、金融业的转变而发生变化。其结果是人口移动从地方向东京圈的纯流入再次开始增加。另外，大阪圈的人口连续出现转出超过转入的现象。由此，与昭和三十年代不同，东京圈的人口增加最为显著……迄今为止的'大都市对地方'的格局变为'东京对其他'的新构图。"④

"距离是城市环境中社会关系的核心。因此，形体的接近并不能保证社会意义上的接近，因为空间并非交流的唯一障碍，而社会距离也并非总是能够用纯粹物理学的方式合适地加以测量。"⑤作为一种城市化进程中

---

① ［日］升秀树：《分权型国土的构筑和自立的自治体的形成》，第一法规出版株式会社平成三年版，第97页。

② 同上书，第98页。

③ ［日］矢田俊文：《国土政策和地域政策》，大明堂1996年版，第3页。

④ 《转型期的日本》，日本经济调查协议会1992年版，第604页。

⑤ ［法］格拉夫梅耶尔：《城市社会学》，天津人民出版社2005年版，第34页。

必然出现的一种现象，其后果在使城市尤其是"特大城市"①的经济获得快速发展的同时，也对城市发展产生了巨大影响。城市过密到底是赋予城市社会以无穷活力，还是直接导致城市文明的衰落，使得城市过密问题变得异常复杂。在世界城市发展史上，曾达到发展鼎盛阶段的欧美大城市到20世纪七八十年代先后出现衰退现象。特别是伦敦、纽约等大城市在1970年前后，其城市中心街区经历了"退废化""空洞化"的过程。在当时历史条件下，所谓城市衰退主要是指产业基础转换、人口减少、城市设施老化、地域管理能力弱化等问题。因此，如何使衰退城市走向再生是21世纪城市社会学研究的核心课题。从历史上看，城市衰退往往是在城市的中心部位——都心发生的。在这一意义上，过密往往被视为导致城市衰退的罪魁。在其初期阶段，往往表现为城市郊区化现象，即告别"都心"运动。为了激活城市中心地带，政府往往会采取一系列措施来挽救都心衰败，在一些城市里又会出现"都市回归"现象。"都市回归现象与其说是关注都心居住人口的多寡，还不如说是为了挽救衰退化的中心街区的一种再生政策。"②

---

① 特大城市，又译为"以特大城市为中心的人口稠密区"。法国地理学家琼·戈特曼又用此字来形容美国东部自新罕布什尔到弗吉尼亚北部由许多个大城市逐渐连成为连绵的城市系统，故又有译为"城市连绵区"的。20世纪60年代，希腊建筑师和城市规划师康斯坦丁诺·多克西亚迪斯预测：城市连绵区发展下去将超过国界、洲界，所以建议用"世界城市"（Ecumunopolis）来形容这种现象。参见〔美〕刘易斯·芒福德《城市发展史——起源、演变和前景》，中国建筑工业出版社2005年版，第538页。

② 〔日〕森冈清美等编：《新社会学辞典》，有斐阁1993年版，第1083页。

二、过密现象之成因分析及表现形态

学术界以往关于城市过密问题的研究，多只关注人口过密现象，但实际上，作为日本现代化发展进程中的一个值得特别关注的复杂问题，"过密"不应被简单地视为一种单纯的人口移动迁徙现象，而应注意在人口移动迁徙的背后，发现更为深刻的东西。围绕着过密现象，人们无论持乐观态度还是悲观取向，都需对过密现象产生的内在机理给出合乎逻辑的解释。

（一）过密原因分析

第一，市场的力量发挥了重要的作用。

美国区域经济学家埃德加·M. 胡佛认为："自然资源的优势、集中经济、交通运输成本乃区域经济学的三个基石。这三个基石可分别称为生产要素的不完全流动性、生产要素的不完全可分性、产品与服务的不完全流动性。"[①]上述三个因素在总体上决定了区域经济集中化的总体趋势。从某种意义上说，伴随着城市化和现代化进程而出现的产业集聚、人口集中等超强的"集中过程"实际上构成了现代社会的一个最为重要的特质。日本国家土地局的一项调查发现："在其总部设于东京的被调查公司中，有56.3%主要是为了便于筹资和进行金融投资；有45%是需要有一个中心区位以便监督通常处于分散地区的分公司和工厂；有41.7%是为了便于市场营销；有36.4%是为了从商业机构获取信息；还有31.8%是为了从行政机构获取信息。由此可知，尽管东京的土地、薪水及其他成本都很高，但把公司总部设于此，除了便于筹集资本、投资等金融需求外，解决有关信息资源问题，恐怕也是一个重要因素。"[②]日本十大商社如住友、三和等关系

---

① 转引自卓勇良《空间集中化战略》，社会科学文献出版社2000年版，第47页。

② ［美］萨森：《全球城市：纽约、伦敦、东京》，上海社会科学院出版社2005年版，第156页。

日本命脉的大公司原将本部设于大阪，但近年来却纷纷将其决策机构迁往东京。很显然，这大大推进了东京一极集中的进程。

第二，作为东京集中化发展——国土偏极化倾向，与近代以来日本国家现代化的整体战略有着密切关联。

从历史上看，后发现代化国家在推进现代化的过程中，其"现代性"和"民族性"之间往往充满了激烈的紧张关系。"为争取民族性和现代性的斗争（以及二者之间的斗争）往往发生在城市中。在任何社会里，城市都是现代化的中心……一个民族要想现代化，城市必须走在前头。"①因此，在理解城市过密问题时，我们不要将其简单地视为20世纪晚期的现象，而要注意从长时段的角度观察其发生的过程，破解其发生逻辑。如日本学者矢田俊文认为："明治维新以来幕藩体制的崩溃以及强有力的中央集权体制的建立，是东京走向一极集中发展的原因。在这一意义上，东京走向一极构造已经历了近百年的时间。今日所说的东京一极化发展并未发生什么质的变化。"②日本历史上具有久远的"中央上位"思想，此种思想不仅表现为中央在军事、政治上的权威和优越地位，而且在文化上也具有压倒的优势。"这种由'都'而发出的文化之波，影响于国民意识，确立了中央优越的思想。对都文化，进而对都人产生了强烈的崇拜。对都这一地理空间也产生一种崇敬感。在日本历史上，早在奈良、平安朝即对都人的支配阶级地位表示承认。"③不过，值得特殊注意的是，日本实际上同时也是一个拥有较强地方主义传统的国家，明治维新前的幕藩体制不仅使日本地方保有相对独立的文化特色，同时也使地方经济得以形成相对独立的自我循环系统。这使得在第一轮过密化浪潮中，虽然人口大量集中于城市，但并未形成"东京一极集中"的格局。由于日本现代国土形成是在中央集权体制的背景下进行的，甚至在今天，日本的城市发展仍然是在

---

① 贺照田主编：《后发展国家的现代性问题》，吉林人民出版社2002年版，第520页。

② ［日］矢田俊文：《国土政策和地域政策》，大明堂1996年版，第5页。

③ ［日］池口小太郎：《日本的地域构造》，东洋经济新报社1967年版，第22页。

国家主义的理念下进行国家运营的。作为其结果，国民的"首都意识"极强。对中央权力的优越性认同较强。①正是在上述意义上，美国当代著名的城市研究专家萨森认为："在过去三十年中，日本政府在塑造东京经济中起着重要作用。"②与日本相同，在亚洲"后发现代化"国家的发展进程中，亦多将城市作为富国强兵的工具和手段，故出现了众多的超大型城市。尽管东京圈在不断扩大，但其空间总是会迅速地被新积聚起来的人群所填充而呈现出一种饱和状态。人们对东京的强烈的憧憬转化为一种住在东京的优越感，企业本部不在东京便不是一流企业。个人不住在东京，当然也不是一流人才。由此，即便多付出几倍的代价，也希望住在东京。当整个日本列岛被上述气氛所左右的时候，东京的过密和过大便很自然地成为不可避免的事情了。

（二）过密之表现形态

1. 人口过密

战后日本虽然较早意识到过密问题，并对大都市的人口增长采取了一定的限制政策，但从总体上看，大都市的人口增长仍然呈现出不可逆转的趋势。这从东京城市长时段的"膨胀史"中即可略见一斑。据日本学者伊藤善市统计，天正十八年（1590年），德川家康人府江户时，当时的江户不过是一"寒村"，但到宽文元年（1661年），江户人口已达30万人。到亨保六年（1721年），已成长为130万人（町人50万、武家50万、僧侣神官约30万）的大都市。当时欧洲大城市的人口分别是：伦敦70万弱、巴黎50万弱，就人口数量而言，东京当时已堪称世界级的大都市了。明治十三年（1880年），东京人口仅有96万人，20年后的明治三十三年（1900年），倍增至191万人，20年后的大正九年（1920年），又增至370万。尤

---

① ［日］远藤晃等：《人类复权的地域社会论》，自治体研究社1995年版，第61页。

② ［美］萨森：《全球城市：纽约、伦敦、东京》，上海社会科学院出版社2005年版，第203页。

其值得提及的是，到昭和十五年（1940年），达到740万，超过全国人口10%。同年的美国纽约人口总数为790万，列世界第一位，可见当时东京已发展成为世界第二大城市。[①] "以东京为中心，由神奈川、千叶、崎玉一都三县构成的东京圈虽然仅占国土全部面积的3.6%，但人口却大约有3000万人，占总人口的四分之一。而且，近年来，以服务经济化、国际化、情报化的推进为背景，企业的中枢管理机能集中在东京。尤其是需求各种情报的金融、保险业以及与情报相关联的服务业都集中在东京中心，特别是千代田、中央、港区三个都城的中心部位。加之，以金融业为中心的外资系企业大量进入东京，更加快了东京走向集中化的步伐"[②]。

表12-1 日本三大都市距都心50公里圈人口增加数量表

距都心距离（公里）		人口增加数（千人）			人口增加率（%）		
		30—35	35—40	40—45	30—35	35—40	40—45
东京50公里圈	0—10	549	63	296	13.4	4	6.5
	10—20	1213	1337	791	29.8	25.3	12.0
	20—30	387	846	1017	22.7	40.4	34.6
	30—40	259	717	1119	15.4	36.9	42.1
	40—50	55	274	423	3.1	15.0	20.1
	50公里圈	2463	3110	3056	18.5	19.7	16.2
大阪50公里圈	0—10	680	489	273	20.7	12.3	6.1
	10—20	269	681	530	19.5	41.3	22.7
	20—30	137	243	354	13.3	20.7	25.0
	30—40	130	252	316	7.8	14.0	15.4
	40—50	32	78	105	1.9	4.5	5.8
	50公里圈	1249	1741	1579	13.8	16.9	13.1

---

① ［日］伊藤善市：《地域活性化的战略》，有斐阁1993年版，第18—19页。

② 《转型期的日本》，日本经济调查协议会1992年版，第602—603页。

距都心距离（公里）		人口增加数（千人）			人口增加率（%）		
		30—35	35—40	40—45	30—35	35—40	40—45
名古屋50公里圈	0—10	280	240	125	19.1	13.8	6.3
	10—20	100	220	216	12.4	24.3	19.1
	20—30	56	109	189	7.8	14.0	21.2
	30—40	98	123	83	7.4	8.6	5.3
	40—50	5	5	67	1.0	1.0	12.4
	50公里圈	529	698	678	10.9	12.9	11.1

注：据1970年国势调查解说"我国人口"（总理府统计）。

日本东京人口过密问题的特殊性还表现在住宅结构和人口密度的特殊关系上。由于日本多地震，故其城市建筑长期以来以低矮木质建筑为主，缺少高层建筑。遂使东京城市的过密问题以一种全新的形态表现出来。到20世纪70年代，东京的建筑仍然以平均1.8层的低层密集木造房屋的都市构造为主。据黑川纪章氏的调查："当时，东京的街道是世界上最大的，町人街平均每公顷670人，江户的武家屋敷的部分每公顷平均居住150人。即或是平均计算，也就是超过400人的密度。现在的东京，其人口密度是每公顷平均232人，只相当于江户时代大约一半的密度。是巴黎的三分之一、纽约的四分之一、与中国香港、台湾地区更是无法相比。"①鉴于此，有的学者认为，东京应该发展立体化的高层建筑群，以缓解城市过大的困扰。

2. 企业过密

作为经济的中枢管理机构的公司本部，大多集中在东京地域内。在股份公司上市的企业中，其本部设于三大都市圈的情况是：东京圈占56.2%、名古屋圈占7.7%，大阪圈占24.4%，可见，三大都市圈云集了股份公司本部中的绝大部分（如表12-2所示）。

---

① ［日］黑川纪章：《都市学入门》，祥传社1973年版，第34—35页。

表12-2 公司本部设置场所一览表（单位：%）

东京都、东京圈	50.7 56.2
大阪府、大阪圈（包括京都、兵库）	18.0 24.4
爱知县、名古屋圈（包括三重、崎阜）	6.4 7.7
其他	11.7

注：引自《转型期的日本》，日本经济调查协议会1992年版，第544页。

3. 金融功能的东京集中

以金融、资本市场的全球化扩展为背景，东京成为与纽约、伦敦相匹敌的国际金融中心。与之相伴随，众多的外国金融机构进入东京。值得注意的是，外国金融机构八成弱都集中在东京，尤其集中在千代田区域。

4. 文化过密

不仅文化精英云集东京，众多的文化机构、名牌大学亦多集中于此，呈现出文化过密特色（如表12-3所示）。

表12-3 东京、大阪之文化比较

		东京都	大阪府
创造 方面	出版社数（家）	2220	285
	大学数（所）	168	113
	学生数（人）	431000	181000
享受 方面	电视收音机普及率（%）	64	77
	人均拥有报纸份数（份）	2.11	2.35
	万人占有书店数（家）	1.07	0.78
	万人占有电影院数（家）	0.65	0.89

三、过密问题及其对策演进

从问题视角切入，我们发现，过密现象的表现形态极为复杂，它与现代社会的诸多矛盾交织在一起，形成了诸多"变态"，积淀为严重的城市社会问题。一般说来，主要表现为城市市民居住空间狭小、城市交通拥挤、社会划一化、社区归属感弱化、城市都心衰落、郊区过疏化等方面。在此，笔者认为由城市过密问题而引发的"都心问题"应引起我们特别注意。

由过密化而引发的一系列社会问题不是单数问题，而实际上构成了一个"问题群"。这些问题又往往集中表现在都心地区，形成"都心问题"。所谓都心问题，主要是指与大都市心脏部位（CBD）①相关联的问题群的总称。在东京都心，城市所应具有的功能已基本消失。作为商务和行政管理机构的都心逐步扩大，而作为居住地、生活地的城市功能则日渐萎缩。夜间人口减少、高龄化、日常生活维持困难、町的界限消失，居民组织与近邻的社会连接几乎荡然无存，从而衍生出一系列城市社会问题。

都心是都市现代性的最典型代表。它大体上可以分为前近代共同体型的都市性和近现代大众社会型的都市性，都是与村落性对举的。共同体型的都市性主要以高雅的宫殿、城郭、寺庙神社为中心，与卑俗的商工住区结合在一起，其空间构造是典型的"圣"与"俗"的结合。而都市性则是建立在城市对乡村支配的基础之上，超越圣性而成为核心。柳田国男所说的"都鄙的感觉"就是建立在城市对乡村的支配的基础上的。概括起来

---

① CBD的全称是Central Business District，我国现有三种译法：中央商务区、商务中心区或中央商业区，其概念最早产生于1923年的美国，当时定义为"商业会聚之处"。随后，CBD的内容不断发展丰富，成为一个城市、一个区域乃至一个国家的经济发展中枢。一般而言，CBD应该具备以下要素特征：它是城市的功能核心，城市的经济、科技、文化、商业等高度集中；它交通便利，人流、车流、物流巨大；它白天人口密度最高，昼夜间人口数量变化最大；它位于城市的黄金地带，地价最高；它高楼林立，土地利用率最高。

说，都市性在价值层面上主要表现为"自由与放纵""美与快乐""富与饱和""力与优越"等。在这一意义上，"都心"堪称都市性的典型代表。①但是，在最能彰显都市现代性的都心地域，受地价上涨、社会环境恶化、城市社会功能弱化等因素的影响，呈现出由"过密"到"过疏"这一更为复杂的变化，学术界一般把城市都心地区发生的过疏化称为"道纳斯化"现象。

所谓"道纳斯化"现象，主要是指都心地域常住人口减少的现象。在都心地域白天劳动者众多，到夜间，因劳动者回到郊外居住而人口骤然减少。此种现象在东京都心表现得最为明显。都心人口减少的原因主要包括地价飞涨、都心地区生活环境恶化等因素。1990年前后，东京千代田区的人口锐减。由于学龄儿童的减少，导致此地区的中小学学生生源大幅度减少，使得一些中小学不得不走向合并。同时，都心人口减少还直接导致购买力的下降，都心商店纷纷倒闭，使得居住在都心的居民苦不堪言，成为东京城市发展所面临的最为严重的问题，也构成了城市都心地域过密化进程中最为复杂的变化。

都市过密还改变了城市年龄空间的分布结构，引发了老龄化问题，城市中心衰退与老龄化同时到来势必使城市文明的活力经受严峻的考验。早在19世纪下半叶，法国社会学家涂尔干即敏锐地发现在城市急剧扩张以及人类社会传统联结迅速走向消解背景下出现的"规范失灵"现象，必然对人类的道德文明提出严峻挑战。他率先提出"物质密度"和"道德密度"概念，并关注其关系问题，断言"如果道德密度没有增加的话，城镇绝对不能扩充和壮大起来……城镇是通过大量的移民而兴起的，倘若各个社会环节之间的相互融合没有极大程度的进展，这种迁移恐怕是不大可能发生的"②。

---

① ［日］森冈清美等编：《新社会学辞典》，有斐阁1993年版，第1091页。

② ［法］埃米尔·涂尔干：《社会分工论》，生活·读书·新知三联书店2000年版，第215—216页。

　　都市过密与"文化划一化"。超大型城市发展的另一直接后果是将绝大多数的文化资源积聚到大都市里，这虽然可以大幅度地提高文化生产的效率，但往往也会因文化资源过度集中而导致学术垄断，进而出现文化的刻板划一的发展倾向。很多学者敏锐地发现，从文化生产的角度看，"东京的一极集中"将导致"文化的全国划一化和创造力的低下"，"东京一极集中必然导致具有特色的地方文化衰退，从而导致全国文化的划一。"①这主要是因为：第一，就城市文化生产的体制而言，在中央集权体制下文化精英过度集中于东京，导致一种思维方式，一种文化居于强势地位，往往会对民族的创造力和批判精神产生压抑。东京一极集中直接导致地方特色文化的衰退，导致文化的全国划一化；第二，作为文化生产的主体——知识精英辐辏于京师，导致地方人才匮乏；第三，"东京一极集中"现象还导致地方大学的衰落，从而使地方社会文化缺乏必要的源泉。"诚然，过去东京即云集了众多的求学青年学子。但值得注意的是，与以往不同，近来的学子来东京上学，其更主要的目的是进入东京，享受四年充满魅力的东京生活。在这一风气主导下，地方大学日渐衰落是不可避免的。"②

　　在日本，20世纪80年代以来，业已推出的"过密对策"类型主要包括："第一是抑制产业及人口无秩序地流入大城市；第二是促进城市功能向地方分散；第三是促进地方开发。特别是第三方面，要对过密地域与开发地域之间的交通、通信等方面进行整备，给立足于地方的企业以优厚的待遇。对地方大学进行适当的扩充和整顿。"③有的学者还提出建立起"多极分散型国土战略"，但实际上这也是难以实现的理想模式，因为在中央集权的背景下，既然资源多集中在首都，那么，"地方的公司稍微有一点成就，便开始筹划将发展的重点转移到东京。支撑这种公司本部云集

---

①　［日］阪田期雄：《地域活性化及其战略》，行政出版社平成元年版，第16—17页。

②　同上书，第14页。

③　［日］伊藤善市：《地域活性化的战略》，有斐阁1993年版，第16—17页。

东京的主要原因是中央集权型的政治构造"。^①

迄今为止，具体的过密对策主要包括：

1.办事处对策。据统计，"1974年有279家外资公司在东京设立办事处，其中150家是非制造业公司。到1984年为止，日本的外资公司数量达到2256个，其中大约63%在东京中心区设有办事处，22%在东京23个行政区域内的其他地方设有办事处。只有15.6%的办事处设在东京以外的地区"^②。遂导致东京出现严重的办事处集中现象。

早在1973年前后，日本成立了"首都圈过密对策研究会"，参照英国的许可方式和法国的赋课方式，草拟办事处规制：一是关于城市规划规制办事处的建立；二是固定资产的适当征税。所谓"许可方式"，是指在一定地域新增设办事处或变更用途，或试图扩大办事处规模时，需得到行政厅的许可，这可称为直接规制方式。在这种方式下，东京城市中心的三个地区除非是关涉公益不得不做的项目外，原则上予以禁止。所谓赋课金方式，主要有以下两个做法：一是为抑制办事处的无序增加，对办事处增加面积的部分课以一定的赋课金；二是对既存的办事处也课以赋课金。^③

2.迁都对策。主张迁都的学者曾提出许多观点，其具有代表性的观点主要有"迁都论""分都论""扩都论""展都论""改都论""重都论""还都论"等。作为解决过密问题的主要对策，迁都虽早已作为一个重要内容被提到议事日程上来，但其实施却远非易事。有调查数据显示，很多民众对那种大兴土木式的迁都表示谨慎，而主张将首都功能适当向地方分解的观点则日益增多。"据东京都民银行以东京都内和东京近县的经营者为对象所进行的有关迁都的调查结果显示，回答"最好稍微向地方分散一些"的占全体接受问卷调查者的60.2%；回答"希望迁都"的仅占

① ［日］矢田俊文：《国土政策和地域政策》，大明堂1996年版，第9页。

② ［美］萨森：《全球城市：纽约、伦敦、东京》，上海社会科学院出版社2005年版，第156页。

③ ［日］伊藤善市：《地域活性化的战略》，有斐阁1993年版，第18—19页。

5.4%；主张将首都功能的一部分转移的占3.7%；向东京近县转移功能的占26.6%；主张东京再开发的占20.3%。"①

与观点日渐缓和的迁都论不同，反对迁都者的观点似乎更具系统性。反对迁都者的主张主要包括："（1）东京是近代以来日本走向繁荣的引导者，在国内外已经确立了首都的形象，如果将首都迁往他处，将对国家发展产生不利影响；（2）在未发生战乱及自然灾害的情况下，实施迁都，在付出巨额经费的同时，整个迁都过程将旷日持久，势必对国民生活产生重大影响；（3）在中央集权体制没有改变的情况下实行迁都，迁都后将出现新的集中现象；（4）地价高涨并非仅仅因为建都东京；（5）作为迁都重要论据之一的地震的危险在整个日本都存在。"②有的观点还认为通过迁都手段，将东京的政治中心功能分离出去不能根本解决人口过密问题，因为在迁都过程中真正能够实现移动的"实际上仅有56万人左右，不足首都圈3256人中的2%，无助于首都圈过密问题之解决，同时，迁都从来就是大兴土木的事情，其过程极易发生腐败问题。"③

3．"职住合一"。鉴于"职住分离"背景下东京市民将大量时间用于通勤，苦不堪言的现状，"以至于东京政府颁布一条法令，新建办公楼宇必须兼备住宅的设施"④。但这种"职住合一"的模式对于地价腾贵的东京来说，实在有些脱离实际。

自工业革命以来，伴随着城市化的进程，无论是学术界还是政界，总体性的基调是对城市过密的批判和声讨。正是在上述批判取向的基础上，一种"空间分散"的发展战略开始占据上风。"所谓空间分散战略，就是通过消极控制和积极引导的途径，适当地限制中心大城市的经济活动或将其一部分经济活动引向国内较小的城市或其他地区，从而促进城乡均衡发

---

① ［日］坂田期雄：《地域活性化及其战略》，行政出版社1989年版，第37页。

② 同上书，第40页。

③ ［日］市川宏雄：《关于东京再生的认识》，《产经新闻》2001年6月7日。

④ 杨汝万：《全球化背景下的亚太城市》，科学出版社2004年版，第31页。

展，缩小地区之间的差别。开发新地区，控制城市—乡村人口转移，建设新城市，分散城市就业等办法。"①城市过密诚然可以发挥其"巨人效应"，但因城市过密势必使其城市的"可把握性"和"可使用性"降低，而使那种高效率大打折扣。

与上述反对城市过密发展的观点不同，世界公认的城市研究和规划大师级人物简·雅各布斯则对"密度"对城市发展的重要意义，持一种理性分析的态度。她在那部题为《美国大城市的死与生》名著中，专设"密度之需要"一节，强调对于城市来说"人流的密度必须达到足够高的程度，不管这些人是以什么目的来到这里，其中包括本地居民"②。在她看来，"人群如果过于稀疏。倒是会带来一些变化，但那是不好的变化。不会产生什么东西……只有人群集中在一起时才会产生便利的价值"③。如果说"都市过密"会导致城市问题发生的话，那么，都市人口密度不足则往往会导致城市发展停滞甚至走向衰败。在城市过密及其所蕴涵风险评估的问题上，简·雅各布斯是一个典型的乐观主义者，她认为"时代已经不同了。从埃比尼泽·霍华德站在伦敦的贫民区前，得出结论说为了拯救这些人，必须抛弃城市生活到现在，时代变了。很多领域的进步（相比之下城市规划和住宅改革倒真的是奄奄一息），比如在医学、公共卫生和流行病学、营养和劳工立法方面的进步都深刻地改变过去曾经与城市的高密度生活密不可分的危险和恶劣条件"④。

由此出发，我们也不能忽视都市过密发展的某些正面效应，表现为：（1）效率高。由于政府机关、民间企业的总部机构大多集中在东京，使得与政府及其他企业相接触的业务只在东京即可办理完成，保持了较高

---

① 王耀东：《第三世界城市发展空间分散战略述评》，《社会科学辑刊》1994年第4期。

② ［加拿大］简·雅各布斯：《美国大城市的死与生》，译林出版社2005年版，第221页。

③ 同上。

④ 同上书，第218页。

的办事效率。（2）因情报的发信源集中在东京，可以迅速搜集到准确的情报。（3）东京作为第三次产业发展的中心，获得了较快的发展。（4）东京与纽约、伦敦、巴黎并称为世界性城市，"东京将来自日本全国乃至世界上的人、物、财、情报集中起来，经过加工，又传往全世界。这样，东京既有巨大的'受信功能'，又有强大的'发信功能'。东京的活力来源于由地方进京的人群之中，来源于世界各文明"①。"东京集中化现象一方面赋予东京以活力，使国际情报都市的建立成为可能，但另一方面，也使东京及其附近的房价昂贵，住宅困难，交通阻塞等问题相伴而生。""将人口和产业以及文化高度地集中在某些地域，对于增强人们之间或诸文化间的联系密度大有裨益。因为将人口、技术、思想、艺术高度集中于某一地域，便于人们交流思想，建立起密切的协作关系和竞争体制。"②

日本东京经济大学学者周牧之提出，高密度城市社会已经来临，这种人口的集聚是不可避免的。他认为"二战后，亚洲国家先后经历了战后产业和人口急速地向特大城市集聚的问题，而且集聚的速度非常快，这就是高密度、大规模的城市化。不仅中国，别的国家也面临这个问题。20世纪60年代，日本做了第一个空间规划（即国土规划），其理念是：防止经济和人口向特定的大城市集中，缩小地区之间的差距。依据这一理念，日本一共做了五次国土规划。结果呢，第一次规划时，日本的经济向东京、名古屋、大阪、北九州这四大城市圈集中，但到后来就变成三大城市圈，即东京、名古屋和大阪，再后来就向东京和大阪集中，这十几年间变成东京一极，也就是说集中的趋势越来越厉害。以世界第二大经济强国的国力，日本做了五个规划、花了几十年工夫，最后还是未能阻止经济和人口向大城市集聚的趋势。可见，集聚是个规律，是阻不住的。日本最近通过立

---

① ［日］升秀树：《分权型国土的构筑和自立的自治体的形成》，第一法规出版株式会社平成三年版，第131页。

② ［日］池口小太郎：《日本的地域构造》，东洋经济新报社1967年版，第276页。

法，准备重新制定空间规划，重新认识高密度、大规模城市社会，试图回答两个方面的问题。第一，对它回避不了时，应如何应对；第二，怎么应对不均衡发展。过去日本是想办法让每个地方都去发展，但几十年之后发现，有些地方就是发展不起来，因为发展的条件不一样。"①

　　如何看待现代化背景下的城市"过密问题"，在学术界迄今仍存在较大的争议。乐观派认为：人类文明正面临着一个高度集中的、超机体的体系的无情延伸和扩张，这是现代化进程中的必然，既然我们在"过密"中获得了快速的、高效率的发展，那么我们就必须直面"都市过密"问题，并勇于承担由"过密"所引发的一系列社会问题。悲观论者则认为："过密"是现代化的意外后果，他们承继了田园派城市理论流派的理论，认为以人类的理性和智慧完全可以避免"过密"现象，并在此基础上提出"反城市化"的观点。迄今的观点绝大多数是将城市过密现象作为"问题"加以研究，忽略了伴随着现代化、城市化的进程，"过密社会"实际上已成为现代人一种实际的生存形态。为此，我们应超越"作为问题的过密"，而对"过密社会"展开系统研究。笔者认为：过密问题的实质是现代化背景下的"空间重组"，是人类在工业文明、现代性背景下的"空间生产"，每一个选择了现代化、城市化道路的民族都不可避免，只不过由于许多具体的国情不同而其表现形态有所差异。在这一意义上，我们对日本战后以来"过密"现象的产生及对策进行系统深刻地研究反思，自然会得到许多有益的启示。

---

① 转引自王胡瑞《高密度城市不可避免》，《羊城晚报》2005年8月4日。

第十三章 东亚乡村衰落与地域协调发展

——以战后日本"过疏对策"为例

　　20世纪50年代中后期，伴随着战后日本"经济奇迹"的出现，其产业化和城市化进程也大大加快。日本社会走向现代化的进程，同时也是其"空间关系"重组的过程。从20世纪60年代开始，日本社会出现了史无前例的人口大迁徙和大流动，大量农村人口举家离村，进入城市，遂导致城市和农村同时出现了所谓"过密"和"过疏"问题。面对这一空前的社会变动，日本学界掀起了一股强劲的"地域研究"热潮。早在昭和四十五年（1970）秋，日本社会学界便将"现代日本的都市化和城市问题"作为学术研讨的主题。但值得注意的是，经历了产业化、城市化冲击波的日本已不能简单地运用"城市—乡村"范式来加以解释，这便提出了既包括城市，又包括农村，而又超乎其上的具有更广范围的"地域问题"，"地域社会学"研究勃然而兴。在学科分类问题上，地域社会学研究不是城市社会学和农村社会学的简单叠加，它包括城市社会学和农村社会学的共同部分，同时也有自己独立的实体性分野。[①]

　　在地域社会学的研究视角之下，日本社会学界对"过疏化"、"过密化"等问题展开了系统研究，取得了异常丰硕的研究成果，使得地域研究

---

① 　[日]高桥勇悦：《都市社会论的展开》，学文社1993年版，第25页。

成为战后日本学术研究的一大热点话题。继日本之后，大约从20世纪70年代开始，韩国亦患上"过疏"这种"经济高度增长的后遗症"。在这一意义上，过疏问题实际上是东亚主要国家经济社会发展进程中所共同面临的问题。其间的相互借鉴和启迪也就显得具有特殊重要的意义。本书仅就战后日本过疏对策的提出及其对地域发展的影响做一论述，为当代中国的城市化、地域发展及和谐社会构建提供有益的借鉴。

一、乡村"过疏化"与城乡空间关系重构

所谓"过疏"，是与"适疏"一词相对而言的，与"过密"一词的含义完全相反。"过疏"一词的最早使用，始于昭和四十一年（1966），在经济审议会当年发表的报告中，率先提出了与"过密"相对的"过疏"概念。该报告认为在日本经济高速的发展进程中，"无论是民间部门的地域动向，还是人口的地域移动，都呈现出强劲的由后进地域向先进发达地域快速流动的趋向。这一流向虽然反映了经济社会向更高水准发展变化相适应的过程，但同时这一经济的地域发展变化也引发了无数的地域问题"①。在理解"过疏"一词时，人们往往首先将其与人口问题相联系，认为其核心内容表现为地域内人口和户数锐减。但由于离乡者大多为年轻人而使得这些过疏地域较早地进入到"老龄社会"，地域活力严重不足，生产规模缩小，地方町村财政能力低下，教育、医疗服务低下，消防活动难以为继，一些传统的冠婚葬祭仪式也面临前所未有的困难。因此，日本学界将过疏化町村的特点概括为：分布面广；自然条件和经济条件差；町

---

① ［日］内藤正中：《过疏和新产都》，今井书店1968年版，第29页。

村政府财源少；普遍高龄化。

过疏现象出现后不久，它即成为学术界研究的热点话题。很多学者对"过疏"作出了自己的界定。东京女子大学伊藤善市教授认为"一般而言，所谓过疏地域，是指由于人口大幅度减少，导致社会生活发生障碍和困难，难以维持一定生活水准的地域"①。岛根大学农学部安达生恒教授根据在岛根县的村庄调查撰写《过疏地带的农业经营和生活》一文，刊于《地上》1967年6月。他把生产和生活机构——村机构的崩坏称为"过疏状况"，即"随着举家离农现象的大量出现，给予农户生产、村落生活、町村行政财政、教育、医疗、防灾、商业、交通等设施、机构以广泛影响。其连锁反应的结果，便是迄今的生产和生活机构功能崩解"。

1968年，内藤正中在《过疏和新产都》一书中将"过疏"定义为："以人口急剧减少这一环境条件为前提，在农村山村地带生活的居民意识消沉衰退，以地域的基础单位——部落（村落）为中轴的地域社会，在生产生活的基础条件崩坏的背景下，地域居民的生产生活难以为继。"②同年，今井幸彦出版《日本的过疏地带》，认为"过疏"是"因向城市激烈的人口移动，而导致人口减少而引发的种种问题。我们把人口减少地域的问题在相对于过密问题的意义上，称之为过疏问题。将过疏视为是因人口减少而导致维持一定生活水平所面对的困难状态，如防灾、教育、保健等地域社会的基础条件维持之困难"③。

在"过疏"概念的提出和演化过程中，人们对其理解不断走向深化：

首先，"过疏"不仅是在谈论人口的数量问题，从"过疏"产生的现实背景看，它实际上是战后日本产业化、城市化以及随之而来的"空间重组"进程中的必然产物。不能简单地将"过疏"理解为人口的减少，而应该将其置于特定的产业化、城市化背景下来加以理解和分析。如果仅仅从

---

① ［日］伊藤善市：《对过疏地域的几点看法》，《中央公论》1967年6月号。

② ［日］内藤正中：《过疏和新产都》，今井书店1968年版，第49页。

③ ［日］今井幸彦：《日本的过疏地带》，岩波书店1968年版，第26页。

人口流出的现象而论，从大正末期到昭和初期即有所谓"过疏问题"，但当时并无此概念。因此，我们这里所说的"过疏"，实际上是指日本在工业化、产业化特定的社会变迁背景下产生的社会现象。

其次，就"过疏"的内容和指标来看，"过疏"是一个综合性的概念。岛根大学农学部安达生恒教授认为，应把"过疏"概念作为生产和生活组织机构——村社会崩坏现象来加以把握，同时对包括孩子们在内的住民意识的衰退现象给予密切关注。在分析"过疏问题"时，要特别注意从地域的产业、生活和意识三个方面来加以全面分析理解。[①]

最后，以往人们在定义"过疏"时，往往强调其人口减少方面的意义，这样很容易引起人们对"过疏问题"的简单化、表面化理解。过疏化是一种极其复杂的社会现象，它不仅表现为人口数量和地方财政危机的问题，同时也包括人口质量，即"老龄社会"到来的问题。有的学者认为，在确立衡量过疏化尺度时，除了考察地方人口外流数量及地方财政收入情况之外，还应该对人口的质量进行评估。因为所谓过疏地域，多是年轻人外出，仅剩老人的地域。也就是说，由于这种地域已突进到老龄社会，必定会产生很多问题。这告诉我们，在过疏基准确立的问题上，应该加上"老龄化比重"[②]。

在上述学者研究、理解的基础之上，到20世纪90年代，日本学术界对"过疏"基本上达成了比较一致的理解。在1993年出版的《新社会学辞典》中对"过疏问题"做了比较全面的解释："所谓过疏，是农村人口和农家户数发生急剧大量外流的结果，导致其地域居民的生产和生活发生诸种障碍，使地域生产缩小，生活发生困难，最终导致村落社会自身崩坏的过程。也就是说，过疏是作为生产和生活空间的村落社会的解体过程而存在的。在经济高速发展时期，由于人口大量集中于城市，使得过疏问题成

---

① ［日］安达生恒：《乡村社会的崩坏与农民的未来》，三一书房1973年版，第19页。

② ［日］伊藤善市：《地域活性化的战略：差别、集聚和交流》，有斐阁1993年版，第27页。

为日本农村，尤其是山村地域严重而深刻的问题。"①

可见，就"过疏现象"的实质而言，它实际上是在现代社会急剧变动的背景下，中心城市（过密地带）与"边缘乡村（过疏地带）"空间关系的重构。作为现代文明集聚的空间——"中心城市"对边缘乡村构成了空前严重的"挤压"。而与外部"城市世界"发生联系的"过疏"的乡村，则无力正常地回应来自外部的挑战，从而使村落社会在失去大量人口的同时，也丧失了自我调节能力，最终走向"崩坏"。在这一意义上，所谓"过疏问题"，实际上是在乡村社会步入"过疏状态"的背景下，其社会"何以可能"这一根本性的问题。

二、过疏对策的演进及其限制

1968年，在岛根县知事和县议会议长的倡议下，成立了有20个县知事参加的"过疏地对策促进协议会"和"全国都道府县议长会过疏对策协议会"。进而又成立了有28县198位众参两院议员参加的过疏地域对策自民党国会议员联盟。以此三个团体为中心，展开了"过疏地域振兴法制定促进运动"，这标志着过疏对策的开始。

在过疏对策的演进过程中，日本政府相继制定、颁布了《过疏地域对策紧急措置法》（1970年）、《过疏地域振兴特别措置法》（1980年）和《过疏地域活性化特别措置法》（1990年）等法规，构成了战后日本过疏对策演进的三个阶段（见表13–1）。

---

① ［日］森冈清美等编：《新社会学辞典》，有斐阁1993年版，第193页。

表13-1 日本过疏对策演化简表

全称	《过疏地域对策紧急措置法》	《过疏地域振兴特别措置法》	《过疏地域活性化特别措置法》
略称	《旧过疏对策法》	《旧过疏振兴法》	《新过疏法》
期间	1970—1979	1980—1989	1990—2000
实施目的	对人口剧减的地域采取的紧急措施，以保障国民生活环境得以最低限度的维持，整备产业基础，防备人口的过度减少	解决过去人口剧烈减少所带来的后遗症，尤其对于地域社会的老龄化和功能低下等问题。增加居民就业机会和社会福利	伴随着老龄化的进程，地域社会的活力低下，人口减少率增加，为解决过疏地域后进性问题，以通过发掘过疏地域自主的、主体力量的努力，以实现活性化发展
过疏化指标	1.1965年人口普查数字同1960年相比，五年间减少10%以上；2.1966—1968年财政力指数三年平均低于0.4	1.1960—1975年间人口减少率在20%以上；2.1976—1978年财政力指数三年平均在0.37以下	1.1985年人口普查数字同1960年相比，减少25%以上；1985年人口普查数字同1960年相比，减少20%以上，但65岁以上者比例为16%以上；1985年人口普查数字同1960年相比，减少20%以上，但15岁以上30岁以下者比例为16%以下；2.1986—1988年财政力指数三年平均低于0.44
过疏化市町村数量（个） 公布时	776	1119	1143
过疏化市町村数量（个） 失效时	1093	1157	1230

　　与上述过疏对策演进的三个阶段相对应，形成了复杂多元的"过疏对策"体系。据日本学者伊藤善市概括，20世纪70年代以来日本的过疏对策形成了"现状维持论""积极开发论""据点形成论""集团移动论""自由放任论"等流派和类型。所谓"现状维持论"，就是不直接触及过疏地域的经济构造和生活基础，通过生活保护及其他社会保障制度，为地域居民提供最低限度的生活保障措施。这虽然比较符合居民的保守心

理，但不属于解决问题的积极对策。所谓"积极开发论"，主要包括离岛振兴法和山村振兴法等。但这种积极开发论要想变为现实，必须具备经济上的可行性和居民定居这两个条件。所谓"据点形成论"，是在过疏地域或其附近形成据点，在那里建立完善教育、医疗、行政、福利设施等城市功能的同时，整顿过疏地区与该据点之间的交通、通信体系。所谓"集团转移论"，是将过疏地域的居民作为一个自然村的整体，直接转移到据点地区。所谓"自由放任论"，是作为行政主体，不采取以上诸项措施，而任其自然发展，政府只向其提供信息情报，供地区居民自由选择。①

毫无疑问，过疏对策是以解决过疏问题为直接目标的，根据过疏法，日本政府实施了产业振兴、公共交通通信体系整顿、教育文化设施整顿、生活设施整顿等计划。上述对策体系的直接展开，使日本地域间发展不平衡的现状有所改善，直接推动了日本的地域协调发展。但过疏对策的推进亦面临着诸多限制，主要表现在：

首先，地域经济条件的限制。过疏对策的提出，是以"外在的开发"开其端绪的。在20世纪五六十年代日本经济的高速发展期，日本政府主要采取了诸如地域生活基础及公共设施的整备、企业的引进，扩大就业、防止产业资本外流、增强地域财政能力等措施。

旧过疏对策法实施后不久，日本即遭遇1973年的第一次石油危机，经济发展转入低增长阶段，民间企业的新增已基本不可能。工厂转入地方经营的更是极为罕见。在从外部引入企业的"外生的开发"已不可能的条件下，重新认识自己的地域特性，并从中挖掘、发现地域振兴策略，成为地域发展最为现实可行的路径，这被称为"内在的开发"。与之相适应，旧过疏法的内容框架也发生了变化。即由"外生的开发"转为"内在的开发"。表现为："第一，伴随着从经济高速增长到平稳增长，从经济优先

---

① ［日］伊藤善市：《地域活性化的战略：差别、集聚和交流》，有斐阁1993年版，第26页。

到生活福利优先，从大都市集中到地方分散这一国策基调的变化，出现了从国土保全和健全的娱乐休闲的立场出发，对过疏地域进行'价值的再认识'的情况。第二，不仅包括农林渔业基础设施的建设和整备，还包括组织重建和地方自治。第三，倡导根据行政主导的居民参与振兴计划和过疏化地域的特性进行多元化的工作展开。"[1]

"内生的开发"中最具典型意义的事件是"一村一品"运动。所谓"一村一品"，是平木公大分县知事倡议，即每一地域都运用其智慧，开发其独有特色的产品。这些特色产品可以是名所旧迹，也可以是民谣歌舞或有形的物产，这是典型的"内发式的开发"[2]。日本学者在《现代地域开发论》一书中，对这种地域发展模式进行了比较全面的概括：第一，地域开发要以推进地域居民及其组织建设为中心。地域开发不能仅仅限于物的条件的整备，而要考虑到地域居民和其组织的自主的行动创意、自发性的活动所产生的成果。这实际上是强调地域开发的自主性和主体性。第二，地域经济自立的形成。第三，建立在其地域特性基础之上的地域文化的创造。第四，以非经济的观点估价地域开发的环境问题。地域开发的关键在于激活"地域民间"的内在的力量。[3]

过疏对策并非都是开发取向的，而应该从过疏地域的实际情况出发。"事实上，开发要求强烈的地域，未必适合于开发。虽然对希望维持现状的居民的深层心理有较为充分的理解，但那大多是生活于'过去'的老人心理，而瞩望于未来的年轻人对于这种矛盾的温存毋宁说是持批判态度的。对于年轻人来说，无论生活环境怎样整备，那些没有工作场所的地方

---

① ［日］佐藤俊一：《战后日本的地域政治：终结与开端》，敬文堂1997年版，第425页。

② ［日］坂田期雄：《地域活性化及其战略：明日的地方自治》，行政出版社1990年版，第92页。

③ ［日］久留岛阳三、目濑守男编著：《现代地域开发论》，明文书房1987年版，第263页。

是无法居住的，这似乎是一个不得不适应的事实。"①

其次，组织条件的限制。过疏地域振兴的关键，是地域"住民组织"的重组和再建。如前所述，过疏的实质是由村落社会整体功能的失调而导致的村落的崩坏。其中的核心问题主要表现为村落"住民组织"的解组。以漆村为例，即可对过疏地域村组织的崩坏情况略见一斑。漆村位于多山地带，夏日温差大，冬季寒冷，积雪甚厚，自然条件非常恶劣。但在漫长的岁月里，漆村的居民却维持了较强的组织能力。漆村在村长之下设有上中下三位组长，负责传达事项。组长多由30—47岁的较年轻者担任，任期两年，从很早的时候开始即由选举产生。组长之下还设有道路委员4名，此外还有会计、书记、国民年金组合长、纳付年金组合长、农业实行组合长、农协总代、神社总代、寺总代等职位。担任这些职务的多是20—40岁之间的男子，大约有22人。伴随着产业化、城市化的进程，这种村组织较强的组织力开始面临强劲的挑战。表现为很多年轻人离乡进城务工。导致村内人口结构发生了重大变化。一些传统的民俗活动开始废弛，个人主义和拜金主义的渗入使旧有的淳朴风俗荡然无存。而由于女青年的外流，使得一些本不想外出的男青年也因婚姻困难不得不离开农村。②在这一意义上，所谓"过疏"实际上是指地区组织功能失调的状态。要想实现地域振兴，就必须首先保证过疏地域组织健全地发挥作用。

而过疏地域"住民组织"的重组和再建的难点在于：（1）大量年轻人的外出，导致过疏地域的社会活力丧失，居民的生活开始笼罩在低迷的氛围中，难以自拔。（2）由老龄化社会到来而出现的地域振兴主体力量的匮乏。按照常理推断，伴随着产业化和城市化进程，城市的医疗条件和生活条件将大幅度提高，由此城市居民的寿命将大大延长，城市应率先进

---

① ［日］伊藤善市：《地域活性化的战略：差别、集聚和交流》，有斐阁1993年版，第4页。

② ［日］大岛裏二：《近畿的过疏》，关西学院大学文学部1972年版，第78页。

入老龄化时代。但日本战后的发展却完全得出了相反的结论。率先步入"老龄化时代"的不是那些"过密化"的大都市，而是"过疏地带"。当然，这并非是过疏地域社会发展整体水平提高的结果，而是由于大量年轻人外流所致。"据日本国立社会保障与人口问题研究所2002年测算，到2010年，日本的高龄化率将超过20%，到2025年，可望达到28.7%，而在日本农村早在1990年其高龄化率已经达到20%的水平。高龄化率比全国平均水平先行20年。"①在这一意义上，所谓"过疏对策"，实际上就是"老龄对策"。由于过疏现象出现的原因是大量年轻人外流，导致农村尤其是山村因失去年轻人而丧失活力。因此，在过疏化地域提早进入"老龄社会"的条件下，寻找过疏地域振兴的主体力量，就成为一个具有决定性意义的问题。

再次，过密—过疏与地域协调发展之关系。

在过疏对策提出的过程中，"过疏"与"过密"的关系以及过疏对策与地域不平衡发展之间的关系问题不容回避。日本政府在推出过疏对策的过程中，无论基于何种动机，恐怕都必须从阻止人口减少开始。但如果承认从农村向城市的人口移动，乃是近代化历史的必然的话，简单地阻止人们离开农村是没有意义的，也是有害的。②"既然各地域发展的速度是不平衡的，那么，如果想要减低其地域差别的话，就不能抑制人口流动。而且，如果将过密·过疏的消解置于核心目标，采取抑制人口流动的措施，地域差别必定扩大无疑。"③战后日本地域之间的收入差别之所以没有扩大，反而呈现出缩小的趋向，主要的原因在于人口的社会流动。

最后，过疏现象变动的限制。过疏对策是伴随着过疏化的形态变化而不断发生演变的，其目的在于实现地域均衡发展。

---

① ［日］高桥严：《高龄者与地域农业》，家之光协会2002年版，第1页。

② ［日］内藤正中：《过疏和新产都》，今井书店1968年版，第52页。

③ ［日］伊藤善市：《地域活性化的战略：差别、集聚和交流》，有斐阁1993年版，第3页。

从20世纪70年代以来日本政府三次颁布的过疏法所使用的指标看，过疏对策随着过疏化形态的变化而不断发生着演化。70年代出台的《旧过疏对策法》，是以过去五年内的人口减少率和过去三年间的财政力指数为指标来确定过疏地域的。很显然，这是针对20世纪60年代末70年代初日本农村人口剧减和基层财力不足的情况而采取的措施，其直接目标在于减少农村人口外流。对此，日本政府采取了以道路建设为中心的基础设施整备对策，大力投资。结果使过疏地域人口外流的情况得到减缓。

而自20世纪80年代以来，过疏化现状发生了重大变化：一方面，过疏地带的人口外流虽然得到抑制，但农村尤其是山村却因年轻人的大量外出而提前进入老龄化阶段；另一方面，随着日本经济的高速发展，出现了国土构造的"偏极化"趋向。其具体表现是东京"一极化"的趋向，地域发展的不平衡更趋扩大，不仅是农村山村，就连地方中小城市也被卷入到"过疏化"的旋涡之中。出现了所谓"新过密·过疏化"问题，这种"新过密·过疏化"实际上开始带有"城市过密社会和城市过疏社会"的含义。很显然，在这里，都市—农村的二元构造已经趋向消解，代之以"都市过密社会"和"都市过疏社会"之间的对立。面对过疏含义的新变化，日本的过疏对策在注意解决过疏地域老龄化问题，恢复"住民组织"固有功能的同时，也要注意解决"都市过疏社会"问题。

三、乡村"过疏化"进程中衍生的老人问题

20世纪60年代以来日本官方和学界各种人口统计数据显示，过疏地域人口的外流和剧减堪称日本社会空前剧烈的变动。以那贺郡弥荣村为例，

"昭和三十五年至四十年间，该村人口减少了1842人，相当于该村总人口的1/3。其户数也由1176户减少到917户，减少了22%，其中举家离村者达144户502人之多……当然，在流出人口中年轻人占据了绝对多数，弥荣村有两所中学，昭和四十一年时仅有2人就读。"[1]年轻人外流情况之严重，于此可见一斑。而就日本全国的情况而言，昭和五十年，日本全国65岁以上的人口仅占7.9%，而农村则约占13.7%，可见，作为现代性直接后果的老龄化问题没有首先在现代文明的中心地城市出现，而是在传统村落率先发生。

（一）过疏地域老人社会生活支持体系的危机

日本农村社会学界在界定20世纪晚期日本乡村社会变迁的实质时，往往使用"村落解体""村庄再生"等命题，认为当代乡村所面临的危机实际上是农业社会诞生以来见所未见的，在村落终结的背景之下，不仅乡村地域经济被破坏，同时地域社会关系和地域文化亦快速走向解体，具体表现为："第一，基于过疏地域农村人口急速的高龄化而导致农村社会再生产的困难；第二，基于生活过程和劳动过程负担过重而引发的社会联结的解体。"[2]上述危机作用于老人现实生活，集中表现为过疏地域老人社会支持体系的危机。

如果我们把老人的社会支持系统和赡养体系分为以家族力量为主体"私的抚养"和以政府福利政策和福利机构为主体的"公的赡养"两个方面的话，就会发现，20世纪80年代前后的日本过疏地域的老人仍然对"私的抚养"怀有极其强烈的期待。日本学者在白石和芦生地区关于老后生活意识的调查便充分地证明了这一点（见表13-2、13-3）。

---

①　［日］内藤正中：《过疏和新产都》，今井书店1968年版，第2页。

②　［日］中田实等：《日本的社会学·农村》，东京大学出版会1986年版，第257页。

表13-2　白石地区老年人生活观念的调查①（单位：人）

项目＼年龄	私的抚养		公的抚养·依赖政府		公的抚养·依赖社保金		依赖双亲		其他		不知道		未回答		对象	
	男	女	男	女	男	女	男	女	男	女	男	女	男	女	男	女
20岁		1									2				2	1
30岁		3				2			1						1	5
40岁	6	4			1	2					1	2			8	8
50岁	4	3			1										5	3
60岁	1	4													2	1
70岁	2	1													2	1
80岁		1													0	1
合计	13	17			2	4				1	3	2			19	23
合计	30		6						1		5				42	

注：引自［日］益田庄三：《村落社会之变动及其病理——过疏村庄的实态》，垣内出版株式会社1979年版，第146页。

表13-3　芦生地区老年人生活观念的调查②（单位：人）

项目＼年龄	私的抚养		公的抚养·依赖政府		公的抚养·依赖社保金		依赖双亲		其他		不知道		未回答		对象	
	男	女	男	女	男	女	男	女	男	女	男	女	男	女	男	女
30岁		1			1										1	1
40岁	4	5			2	1			1				2		9	6
50岁	1			1					1						2	1
60岁	2	1			1									1	3	2
80岁	1	1													1	1
合计	8	8		1	4	1			2				2	1	16	12
合计	16		1		5				2				3		28	

注：引自［日］益田庄三：《村落社会之变动及其病理——过疏村庄的实态》，垣内出版株式会社1979年版，第146页。

---

① 本表接受调查的60岁的老人为5人，在对象总数汇总中却标为6人；接受调查对象男女各年龄段总数应为20人，但日文版原书却标为19人，疑为统计有误，特此说明。

② 本表接受调查对象女性各年龄段总人数应为11人，但日文版原书却标为12人，疑为统计有误，特此说明。

但值得注意的是，20世纪下半叶，在年轻人大量流出、家族崩坏的社会背景下，来自"私的抚养"的体系已被破坏，而"公的抚养"系统在日本乡村尤其是边远的过疏地带尚存有严重缺憾。因此，过疏地域老人社会生活支持体系将不可避免地面临严重的危机。日本著名人类学家中根千枝在谈及"家"与日本社会独特构造时，曾指出"在现代社会中，家这种事物也许解体了，但'家'的集团的存在方式脱离了家庭再现于现代社会的各种集团中"①。中根千枝所言的这种"家文化"的现代复制和变迁在城市社会中或许是一种真实的存在。但应该指出的是，在走向过疏化的乡村世界，当家族体系逐渐崩溃并走向解体时，因过疏乡村已成为"老人世界"而丧失了社会再生产能力，其"家文化"也自然失去了现实世界的依托而必然走向消解。

（二）过疏地域老人的医疗问题

据统计，在典型的过疏地域——岛根县，"共有国民健康保险诊疗所49个，但其中有5个因缺乏医师而无法开业。此外还有29个诊所因交通不便和经营困难等问题虽表面上开业但实际上处于休诊状态。这样，49个诊所中至少有34个难以发挥作用"②。由此，日本虽然已实行70岁以上老人医疗免费的制度，但因山区医生短缺，医疗设备不足，使得这一制度形同虚设（见表13-4）。

表13-4　日本城乡医疗点设置分布简表（单位：所）

市町村	总数	医院	一般诊所	牙科诊疗所	设施数/万人	
					1974年末	1973年末
京都府	3245	201	2230	814	13.6	13.6
舞鹤市	111	14	65	32	11.4	11.5
美山区	8	0	6	2	12.7	12.3

① ［日］藤井胜：《家和同族的历史社会学》，商务印书馆2005年版，第47页。

② ［日］内藤正中：《过疏和新产都》，今井书店1968年版，第13页。

市町村	总数	医院	一般诊所	牙科诊疗所	设施数/万人	
					1974年末	1973年末
久美浜町	10	0	7	3	7.4	7.3
伊根町	4	0	3	1	9.1	9.0
南山城村	4	0	4	0	11.4	11.5

根据日本厚生省的定义，所谓"无医地区"主要是指没有医疗机构的地域，具体言之，即以此地域的中心场所为圆点，半径4公里的区域内居住50人以上，不容易利用医疗机构的地区。据1973年的统计，"京都府下自昭和四十四年迄今，共有83个无医地区，其中有30个属于过疏地域。今天这种无医地区的数目虽然在减少，但地域医疗供给不足的现象却依然存在"①。

（三）过疏地域老人生活的孤独感

伴随着过疏地域人口老龄化的进程，老人的社会地位和权威角色发生了深刻的变化。众所周知，过疏化现象发生之前，在封闭的乡土共同体内，老人因其在生产和生活中的特殊地位而扮演着乡村家族家长和村落权威的角色。但是在经济高度发展和人口快速流动的背景下，村落昔日的经济生活和社会生活中都发生了剧烈的变化，其中最为重要的表现之一便是老人权威的衰落。而老人昔日权威地位的丧失不仅使其社会地位迅速走向边缘化，同时使其生活笼罩着浓重的孤独感。

据岛根县厚生部1971年的统计，"该县境内平原农村65岁以上的独居老人约占2.0%，而山村则达到8.9%，二者相比相差大约5倍。"②新潟县东颈城郡的6个町村以老人自杀率最高而闻名日本列岛，其老人自杀率达到全国平均数的5倍。据调查该地域自杀老人多为中等以上家境的农家，值

---

① ［日］益田庄三：《村落社会的变动和病理——过疏村庄的实态》，垣内出版株式会社1979年版，第150页。

② ［日］安达生恒：《村落与人类社会的崩解》，三一书房1973年版，第156页。

得注意的是，老人自杀的时间选择不是在子女外出打工的冬季，而多发生在5月或10月的农忙季节。据研究"老人冬季自杀现象之所以很少发生，主要是因为此期间子女多外出打工，老人需要承担清雪等重任。而在农忙时节自杀事件频发，则主要因为在农业机械化的时代老人在农业劳动中已无角色可以扮演，事实上已被排除在劳动体系之外，由此老人在生产和生活中的价值很自然被消解。"可见，过疏地域老人的自杀事件与过疏社会老人的孤独感有着密切的关联。

（四）"界限集落"与"村落终结"

1991年日本学者大野晃根据其田野调查，提出"界限集落"概念，认为在过疏程度严重的村落，其"村落终结"的标志如下：（1）就集落的人口结构而言，当其人口中65岁以上老人占据一半的时候，便进入"界限集落"阶段；（2）集落的生产、消费活动难以正常展开；（3）集落的文化、祭祀活动的停顿。2007年2月24日《朝日新闻》刊登《过疏地域2641集落面临消逝的危机》的调查报告，披露了1999年和2006年国土交通省关于日本乡村的"集落消灭"的相关数据，提出"在全国大约62000多处于过疏地域的集落中，约有4%强的2641集落因老龄化情况严重而面临消失的可能。其中的422个集落在10年之内即有消失的可能……类似的调查在1999年也曾实施，当时曾预测走向消失的集落大约有2109个。而迄今实际走向消灭的村落有191个（包括未列入预测范围的村落）。其消失的类型有二：一种是因居民迁移或死亡而导致的'自然消灭'，约占57%；另一种则是因政府统一组织下的'集体转移'，约占20%"①。毫无疑问，大野晃"界限集落"概念的提出，对于村落终结的观测和过疏化进程中有关老人救助社会政策的制定具有重大意义。

总之，从宏观视角展开分析，20世纪晚期日本的过疏对策已发生了一

---

① 《过疏地域2641集落面临消逝的危机：来自国土交通省的调查》，《朝日新闻》2007年2月24日。

些值得注意的变化，即从关注过疏地域的"经济变化"到关注其"社会变化"，"由'硬件'转向'软件'。从进行所谓土木工事治理、建立良好的职业场所，转变为建成'居住愉快'的场所，培养良好的人际关系。也就是说，其要领在于从经济学领域不断转向社会学领域"①。日本心理学家土居健郎曾提出"依赖不仅是理解日本人精神结构也是理解日本社会结构的一个至关重要的概念"②。他之所以将"依赖"概念与特定的社会结构联系在一起，是要证明这种依赖心理是在一定的社会结构体制内发挥作用的。循着土居的分析思路，结合过疏地域老龄化演进的一般趋向，我们会发现过疏地域老人问题的严重性在于：长期以来村落社会赖以存在和发展的"依赖结构"已被严重破坏，而危机中的村落又很难在短时间内走向终结，从而将人类推向进退维谷的窘境，这或许是过疏地域老人问题认识及解决艰难之所在。

四、地域协调发展理论的建构及启示

在一般意义上，举凡是与地域社会空间相联系的社会问题，都属于地域问题的范围。几乎所有的社会问题均带有程度不同的地域问题的特性。但值得注意的是，伴随着资本主义产业化、城市化的进程，可以说社会问题的地域特性大大地增加了。从历史上看，凡是走上现代化道路的国家，在其工业化、城市化的进程中，都会出现国土空间的重组和地域发展不平

---

① ［日］鸟越皓之：《日本社会论：家与村的社会学》，社会科学文献出版社2006年版，第206页。

② ［日］土居健郎：《日本人的心理结构》，商务印书馆2006年版，第16页。

衡问题。英国是工业革命的发源地，也是世界上最早实行区域政策的国家。而且，随着英国经济兴衰发展进程，英国的区域政策不断调整，以保持其国土的均衡发展。

东亚的日本也是对地域变化极为敏感的民族。国土的狭小、资源的匮乏，使其非常重视国土资源利用问题。同时，传统的幕藩统治体制也对当代日本的地域发展研究产生了极大的影响。"日本具有长时间的幕藩统治体制，拥有比较自立的经济、自立的政治和武力。这一幕藩体制的传统虽历经百余年，依然存在其影响力。"①20世纪60年代以来，日本的过疏对策的提出及其实践，标志着日本的地域发展进入了一个新的历史发展阶段。从整体上看，日本的过疏化的态势虽然以新的形态在继续发展蔓延。但不容否认的是，将近半个世纪的"过疏对策"向我们展示了一种具有极强借鉴意义的"地域主义"发展模式，其实践也对地域发展理论体系的构建作出了一定贡献。

首先，在建构地域发展理论的过程中，我们首先应该对"地方""地域"等基本概念进行深入理解。应该承认，在学术研究中，地方、地域往往可以表述相同的空间意义，在一定条件下可以互用。但同时这些概念又具有一定程度上的相对性。如"对于全球而言，国家就可以算是一个地方。而以欧盟为代表的区域一体化，也被视为全球一体化条件下的地方化倾向。如果我们将视野放在一个民族国家之内，相对于国家而言，省（州、大区等）就构成地方"②。但如果我们在限定意义上使用上述几个概念，其间的区别也是显而易见的。这主要表现在："地方"这一词是与中央相对称的概念，中央和地方之间带有"中心—边缘"，"支配—从属"的关系。也就是说，"地方"概念包含有对中央的周边性和从属性的

---

① ［日］矢田俊文：《国土政策和地域政策：探索21世纪的国土政策》，大明堂1996年版，第6页。

② 孙柏英：《当代地方治理——面向21世纪的挑战》，中国人民大学出版社2004年版，第29页。

关系。与地方一词带有极强的政治性和行政性特色不同，地域在很多场合往往带有功能的、政策性的意味。所有的地方都可以称为地域，而所有的地域未必都能称为地方。从学术上看，地域的概念可以从多种角度加以认识。在地理学上，可以根据气候、地形、植物的分布形态为基准定义地域概念。在经济学看来，可以以统治的经济力为基准进行地域分类。从文化学看，可以根据区分周边地域的文化特性为基准来定义地域。①

其次，在地域发展进程中，出现了诸多发展模式，一种是在中央—地方关系背景下衍生出来的中央主导型的开发模式，其推动力主要来自外部。另一种则是从地域主义角度出发，以地域居民自身生活为基础，致力于改善其生活世界的一种发展理念。"从具体的层面看，追求地域的政治的、行政的自律性和均衡性。避免使人口、产业、资本技术以及文化过度地集中于中央。减轻中央政府过重的责任，培育地方自主的、自生的社会力量，激活地方发展活力的一种积极的手段。"②这种被称为"地方化时代"的发展模式，是将中心行政的部分权力下放到地方，实现地方自治。

最后，民族—国家体制下的地域发展，往往表现为地域政策的制定与推行。在一般意义上，地域政策是指与特定地域相关的政策，其使用具有多样化特点，缺乏严密的规定性。在日本学术界，目前比较普遍的使用方法有两种："一是意味着政策主体的地域性，在中央集权特征较强的日本的行政体系中，是指以地域主义主张为基础的政策；二是指意欲推进地域变化的政策，意味着政策内容的地域性。在这一背景下，有时是指推进地域统合，町村合并政策和地方自治政策。有时则是指包括地域开发政策在内的推进地域综合发展的政策。"③与初期地域开发政策主要指产业开发不同，近年的地域政策主要是指以与地域生活相关的广泛的领域为对象的综合性内容为主的开发。从历史上看，日本现代意义上的地域政策是以

---

① ［韩］朴仁镐：《韩国地域发展论》，多贺出版社1989年版，第9页。

② 同上书，第11页。

③ ［日］森冈清美等编：《新社会学辞典》，有斐阁1993年版，第90页。

"过疏对策"揭开其序幕的。对地域发展的理性思考，为过疏对策的提出奠定了理论基础，而过疏对策的提出和实践则又丰富了地域政策的理论体系，这是我们在系统总结反思战后日本"过疏对策"和地域发展进程之后所应得出的结论。

日本过疏对策对中韩两国的现实启示。如前所述，过疏问题实际上是东亚主要国家经济社会发展进程中所共同面临的问题。其间的相互借鉴和启迪也就显得具有特殊重要的意义。大约从20世纪70年代开始，韩国也出现了大量农村人口流向城市，城市过密和乡村过疏问题。据统计，从20世纪后半期开始，韩国便开始出现山村人口急剧外流的现象。其结果导致1970—1980年间全国农村山区平均人口大约减少25%。而到了经济高速增长的80年代，人口减少幅度达35%。[①]但值得注意的是，过疏问题在韩国并未得到充分的重视。正如金斗哲先生所批评的那样："过疏"在韩国不过是一个新闻用语，还没有提升转化为一个学术用语和政策术语。在这一意义上，韩国学术界的过疏问题研究尚有很大的拓展空间。

中国是一个人口大国，在城市化、现代化的进程中必然出现剧烈的人口移动现象。近年来，在一些边远山区也出现了一些过疏现象，其表现形态虽不像日本那样典型，但亦应引起我们的高度关注。

---

① 金斗哲：《过疏政策和住民组织——日韩的比较》，古今书院2003年版，第25页。

第十四章 流动的现代性：东亚"轿车文明"批判

作为"流动的现代性"，轿车文明对当代城市社会发展的影响，绝不仅仅表现在便利快捷、产业利润、交通拥堵、噪声污染、尾气排放等具体而有形的利害层面，其对当代社会发展最具实质意义的影响在于从根本上重塑了都市社会空间，导致郊区的勃兴和内城的衰落、"公共领域"的私有化、城市空间的分化与隔离、"私"空间的流动性等剧烈变动。上述变化在改变城市空间构造的同时，也将其所依托的城市的社会结构和精神构造无情地撕破，使当代城市生活面临前所未有的挑战。

十多年前，中国学术界曾围绕着"轿车文明"应否进入中国家庭的问题展开了一场短兵相接式的争论①，但遗憾的是，那场争论没有充分展开便偃旗息鼓。到今天，当我们真正开始直面翩翩而至的轿车文明时，方才发现：原来我们对其理解还基本上局限于产业利润、速度快捷、环境污染、交通堵塞、资源浪费、人身伤亡等具体的利害层面，而关于轿车文明对我们身居其中的都市社会空间形态的重塑作用却缺乏应有的研究和重视。由此，借鉴日本等发达国家步入轿车文明的历史，超越功利性研究取

---

① 1994年8月9日，郑也夫在《光明日报》上发表《轿车文明批判》，对轿车进人家庭提出质疑；同年11月8日，樊纲在《光明日报》发表《"文明批判"的批判》，对郑氏的观点作出回应，标志着关于轿车文明论争的开始。

向，对轿车文明的根性及其对当代城市社会发展的影响进行深度反思，便成为我们把握当代中国社会发展进步的一个关键问题。

一、"轿车文明"的根性

要想深刻体认轿车文明对当代社会发展的影响，就必须首先读懂轿车文明的根性。轿车文明的含义极为复杂，它不仅标志着人类文明在交通方式上的巨大进步，同时它还是现代生活方式及身份地位的直率表达；它既是现代性的符号，也是城市不平等的象征，现代性自身所蕴涵的内在矛盾在轿车文明身上得到了最为充分的体现。在这里，如果我们必须使用一个朴素的命题对轿车文明的根性加以概括的话，那么，"流动的现代性"似乎应是最为贴切的称谓，即借助汽车轮子，无论是个人还是社会，均在流动中实现了现代性意义上的剧烈变迁。

首先，轿车文明作为个人一种独特的"现代性体验"，具有一种难以言状的"魔力"。正如日本学者杉谷滋所言："在很多文献中，我们都能看到这样的描写，在美国、德国等国家，当大众车登场时，被赋予了一种奇异的魔力，仿佛社会进入了一种'汽车中毒'症状。对于拥有汽车的个人来说，这种'魔力'包括：无论哪里都可自由行走的'解放感'；得到了憧憬已久的汽车而产生的自我实现感；自由驾驶汽车而带来的支配感；以及由轿车品牌为象征符号的优越感。"[1]这种魔力的实质是将轿车作为自己身体的延伸，在流动中实现了现代性。

---

[1]　[日]杉谷滋：《亚洲国家的近代化与国家形成——经济发展和亚洲的》，御茶水书房1996年版，第139页。

其次，对社会而言，作为一种现代性的符号，轿车文明往往与郊区化、郊外购物中心等表征城市空间变化的词汇联系在一起，标志着城市社会空间形态和生活方式发生了根本性的变化。美国城市史学家约翰·B．雷认为"当代郊区是汽车的产物，如果没有汽车，郊区就不可能存在"①。值得注意的是，郊区化不仅仅是一种简单的空间位移，而是意味着生活方式的根本改变和城市空间的分裂。郊区化背景下的城市病态并不主要表现在交通拥挤等方面，而在于城市构造及其所依托的城市精神构造被无情地撕破了。"郊区是人们从城市迁来隐蔽的地方……它是一个隔离的社会，与城市分开，不仅是空间上分开，而且是从阶层上分开，是一种上流社会的绿色的聚居区。那句维多利亚时期得意洋洋的习惯用语'我们只同自己往来'，表达了郊区精神"。在人类历史上，从来就"不可能存在独立于各种社会关系之外的任何空间策略。前者赋予了后者以社会内容和意义"②。虽然很多学者反对过分强调技术变革对城市结构的决定性作用，认为对技术因素的强调很容易堕入"技术决定论"的泥潭，但在研究审视轿车文明对城市形态的影响时，我们还是要借用著名学者列斐伏尔发明的"空间生产"的概念，特别强调轿车文明在城市空间生产的作用。

最后，轿车文明与资本主义生产方式和消费主义有着不解之缘，其自身蕴涵着现代性固有的矛盾，在现代社会转型发展进程中往往以极端的姿态表现出来。

在人类社会发展的行程中，任何意义上的社会空间变化的背后实际上都隐藏着一种复杂的社会关系的变革。在美国资本主义发展史上，轿车文明与福特主义相联系，成为表征那一时代的特殊符号。"战后的福特主义必须被看成较少是一种单纯的大规模生产的体制，而更多的是一种全面的生活方式。大规模生产意味着产品的标准化和大众消费；意味着一种全新的美学

①　转引自孙群郎《美国城市郊区化研究》，商务印书馆2005年版，第133页。

②　［美］戴维·哈维：《后现代的状况》，阎嘉译，商务印书馆2003年版，第319页。

和文化的商品化。"①既然轿车文明与资本主义生产方式存在着特殊联系，那么，资本主义社会固有的矛盾必然通过其有所表现。在2005年以来巴黎郊区的骚乱中，作为骚乱者攻击的对象，轿车文明身上所蕴涵的现代性固有的矛盾的根性得到了极为形象的印证。诚如一位分析者所言："汽车又是现代性社会最为醒目的代表，一个城市只有到处是车时，才会被认为进入了现代境界……汽车，它行驶在公共道路上的高速动感，体现着现代社会的高度的变动性和速度感，它给人带来打破空间阻隔的享受；与此同时，也正是车，又造成了城市中一系列的直接、刺激性的公共性问题，如交通拥堵、噪声污染、尾气排放……可以说汽车在公共世界里最明显地展示了现代性的成就和麻烦。因此在平静的、理性占上风的时候，汽车成了人们热爱的对象，而一旦出现骚乱，它就是发泄对现代性世界愤怒的首要目标。"②可见，轿车文明是现代文明的杰作，也是现代性矛盾的聚焦点，这决定了我们不能对其持一种简单的肯定或拒斥态度，而应采取理性分析的策略。

二、轿车文明与都市"空间生产"

　　法国当代社会理论大师亨利·列斐伏尔在构建其现代性理论的过程中，曾提出"生产空间"的概念。他批评以往的研究简单地从几何学的角度把空间视为空洞的空间或将空间仅仅看作是社会关系演变的静止"容器"或"平台"的传统观点，认为空间从来就不是空洞的，它往往蕴涵着某种意义。"任何一个社会，任何一种生产方式，都会生产出自己的空

---

① ［美］戴维·哈维：《后现代的状况》，阎嘉译，商务印书馆2003年版，第179页。

② 曹瑞涛：《现代性城市骚乱以及砸汽车》，世纪中国网站2005年11月30日。

间。社会空间包含着生产关系和再生产关系，并赋予这些关系以合适的场所。"并断言："既然认为每一种生产方式都有自身的独特空间，那么，从一种生产方式转到另一种生产方式，必然伴随着新空间的产生。"[①]在他看来，所谓人类文明变迁的过程，实际上就是"社会空间"的重组过程。列氏的上述观点对我们研究工业革命以来人类社会在剧烈变迁状态下所发生空间重组提供了深刻的启示。循着上述思路思考，轿车文明的出现，实际上标志着当代城市的"空间生产"进入了一个新的发展阶段。纵观城市发展史，我们会发现：城市形态是与交通的发展相伴随的。在19世纪前的城市大多属于"步行的城市"，"随着工业革命而出现了'公共交通城市'，它是建立在交通通道基础上的一种城市形式。到20世纪40年代，开始出现分散的、使用汽车的'汽车城市'"[②]。轿车文明对城市的空间形态进行了根本性的重塑，在国民生产总值迅速增长的同时，也使得现代城市的空间拓展能力大大增强。澳大利亚国立大学教授加文·麦考马克曾对日本战后的这一发展历程做了如下的描述："1962年我第一次踏上日本国土时，汽车的一年制造量约为50万辆（1960年是48.1万辆）。公共运输体系完备，因而无需个人汽车。但是在1970年，汽车生产量达到520万辆，1985年又达到1230万辆，但其中的半数是向海外出口。1960年的汽车拥有数只不过340万辆，但于1993年增加到6500万辆，而且高速公路也延长到5400公里……从1975年到1993年之间，约有300万亿立方米的水泥被用在公路建设上。如青木所简洁地指出，这些水泥可建成高800米，厚10米的墙，足以从东京铺向名古屋。"[③]可见，通过汽车和高速公路，现代性得到空前的拓展。

---

① 包亚明：《现代性与空间的生产》，上海教育出版社2003年版，第87页。

② 联合国人居署编：《全球化世界中的城市——全球人类住区报告2001》，司然等译，中国建筑工业出版社2004年版，第172页。

③ ［澳］加文·麦考马克：《虚幻的乐园：战后日本综合研究》，上海人民出版社1999年版，第55页。

（一）郊区化与内城的衰落

所谓郊区化，主要是指城市市区在总体上积聚扩张的同时，城市的人口、工业、商业先后从城市由内向外做离心运动的过程。①研究郊区化的学者普遍认为郊区化发轫于工业革命初期的19世纪，但学术界似乎都承认直到"轿车文明"出现，才使得郊区化进程获得了持久、稳定的推动力。其发展到极致，直接导致了城市的"空间分裂"。如果说近代以来伴随着工业化和城市化而出现的人口集中于城市是现代社会人口迁徙流动"第一波"的话，那么，以富人阶层"告别城市"为主题的郊区化浪潮则以相反的路向，重塑了城市的空间形态。

工业革命和城市化初期，"拥有特权的人们能够居住在城市中心。他们生活在最有特权的地点……相反，穷人则局限在更荒凉、更衰败的居住地点。这些区域多在城市外围，且大多远离工作地点"②。那时的城市内城是理所当然的中心。但在轿车文明出现后，"私人汽车使我们的城市变得更没法居住了：它使空气变得更糟，充满了噪声和废气；它消耗石油，费用高昂。任何严重依赖它的系统都是一个不公平的系统，因为那些没有车的人的可及性必然会比有车的人差"③。同时，更为关键的问题是，轿车为富人逃离城市提供了便利条件。这样，汽车与其所依托的道路系统重新定义了城市旧有的边界，并赋予其以特定的意义。"几乎在每个城市，一度繁荣的中心区的关键部分正在死去。大多数中心城市被遗留给那些更依赖于社会服务的低收入人群，因此实质上影响了税收的基础……因此在都市中心的主要部分，社会政治、经济模式与种族矛盾一起形成了日渐恶化与封闭的空间。"④

① 周一星：《对城市郊区化要因势利导》，《城市规划》1999年第4期。

② ［美］安东尼·奥罗姆、陈向明：《城市的世界》，曾茂娟等译，上海人民出版社2005年版，第73页。

③ ［美］凯文·林奇：《城市形态》，华夏出版社2001年版，第193页。

④ ［美］莫什·萨夫迪：《后汽车时代的城市》，吴越译，人民文学出版社2001年版，第3页。

　　作为人类文明存在的形态，城市从来就是在人类可以把握的范围内展开的。伴随着轿车文明的到来，以工业文明为基础的城市是否必然经历一个由盛转衰的过程。从经济地理学不平衡发展的观点出发，我们应该用这样的视角来看待内城问题的出现："空间、政治和经济发展的不平衡是资本主义社会关系所固有的。"①在这一意义上，内城的衰落不过是在生产方式转换期间被资本所抛弃的最后阵地而已。在快速的城市化进程中，人们开始以前所未有的速度集中到城市之中，但集中于城市中的人们却没有也不可能凝聚成一体，而是发生了前所未有的分化和隔离。而且这种分化和隔离并不仅仅表现为富人与穷人、白人和其他人种之间的差异，而且是一个整体的对接的过程。"这些城市将它们的活动、社会群体和文化进行内部分离，同时又根据其结构的相互依赖进行重新连接。"②构成了一种典型的城市"精神分裂"的进程。如果我们把空间视为一种社会权力的容器的话，那么，"空间的重组就始终是社会权力通过其得以表现的框架的重组"③。郊区化的一个最为直接后果便是在现存的权力关系的作用下，社区走向封闭化和城市隔离机制的建立。

　　迄今为止，美国式的郊区化是在特定社会历史背景下最充分、最典型的郊区化，"郊区几乎代表了美国人心目中的理想空间。在这里，人们可以逃离城市生活的喧嚣与紧张，得到他们向往的隐私和私有财产"④。而在欧洲大陆，虽然也存在城市社区的封闭和隔离问题，但由于

---

① ［英］R. J. 约翰斯顿：《哲学与人文地理学》，蔡运龙等译，商务印书馆2001年版，第181页。

② ［美］保罗·诺克斯、史蒂文·平奇：《城市社会地理学导论》，柴彦威等译，商务印书馆2005年版，第13页。

③ ［美］戴维·哈维：《后现代的状况》，阎嘉译，商务印书馆2003年版，第318页。

④ ［美］安东尼·奥罗姆、陈向明：《城市的世界》，曾茂娟等译，上海人民出版社2005年版，第78页。

欧洲历史上"长期存在着居住在城里公寓的文化偏好"①，而未出现典型的"内城衰落"现象，形成了不同于美国的独特图景，表现出问题的复杂性。

但在东亚的日本却出现了以商店街衰落为代表的亚洲版的"内城危机"现象。如前所述，伴随着现代化的推进，人类的生活行动圈得以拓展。从徒步行走到自行车，从自行车到汽车，交通工具的不断进步，人们的行动圈也随之扩大，商业竞争也随之走向白热化。如果说自行车时代是典型的路边店—商业街时代，那么，在汽车时代则会产生诸多对商店街不利的因素。其突出表现是，在郊外大型购物中心，停车原则上是免费的，而内城的商店街则不具备上述优势。因此，郊区化的进程实际上是与内城商店街衰落紧密伴随的。在这里应该指出的是，商店街的衰落绝不仅仅是一个商业问题，而是一个严重的社会问题。因为商店街的衰退不仅仅会产生小店铺经营者失业问题，更会对日本社会发展产生更为深远的影响：（1）替代商店街的郊外大型购物中心不断建立，使得城市市街呈现出"外延化"趋向，产生大量公共投资浪费，一些有识之士批判其为烧钱商业。（2）商业中心的郊外化直接使一些不能利用汽车等现代交通工具的人们（主要是高龄女性）购买食品和日用品面临巨大的困难。（3）城市中心街区空洞化和郊外犯罪案件众多而导致治安状况恶化。（4）无秩序的郊外开发，严重地破坏了郊外环境生态，使得郊外地区失去了可持续发展的可能。同时，漫无边际的郊区化和内城都心的衰落，使得道路、上下水道等公共事业投资效率急剧降低，从而使政府的公共财政负担大大增加。为防止城市中心地区空洞化，日本政府在1988年先后颁布《中心街市活性法》《改正都市计划法》《大规模小店铺立地法》，增加城市中心区建设的预算投入，试图把城市扩散纳入到政府的规制之中。在人口增加时代，城市向郊外扩散似乎是理所当然的事情，但是在"少子化"和"老龄化"

---

① ［美］保罗·诺克斯、史蒂文·平奇：《城市社会地理学导论》，柴彦威等译，商务印书馆2005年版，第238页。

同时到来的背景下，必须对城市的无序扩张进行深度反思。如"青森市自昭和四十五年至三十年间，从市中心地区向郊区迁徙13000余人，为此，在道路、上下水道等建设维修方面花费350亿日元。由于市区道路延伸，导致冬季除雪费用大幅度增加。在上述背景下，平成十一年，在该市拟定的都市开发计划中，增加了抑制郊外开发和振兴中心街市的内容，使得中心街区的大型商业设施重现生机"①。

由此，我们有理由提出进一步的追问：伴随郊区化而出现的内城衰落的进程在何种意义上体现了城市化的普遍性，本土文化又在何种意义上影响制约了内城衰落的进程，所有这些问题都值得我们进一步认真研究思考。

（二）"公共领域"的私有化

当代美国城市研究者在评估郊区化和轿车文明带来的巨大影响时，往往强调城市形态变化导致公共领域陷落这一直接后果。在他们看来，城市的街道及其人行道，除了承载交通之外，还是作为"城市中的主要公共区域"而存在的。在这个看似全为陌生人的世界里实际上存在着非常复杂的互动关系。作为城市公共区域的人行道和街道的安宁，主要不是由警察来维持，而是"由一个互相关联的，非正式的网络来维持的，这是一个有着自觉的抑制手段和标准的网络，由人们自行产生，也由其强制执行"②。但在汽车时代，伴随着郊区化的进程和大量中产阶层迁出城区，城市中心街区行人稀少，沿街商业街区也开始走向衰落。与之相反，郊区大型购物中心则日益兴隆，对于多数美国人来说，已变成"一个同城市市民会面的主要场所……甚至使传统上独立的市民机构也开始屈从于私人发展商的实

---

① 《从郊外扩张到回归中心街区：城市重构与政府政策转换》，《产经新闻》2005年9月26日。

② ［加拿大］简·雅各布斯：《美国大城市的死与生》，金衡山译，译林出版社2005年版，第31页。

力"①。这就出现了公共领域私有化的现象。

与前汽车社会私人商店依赖于公共街道而存在不同，"今天的购物中心和其中的商店还是依靠高速公路获取营养。高速公路与购物中心一起构成了公共领域的主要成分"②。对于私人开发商作为公共领域构建主要力量登上舞台，我们在击掌欣喜的同时也有理由表示忧虑，因为开发商行动的目标是效益最大化，其与公共领域的构建存在暂时的一致性，但同时也存在着严重的冲突，"一旦运转的基本要求如充足的停车场、商业面积与高速公路的联系得以满足，私人发展商便无动力去花费金钱、时间来美化场地，设计沥青停车场的景观，减轻对邻里或环境的伤害，或设计任何一点除了标志牌在外的户外环境。"③由此我们有理由对未来的区域城市提出这样的质疑："如果由私人的商业王国来建立公共领域，并如作家大卫·古特森指出的那样"利用了我们贪利的本能，而未忠实于我们公共的要求。那么，公共领域如何会被纳入未来的城市之中呢？"④公共领域私有化直接的消极后果是城市"精神密度"和城市凝聚力的降低。因为"按照涂尔干的观点，所谓"精神"密度是根据个人融入公共生活的程度评价的"⑤。

当然，关于消费空间是否属于公共领域范畴的问题，学术界存在争议。英国社会学家鲍曼引用尤西塔罗的话认为：消费者常常共享诸如音乐厅或展览馆、旅游胜地、运动场馆、商业大街和自选商店这样的有形的消费空间，而没有任何实际的、社会的相互影响和相互作用。他认为这些公

---

① ［美］莫什·萨夫迪：《后汽车时代的城市》，吴越译，人民文学出版社2001年版，第37页。

② 同上。

③ ［美］莫什·萨夫迪：《后汽车时代的城市》，吴越译，人民文学出版社2001年版，第37页。

④ 同上书，第47页。

⑤ ［法］伊夫·格拉夫梅耶尔：《城市社会学》，徐伟民译，天津人民出版社2005年版，第2页。

共空间鼓励的是行动，而不是互动。这些充斥在购物天堂的人群是人的聚合而不是人的整合；是人的群集，而不是人的总体。无论他们是多么的拥挤，在这些集体消费的场合，没有任何集体性。[①]与之相反的观点认为："纪念宴会和人行道上的社会生活的核心之处正在于它们都是一种公共活动。"[②]但笔者认为，对于公共领域的认识也具有相对性，当人们步入封闭的、城堡式的、私有化的巨型购物中心时，便会对临街式的购物步行街的"公共性"产生一定的认同；同样，当消费者钻进计程车，进入"一对一"的封闭的消费空间的时候，便不会对公共汽车的公共性产生强烈的质疑。

从表面上看，公共领域私有化似乎是一个典型的美国式问题，但如果认真考察事实，就会发现在大多数出现郊区化进程的国度，也会出现类似的情况。如在日本，尽管城市人口密度很高，但在步入郊区化进程后也出现了城市中心街区衰落的现象。为此，日本的国土交通省决定对郊外的大型购物中心和医院等公共设施的建设进行重新规制，以"防止中心城市街区的空洞化，防止承担都市功能的设施向郊外扩散"[③]。此种现象值得刚刚步入城市化进程的发展中国家警惕。

（三）"私"空间的流动性

在轿车文明诞生之前，"私"的空间大体上是静止的，其主要载体为"私宅"、"私院"。而轿车文明的到来，则使"私"的空间借助汽车轮子开始走向流动。与其他交通工具相比，私家轿车的特点在于它"兼

---

① ［英］鲍曼：《流动的现代性》，欧阳景根译，上海三联书店2002年版，第151—152页。

② ［加拿大］简·雅各布斯：《美国大城市的死与生》，金衡山译，译林出版社2005年版，第58页。

③ 《国交省关于限制大型店及医院迁往郊外的规定》，《朝日新闻》2005年11月2日。

有火车之快捷和马车之轻便，可以保持住个人的独立性与私密感"①。因此，在国际上，私车往往被看作私人空间的延伸。这种带有"流动性"的"私"的空间使传统的"公—私空间"截然二分的局面发生了根本性的变化，产生了"公共"和"私密"交叠的新格局。

在发达国家，这种穿行于城市之中的流动的"私密空间"已向城市的传统空间秩序提出严峻的挑战。中国虽然没有进入轿车社会，但一些发达地区已经跨入轿车社会的门槛，城市治理开始面临流动的"私"空间的挑战。2003年11月，"在广州白云山几个地方，一些人利用夜色的掩护，在私家车内进行性活动。白云山派出所有关人士表示，他们也觉得这样的行为'不太好'，但他们只能劝车主下山。有时个别车主认为自己的行为并没有影响别人，也无伤风化，根本就不听劝阻，我行我素"②。对于警方的上述处置，传媒给予肯定：如果是卖淫嫖娼行为就是违法之举，那就应当受到治安处罚。但如果不是钱色交易，那就至多是个道德问题。如果是发生在偏僻的地方，并未对他人包括青少年造成影响，就可能连道德问题都称不上，而只是对某种生活方式与性取向的选择。这样一种自我约束对于司法机关来说是非常必要的。我们可以看到，几乎所有侵犯公民权利的行为，都在相当程度上与司法人员不知自我约束有关。可以说，正是在公民权利与法律限制面前没有自我约束，而导致了大量侵权、伤害事件的发生。司法机关不能没有主动出击的精神，但也不能失去冷静与自我约束的习惯。正是主动出击与自我约束的有机结合，才能保证司法机关在作为与不侵权的平衡木上健步如飞。③上述个案给予我们的启迪表现为：一方面，在这种流动的"私"空间在使个体人获得巨大的"解放感""自由感"的同时，也向其提出了更高的自我约束的目标，如何在"公共"和"私密"交叠的新格局下建构轿车社会的新公民道德规范体系，成为时代

---

① 郑也夫：《轿车文明批判》，《光明日报》1994年8月9日。

② 《新快报》2003年11月27日。

③ 魏文彪：《不处罚"私车性爱"与警力的自我约束》，《新京报》2003年11月29日。

的核心课题。另一方面，对于公共权力而言，这种"公共"和"私密"交叠的新格局也使城市治理的难度大大增加，对公权力的行使运作提出了更高的要求。

（四）轿车文明与空间排斥

距离是城市中社会关系的核心，在轿车文明的直接作用下，城市人之间的距离感发生了明显的变化，基于不同的空间支配关系，产生了不同的城市体验。正是在上述意义上，我们承认，轿车文明体现了人们在现代化背景下建立的对空间的一种新的支配关系，这种表征支配过程的权力关系总是暗含于空间和时间的实践之中。"对空间的支配反映了个人或各种强势群体如何通过合法的或非法的手段支配空间结构与生产，以便对间隔摩擦实施更大程度的控制，或者对他们自己或其他人占用空间的方式实施更大程度的控制。"①

在前现代社会，城市的规模很小，人们可以轻而易举地凭借步履穿行城市，那时的城市堪称真正的"步行之都"。从社会学的角度看，那时的公路在城市文明中扮演异常重要的角色，其功用不仅仅为交通之用，其更为深刻的意义在于："道路起源于长期以来对日常生活的信任……道路的深层根源蕴涵着人们的公共认同、公共生活中相互尊敬和信任的网络、对个人和邻里需求的资源依托。对这种信任的缺失是城市道路的一种灾难。"②而轿车社会的到来则无情地吞噬了城市的步行空间。"以洛杉矶、达拉斯、休斯敦为例，这些都市发展的主体都覆盖了四到六千平方英里的土地，其模式与人的步行毫无关联，取而代之成为决定因素的是区域

---

① ［美］戴维·哈维：《后现代的状况》，阎嘉译，商务印书馆2003年版，第277页。

② ［美］安东尼·奥罗姆、陈向明：《城市的世界》，曾茂娟等译，上海人民出版社2005年版，第158页。

的高速公路与主要交叉口及地方道路网。"①可见，步行空间的消失，其意义不仅仅在于简单的空间位移或转换，而集中表现在城市公共生活的无序。

步行空间的狭小，势必对社会弱势群体产生严重的排挤，进而侵犯和剥夺了公民的步行权。在一定意义上也可以说，这实际上是一个"车优先"还是"行人优先"的问题。一个典型的个案发生在北京，为缓解城市路网的通行压力，北京市交管部门准备启动胡同资源，将具备通行能力的胡同全部纳入城市路网体系中。此举遭到市民的批评。因为"机动车涌入胡同，将意味着胡同居民安宁的生活秩序从此被无情打破，人们将从此与噪声为邻、与尘烟相伴；老人步出院门需多加小心，家长牵着孩子的手需更紧，依靠轮椅代步的病者也将在亲人的反复叮咛中，把活动区域缩小、再缩小……事实上，胡同更多地被居住在其中的人们赋予了家的含义。对汽车开进胡同这件事，需三思而行"②。

轿车文明还直接导致公共交通事业萎缩，逐渐转向私人自主驾驶，遂使城市公共交通线路开始走向衰落。以美国为例，"在洛杉矶地区，百分之六十八的交通是由私人汽车解决的，另外百分之二十四由租用的汽车，公共交通仅仅占整个城市交通的百分之八"③。这对于无车或不便于驾车者而言必然产生更大的不平等。据世界银行1999年对有关性别与交通问题的一项研究表明："男性对更方便的交通工具的使用优先于女性，在家庭中男性更经常地使用家庭汽车……这种交通使用上的性别不平等现象是因为妇女承担着家庭中更繁重的家务劳动的责任。交通隔离表现为：妇女被迫采取较低级的模式；她们出行总是有着多重目的（并不像那些男性，往

①　［美］莫什·萨夫迪：《后汽车时代的城市》，吴越译，人民文学出版社2001年版，第5页。

②　付振强：《汽车开进胡同要三思而行》，《新京报》2004年8月7日。

③　［美］莫什·萨夫迪：《后汽车时代的城市》，吴越译，人民文学出版社2001年版，第108页。

往就是因为上下班的需要）；对出行的权利或者是在交通工具的使用上存在传统以及法律上的限制，以及精神困扰。"①

正是在这一意义上，近年来在欧美颇为风靡的新城市主义主张中一个核心内容是找回"步行空间"，强调应"建设紧密、适合行走和多功能的邻里小区……日常生活应该在步行范围的区域内得以实现，使那些不开车的居民，特别是老人和孩子能得到便利的服务。街道间的网络交通体系应该适于步行，尽量减少机动车交通，并促进节约能源"②。同时注意发展公交专用通道，富人虽然有钱买得起豪华轿车，但这并不意味着他们享有优先行驶权，让每一个人都享有平等的交通权，是轿车文明的应有之意。

（五）轿车文明与城市记忆的丧失

美国社会学家桑内特在《肉体与石头：西方文明中的身体与城市》一书中，率先从"速度地理学"的角度，揭示了现代化背景下，技术的进步导致人们与外部世界隔绝封闭，最终出现城市记忆丧失的意外后果。他的分析思路极为独特：

"密封建筑物之所以能成功，有赖于照明技术的进步……电灯的发展，对于大城市建筑来说，意味着内部空间将变得更容易利用，并对窗户不再那么依赖了。最后，甚至可以不需要窗户，整幢建筑只要有电灯就好了。新技术将早期建筑物中，内部与外部因照明需要而产生的联结打断……电梯开始利用于建筑物上是1846年，原先是以人力拉动，后来才改用蒸汽机。我们对电梯已习以为常，所以观察不到电梯对我们身体的影响，静静地站立着，就感受不到电梯上升时的空气张力。除此以外，电梯也让建筑物以全新的方式密封起来，人们可以在短短数秒之间远离街道及其一切。

---

① 联合国人居署：《全球化世界中的城市——全球人类住区报告2001》，司然等译，中国建筑工业出版社2004年版，第175页。

② ［美］安东尼·奥罗姆、陈向明：《城市的世界》，曾茂娟等译，上海人民出版社2005年版，第166页。

在现代建筑中，电梯还通往地下车库，这使得被动移动的身体完全失去了与外界的实际接触。借由这些方式，速度地理学以及对舒适的追求让人们处于孤立的状态，这就是托克维尔所谓的个人主义。"①

桑内特的上述分析实际上揭示了现代化背景下，技术的进步将人们置于一个封闭的世界内，速度将人们与真实的外部世界相隔离，成为技术的附庸和原子化的个人主义者。这一切都是通过技术隔离手段，使人们对周边的世界"失去记忆"这一关键环节来完成的。很显然，这一分析思路对于轿车文明及其所导致的郊区化进程而言，实在是再合适不过了。

日本学者宫台真司在分析"郊外"对青少年社会化的影响时曾指出：在几乎所有的青少年郊外犯罪的案件中，一个最大的共同点是因"故乡丧失"而产生的"共同性的缺乏"。表现在：缺少与伙伴群体互动的场所、郊外生活无个性的"均质性"和"划一化"、功能过于发达的居住空间。这实际上是揭示了失去昔日混住空间的郊外生活，对青少年社会化严重的负面影响。新的空间虽然充溢着后现代的气息，但以往充满真实互动的现实生活却逐渐被遗忘，人们对生活真实的记忆消失在轿车文明扬起的郊区化尘土之中。

三、为轿车社会做准备

对于包括中国在内的发展中国家而言，接受轿车文明已是一种毋庸置疑的选择。但在拥抱轿车文明之前，我们必须进行认真的自我反思和

① ［美］桑内特：《肉体与石头：西方文明中的身体与城市》，上海人民出版社2006年版，第352页。

追问，我们是否已洞悉轿车文明的根性？是否已未雨绸缪，为轿车社会的到来做好了准备？现代城市诞生伊始，便是一个备受争议、充满矛盾的角色。誉之者视其为现代文明唯一的承载空间、一个能够违背社会传统而发表各种不同意见的地方、一个神奇的神秘的充满创造力的地方，而大加赞美讴歌；贬之者则将城市斥之为"一个物质和道德都腐败、肮脏、堕落的、不干净的地方"[①]。上述争议伴随着轿车文明的出现而变得更加复杂、激烈，工业革命以来激进的反城市思想和情绪被激活，并更具理论化、系统化色彩。但如果我们承认轿车文明是工业文明的结晶，就不能对其持简单的拒斥态度，而应认真思考如何将其负面作用降至最低。

首先，我们应注意借鉴发达国家的经验，密切关注西方轿车社会和城市研究相关思潮的最新演变。早在20世纪60年代，欧美世界即对汽车社会背景下城市问题展开研究，诞生了《美国大城市的死与生》等代表性著作，对汽车社会背景下的城市发展进行了初步反思。90年代以降，鉴于长期以来无序的郊区化进程，北美又出现了"新城市主义"思潮，对此前发生的郊区化进程进行了总体性清算。与西方城市研究悲凉的情调不同，东亚在现代化的行程中，却在努力造就大都市，并为大都市的快速发展感到无比的骄傲。因为东亚城市不仅仅是工商业中心，同时似乎更寄托了民族国家复兴的无限希望。这种发展思路在制造繁荣的同时也潜藏着高度风险。对于中国而言，既然我们已经义无反顾地选择了城市化和"车社会"的发展道路，那么，我们就必须加强对轿车文明的总体研究，为车社会的到来做好准备。令人欣喜的是，类似的问题已引起国人的重视，如加拿大著名城市专家雅各布斯1961年出版的代表作《美国大城市的死与生》刚刚被译成中文出版，便在《新京报》2005年图书评比中名列畅销书榜首。

其次，研究轿车文明与当代社会复杂的互动关系，要超越简单的功利、利害性研究取向，将轿车文明作为工业文明发展的一个特定的发展阶

---

① ［美］保罗·诺克斯、史蒂文·平奇：《城市社会地理学导论》，柴彦威等译，商务印书馆2005年版，第5页。

段来分析认识，深刻地认识到轿车文明对人类文明形态发展转换所产生的重大影响，要将轿车文明的出现置于人类文明发展的希望和当代困局的高度来加以研究和认识。如前所述，作为工业文明发展的特定阶段，轿车文明通过其对人类生活的深度介入，从根本上改变了人类社会的传统生活，形成了新的存在形态。对于人类文明空间形态的剧变，我们应有清醒的研究和认识。正如戴维·哈维所言"如果控制和组织空间的唯一方式真的就是通过它的'粉碎'和分裂，那么我们就应该确立这种分裂的原理"①。"在汽车文明的假象中，汽车所代表的功利哲学和阶层文化被无限制地放大，它像是一张精心编织的网，诱惑着每一位对汽车充满梦想的人，心甘情愿地接受捆绑。汽车文明的来临，也许正是当代社会的悲哀。"②在现代城市初生之时，城市曾是一个充满奇迹和幻象的地域，但不知从何时起却变成了令人绝望的空间。在20世纪晚期出版的西方城市社会学的著作中，大都洋溢着一股悲观的气氛，对城市的批判占据了绝对的主导。值得注意的是，对城市病态的分析并不主要表现在交通拥挤等方面，而在于城市构造及其所依托的城市精神构造被无情地撕破了。车社会矛盾冲突的实质是个人与社会关系的问题，用社会学的命题来加以概括，这实质上是一个"车社会何以可能？"的问题。我们应堵其祸害于未萌，对轿车文明有可能带来的负面影响作出及时的回应。

最后，要注意研究探讨影响制约中国轿车社会发展的本土因素。

如果我们承认轿车文明起源于西方，是资本主义机器文明发展到一定阶段的产物的话，就应该意识到，随着轿车文明在世界范围内的播散，必然发生本土文化与轿车文明之间的接触和碰撞，化生出不同的模式。著名学者李亦园曾立足中国本土文化对现代社会的"行文化"发出质问：为什么华人在餐桌上讲究长幼秩序，礼让有加，而到马路上则争先恐后地互

---

① ［美］戴维·哈维：《后现代的状况》，阎嘉译，商务印书馆2003年版，第318页。

② 王超：《汽车文明的悲哀》，《中国青年报》2004年12月30日。

不相让？他认为：说到底这涉及一种文化对群己关系的理解，在"私"的空间内，谨遵规矩，不越雷池，而在公共空间范围内则无所顾忌。以此德行，是难以真正拥有轿车文明的。"汽车实是一种西方的文化，这种汽车文化除去有形的汽车体及机器之外，更重要的是尚包含一套无形的驾驶汽车的规则与伦理……这种困境就是在文化采借过程中只顾到硬体的好处，而忽略了硬体背后的一套软体规则才产生的，没有那一套软体，硬体的存在有时是会引起更大的灾害的。"①

此外，如果将转型期的当代中国社会与日本放在一起进行比较，就会发现"尽管日本今天是世界上第二大汽车拥有国，尽管日本汽车普及率极高，但是私车在日本人的财富构成中并非占很大比重；而从价值角度看，日本人对汽车也并非十分重视。其中理由很多，既有负面的限制如空间狭小、存车场地昂贵等原因，同时又有积极的一面，即公共交通极发达方便，以至许多家庭的汽车成为休假工具"②。而中国的轿车文明则具有明显的"私车财富地位"的取向，穿行于街市之间的轿车演绎出层次鲜明的贫富分层空间。鉴此，我们应谨防轿车文化演化成一种"霸道文化"的可能，出台相应的城市政策，建立起一个相对完备的社会调节机制。

---

① 李亦园：《文化与修养》，广西师范大学出版社2004年版，第60页。

② 刘迪：《私车财富地位》，《21世纪经济报道》2004年7月28日。

第六部分

全球化、民族国家与东亚
集体认同的重构

世纪交替之际，以全球化和欧洲一体化为背景，东亚区域统合问题陡然成为世人关注的焦点。值得注意的是，一些政治家和学者在谈及这一话题时，普遍意识到在不同政治体制和存在严重历史纠葛的东亚国家间建立共同体的难度。认为"这种东亚共同体的形成将是很遥远的事情"①。同时，一些以中日两国国民间相互认识为主题的问卷调查也常常得出彼此间存在严重不信任的结论，而罕有亲和之意。但吊诡的是，人们对这一"遥远目标"的热情却未因其实现艰难而减弱。相反近年来关于构建东亚共同体的政坛峰会和学界论坛络绎不绝，这显然与全球化的历史大背景有着密切的关联。笔者认为，在全球化背景之下，东亚共同体构建已成为制约当代东亚社会发展最具核心意义的关键问题。

在第十五章"全球化、民族国家与东亚共同体构建"中，笔者将"东亚"概念置于全球化背景之下，从全球社会学的研究视角，对全球化、民族国家与东亚集体认同重构问题展开初步的探讨。从"空间重组"的角度审视区域共同体的建立问题，我们不仅应该注意区域共同体外在的组织形态，更应关注区域共同体的认同问题。同时，在构建区域共同体的进程中，我们还要注意寻找区域文化传统，发掘有助于区域共同体构建的"软力量"。

在第十六章"东亚制度变迁与集体认同的重构"中，则以转型期中国单位制度变迁为例，认为作为中国现代民族国家建构进程中的产物，单位制度既是一种特殊的制度组织形式，其中又蕴涵着一种强调整体性和"一致性"的意识形态。1949年以来，"单位空间"作为中国民族国家"集体认同"确立之平台，与主流意识形态保持了高度一致。20世纪90年代以来，以单位制度发生剧烈变迁为背景，"集体认同"重构之问题应运而生，并成为当代中国转型发展过程中的一大关键问题。众所周知，历史上，中日韩三国在走向现代化的进程中，呈现出大致相同的政治构造和社会结构，因而，上述社会结构的转换，在东亚当有一定的共性。

---

① 　[日]小泽一彦、孙新：《21世纪中日经济合作与展望》，社会科学文献出版社2004年版，第258页。

第十五章　全球化、民族国家与东亚共同体构建

本章拟将"东亚"概念置于全球化背景之下，从全球社会学的研究视角，对全球化、民族国家与东亚集体认同重构问题展开初步的探讨。

一、国家社会学、全球社会学、国际社会学：研究视角的演变

在传统的学科界限内，经典社会学的主要研究对象是以民族国家为核心的"社会"，它虽然也关注民族国家间的关系，但其重点显然不在此。一般说来，国与国之间的关系一般归属于国际政治学科。2000年，当麦克米伦出版公司推出英国学者罗宾·科恩和保罗·肯尼迪撰写的《全球社会学》问世后，情况发生了变化。在书中，他们试图建立起一个新的"全球社会学"的学科知识体系。他们认为："一些社会学的开拓者，特别是韦伯和涂尔干，实际上对他们生活以外的国家具有浓厚的兴趣，比较社会学

尽管有上述良好的开端，但从1914年到第二次世界大战结束，它还是在欧洲和北美逐步走向了衰落。"[1]他们借用沃勒斯坦的世界体系宏论来阐述其全球社会学的宗旨，即在研究单位的选择问题上，"放弃主权国家或者民族社会这个更含糊的概念作为分析单位的想法。那不是一个社会体系而只是在社会体系之中解释了社会的变迁，在这方面，唯一的社会体系就是世界体系。"[2]《全球社会学》问世后，引起了学界强烈的回应，迅速形成一股研究热潮，新近推出的中国学者的专著《全球社会学：跨国界现象的分析》便是一例。该书对全球社会学的研究范围作出非常明晰的界定，认为："全球社会学是一门超越民族国家地域界限的、把全球社会作为分析单位的一种社会学的思考和方法。全球社会学是运用社会学特有的整体性和综合性学科视野，来探讨全球性社会现象、社会结构、社会变化和社会问题的一门新兴学科。它属于社会学的一个分支，然而它却又集众多社会科学的研究成果于一体，并与自然科学的某些研究相结合，因此，它也是一门跨学科的边际学科。"[3]

虽然全球社会学在世界学术舞台已占据一席之地，但仍有学者认为它具有极强的理想色彩，在现实世界中真正发挥作用的仍是以民族国家为主体的国际社会学。国际社会学是一个以国际社会为研究对象的社会学分支学科，20世纪80—90年代形成于日本，它关注国际社会的多样性、差异性及不平衡发展，认为一个统一的全球社会或地球社会尚未形成，并自觉地与"全球社会学"相区别，它的研究领域包括三个相互交叉的方面：国际关系社会学研究、国际社会研究和地域研究。关于民族性、民族主义和移民社会的理论构成了该学科理论体系的基础。概而言之，"国际社会学"与"全球社会学"在关注全球化背景下的国际关系和国际社会时采取了不

---

① 　［英］罗宾·科恩、保罗·肯尼迪：《全球社会学》，社会科学文献出版社2001年版，第8页。

② 　同上书，第14页。

③ 　孙嘉明等：《全球社会学：跨国界现象的分析》，清华大学出版社2006年版。

同的视角：前者聚焦于这种国际社会的现实状态，后者聚焦于这种国际社会的走势；前者更关注多样性、差异性和不平衡发展，后者更强调连带、一致和统合。这种视角的区别不仅折射出日本社会学者与欧美社会学者在思维模式上的差异，也反映了他们对于"全球化"这一社会现象所持立场的不同。当然，对于把握全球化背景下的国际社会来说，两种视角是具有互补性的。①

二、"东亚""东亚共同体"概念之研究辨析

如果我们将东亚作为一个表达地域的空间概念引入研究领域，便会发现此概念的复杂性。对其进行深度解剖，至少要从"地理意义上的东亚""文化意义上的东亚""帝国意义上的东亚""发展意义上的东亚"等几个角度来加以理解和展开。在本书的导言中，笔者已对以上几重意义的"东亚"概念进行了较为详细的辨析，在本章不再赘述。于此我们需要展开进一步探讨的是"东亚共同体"概念。

众所周知，"新发展主义"在区域理论方面主要表现为"新区域主义"。从总体上看，20世纪晚期以降，在世界范围内兴起的跨越国境的共同体构建活动，都是在"新区域主义"思潮之下展开的。诚如美国学者詹姆斯·米特尔曼所言："地区主义在20世纪70年代经历了理论和实践的衰落后，在80年代重新焕发出活力并发生了巨变，到了90年代，已是势不可当。新地区主义最重要的特点就是它真正拥有全球性的触角，延伸到更宽

---

① 蔡麟：《一个区别于全球社会学的国际社会研究范式：国际社会学及其理论述评》，《国外社会科学》2006年第5期。

广的区域，并与外界保持广泛的联系。"①受欧洲一体化思潮和实践活动的影响，加之受东亚"连带性发展"趋向的作用，20世纪末东亚出现了走向一体化的演进趋向，具体表现为频繁而活跃的东亚共同体的思潮和构建活动。

近年来，伴随着东亚共同体构建步伐的加快，学术界和思想界开始围绕着"东亚共同体"展开深入的研讨，其代表性著作主要有若工启文的《和解与民族主义》、子安宣邦的《东亚论》、津上俊哉的《中国崛起：日本该做什么？》、天儿慧的《日本人眼里的中国》、罗钟一的《东北亚共同体的文化视角》、王正毅的《亚洲区域合作的政治经济分析》等。

首先，学术界对近代以来"东亚合作"和"亚洲一体"思想进行系统整理和重新思考，对脱离东亚的"脱亚论"等思潮的历史教训亦展开深刻反思。在相当长的时间里，学术界多认为"与西欧对比，亚洲国家最缺乏的是相互谅解、相互支持的政治文化传统。虽然东亚拥有古老的文化传统，很多人甚至认为中国是所谓'和合文化'的发祥地，但是这种东西往往混杂在、抑制于东方专制主义思想传统之中，而且受到某种现实主义思维的强大支配；尤其它在近代以后，由于外部的入侵和内部的纷争，始终未能演化成超越国界和地域限制的政治文化"②。对东亚走向区域一体化的趋向表示了忧虑。

相比之下，对"东亚共同体"构建持乐观态度的学者则认为，"东亚一体"思想可谓古已有之，到近代，在民族危机的条件下得到加强，"虽然，喜马拉雅山脉把两个强大的文明，即具有孔子的集体主义的中国文明与具有佛陀的个人主义的印度文明相隔开，但是，那道雪山的屏障，却一刻也没能阻隔亚洲民族那种追求'终极普遍性'的爱的扩展。正是这种

---

① 　[美]詹姆斯·米特尔曼：《全球化背景下对"新地区主义"的反思》，王正毅：《亚洲区域合作的政治经济分析》，上海人民出版社2007年版，第360页。

② 　转引自肖欢容《地区主义：理论的历史演进》，北京广播学院出版社2003年版，第243页。

爱，是所有亚洲民族共通的思想遗产，使他们创造出了世界所有重要的宗教。而且，也正是这种爱，是他们区别于不顾人生目的、一味追求人生手段的地中海及波罗的海沿岸诸民族的所在"①。在研究中，针对东亚缺乏建立区域共同体的思想文化伦理资源的观点，世界伦理基金会主席孔汉思撰写《团结精神》一文，认为亚洲伦理有助于建设世界新秩序。因为"亚洲不仅有为欧洲一体化发挥了重要作用的稳定的共同伦理基础，还有一组发展完善的道德准则，其中有些早在欧洲采纳类似准则之前便已成为亚洲文化根深蒂固的一部分。事实上，这些亚洲准则可以作为新兴的全球共同伦理的一部分"②。

　　鉴于东亚国家对近代历史事件存在的诸多分歧，近年来，东亚各国还积极组织共同研究，以增进对东亚知识体系的共同理解。如中日两国外长在会晤中达成了下列共识：双方一致认为，应基于中日联合声明等三个政治文件的原则及正视历史、面向未来的精神，开展中日共同历史研究。研究目的在于，通过两国学者对中日两千多年交往史、近代不幸历史以及战后60年中日关系发展史的共同研究，加深对历史的客观认识，增进相互理解。双方一致同意，各自成立由10名学者组成的委员会，设置"古代史"和"近现代史"两个小组，并在年内举行第一次会议，争取在中日和平友好条约缔结30周年的2008年内发表研究成果。两国将轮流主办会议。双方确认，委托中国社会科学院近代史研究所和日本国际问题研究所负责具体实施。近现代史包括二战时期和两国现今双边关系的研究。日本官员强调，客观态度是这项共同研究的关键，因为其目的在于"加深对历史的客观认识"，"双方对历史的解读都非常主观"③。

---

① 冈仓天心：《冈仓天心全集》，《近代日本思想大系》之七，筑摩书房1976年版，第9页。

② 孔汉思：《团结精神》，《南华早报》2007年11月30日，转引自《参考消息》2007年12月4日。

③ 《中日同意成立共同历史研究小组》，《联合早报》2006年11月17日。

近年来，在全球化背景下，与欧洲"一体化发展"不同，东亚区域还呈现出"连带性发展"的特色，所谓"连带性发展"，主要是指"由于地域的联系而带来的发展的互相促进和互相依赖。国际关系上通常所说的连带，可以基于不同的目的而具有不同的解释。如历史的连带、现状的连带、经济的连带、军事的连带等。而我们今天讨论的连带性发展，主要是指发展的连带性。连带性发展不是一体化，与欧洲相比，东亚地区显然不具有一体化的基础。然而，这并不是说东亚地区不具备连带发展的潜能和动力"①。这种"连带性发展"虽然未达到欧盟模式的一体化发展，实现认同度极高的"命运共同体"式的建构，但亦是东亚从历史和现实出发，走向"一体化"目标所必经的历史阶段。

三、全球化浪潮对东亚的挑战

对于当代世界社会科学研究者来说，全球化是一个充满歧义和争论的概念，但绝大多数学者都承认，所谓全球化，主要是指"世界范围内的社会关系的强化，这种关系以这样的一种方式将彼此相距遥远的地域连接起来，即此地所发生的事件可能是由许多英里以外的异地事件而引起，反之亦然"②。全球化不是国际化，因为所谓国际化，是指民族国家间交往关系的发展，而全球化的核心关注为存在于民族国家体系之外的跨国性力量。"全球化并不意味着彻底全球化这一意义上的全球化，而意味

---

① 姚申：《东亚：经济、政治与文化阐释》，学林出版社1999年版，第253—254页。
② ［英］安东尼·吉登斯：《现代性的后果》，译林出版社2000年版。

着跨国化。"①

虽然全球化这个概念的基本内涵很早就有人提及，但学界公认的看法是，20世纪80年代中期，学术界还不承认它是一个重要概念。到80年代末，它的使用开始增多，直到90年代初期，经新闻记者关注和学术界的研究，才逐渐成为人文社会科学使用频率最高的概念。

瑞典学者格兰·瑟本认为，20世纪80年代后期以来，全球化的概念已经出现在至少5种类型的大量话语中。第一，中心的类型是经济话语，诉诸贸易、投资、生产和企业的新模式。第二，普遍类型是社会—政治话语，着重在国家和国家管辖的社会作用的缩小。第三，全球化已作为社会批判话语和抗议的中心出现，作为新的、现存形式的敌对力量，作为社会正义和文化价值的唯一敌人出现了。另外两种话语，一个是文化的，涉及人类学和文化研究，将全球化视为文化流动、文化邂逅以及文化交织。一个以全球责任的形式出现，全球化是生态话语和地球环境关注的组成部分。②

全球化不是国际化。所谓国际化，是指民族国家间交往关系的发展，"国际"一词暗含"民族—国家"的意义，意味着国与国的关系。而全球化则是指技术和社会关系在时间与空间纬度上的全球扩散。其核心关注为存在于民族国家体系之外的跨国性力量。正如有的学者概括的那样，"'国际'指的是以现存甚至变化中的民族国家体系为基础的使人困惑的全球化概念；而'全球'指的是不以民族国家体系为基础过程的凸现和社会关系体系。"③

英国学者莱斯利·斯克莱尔认为全球化的核心特征在于"当代的许

---

① [德]乌尔里希·贝克：《自由与资本主义》，浙江人民出版社2001年版，第50页。

② [瑞典]格兰·瑟本：《全球化与不平等：概念化与解释的论题》，《社会学研究》2003年第1期。

③ [美]莱斯利·辛克莱：《相互竞争之中的多种全球化概念》，梁展选编：《全球化话语》，上海三联书店2002年版，第30页。

多问题都无法在民族国家层次上，即从国际（国家间）关系的角度给予恰当的说明。而必须超越民族国家界限，从全球（跨国）过程的角度去加以研究，在社会学中至少出现了三种竞相媲美的全球化理论与研究模式，它们可以被简单地概括为：世界体系模式、文化全球化模式和全球体系模式。"在他看来，全球化不仅是一个经济或文化的过程，而是政治、经济、文化三者综合发展的过程。①

美国社会学家罗兰·罗伯逊则认为"作为一个概念，全球化既是指世界的压缩，又是指对世界作为一个整体的意识的增强"②。他反对仅仅从"工商研究"视角来审视全球化现象，主张全球化首先是一个文化问题，应该从全球文化系统的角度来加以理解和研究。而在英国社会学家吉登斯那里，全球化已经成为社会学的核心概念之一，在其独自撰写的《社会学》（第4版）教科书中，将"全球化"列入全书的第三节，系统地加以展开论述。在他看来，全球化可以被定义为："世界范围内的社会关系的强化，这种关系以这样的一种方式将彼此相距遥远的地域连接起来，即此地所发生的事件可能是由许多英里以外的异地事件而引起，反之亦然。"③他认为，全球化在改变了世界的面貌的同时，也改变了我们观察世界的方式。而社会学家使用全球化这一术语，主要是指"那些强化着世界范围内的社会关系和相互依赖性的过程"④。

德国社会学家乌尔里希·贝克认为："全球化并不意味着彻底全球化这一意义上的全球化，而意味着跨国化，这就是说，在民族地区之间建立更强的联系……全球化不是全球化，而是跨国化。"⑤这种以"跨国化"

---

① ［英］莱斯利·斯克莱尔：《全球化社会学的基础》，《社会学研究》1994年第2期。

② ［美］罗兰·罗伯逊：《全球化：社会理论和全球文化》，上海人民出版社2000年版，第11页。

③ ［英］安东尼·吉登斯：《现代性的后果》，译林出版社2000年版，第56页。

④ ［英］安东尼·吉登斯：《社会学》（第4版），北京大学出版社2003年版，第62页。

⑤ ［德］乌尔里希·贝克：《自由与资本主义》，浙江人民出版社2001年版，第50页。

为特征的全球化使得其危险不受空间、时间和社会的限制，形成所谓"风险社会"。对风险的管理成为全球秩序的首要特征。

如果说20世纪80年代全球化概念刚刚问世时，更多是一种话语，那么，近年来的全球化则是一种真实的发展进程。全球主义虽然造成了全球彼此连带的一体化格局，却没有导致地理学的终结，相反激活了区域概念，并赋予其全新的意义。它使大部分国家从两极世界的体系中解放出来，逐渐形成了区域性的行动集合体，使世界呈现出区域化发展趋向。据统计，自20世纪90年代以来，世界各地的双边和多边自由贸易协定（FTA）迅速发展。"目前，世界上已经出现180多个FTA，其中有130多个是在20世纪90年代缔结的……据WTO预测，在不远的将来，FTA将达到300个。"①经济全球化的浪潮已使东亚在经济上建立了较为密切的联系，全球化呼唤建立新的东亚认同。但迄今为止，东亚区域内的政治、文化和社会等方面的合作交流机制却迟迟没有建立起来。目前在中日两国间出现的所谓"政冷经热"的怪现象，便是明证。这说明东亚各国间并没有为未来真正意义上的合作做好准备。

当代问题的一个最为突出的特点是其发生和影响已经大大地超出了民族国家的影响范围，仅仅在民族国家范围内已经无法实现对问题的完整理解，这就要求我们要打开眼界，从更为开阔的视野来分析问题。

---

① ［日］小泽一彦、孙新：《21世纪中日经济合作与展望》，社会科学文献出版社2004年版，第331页。

四、"民族国家认同"与东亚区域空间之分裂

从"空间重组"的角度审视区域共同体的建立问题，我们不仅应该注意区域共同体外在的组织形态，更应关注区域共同体的认同问题。因为自欧洲率先创制民族国家形态以来，伴随着西方工业文明扩张的浪潮，民族国家成为地球上最具普遍意义的"认同空间"，使得人类社会一切的进步、发展、冲突、断裂，都是以民族国家这一"空间"展开的。在此基础上，无论是欧洲还是东亚，在全球化背景下构建跨国性的区域共同体，首先遇到的便是"民族国家认同"和"区域共同体认同"间的关系问题。

首先，反思由民族国家间冲突所导致的区域"空间分裂"及灾难性危机，是构建区域共同体的基本前提。

近代以来，伴随着民族国家的形成，人类文明在获得飞速发展的同时，也因剧烈的空间"冲突"和"断裂"而陷于危机。在这一意义上，对近代以来民族国家形成发展历史进行整体性反思，就成为构建区域共同体的基本前提。

历史上最早形成民族国家体系的是欧洲。大约从13世纪中叶到15世纪下半叶，在西欧率先出现了民族国家实体，到17世纪上半叶它们最终得到了巩固。西班牙、葡萄牙、英国、法国等民族国家先后出现。"天主教大世界现在没有了，有的是相互竞争的国家实体。"[1]民族国家从其产生之日起，便具有"内聚力"和"扩张性"两个最为突出的特性。其内聚力表现为民族国家有效地掌控了几乎所有的民族本土资源，并使其国民保持国家认同。"对旗帜的和国家的忠诚取代了对地区和王权的依恋"[2]，其扩张性则表现为西方列强间的争霸和西方资本主义对非西方国家的侵略扩张。这两个特征相互作用的结果，直接导致了欧洲传统空间的分裂和

---

① 钱乘旦等：《世界现代化进程》，南京大学出版社1997年版，第17页。

② ［美］H．J．德伯里：《人文地理：文化社会与空间》，北京师范大学出版社1988年版，第293页。

重组。畸形的民族主义使人们对人类任何一部分的权利和利益漠不关心，"除非与他们自己有同样的名称，讲同样的语言"①。给欧洲造成巨大灾难的两次世界大战都是以民族国家为集团展开的。事实证明，无论是在某个大国主宰或主导下统一欧洲（如罗马帝国、大英帝国、奥匈帝国、拿破仑帝国等），还是通过几个大国保持均势来实现欧洲和平（如神圣同盟、凡尔赛条约等），都不能保证欧洲的和平，只能寻求一体化的新路径。

对东亚诸国而言，其推进现代化的过程，实际上也就是建立民族国家的进程。东亚民族国家的形成既是回应西方挑战的产物，同时也是对西方民族国家模仿的结果。在西力东侵的背景下，哪个国家不想灭亡，除了采借西方的先进技术外，还必须建立西方式的民族国家模式。在东亚，走向现代民族国家的历程不是同步的。最先完成民族国家建制的是日本。明治维新后，日本在"脱亚入欧"的口号下，大肆发动对外侵略战争，使其现代化道路带有浓重的"海外侵略扩张"色彩，最终导致了东亚传统"空间秩序"的剧烈变动。日本现代化的这种独特启动方式，打断了正在起步的中国和朝鲜现代化运动。日本的侵略扩张"不仅炸毁了东亚各国现代化的初步建树，最后也炸毁了日本早期现代化的成果"②。日本"帝国东亚"的设计、实施过程，实际上就是东亚蒙难的过程。

可见，无论是西欧，还是东亚，在民族国家形成的过程中，都曾出现了严重的"空间分裂"。欧洲大陆日耳曼与法兰西民族之间的纠葛和东亚由日本侵略所导致的民族矛盾，都是这种"空间分裂"的直接后果，持久地发生着影响。在这一意义上，要想建立超越民族国家体系的共同体，首先必须弥合民族国家形成及发展进程中所发生的"空间分裂"。实际上，在欧洲，由欧洲共同体到欧盟的发展历程，就是在总结反思20世纪欧洲"空间分裂"悲剧基础上的产物。

---

① ［英］厄内斯特·盖尔纳：《民族与民族主义》（中译本序言），中央编译出版社2002年版，第19页。

② 罗荣渠：《东亚跨世纪的变革与重新崛起》，《北京大学学报》1998年第1期。

五、寻找推进"区域认同"的软力量

谈区域共同体的构建问题，不可避免地要涉及"认同"问题。历史上，任何一个真正意义上的共同体的构建，都不能仅仅依靠经济力量，而需要一种深层次的"维系力量"。以欧盟为例，经济力量诚然是其得以实现一体化的重要动因，但"如果欧洲除了锱铢必较外无所作为的话，它就会失去作为一个团结合作之集体的根基；如果它不再有多分一杯羹的盈余，就无法在其成员间进行平衡"。"毫无疑问，将欧洲凝聚在一起的仅仅是些共同的记忆和经历。其特殊之处在于，这些记忆在将我们联系在一起之前，曾将我们彻底分离；这些经历也恰恰是那些似乎无法化解的矛盾。但是最终人们还是超越了这些记忆和经历，做到这一点的不是那些老谋深算的人，而是那些被历史震撼的人们。"[1]在当代东亚认同的构建进程中，我们也需要对以往曾将东亚凝聚或分离的共同记忆和经历进行系统的研究梳理，对东亚20世纪的战争灾难进行痛切的反省。

同时，在构建区域共同体的进程中，我们还要注意寻找区域文化传统，发掘有助于区域共同体构建的"软力量"。就欧洲而言，其走向一体化的根源，"首先在于欧洲各国对欧洲共同价值的怀念，对大罗马帝国的怀念，对中世纪基督教的怀念。因此欧盟实际上是现今欧洲人在认同了欧洲共性的基础上回归统一欧洲的尝试，共同文化渊源在这里无疑发挥着极为重要的作用"[2]。而东亚的情况则较欧洲为复杂，作为一个表达区域的概念，"东亚"概念是在近代形成的。很多学者都承认，东亚并不仅仅是一个地理空间概念，而是一个多元复杂的具有极强同质性的文明实体。儒学、汉字、律令、中国化佛教在东亚地域广为传播，成为东亚文明的共同思想文化资源。在前现代时期漫长的发展进程中，在今天的东亚地域

① 　［波］亚历山大·斯莫拉尔：《民族国家、欧洲一体化与全球化》，《国外理论动态》2001年第4期。

② 　［瑞士］阿道夫·穆希格：《关于欧洲认同的思考》，《读书》2003年第10期。

内即存在着一个"区域文明共同体"。汤因比称之为"半个世界"，有的学者甚至将东亚文化圈称之为"世界历史上最早'一体化'的地区"[1]。东亚是一个具有较强"同质性"和"关联性"的区域。对于中华文化，日本人常常有其独到的理解和关注。如唐代诗人张继写下了"月落乌啼霜满天，江枫渔火对愁眠。姑苏城外寒山寺，夜半钟声到客船"的千古绝唱，到今天这首诗仍被编入日本学校教科书中，在日本影响深远。以至于在一年一度的苏州寒山寺辞旧迎新活动中，日本游客占据了绝对多数。中新社记者报道：除夕寒山寺听钟声活动自1997年开始举办以来，深受日本友人的青睐，有许多旅游团从日本包专机前来，其中许多日本'常客'已连续十多年在寒山寺钟声里过年，借钟声以寄心声，驱烦恼、祈福祉、净灵台。

进入21世纪，伴随着中日在一系列问题上矛盾和冲突，中日关系呈现出交恶趋向。中日邦交正常化以来初步得到修复的民间友好关系也遭到严重破坏。表现在日方经常列举一些政府有关部门或新闻机构进行的舆论调查所得到的数据。一时间，这些调查成为中日民间关系的晴雨表。有数据显示：1985年时日本人对中国有亲近感者达75.4%，2001年已降至47.5%，而没有亲近感者则超出有亲近感者0.6%，以证明日本国民对中国的亲近感近年已经降低到危险程度，应引起中国方面的注意，并适当调整对日政策。据日本内阁府2004年12月18日公布的"外交相关舆论调查"结果显示，回答"对中国抱有亲近感"的日本人已下降到37.6%，比2003年减少了10.3%，这是自1975年此项调查开始以来最低的一次。回答"没有亲近感"的占58.2%，与2003年48.0%相比大幅度增加。认为中日关系好的为28.1%，远远低于2003年的46.9%。[2]

与此同时，中国社会科学院日本研究所在2002年也进行了类似的中

---

[1] 赵建民：《试论"东亚区域意识"的形成及其嬗变》，宋成有主编：《东亚区域意识与和平发展》，四川人民出版社2001年版，第173页。

[2] 《对中国人抱有亲近感的日本人降到历史最低点》，《东京新闻》2004年12月19日。

日舆论调查，结果显示："中国民众对日本感到'非常亲近'和'亲近'者仅占5.9%，感到'不亲近'和'很不亲近'者达43.3%，感觉'一般'者占47.6%，其余3.2%为回答'不清楚'者。至于日本形象，在14个可多项选择的答案中，'侵华日军''樱花''富士山'列一、二、三位，分别为53.5%、49.6%、46.6%，根据这两组数据似可得出如下结论：中国民众对日本很少有亲近感，由于历史问题的影响，其心目中的日本形象亦难称良好。"①而中国社会科学院日本研究所在2004年9、10月份进行了第二次舆论调查，在问卷中，就"对日本是否抱有亲近感"这个问题，31.2%的中国民众选择了"不亲近"，22.4%的民众选择了"很不亲近"，两项加起来超过半数；在对日本"不亲近"的人中，有61.7%是因为日本至今没有认真反省侵华历史。从2002到2004年，中国民众对日本感到"非常亲近"和"亲近"者，仅由5.9%微升至6.3%，而感到"很不亲近"和"不亲近"者，却由43.3%猛增至53.6%，已有超过半数的中国民众对日本抱有不亲近感。

在学术界以往关于东亚文明结构的比较研究中，存在着忽略东亚文明结构多元性和复杂性的倾向。如很多研究者往往把日本简单地视为是儒教文化圈的一员，是中国文化的附属品或复制品。事实上，日本在构建其文化体系的过程中，虽然大量地运用了中华文化的材料，但它绝不是简单地复制出一个中国文化的小型翻版，而是形成了自己文明的独特规则，创造出独特的社会组织制度和政治体制，使之与"中心文明"开始存在结构性的差异。大约从平安时代起，日本脱离汉文化圈的倾向日益明显，虽然它继续与中国文化保持着较为密切的联系，但其自身的文化却日益成熟，形成了文明发展的特色，逐渐走上了一条不同于中国的发展道路。步入近代，伴随着东亚范围内激进的"非儒化"及"脱亚入欧"等进程，东亚文化结构发生了更为复杂的变化。鉴于此，笔者认为，与欧洲不同，东亚

---

① 蒋立峰：《中国民众对日本很少有亲近感——第一次中日舆论调查结果分析》，《日本学刊》2002年第6期。

"原典文化"对东亚共同体建构和认同的支持，会以更加复杂的形态表现出来。

六、以欧盟为镜

欧洲走向一体化的进程，实际上就是政府间主义与超国家主义动态平衡的过程。欧盟作为超国家组织，扮演了越来越重要的角色。以至于欧洲知识界多认为"今天的欧盟已经是一种'超越了民族国家的管理'模式"①。但在新世纪对东亚进行区域统合的过程中我们不能简单地模仿、移植欧盟的经验。因为东亚作为典型的"后发外生型"现代化，国家在其社会发展的全进程中始终扮演了重要角色。众所周知，非西方社会的民族国家基本上是在回应西方资本主义列强的挑战过程中形成的。在这一特殊的历史背景之下，非西方社会的民族国家在凝聚民众、社会动员、抗拒外来侵略等方面，起到了重要的作用，形成了"威权主义"的政治传统。而在全球化背景下，由于历史的原因和现实条件的限制，使得全球化对于发达国家和发展中国家具有不同的意义。由于发达国家在经济、技术、政治等方面所占有的压倒性优势，使得在全球化伊始，发展中国家便处于被动地位。全球化进程中民族国家权力和各项职能受到削弱的恰恰是这些弱小的国家，全球化所带来的弱肉强食的险恶环境使得非西方的民族国家政权不但不能走向消解，相反仍将扮演重要的角色。

在东亚共同体的推进过程中，人们往往以欧洲为鉴，试图从中获取必

---

① 童世骏、曹卫东：《老欧洲、新欧洲——9·11以来欧洲复兴思潮对英美单边主义的批判》，华东师范大学出版社2004年版，第89页。

要的启示。但我们应该清楚地意识到，以欧洲作为参照，亚洲共同体的建设是异常艰难的。

第一，从历史上看，罗马帝国的荣光及基督教一体化是当代欧洲走向一体化的文化条件。而东亚的情况则不能与欧洲简单地类比。历史上儒学曾是东亚思想的原典及源泉，但儒学在传入朝鲜半岛和进入日本的过程中出现了重大的变异。正如学术界通常的观点所言，日本的儒学以"忠"为核心，而中国的儒学以"仁"为中心，二者属不同的思想体系。尤其是西学东渐以降，基督教开始进入东亚世界，产生了截然不同的影响。"从历史上看，基督教曾四度尝试进入中国，可是每次都被驱逐出中国国门……在日本，只是在所谓的基督教世纪（1556—1650年）里有大规模的皈依，接着便是严酷的迫害。到现在，日本人对基督教传教士的态度只是偶尔的好奇，基本上是漠视。"[1]而基督教在朝鲜半岛却获得了较大的发展。另外，在中国及日本、韩国，20世纪初期以来，出现了以"非儒"为主要特征的激进的反传统主义思潮。以至于有的学者甚至认为"近数十年东亚文明的成功也可被解释为摒弃儒家，走西方现代化的成果"[2]。明乎此，人们有理由追问：东亚整合共同的思想资源何在？2005年5月，当法国民众在有关欧盟公投过程中持否决态度的消息传到日本后，日本《产经新闻》发表评论说："在同是基督教国家、自由民主体制比较类似的各国之间，欧洲统一尚且极为困难，那么不难想象，在宗教、文化、政治体制等各方面都以多样化著称的亚洲，要想建立"东亚共同体"是何等困难。虽然随着亚洲经济合作的进展，人们早晚会探讨亚洲统一货币问题。但欲实现欧洲式的统一，在目前的亚洲几乎是完全不可能的。而且，对于东亚共同体抱有幻想甚至是非常危险的。"[3]

---

① 秦家懿、孔汉思：《中国宗教与基督教》，生活·读书·新知三联书店1990年版，第199页。

② 王元化等：《崩离与整合：当代智者对话》，东方出版中心1999年版，第19页。

③ 《法国否决欧盟宪法对东亚共同体的教训》，《产经新闻》2005年5月31日。

第二，东亚含义的复杂性所衍生出的"认同"之艰难。如前所述，所谓"东亚"，从严格意义上讲，是近代东亚回应西方列强挑战的产物。但作为"文化之东亚""地理之东亚""帝国之东亚""发展之东亚"，东亚具有极为不同的含义，其间认同的产生往往会产生极大的困难和紧张。英国皇家国际问题研究所研究员戴维·沃尔则认为小泉参拜是日本衰落的迹象，他说："小泉纯一郎及其右翼支持者将参拜靖国神社视作对实力日益增强的中国逞威风的方法。事实并非如此，这是虚弱的表现，是日本衰落的迹象。"①

第三，与欧洲历史上列强风起、大国争霸的复杂格局不同，东亚历史上从未出现过强—强并立的格局。日中两国的交流历史可以一直追溯到古代。迄今为止的日中关系的主要形态，可大体分为两种："一种是近代为止的强大的中国对接受中国文化的弱小的日本之间的'强中国—弱日本'关系；另一种是人们看到的近代以来的'强日本—弱中国'关系。进入21世纪以后，却又出现了过去历史上未曾出现过的"强日本—强中国"的全新的日中关系。"②

虽然东亚共同体的构建充满了诸多复杂而诡谲的变数，但在全球化和风险社会的背景下，在东亚各国间建立起沟通组织的组织平台仍然具有极其重要的价值。2003年，当SARS病毒肆虐之时，有的学者撰写题为《东亚需要"社会地区主义"》的文章，指出："任何成功的地区主义计划不能只集中在贸易、货币、金融方面，而必须同时考虑到与经济合作、经济一体化同等重要的社会合作。在推动各国经济之间的一体化、自由化的同时，各国应注意合作解决地区范围内的社会问题，推出与经济一体化相配套的地区社会政策。""东亚地区主义本质上属于新地区主义。新地区主义的'新'就在于它的社会负责性，即对解决社会问题、促进社会发展的

_____

① ［英］戴维·沃尔：《小泉参拜是日本衰落的迹象》，《参考消息》2005年11月7日。

② ［日］小泽一彦、孙新：《21世纪中日经济合作与展望》，社会科学文献出版社2004年版，第115页。

承诺。我们有必要从社会的角度建构东亚新地区主义，把东亚建成社会共同体。东亚地区合作不能仅仅是经济合作与狭义的安全合作，必须包括广泛的社会合作。东亚整合的根本目的是再造区域性公益结构。"①

① 庞中英：《东亚需要"社会地区主义"》，《人民日报》2003年7月28日。

第十六章　东亚制度变迁与集体认同的重构

——以转型期中国单位制度变迁为例

在东亚，中日韩三国的社会发展虽然存在着明显的阶段性落差，但其共同之处在于：从战后初期到20世纪七八十年代，经济的高速发展运行已使东亚的社会结构、社会关系以及宏观的空间结构都发生了根本性的变化。在世纪交替之际，三国几乎都面临"社会组织模式"转换和"集体认同"重构的问题。

在本章中，我们拟以转型期中国单位制度变迁为例，对东亚制度变迁与集体认同的重构等问题展开初步的论述。

一、问题的提出

将单位制度置于工业主义、民族国家、意识形态建构的历史背景下进行考察，会发现它实际上是在主流意识形态基础上建立的以形成整个社会"一致性"为目的的制度安排。单位制度既是一种特殊的制度组织形式，同时其中又蕴涵着一种强调"整合"与"一致性"的意识形态。20世纪90年代以来，以单位制度发生剧烈变迁为背景，社会呈现出多元化发展态势，"集体认同"重构之问题应运而生。从宏观结构上看，主要表现为"国家—单位—个人"模式逐渐走向消解和"国家—初级社会群体—个人"模式的萌生。此外，社会成员的原子化、单位认同与社区认同间的复杂互动、公共精神生活空间的再造亦成为集体认同模式转换的关键问题。单位制度变迁的丰富蕴涵及其复杂性决定了"集体重构"进程的复杂和艰难。本土文化传统和全球化背景下西方"民族国家消解论"等思潮亦对集体认同重构产生了不可低估的影响。

自单位研究作为一个学术话题进入学界视阈以来，多数学者都强调单位制度的中国特性和本土意义，认为无论是资本主义市场经济社会，还是在其他社会主义再分配经济社会，都不存在"单位现象"，"单位体制是中国社会主义社会的一个独特和关键的方面"[1]。这样，单位制度及其运行过程中衍生出的单位现象，便成为中国社会走向现代化进程中独有的产物。笔者认为单位制度固然具有极强的中国特色，但如果我们过分强调其特殊性，则很容易将其"另类化"，进而导致我们对单位性质的误解。事实上，如果我们将单位制度置于工业主义、民族国家、意识形态建构的历史背景下进行考察，便会发现单位制度与现代性间天然的内在关联。"现代性带来了集体和集体认同边界建构的独特模式。"[2]作为中国现代民族国家建构进程中的产物，单位制度既是一种特殊的制度组织形式，同时其中又蕴涵着一种强调整体性和"一致性"的意识形态。1949年以来，"单位空间"作为中国民族国家"集体认同"确立之平台，与主流意识形态保持了高度一致。20世纪90年代以来，以单位制度发生剧烈变迁为背景，"集体认同"重构之问题应运而生，并成为当代中国转型发展过程中的一大关键问题。

---

① 路风：《中国单位体制的起源和形成》，《中国社会科学季刊》1993年第4卷。
② ［以色列］S.N.艾森斯塔特：《反思现代性》，旷新年、王爱松译，生活·读书·新知三联书店2006年版，第43页。

二、工业主义、民族国家、意识形态与单位制度之构建

17世纪以降，以资产阶级革命、工业革命、民族国家建立为背景，西欧率先实现了由传统向现代的转变。此后，伴随着西方工业文明扩张的浪潮，民族国家成为地球上最具普遍意义的"认同空间"，民族国家观念也随之成为一切现代国家意识形态最强大、最持久的核心话语，现代人类社会一切的进步、发展、冲突、断裂，实际上都是围绕着民族国家这一"空间"展开的。在这一意义上，把握了工业主义、民族国家、意识形态之间的内在逻辑关联，我们便理解了现代社会。

早在20世纪30年代，美国学者海斯便指出：虽然有些乐观主义者认为"工业革命根本上是反民族主义的……以为工业革命终究必须日渐产生一些必要的经济力量和物质力量，使各民族在绝对互相依赖的环境里生活，因而用国际主义和世界主义去替代民族主义"。但实际的情况是，伴随着经济国际主义超越政治国界的大伸展，"民族主义也有同样的传播，也同样地强烈化"①。一种特定的社会经济形式必然需要一种特定的文化和意识形态，民族主义自然被视为工业化现代性所必需和根本的因素，由此，学术界一般把民族主义定义为"一种为某一群体争取和维护自治、统一和认同的意识形态运动"②。

把握工业主义、民族国家、意识形态之间的内在逻辑，可以帮助我们更加深入地理解现代世界的起源、基本构成及其实质。迄今有关现代世界起源的理论，多从西方文明的特殊性立论，带有浓郁的西方文明优越论色彩，但却未能洞悉现代世界的实质。在此问题上，美国社会学家里亚·格

---

① [美]海斯：《现代民族主义演进史》，华东师范大学出版社2005年版，第186—187页。

② [英]安东尼·史密斯：《民族主义：理论、意识形态、历史》，上海人民出版社2006年版，第10页。

林菲尔德的观点颇具启发性，她通过对英国、欧洲、美国、日本等资本主义强国发展历史的比较研究，提出"赋予现代经济之现代性的独具特色的'资本主义精神'，其存在的本身应归功于民族主义。一般而言，'资本主义精神'是民族主义固有的集体竞争意识的经济表象——而民族主义本身是民族国家成员对国家尊严或威望的情感投入的产物"[①]。美国史家马克斯也断言"现代世界的基本要素不是'文明'，而是民族国家和全球资本主义……现代西方世界从这样一个按民族国家和工业资本主义构建起来的世界中受益颇多，而其他国家则不然。"[②]所谓"美国体制"，绝非建立在清教伦理或个人主义基础之上，而是一种以"国家认同"为核心内容的主体意识形态的建构。西方现代社会之起源，其实质不能仅仅以个性解放和个人权利伸张加以概括，而应视为以民族国家建构为主题的"凝聚"过程。谁在民族国家建构进程中捷足先登，便把握了现代化的先机。故究其本质，现代性是由民族主义来界定的。

就中国而言，这一民族国家的"凝聚"过程，主要表现为"国家—单位—个人"纵向体系的建立。在中国社会，"单位之所以被看作一种制度，是因为它是在主流意识形态和价值观念基础上建立起来的一种特殊的组织和机构形态"[③]。所谓单位制度建立的过程，实际上就是克服中国人"传统散漫"，将原子化的"臣民"改造为"国民"，整合到民族国家体系之中，造成现代民族国家，形成新的"集体认同"的过程。

1. 考察近代社会政治思想的基本发展脉络，我们可以清楚地发现，清末民初以来的中国思想界的主题便是克服中国传统社会"一盘散沙"的局面，建立以民族国家为主体的"集体认同"。当时，面对中国传统社会

---

① 　[美]里亚·格林菲尔德：《资本主义精神——民族主义与经济增长》，上海人民出版社2004年版，第628页。

② 　[美]罗伯特·B. 马克斯：《现代世界的起源——全球的、生态的述说》，商务印书馆2006年版，第1页。

③ 　李汉林：《中国单位社会》，上海人民出版社2004年版，第7页。

的总体性危机，最令思想精英痛心疾首的是中国传统社会的一盘散沙和"涣散无力"。在他们看来，一般国民知家族而不知国家，有私而无公，涣散至极，根本无法回应来自西方的挑战。他们认为"吾国齐民，公共观念至薄弱，曾不知团体之利害即己身之利害。故于欧人所谓自治之条理，未尝梦睹"①。如不尽速更改上述恶习，必被文明进化之通例所淘汰。而具体展开分析之，"自我主义""家族主义""乡土主义"乃中国传统社会的三大病症，家族主义的缺点为"知有家族而不知有正义""知有家族而不知有国家""知有家族而不知有他人"②。"自我主义的社会，不但没有秩序，同时也没有办法建立健全的组织。"③有些激进的看法甚至不同意用"散沙论"来形容中国社会"无组织"的散漫状态，认为："人们常说中国是一盘散沙，我要否认这一点。我比它作一团面粉，由于滴水及虫蛀混成一个个发霉的或虫蛀的小团，连沙子都不如，不能再有一点用处。"④凸显出当时知识界改造中国传统社会的激进态度。

2. 当时对传统社会的批判意识也可以表述为一种"解放精神"。在激烈的批判意识和激进的解放精神背后，潜藏着一股建设"新社会"的渴望。认为"现在的时代是解放的时代，现代的文明是解放的文明……这解放的精神，断断不是单为求一个分裂就算了事，乃是为完成一切个性脱离旧绊锁，重新改造一个普遍广大的新组织"⑤。可见，这些政治精英的政治批判意识是双重的：在他们看来，无论是"治乱循环"的中国传统社会，还是西方的资本主义社会，都不是理想的社会，我们应该建立一种理想的制度。这种新制度不仅仅是作为城市社会的整合方案提出的，同时也

---

① 梁启超：《欧洲政治革进之原因》，《饮冰室合集·文集》之三十，中华书局1980年版。

② 李树青：《蜕变中的中国社会》，商务印书馆1946年版，第42页。

③ 同上书，第33页。

④ 《潘光旦文集》，北京大学出版社2000年版，第61页。

⑤ 李大钊：《平民主义》，《李大钊文集》下，第569页。

是作为一种改造旧社会建立新社会的总体方案而提出的。在中国革命推进的过程中，共产党人提出的"组织起来"的设想，便与上述思想有着密切的联系。我们应当进一步组织起来。我们应当将全中国绝大多数人组织在政治、经济、军事、文化及其他各种组织里，克服旧中国散漫无组织的状态。可见，毛泽东提出的"组织起来"的建国方略恰恰是建立在对旧社会批判的基础之上的。在一定意义上，单位制度的建立，实际上就是这种否定传统社会、建立现代民族国家思潮演化的必然产物。

考察工业主义、民族国家、意识形态与单位制度起源之间的内在关联，实际上是为了回答"单位是什么？"这一最基本的追问。

虽然单位制度的建立有其复杂多元的特殊背景，但不容否认的是，民族国家认同实际上是以单位制度为直接依托建立起来的。单位制度是20世纪中国在回应西方工业文明挑战、建立现代民族国家的过程中产生的。在这一意义上，单位制度不属"另类"，而是现代性在中国本土别开生面的展开。

三、单位制度变迁背景下"集体认同"问题之发生

20世纪90年代以来，伴随着改革开放的进程，人们开始意识到，单位制度虽然在一定时期内可以通过举国"一致"的模式创造高效的人间奇迹，但其所面临的最大挑战却在于不能将这种高效持久化。循着这一思路，很多学者发现了"单位体制"的诸多弊端，断言单位社会是一种被"制度锁定的社会""丧失活力的社会""平均主义的社会"。在这一意义上，推进单位制度变革，走出"单位社会"便成为中国现代化的必然选

择。如果我们承认单位制度是在主流意识形态基础上建立的以形成整个社会"一致性"为目的的制度安排，那么，就应意识到在新的社会历史条件下，单位制度的剧烈变迁，绝不仅仅是简单的组织体制转换，而是一个复杂的结构转型。其实践运行过程，为我们深入认识探索制度变迁与意识形态间复杂的互动关系提供了一个很好的样本。

（一）单位制度变迁带来"单位认同"的式微和变异

在计划时代，单位人对单位的认同是无条件的。当时，在资源匮乏的情况下，"国家—单位—个人"是一种全面的、单向的依赖关系。国家作为资源的全面控制者和占有者，居于绝对优势地位，单位依赖国家，而单位人依赖单位。由此，国家主流意识形态所强调的价值观念和行为规范，通过这一纵向的控制体系，在单位空间得以贯彻并全面展开。同时，由于单位间基本上处于一种平均主义状态，差异甚小，也自然不会产生"相对剥夺感"。因此，单位人对单位持有较强的认同感。改革开放以来，伴随着住房、医疗、人事制度等方面改革计划的陆续出台，单位制度不可避免地走上变革的道路，这一过程具体表现为单位体制外组织的萌生、单位成员向体制外流失、单位职能向社区转移、以企业为主体的单位自身大量破产、改制，导致单位社会的最终解体。单位人的"单位认同"也自然随之发生变化。李汉林等选取1987、1993、2001三个时段，对单位组织变迁进程中的"失范"效应展开调查，结果显示："就失范所涉及的各个层面来说，单位成员的强度都高于非单位成员，而且，改革相对滞后的事业单位中的成员，与其他类型的单位中的成员相比也表现出了更强的失范倾向，表现出带有反常性质的去道德化特征。"[①]在"国家—单位—个人"依赖结构发生变动的情况下，单位人的"不满意度"和"相对剥夺感"持续增强所表现出来的失范倾向，

---

① 李汉林、渠敬东：《中国单位组织变迁过程中的失范效应》，上海人民出版社2005年版，第207页。

必然会产生对制度本身的不信任感和对主流意识形态的拒斥，以致在"单位认同"日益弱化之后，新的"集体认同"难以确立，社会呈现出严重的失范状态。

（二）转型期社会呈现出明显的"原子化"动向

这里所说的原子化与原子主义不同。原子主义是社群主义者指称自由主义的个人主义的术语。指的是把个人放在首位，认为个人及个人权利优先于社会；把个人看作是完全自足的自我，是处在社会之外并独立于社会的。①而这里所说的"原子化"主要是指在单位制度变迁过程中单位人社会联结状态发生变化的过程。表现为个人之间联系的弱化、个人与公共世界的疏离以及由此而衍生的个人与国家距离变远等情形。

从宏观结构看，1949年以来中国的社会宏观结构是在"国家—单位—个人"这一纵向结构中实现的。在非西方国家走向现代化的进程中，民族国家认同是其意识形态体系中最具核心意义的环节。因为通过单位制度，国家与个人之间得以建立起内在的制度性关联。然而，当我们决意告别单位体制，并通过种种改革措施，努力促进单位制度走向消解时，必须注意转型过程中"集体认同"模式的转换问题。我们对"国家—单位—个人"体系进行改革，绝不意味着我们要建立起一个以个人主义为基础的"国家—个人"模式。法国社会学家涂尔干在《社会分工论》中曾揭示上述模式潜藏的巨大危险：国家与个人之间距离的拉大。"如果在政府与个人之间没有一系列次级群体的存在，那么国家也就不可能存在下去。如果这些次级群体与个人的联系非常紧密，那么它们就会强劲地把个人吸收到群体活动里，并以此把个人纳入到社会生活的主流之中。"在涂尔干看来，如果在国家与个人之间失去了以初级社会群体为中介，那么"国家与个人的距离越来越远，两者的关系也越来越流于表面，越来越时断时续，国家无法切

---

① 潘小娟、张辰龙：《当代西方政治学新词典》，吉林人民出版社2001年版，第409页。

入到个人的意识深处，无法把他们结合在一起"①。涂尔干在这里所说的"初级群体"，主要是指职业群体和法人社团。从表面上看，"单位"也是职业群体，但认真分析会发现：与中国语境中"单位"的封闭性、同质性、人为性不同，初级群体是开放的、异质的、自生自发的。因而，单位制度的变迁必然需要一个根本性的"集体认同"的转换过程。由国家、初级社会群体和个人构成的体系之间的各要素之间的互动关系非常复杂。包括职业群体、法人群体在内的初级群体是作为个人与国家联结的中介而存在的，同时它可以对国家构成制约从而保证个人不受国家的暴政压迫；但"国家自身的意志并不是与个人截然对立的。只有通过国家，个人主义才能形成"②，这主要表现在：通过国家可免于次级群体的压制。从而建立起"相应的平衡机制"，为个人解放的实现提供了根本条件。可见，在这一平衡体系中居于中间位置的初级集团占有重要的位置。

（三）社会规范"失灵"

集体意识乃是社会控制的基础，其迅速走向消解，必然引发严重的社会失范。"集体意识的衰落无疑会使社会陷入道德真空状态，社会成员失去了社会的凝聚力，在意识领域内各处闲散游荡。"③在单位社会时代，每个单位人作为单位的一分子，他们生于斯，长于斯，乐于斯，单位成为覆盖其全部生活和事业的坛场。在单位，人们不仅得到了物质生活的保障，同时也享用了丰富的公共精神生活资源。而在今天，当传统意义上的单位制开始走向消解之时，人们虽然可以通过市场获取有形的物质资源，但在社会结构发生剧烈变动、社会成员日趋原子化、新的公共生活空

---

① ［法］埃米尔·涂尔干：《社会分工论》，生活·读书·新知三联书店2000年版，第40页。

② ［法］埃米尔·涂尔干：《职业伦理与公民道德》，上海人民出版社2001年版，第69页。

③ 李汉林、渠敬东：《中国单位组织变迁过程中的失范效应》，上海人民出版社2005年版，第8页。

间尚未确立的背景下，却无法获得丰富的公共精神生活资源，主流意识形态向下传输的管道亦受到阻碍，从而引发严重的公共精神生活的危机。毫无疑问，道德失范的诊治对策是多元的，但初级社会群体建设应是其中的关键。因为现代社会体系中的初级群体和法人群体不仅扮演经济生产的功利的社会角色，同时也是道德规范形成、强化的空间。诚如涂尔干所言："集体的角色不仅仅在于在人们相互契约的普遍性中确立一种绝对命令，还在于它主动积极地涉入了每一规范的形成过程……社会置身于舆论的氛围里，而所有舆论又都是一种集体形式，都是集体产生的结果。要想治愈失范状态，就必须首先建立一个群体，然后建立一套我们现在所匮乏的规范体系。"①

（四）"社区认同"与"单位认同"的复杂互动

社区概念几乎同时与单位制度变迁登场，并成为热门话题。人们引进社区概念，其主旨是在社会转型的背景下，以"社区认同"替代"单位认同"，实现集体认同模式的转换。如果我们将社区视为聚居在一定地域范围内的人们所组成的社会生活共同体的话，那么，社区应包括地域因素、地域内的人群、共同体（核心为组织制度、归属感、认同感）三个重要因素。其中，最具实质意义的是"共同体"要素。但从目前社区建设的情况看，最为艰难的便是社区居民对社区的"认同感"和"归属感"形成。

在计划体制下，政府通过单位，对社会实施全面的管理和控制。政府的权力触及了社会的各个层面，一个外在于国家的社会实际上并不存在。因此，近年来，在社区研究的热潮中，很多学者发出了"社会在哪里？""社区在哪里？"的感叹。在典型的单位体制之下，几乎所有的社会公共事务都由企业包下来。从社会关系角度看，所谓"单位办社会"实际上是以"单位"覆盖了"社会"，用"单位空间"代替了"公共空

---

① ［法］埃米尔·涂尔干：《社会分工论》，生活·读书·新知三联书店2000年版，第17页。

间"。从单位与其外部世界的关系看，更具有极其强烈的封闭性。单位将几乎所有的人都吸纳进单位体系的内部，其活动，其社会交往关系，都直接与单位发生联系。无论是职工，还是其家属，都对企业产生一种强烈的依附，这种"依附"所带来的对"企业的内部认同"也是非常强烈的。这种对单位的认同，实际上替代了对社区的认同。在这些单位人及其家属看来，单位是一种绝对性的、更为理想的存在。这种强烈的单位意识，决定了"集体认同"转换道路的曲折漫长。我们要注意寻求中间性过渡环节，而避免社区"空壳化"，堕入"行政社区"的误区。

四、单位制度变迁背景下"集体认同"重构之限制

不知从何时起，单位作为计划时代的符号似乎已成为一个负面话语，无论是在报章之上，还是在坊市之间，均成为人们批评声讨的对象。这种倾向实际上是非历史主义的，忽略了单位制度变迁的复杂性。如果我们将单位制度变迁置于社会转型这一宏观的历史背景之下，进行认真的分析省察，就会发现这一"转型"进程的艰难、复杂和长期性。与制度变迁形影相随的"集体认同"重构也自然要接受这一进程的影响和制约。

其一，单位制度变迁的丰富蕴涵及其复杂性决定了"集体重构"进程的复杂和艰难。

东欧转型问题研究专家玛利亚·乔纳蒂曾对"转型"的复杂性有一形象的概括：在令人眼花缭乱的转型进程中，"构成体制根本特征的基本运行原则和连接原则以及在其基础之上建立起来的制度系统也消失了。但是，一个体制的基本连接原则的消失并不一定意味着体制运行过程中发

展起来的所有经济和社会结构、传统、观念、行为方式和策略也随之消失"①，循着上述思路对"单位制度"及其"组织结构"进行分析，我们会发现单位制度也是一个生命体，一旦生成，便会循着自己的运行逻辑向前发展，即便是遇到外部强力作用，它也不会"突然死亡"，有时甚至还会获得令人惊奇的发展。因此，我们在单位制度变迁背景下看到的是截然相反的情形：一方面是单位消解、单位意识的衰落；另一方面还会发现，在一些民营企业和外资企业中，出现"单位化"的动向。而如果我们将单位社会的终结视为一个"社会空间"模式转换进程，就会发现"单位社会"这一独特空间绝不仅仅意味着从摇篮到坟墓一系列诱人的福利体系和制度，它实际上承载了19世纪中叶以来中国回应西方列强挑战的全部历史，也寄托了20世纪先进中国人追寻大同社会的理想。单位不是一个简单的"经济空间"，也不是单纯的"政治空间"，而是19世纪中叶以来中国人理想社会的构建与选择。毫无疑问，这决定了"单位空间"结构转换的复杂性。我们需要认真地反思追问：单位制度承载的功能哪些需要"终结"？哪些需要"转换"？而且，这种"转换"过程不应是一种平面衔接，而是一种立体的、多层次的复杂转换。如何在单位制度变迁、"国家—单位—个人"模式转换的背景下再造新的"集体认同"空间，是最值得深入研究思考的问题。

其二，本土文化对集体认同重构的影响和制约。

任何意义上的集体认同都是在本土文化的情境中发生和展开的，都要受到本土文化传统的影响和制约。如前所述，一个健全的现代社会需要在国家和个人之间建立一个较为发达的职业群体和社团组织，但因各国的历史文化传统之不同，其具体的展开形态也往往有较大差异。如"在美国和其他许多国家，社会存在于国家之前。也可以这样说，社区形成于人们处理他们共同的问题的政府或政府机构以前。当人们要自己处理各种

---

① ［匈］玛利亚·乔纳蒂：《转型：透视匈牙利政党——国家体制》，吉林人民出版社2002年版，第1—2页。

问题时，他们通常发现在志愿组织中与别人一起行事是有用的。这样的结果产生了消防部门、学校、领养协会等许多志愿者团体。甚至在政府产生后，美国人通常不愿意使用它，担心会重新形成专制制度或官僚化。因此，市民们仍然自己解决问题，直到大家同意需要政府的帮助"①。正是在上述意义上，当代新儒家杜维明认为在世界范围内市民社会真正发达的只有美国社会，包括德、法、意、英的整个西欧社会市民社会的发展都不全面。②而在中国，NGO、NPO的成长也要经历更为漫长、复杂的阶段。儒家思想背景下的中国传统政治社会理念是以突出"私德"为先，以"忠孝"为其核心。官在公共事务中多扮演重要角色，"官与民显然划分为公私两界，民除其家之私事而外，一切有公益于一乡一邑者，皆相率退而诿之于官"③。上述思想观念自然制约着以"公德"为基础，以"公共理念"为特征的现代公民社会的生成。2003年，当"非典"在中国大地肆虐之际，我们发现：非政府组织、非营利组织等被赋予重任的第三部门并未发挥重要作用。陷于恐惧的一般公民的公共自救能力也令人难以恭维。真正扮演主角的是中国政府，在危机面前，正是政府以"人民战争"的形式，从操作层面强有力地回应SARS危机。而政府回应危机的最重要手段仍然是其传统的国家—单位—国民的社会动员模式。一方面，从中央到地方的垂直的行政系统被最大限度地调动起来；另一方面，作为国家与国民之间的最重要的连接点——单位更发挥了关键作用。当是时也，所有的单位都动员一切人力、物力和财力，将防范"非典"作为第一要务。霎时间，社会上一个个单位都变成了封闭的堡垒，如同古代中国战乱时筑垒自保的"坞壁"。当然，在抗击"非典"的进程中，刚刚诞生不久的自治意义上的社区也扮演了特殊的角色。值得注意的是，在社区尚未具备"自下而上"的社会组织动员能力的情况下，主要是以政府组织的延伸机构和单位

① 李亚平、于海：《第三域的兴起》，复旦大学出版社1998年版，第35页。

② 哈佛燕京学社：《儒家与自由主义》，生活·读书·新知三联书店2001年版，第9页。

③ 《论立宪当以地方自治为基础》，《东方杂志》1905年第12期。

功能的补充力量而发挥作用的。上述分析也从另一个侧面反映了"单位社会"走向终结和新的"集体认同"生发的复杂性。

其三，西方思潮对集体认同重构的影响。

19世纪中叶以来，在西学东渐的总体背景下，西方思潮深度地影响着中国社会发展。而单位制度变迁恰与全球化时代同步，西方各种思潮纷至沓来。以西方理论思潮及其社会发展为参照系，中国的社会发展获得了众多弥足珍贵的启示。但不容否认的是，一些对西方理论思潮的误读也会给中国社会发展带来严重的误导。在单位制度变迁和集体认同重构的问题上，以民族国家理论表现得最为突出。

在人类文明走向全球化的背景下，一种占据主导地位的观点是"去国家化"，即在全球化的进程中，民族国家开始走向衰落甚至终结。有的观点认为今天的资本主义似乎已经决定性地摆脱了民族—国家的束缚，成为无边界和无身份特征的跨国家现象。而且，随着全球化背景下居民跨越国界、跨地区行为的增多，一般民众的国家认同也将大打折扣，导致民族国家这个"想象的共同体"的地位开始下降，最终出现所谓"空心国家"、"无边界社会"。

上述观点对于非西方国家是一种危险的"明示"。的确，全球化的进程使民族国家面临前所未有的挑战，但这并不说明国家政府的软弱无力和落伍。国家绝不是全球化进程中的旁观者，它仍然负有重要使命。从整体上看，当代世界的本质没有变，仍然是一个由民族国家构成的无政府社会。而在全球化背景下，由于历史的原因和现实条件的限制，使得全球化对于发达国家和发展中国家具有不同的意义。由于发达国家在经济、技术、政治等方面所占有的压倒性优势，使得在全球化伊始，发展中国家便处于被动地位。全球化进程中民族国家权力和各项职能受到削弱的恰恰是这些弱小的国家，而以美国为代表的发达国家的国家主权非但没有衰弱，相反却呈现出无限扩张的趋势。2004年，美国著名学者亨廷顿教授自称是以"爱国者"和"学者"的双重身份，推出《我们是谁？美国国家特性面临的挑战》一书，他认为历史上，"美国人看到自己的国家遇到危险时所具有的对国家高度的认同感"①正在衰落，从而大声疾呼："我们是谁？"以增强国民的国家认同。对于非西方国家而言，全球化所带来的弱肉强食的险恶环境使其民族国家认同不但不能走向消解，相反仍将扮演重要的角色。此外，全球化背景下居民跨越国界的流动虽然越来越自由，但并未导致国民"国家认同意识"的弱化和消解。民族学研究中已经证实，"携带本国护照跨越国界流动的人，同时也带着自身的民族认同意识。而不法出入境者因为没有护照可带，其民族认同意识则更强烈。事实证明，势如破竹的全球化进程不是淡化而会强化民族认同意识"②。明乎此，我们应该清楚地意识到，虽然建立于主流意识形态基础上，以形成整个社会"一致性"为目的单位制度正逐渐走向消解，但并不意味着民族国家观念的弱化。相反，在新的"集体认同"重构过程中，作为现代观念的核心，民族国家观念仍将长时间地存在并发挥作用。

---

① ［美］塞缪尔·亨廷顿：《我们是谁？美国国家特性面临的挑战》，新华出版社2005年版，第1页。

② ［日］平野健一郎：《全球化进程中亚太地区的社会·文化演变与区域研究》，中国社会科学研究会编：《全球化下的中国与日本》，社会科学文献出版社2003年版，第37页。

结　　语

毫无疑问，自19世纪中叶发轫的中国现代化，实际上主要是在回应西方资本主义列强挑战的过程中完成的。在这一意义上，包括欧美主要发达国家在内的西方社会发展模式，对于中国社会来说，具有重要的意义。但在这里我们应该特殊注意的问题是，对于中国来说，仅仅关注西方的经验是不够的，因为受来自传统和历史等因素的制约，西方社会发展的具体经验很难在中国社会直接移植和应用。相比之下，同属东亚而历史文化传统接近的韩国、日本等国战后社会发展的模式和经验对于中国当代的社会发展便具有了特殊重要的意义。

本书试图通过对中外学术界关于20世纪晚期东亚社会发展模式研究成果的系统总结和评述，为当代中国和谐社会构建提供有益的启示：

第一，从社会发展理论因革嬗变的轨迹看，如果说战后社会发展是在"发展主义"主导下展开的，那么，20世纪晚期勃兴的社会发展模式研究则带有明显的"新发展主义"色彩。作为对"发展主义"的批判反思，自20世纪晚期，尤其是到20世纪90年代，世界范围内兴起了一股强劲的"新发展主义"思潮。无论是联合国还是民族国家，无论是学术界还是非政府组织，人们议论的中心议题不再是"发展"，相反，对"发展"的反思却占据了绝对的主导地位。在反思"发展主义"的基础上，社会和谐、社会建设、社会均衡发展，成为社会发展模式研究的主题。

第二，作为人类古老文明的发源地之一，东亚社会以其独特的社会构造及其文明的内在活力，保证了其文明发展能够绵延长久，实现其连续的、不中断的发展。但值得强调的是，在走向现代化的进程中，东亚各国为实现其赶超西方的目标，在以"经济发展"为绝对目标的背景之下，以"经济发展"覆盖了"社会发展"，在相当长的时间里忽略了社会建设问题，致使其经济—社会发展出现了严重的不协调。直到20世纪晚期，东亚各国的社会建设问题才被提到重要的位置。20世纪晚期以降，经历了战后繁荣和危机的东亚社会发展已进入了新的历史阶段。如果说战后东亚社会发展的主题是以赶超型的经济发展为核心的话，那么，20世纪90年代以来，已转换为"社会发展"和"社会建设"。对于东亚国家而言，其走向现代化的进程具有浓厚的"压缩式现代化"特点，在师法西方、引进西方"器物文明"的同时，其社会基础构造必然经受强劲的冲击，众多的社会矛盾和利益冲突潜藏在社会深处，成为社会发展运行的潜在风险。在这一意义上，包括社会"第三域"建设、社会问题的公共讨论和以社区建设为核心内容的社会基础秩序建设便成为社会建设的核心话题。

第三，鉴于20世纪晚期以来东亚社会发展"繁荣"和"危机"并存的总体特点，学术界加强了对东亚社会发展所面临危机的研究和预测。从总体上看，东亚危机话语甚为丰富，具有"多层次性"。主要包括：（1）"金融危机"；（2）社会差别和社会分化；（3）地区性国家安全危机；（4）突发性事件所导致的公共性危机；（5）文化认同和文明活力危机；（6）地域发展失衡等。但应该指出的是，东亚社会发展模式所蕴涵的危机，不是来自它的"失败"，而是来自它战后以来的"成功"，"危机"与"发展"之间有着复杂而密切的关联。危机并不意味着东亚社会发展的"终结"，而是标志着其社会发展业已步入新的发展阶段。

第四，在"发展主义"理论体系中，"传统"是走向现代化国家的"阻力"而非"动力"，因此，采取毁弃传统的激进主义方略，是多数后发现代化国家谋求发展的必然选择。但在东亚现代化启动的过程中，我们既能看到激进的反传统主义为现代化推进开路，又能寻到高扬传统背景下的现代化快速发展，而且，"传统与现代"之关系在同一国家的不同时期也有截然不同的表现。所有这些都为我们深入理解"传统—现代"间的复杂关系提供了极为典型的样本。"传统的实质就是崇尚过去的成就和智慧，崇尚蕴涵传统的制度，并把传统社会的行为模式视为行动的指南。"①由于西方和非西方国家间存在着较大的文明落差，导致非西方社会"往往倾向于抛弃自己的制度而去全盘照搬西方先进社会的制度。这样的照搬多半是不成功的。富于思考的观察家于是逐渐得出了结论：从长期来看，使本国的传统制度适应新的功能比或多或少原样照搬西方的制度更为有效"②。"现代性在其发展历史的大部分时期里，一方面它在消解传统，另一方面它又在不断重建传统。"③在当代社会剧烈变动的条件下，"传统"也不仅仅指遥远的农业时代的"过去"，在一定背景下，传统也是指一种文明积累、创生能力的生成。在此方面东亚国家也给我们留下了许多有益的启示。

第五，如果我们从"空间变化"的视角审视东亚现代化、城市化的发展进程，便会发现战后东亚在其快速发展的城市化进程中，社会发生剧烈变动，其突出表现是社会"空间结构"的巨大变化，出现了城市"过密"和乡村"过疏"现象，并由此衍生出一系列社会问题。在此我们不能仅仅将"过密现象"和"过疏现象"简单地视为是东亚本土独有的产物，而应将其视为是现代性在全球范围拓展过程中必然发生的现象。即究其本质而言，实际上是世界上各民族国家走向现代化、城市化进程中的必然产物。在这一意义上，东亚城市社会发展进程中的"过密—过疏现象"及其治理

---

① 何星亮：《对传统与现代及其相互间关系的阐释》，《中央民族大学学报》2003年第4期。

② ［美］西里尔·E.布莱克：《比较现代化》，上海译文出版社1996年版，第5页。

③ ［德］乌尔里希·贝克等：《自反性现代化：现代社会秩序中的政治、传统与美学》，商务印书馆2001年版，第73页。

对策，值得我们认真分析研究和借鉴。

第六，20世纪晚期，在东亚国家的理论界率先兴起了"文化自觉"的浪潮，"生活在既定文化中的人对其文化有'自知之明'，明白它的来历、形成的过程、所具有的特色和它发展的趋向。自知之明是为了加强对文化转型的自主能力，取得决定适应新环境、新时代文化选择的自主地位"。同时注意文化间的理解和沟通问题，即"理解所接触的文化，取其精华，吸收融汇"①。可见，文化自觉就是"找回传统"，并赋予传统以现代意义。众所周知，学科意义上的社会发展理论，基本上都来自欧美英语世界，而战后社会发展理论的主要研究对象实际上主要是那些尚未实现现代化的非西方国家，因此，如何提高外来理论对本土社会的解释力和理解力，便成为战后世界社会发展理论研究领域最具核心意义的理论难题。

20世纪80年代以降，在中国改革开放之初，曾出现过遍及全国且浸染民间的东亚研究热。笔者至今还清楚地记得，1982年炎热的夏季，一部名为《他山之石，可以攻错——访日见闻》的大型纪录片在中国大地风行。面对日本现代化令人叹为观止的业绩，剧场中举座皆惊。连同稍后播出的《追捕》《阿信》等影视作品，一时掀起一股持久而强劲的"日本热"。但到21世纪初，当中日围绕着靖国神社问题发生外交危机之际，很多来自民间的调查显示：中日两国国民相互的信任度和亲和度都有大幅度下降。在此总体氛围之下，无论是学界还是民间，对日本的了解和研究的热情都开始下降。虽然流传着《日本四书》之类的研读日本之谜的书籍②，但细读起来，便会发现均是些过往的旧闻。以至于有的学者忍耐不住站出来大

① 费孝通：《中华文化在新世纪面临的挑战》，《费孝通文集》第14卷，群言出版社1999年版，第404、409页。

② 20世纪中日、美日国家间的风云际会，催生了《菊与刀》《武士道》《日本论》《日本人》，是美国人、日本人、中国人洞察日本民族特性的四大文本。后被合集出版，称为《日本四书》。

声疾呼："关注日本，哪能只看菊与刀"①，如果《日本论》的作者戴季陶复生，也一定会再次大声疾呼认识日本的重要性。②此外，虽然近年来伴随着中韩交往的频繁，出现了"汉风"和"韩流"的相互激荡，但总体观之，此风潮带有明显的商业化和娱乐化色彩，亦不足以深化国人的东亚意识。

　　在上述问题上，还是两位"局外人"的观点对我们具有特殊的启示。澳大利亚学者加文·麦考马克在其对战后日本所进行的综合研究中，针对日本列岛弥漫着的停滞、衰颓之气，率先提出"虚幻的乐园"的命题，而且他在其专著的中文版序言中对中国人提出善意的忠告：

　　"如果中国人从近几年的日本挫折中只得到满足感，并且想取而代之，成为亚洲的经济强国的话，那是令人遗憾的……此书的目的是思考其他国家为实现日本式繁荣而仓促模仿日本的程度如何，它们是否能预料一个相似的结果。假如日本的结果是此书所述的那样虚幻和令人难以捉摸，那么有必要重新慎重考虑这个模式。"③

　　同时，阿列克斯·科尔出版的《犬与鬼：现代日本的坠落》一书中所做的分析也值得我们特别注意：

　　"中国读者在阅读日本所面临的困境时也许会觉得schadenfreude，这是一个德文词，意即'幸灾乐祸'。但是中国读者应该小心，这不是日本人所说的'taigan no kaji'，即事不关己的'隔岸观火'，事实上，日本今天的现实有许多可供中国借鉴。日本的诟病在发展中的亚洲司空见惯，以中国尤甚。中国应该庆幸日本在亚洲率先走上了现代化之路，因而，可以

---

① 晓峰：《关注日本，哪能只看菊与刀》，《环球时报》2006年5月29日。

② 戴季陶提出："我劝中国人，从今以后要切切实实地下一个研究日本的工夫。他们的性格怎么样？他们的思想怎么样？他们的风俗怎么样？他们国家和社会的基础在哪里？他们的生活根据在哪里？都要切实做过研究的工夫。"参见《日本论》，海南出版社2002年版，第16—17页。

③ ［澳］加文·麦考马克：《虚幻的乐园——战后日本的综合研究》，上海人民出版社1999年版，中文版序言。

提供足够的教训。"①

正是在上述意义上，当代中国的社会发展除了关注欧美社会发展的总体趋向外，还应一如既往地认真研究包括日本、韩国在内的东亚国家社会发展的最新变化。

20世纪80年代，美国学者在探讨东亚优势的源泉时，曾断言："今天东亚之所以具有对于我们的优势，是因为它们的组织和思想都与我们不同。它们的思想和行为的模式深深地扎根于它们地区的历史之中。它们不易输出，也不易为为我们所模仿。但如果我们要与它们竞争，我们就必须着手了解它们主要的力量源泉。"②反思过去，如果东亚的发展的确与其厚重的传统积淀有着直接的关联，那么，在今天，当东亚经济飞速发展，其社会结构发生空前分化的背景下，我们应该认真地思考和追问：过去支持东亚奇迹发生的那些"力量源泉"是否依然存在？是否依然能发挥作用？

正是基于上述思考，笔者在设计论证国家社会科学基金研究项目时，便对课题指南中"当代世界社会发展模式的新趋向"一题做了严格的限定——以东亚为中心，希冀通过对中、日、韩三国的比较研究获取对当代东亚社会发展的一些新的认识和启示。

---

① ［美］列克斯·科尔：《犬与鬼：现代日本的坠落》，中信出版社2006年版，中文版序言。

② ［美］小R.霍夫亨兹等：《东亚之峰》，江苏人民出版社1997年版，第53页。

参考文献

1．许宝强、汪晖选编：《发展的幻象》，中央编译出版社2001年版。

2．［法］艾德加·莫兰：《社会学思考》，上海人民出版社2001年版。

3．［美］托达罗：《经济发展与第三世界》，中国经济出版社1992年版。

4．［德］沃尔夫冈·查普夫：《现代化与社会转型》，社会科学文献出版社2000年版。

5．［英］卡尔·波兰尼：《大转型：我们时代的政治经济起源》，浙江人民出版社2007年版。

6．［美］麦克·布洛维：《公共社会学》，社会科学文献出版社2007年版。

7．［美］彼得·德鲁克：《工业人的未来》，机械工业出版社2006年版。

8．［美］雷迅马：《作为意识形态的现代化——社会科学与美国对第三世界政策》，中央编译出版社2003年版。

9．［美］西里尔·布莱克：《比较现代化》，上海译文出版社1996年版。

10．［美］罗伯特·K．默顿：《社会理论和社会结构》，译林出版社2006年版。

11．［丹］雅克·鲍多特等：《与地球重新签约——哥本哈根社会发展论坛文选之一》，人民文学出版社2003年版。

12．［加拿大］查尔斯·泰勒：《现代性之隐忧》，中央编译出版社2001年版。

13．［英］卡尔·波普尔：《20世纪的教训》，广西师范大学出版社2004年版。

14．［美］W．苏贾：《后现代地理学》，商务印书馆2004年版。

15．［美］安东尼·奥罗姆、陈向明：《城市的世界——对地点的比较分析和历史分析》，上海人民出版社2005年版。

16．［德］滕尼斯：《新时代的精神》，北京大学出版社2006年版。

17．［加拿大］简·雅各布斯：《美国大城市的死与生》，译林出版社2005年版。

18．［英］齐格蒙特·鲍曼：《共同体》，欧阳景根译，江苏人民出版社2003年版。

19．［法］托克维尔：《论美国的民主》，商务印书馆1996年版。

20．［法］阿兰·图雷纳：《我们能否共同生存：既彼此平等又互有差异》，商务印书馆2003年版。

21．［美］弗朗西斯·福山：《大分裂：人类本性与社会秩序的重建》，中国社会科学出版社2002年版。

22．［法］佩鲁：《新发展观》，华夏出版社1987年版。

23．［美］里亚·格林菲尔德：《资本主义精神：民族主义与经济增长》，上海人民出版社2004年版。

24．［美］查尔斯·威尔伯：《发达和不发达的政治经济学》，中国社会科学出版社1984年版。

25．［美］沃勒斯坦：《所知世界的终结——21世纪的社会科学》，社会科学文献出版社2002年版。

26．王正毅：《世界体系论与中国》，商务印书馆2000年版。

27．［英］布莱恩·特纳：《社会理论指南》，上海人民出版社2003年版。

28．［美］大卫·哈维：《希望的空间》，南京大学出版社2006年版。

29．包亚明：《现代性与空间的生产》，上海教育出版社2003年版。

30．莫家豪：《社会学与社会分析》，中国社会科学出版社2000年版。

31．李亚平、于海：《第三域的兴起》，复旦大学出版社1998年版。

32．［德］乌尔里希·贝克等：《自反性现代化：现代社会秩序中的政治、传统与美学》，商务印书馆2001年版。

33．刘小枫：《现代性社会理论·序论》，上海三联书店1988年版。

34．［印度］阿马蒂亚·森：《以自由看待发展》，中国人民大学出版社2002年版。

35．［美］塞缪尔·亨廷顿：《我们是谁：美国国家特性面临的挑战》，新华出版社2005年版。

36．［美］柯文：《在中国发现历史——中国中心观在美国的兴起》，中华书局1989年版。^a

37．梁展选编：《全球化话语》，上海三联书店2002年版。

38．［美］萨森：《全球城市：纽约、伦敦、东京》，上海社会科学院出版社2005年版。

39．贺照田：《后发展国家的现代性问题》，吉林人民出版社2002年版。

40．石之瑜：《社会科学知识新论：文化研究立场十评》，北京大学出版社2005年版。

41．孙歌：《主体弥散的空间——亚洲论述之两难》，江西教育出版社2002年版。

42．〔日〕沟口雄三、滨下武志等：《从亚洲思考》（全7册），东京大学出版会1994年版。

43．滨田耕作：《东亚文明的曙光》，商务印书馆1935年版。

44．杜维明：《东亚价值与多元现代性》，中国社会科学出版社2001年版。

45．黄枝连：《亚洲的华夏秩序》上卷，中国人民大学出版社1992年版。

46．〔日〕和田清：《东洋史》（中译本），商务印书馆1963年版。

47．〔日〕沟口雄三：《日本人视野中的中国学》，中国人民大学出版社1996年版。

48．〔日〕岸根卓郎：《文明论：文明兴衰的法则》，北京大学出版社1992年版。

49．北京大学社会学人类学研究所编：《东亚社会研究》，北京大学出版社1993年版。

50．〔日〕子宣安邦：《东亚论：日本现代思想批判》，吉林人民出版社2004年版。

51．汪德迈：《新汉字文化圈》，江西人民出版社1993年版。

52．联合国教科文组织：《内源发展战略》，社会科学文献出版社1988年版。

53．财政部世界银行业务司：《东亚奇迹——经济增长与公共政策》，中国财政经济出版社1995年版。

54．世界银行《东亚复苏之路》编写组：《东亚复苏之路》，中国财政经济出版社1999年版。

55．世界银行编：《东亚的复苏与超越》，中国人民大学出版社2001年版。

56．世界银行：《2000—2001年世界发展报告：与贫困作斗争》，中国财政经济出版社2001年版。

57．［日］山口定等：《新公共性》，有斐阁2003年版。

58．张立文、［日］町田三郎：《传统文化与东亚社会》，中国人民大学出版社1992年版。

59．朱家桢、厉以平、叶坦：《东亚经济·社会思想与现代化》，山西经济出版社1994年版。

60．徐静波、胡令远：《东亚文明的共振与环流》，上海社会科学院出版社1996年版。

61．［美］狄百瑞：《东亚文明——五个阶段的对话》，江苏人民出版社1996年版。

62．罗荣渠：《现代化新论续篇——东亚与中国的现代化进程》，北京大学出版社1997年版。

63．罗荣渠、董正华：《东亚现代化：新模式与新经验》，北京大学出版社1997年版。

64．姚申主编：《东亚：经济、政治与文化阐释》，学林出版社1999年版。

65．董正华等：《透视东亚"奇迹"》，学林出版社1999年版。

66．盛邦和：《东亚走向近代的精神历程——近三百年中日史学与儒学传统》，浙江人民出版社1995年版。

67．［日］青木昌彦、金瀅基、奥野——藤原正宽：《政府在东亚经济发展中的作用：比较制度分析》，中国经济出版社1998年版。

68．刘国光、吴敬琏等：《大思路——专家论述：东亚危机和中国的改革与发展》，中国发展出版社1999年版。

69．陈岩：《东亚再崛起》，人民出版社1999年版。

70．江时学等：《拉美与东亚发展模式比较研究》，世界知识出版社2001年版。

71．韩大元：《东亚法治的历史与理念》，法律出版社2000年版。

72．陈峰君：《东亚与印度——亚洲两种现代化模式》，经济科学出版社2000年版。

73．张蕴岭主编：《东亚经济社会发展的稳定与安全》，社科文献出版社2001年版。

74．［日］君塚大学、［中］吴鲁平、［韩］金哲秀主编：《东亚社会价值的趋同与冲突——中日韩青年社会意识比较》，社会科学文献出版社2001年版。

75．杨栋梁、严安生主编：《变动期的东亚社会与文化》，天津人民出版社2002年版。

76．孙煜扬：《谁主沉浮：东亚模式演变之研究》，中国财政经济出版社2002年版。

77．李路曲：《东亚模式与价值重购》，人民出版社2002年版。

78．［日］中村哲：《东亚近代史理论的再探讨》，商务印书馆2002年版。

79．陆玉林：《东亚的转生——东亚哲学与21世纪导论》，华东师范大学出版社2001年版。

80．张立文：《和合与东亚意识：21世纪东亚和合哲学的价值共享》，华东师范大学出版社2001年版。

81．穆光宗：《家庭养老制度的传统与变革：基于东亚和东南亚地区的一项比较研究》，华龄出版社2002年版。

82．吴建华：《东亚现代化与中国》，中央编译出版社2004年版。

83．［美］斯蒂格利茨等编：《东亚奇迹的反思》，王玉清等译，中国人民大学出版社2003年版。

84．宋志勇、王振锁主编：《全球化与东亚政治、行政改革》，天津人民出版社2003年版。

85．李文：《东亚社会变革》，世界知识出版社2003年版。

86．王桥、［日］驮田井正主编：《东亚社会经济发展比较：中日社会经济国际研讨会论文集》，社会科学文献出版社2004年版。

87．沙希德·尤素福、西蒙·伊夫耐特：《东亚具有竞争力吗：应对全球市场竞争的创新法则》，中国财政经济出版社2004年版。

88．田中青、王伟军、钟乃仪：《共赢：崛起中的东亚经济合作》，上海人民出版社2004年版。

89．梁玉国：《依附战略与东亚发展》，陕西师范大学出版社2004年版。

90．赵一红：《东亚模式中的政府主导作用分析》，中国社会科学出版社2004年版。

91．陈剑峰：《文化与东亚、西欧国际秩序》，上海大学出版社2004年版。

92．关世杰主编：《世界文化的东亚视角：中国哈佛—燕京学者2003北京年会暨国际学术研讨会论文集》，北京大学出版社2004年版。

93．［美］乔万尼·阿里吉、滨下武志、马克·赛尔登：《东亚的复兴——以500年、150年和50年为视角》，社会科学文献出版社2006年版。

94．［马来西亚］林华生：《东亚经济圈》，世界知识出版社2005年版。

95．罗金义、王章伟编：《奇迹背后：解构东亚现代化》，香港牛津大学出版社1997年版。

96．李晓：《东亚奇迹与"强政府"——东亚模式的制度分析》，经济科学出版社1996年版。

97．张冠增：《东亚城市的形成与发展》，上海外语教育出版社2000年版。

98．郑秉文、方定友、史寒冰主编：《当代东亚国家、地区社会保障制度》，法律出版社2002年版。

99．于宗先、徐滇庆主编：《从危机走向复苏——东亚能否再度起飞》，社会科学文献出版社2001年版。

100．高增杰：《东亚文明撞击：日本文化的历史与特征》，广西教育出版社2001年版。

101．〔美〕小R．霍夫亨兹等：《东亚之峰》，江苏人民出版社1997年版。

102．〔日〕三石善吉：《传统中国的内发性发展》，中央编译出版社1999年版。

103．〔美〕约翰·内森：《无约束的日本》，华东师范大学出版社2005年版。

104．〔澳〕加文·麦考马克：《虚幻的乐园——战后日本综合研究》，上海人民出版社1999年版。

105．〔日〕中曾根康弘：《日本21世纪的国家战略》，海南出版社2004年版。

106．〔美〕阿列克斯·科尔：《犬与鬼：现代日本的坠落》，中信出版社2006年版。

107．〔日〕古馆真：《反调——驳日本可以说不》，经济日报出版社2001年版。

108．〔日〕森岛通夫：《透视日本：兴与衰的怪圈》，中国财政经济出版社2000年版。

109．中国社会科学研究会编：《中国与日本的他者认识》，社会科学文献出版社2004年版。

110．〔日〕橘木俊诏：《日本的贫富差距——从收入与资产进行分析》，商务印书馆2003年版。

111．〔日〕鸟越皓之：《日本社会论：家与村的社会学》，社会科学文献出版社2006年版。

112．〔日〕矢田俊文：《国土政策和地域政策：探索21世纪的国土政策》，大明堂1996年版。

113．〔日〕大石慎三郎主编：《江户时代与现代化》，筑摩书房

1986年版。

114．〔日〕森冈清美等编：《新社会学辞典》，有斐阁1993年版。

115．〔日〕内藤正中：《过疏和新产都》，今井书店1968年版。

116．〔日〕今井幸彦：《日本的过疏地带》，岩波书店1968年版。

117．〔日〕安达生恒：《乡村社会的崩坏与农民的未来》，三一书房1973年版。

118．〔日〕佐藤俊一：《战后日本的地域政治：终结与开端》，敬文堂1997年版。

119．〔日〕久留岛阳三、目濑守男编著：《现代地域开发论》，明文书房1987年版。

120．〔日〕大岛襄二：《近畿的过疏》，关西学院大学文学部1972年版。

121．〔日〕高桥严：《高龄者与地域农业》，家之光协会2002年版。

122．〔日〕中田实等：《日本的社会学·农村》，东京大学出版会1986年版。

123．〔日〕藤井胜：《家和同族的历史社会学》，商务印书馆2005年版。

124．〔日〕益田庄三：《村落社会的变动和病理——过疏村庄的实态》，垣内出版株式会社1979年版。

125．〔日〕安达生恒：《村落与人类社会的崩解》，三一书房1973年版。

126．〔日〕杉谷滋：《亚洲国家的近代化与国家形成——经济发展和亚洲的》，御茶水书房1996年版。

127．金斗哲：《过疏政策和住民组织——日韩的比较》，古今书院2003年版。

128．〔韩〕朴仁镐：《韩国地域发展论》，多贺出版社1989年版。

129．〔日〕高桥勇悦：《都市社会论的展开》，学文社1993年版。

130．〔日〕朝尾直弘等编：《日本的社会史——社会观和世界像》第7卷，岩波书店1987年版。

131．〔日〕佐藤诚三郎：《近代日本的对外态度》，东京大学1974年版。

132．〔日〕柴田纯：《思想史上的近世》，思文阁1991年版。

133．〔日〕沼田次郎：《洋学传来的历史》，至文堂1960年版。

134．〔日〕海老泽有道：《锁国史论》，东洋堂刊1944年版。

135．〔日〕有坂隆道：《日本洋学史研究》，创元社1985年版。

136．〔日〕高桥碛一：《洋学论》，三笠书房1939年版。

137．〔日〕神野直彦、宫本太郎：《脱格差社会战略》，岩波书店2006年版。

138．〔日〕伊藤善市：《地域活性化的战略》，有斐阁1993年版。

139．〔日〕广松涉等编：《岩波哲学·思想事典》，岩波书店1998年版。

140．〔日〕斋藤纯一：《公共性：思考的边界》，岩波书店2000年版。

141．〔日〕今田高俊：《意味の文明学序説–その先の近代》，东京大学出版会2001年版。

142．〔日〕坪乡实：《营造新公共空间——市民活动的视角》，日本评论社2003年版。

143．〔日〕见田宗介：《社会学事典》，弘文馆1988年版。

144．〔日〕仓泽进：《都市社会学》，东京大学出版会1973年版。

145．〔日〕莲见音彦：《地域社会论》，有斐阁1980年版。

146．〔日〕佐藤俊一：《战后日本的地域政治》，敬文堂1997年版。

147．〔日〕升秀树：《分权型国土的构筑和自立的自治体的形成》，第一法规出版株式会社平成三年版。

148.［日］黑川纪章：《都市学入门》，祥传社1973年版。

149.［日］《转型期的日本》（提案集），日本经济调查协议会平成四年版。

150.［日］远藤晃等：《人类复权的地域社会论》，自治体研究社1995年版。

151.［日］池口小太郎：《日本的地域构造》，东洋经济新报社昭和四十二年版。

后　记

　　本书是在国家社会科学基金重点项目《当代世界社会发展模式研究的新趋势——以东亚为中心》（02ASH002）最终研究成果的基础上修改而成的。本课题从2002年立项，到2008年完成，历时六载。在此过程中，笔者体验到科学研究陷入胶着状态时的复杂和艰辛，亦深深体悟到理论思辨中"深度沉浸"的愉悦。

　　在本书即将付梓之际，我要感谢鼓励和帮助了我的老师和朋友。首先要感谢吉林大学社会发展理论创新基地主任孙正聿教授，本课题从立项研究到结项后列入国家哲学社会科学创新研究基地社会发展理论丛书出版计划，始终得到孙老师的鼓励和鞭策。同时，也要感谢我的博士生导师宝成关教授多年来的教诲与指导。此外还要感谢《新华文摘》《中国社会科学文摘》《社会科学战线》《江海学刊》《社会科学》《吉林大学社会科学学报》等杂志社的编辑们曾给予我的学术空间，因为本书中的很多篇章都是在上述这些刊物上首先接受学术考验的。在写作过程中，吉林大学图书馆郭迟先生在外文文献检索上给予了大力帮助。我的研究生刘拥华、那瑛、王星、卢恒、吕方、王庆明、韩丹、陈宁、刘杰、张艳、张霁雪、陶宇等也在文献检索和专题研究方面提供了多方帮助。在该书出版过程中，中国社会科学出版社的王曦编辑付出了辛勤的劳动，在此书即将付梓之际，表示真诚的感谢。

田毅鹏

2009年夏于吉林大学社会学系